W0192896

S. FISCHER

KLAUS BRINKBÄUMER · SAMIHA SHAFY

Das kluge, lustige, gesunde, ungebremste, glückliche, sehr lange Leben

Die Weisheit der Hundertjährigen

Eine Weltreise

S. FISCHER

Mitarbeit: Lisa McMinn

Erschienen bei S. FISCHER
6. Auflage November 2019

© 2019 S. Fischer Verlag GmbH,
Hedderichstr. 114, D-60596 Frankfurt am Main

Satz: Dörlemann Satz, Lemförde
Druck und Bindung: CPI books GmbH, Leck
Printed in Germany
ISBN 978-3-10-397353-2

Für Alexej, geboren im Februar 2019

We have to hope … that the people who love us and who know us a little bit will in the end have seen us truly. In the end, not much else matters.
ALI SMITH, »*Autumn*«

When it's over, I want to say: all my life
I was a bride married to amazement.
I was the bridegroom, taking the world into my arms.
When it's over, I don't want to wonder
if I have made of my life something particular, and real.
MARY OLIVER, »*When death comes*«

Es ist wirklich unglaublich, wie nichtssagend und bedeutungsleer, von außen gesehen, und wie dumpf und besinnungslos, von innen empfunden, das Leben der allermeisten Menschen dahinfließt. Es ist ein mattes Sehnen und Quälen, ein träumerisches Taumeln durch die vier Lebenalter hindurch zum Tode, unter Begleitung einer Reihe trivialer Gedanken.
ARTHUR SCHOPENHAUER

Willst du dich des Lebens freuen,
So musst der Welt du Werth verleihen.
GOETHE AN SCHOPENHAUER

INHALT

9

DES RÄTSELS LÖSUNG, I.

Lange schon könnte er tot sein, lange schon müsste er tot sein, weshalb er heute zwar viele Dinge ahnt (weil er sich auskennt) und noch mehr Dinge weiß (weil er sie bewiesen hat), aber diese brüllend ungerechte Sache mit dem Glück hat er gefühlt und erlebt. Er ahnte es, wusste es, dann erfuhr er es: Ohne Glück geht es nicht, knapp genug war es zweifellos.

52 Jahre jung war Dr. Makoto Suzuki, als er seinen Herzinfarkt hatte. Er fiel einfach um, bei der Arbeit. Die Knie knickten ein, er sackte zu Boden, sieben Tage lang lag er im Koma. Und wie so oft im Leben muss man deshalb heute sagen: Das alles hätte ganz leicht auch ganz anders kommen können.

Aber er hatte Glück.

Und darum sind wir am Ende der langen Reise in die Welt der sehr, sehr alten Menschen tatsächlich bei Makoto Suzuki auf Okinawa angekommen, im Süden Japans.

Dr. Suzuki, im Dezember 2018 ein 85-jähriger Wissenschaftler, noch immer täglich im Büro, in der Klinik, im Labor, noch immer auf der Suche nach Erkenntnis – dieser Dr. Suzuki ist jener Wissenschaftler, der einst entdeckte, dass Okinawa, dieser stets wohlig warme Archipel aus 161 Inseln im Süden Japans, ein geradezu gesegnet glücklicher Ort ist: Die Menschen hier werden älter als andere Menschen. Sehr viel älter. Und es sind sehr viele Menschen, die hier sehr viel älter werden.

Wieso nur?

»*Ikigai*«, sagt Makoto Suzuki.

Und dann: »Mein ikigai ist die Suche nach eben diesem Geheimnis.«
Es ist ein großes japanisches Wort, dieses »ikigai«. Es meint den
Grund zu leben, es meint wahre Erfüllung. Warum stehen wir morgens
auf?

Was wollen wir wirklich?

Was trägt uns, was hält uns, was ist uns wahrhaft wichtig?

Ikigai meint unsere Leidenschaft, unsere Berufung, unsere Mission,
unseren Beruf (hoffentlich), und es meint unsere Liebe. Ikigai ist die
Kunst, zugleich bedingungslos und entspannt genau das zu tun, was
uns etwas bedeutet, was uns glücklich macht; und damit ist ikigai auch
die Kunst, nicht gestresst und nicht abgelenkt zu sein. Ikigai hört nicht
auf: In Japan gibt es kein Wort für »Rente« oder »Ruhestand«, denn es
liegt im Wesen des »ikigai«, dass eine Berufung niemals endet – nicht
vor dem Tod jedenfalls. Ikigai, das ist unsere *raison d'être*, so würden es
die Franzosen sagen.

Der Mann also, der das Geheimnis von Okinawa zunächst entdeckt
hat und seither erforscht, sitzt in einem unscheinbaren Flachbau zehn
Kilometer nördlich von Naha, dem Verwaltungssitz der Präfektur Okinawa; man muss den Parkplatz hinter dem Haus finden, den Hinter-
eingang, die Treppe, den ersten Stock, und dann muss man die Schuhe
ausziehen wie in den meisten Räumen auf Okinawa.

Suzuki ist ein kleiner, schmaler, gebeugter Mann, der eine runde
Brille und ein blaues, weites Hemd mit offenem Kragen trägt. Im Regal
sammelt er seine Akten, Hunderte, Tausende Akten, von all den Hundertjährigen Okinawas. Ganz ruhig sitzt er da, seine Hände allerdings
kneten sein Mobiltelefon.

Heute, sagt er, sei er zu alt, um noch in den Norden zu fahren, aber
heute wohnen ja auch viele dieser Alten und sehr, sehr Alten in den
Pflegeheimen von Naha. 40 Jahre lang tat er allerdings genau dies: Er
fuhr in den Norden.

Wenn man über Okinawa, also die Hauptinsel dieses Reiches aus
mitunter winzigen, immer wieder auch überspülten Inseln redet, sollte

man korrekterweise »*Okinawa Hontō*«, Okinawa-Hauptinsel, sagen, was wir der Lesbarkeit halber in diesem Text unterlassen: Okinawa also. Dieses Okinawa, einst ein eigenes Königreich namens *Ryūkyū*, gehört erst seit 1871 zum 515 Kilometer entfernten restlichen Japan; es hat 1,2 Millionen Einwohner und ist exakt 107 Kilometer lang und zwischen drei und 31 Kilometern breit. Noch immer gibt es hier einen riesigen Militärstützpunkt der USA, der noch immer umstritten ist: Bei nahezu jeder Wahl geht es darum, wie den Amerikanern zu begegnen sei, wie schroff oder milde, und auch darum, warum Okinawa im fernen Tokio so wenig ernst genommen wird.

Das Klima: subtropisch. Bei rund 23 Grad liegt die Durchschnittstemperatur, denn im Sommer sind's meist 27 oder 28 Grad und im Winter 17 oder 16. »Etwa die Hälfte des Jahres fällt Regen, insgesamt über 2000 mm. Im Herbst wird Okinawa regelmäßig von Taifunen heimgesucht.« Das weiß Wikipedia.

Für Makoto Suzuki kam das Projekt seines Lebens Anfang der 70er Jahre eher zufällig daher. Er war damals Herzmediziner in Tokio, und die Unikarriere begann gerade, als er nach Melbourne, Australien, eingeladen wurde. Und wie das Leben so spielt: Eine Einladung nach Okinawa folgte, als er gerade in Melbourne war. Es war kompliziert, herzukommen, denn noch war Okinawa von den US-Streitkräften besetzt. Für zwei Tage nur durfte er bleiben, doch er mochte diese tropengleiche Insel, und wenig später fiel Okinawa zurück an Japan. Dr. Suzuki durfte nun wiederkommen und blieb und gründete eine medizinische Schule.

Ein Assistent sagte ihm: Im Norden sollen angeblich Menschen leben, die hundert Jahre alt sind. Dr. Suzuki nahm sein Stethoskop und stieg in den Bus nach Norden und fuhr nach Tokuno Shima. Dort verstand er die Sprache kaum, diesen nach Auskunft aller Experten ungeheuer eigentümlichen Dialekt. Einsam stand er auf einem Marktplatz herum. Niemand da. Dann doch ein paar Leute. »Und eine Frau mit Bambuskorb kam, sie lud mich in ihr Haus ein. Gab mir Tee. Sie sah aus wie eine Siebzigjährige, und ich sagte ihr, ich suche Hundertjährige. Sie sei hundert Jahre alt, sagte sie.«

Das ist selten, sagte Suzuki zu ihr.

Nein, das ist nicht so selten, wir haben hier viele Hundertjährige, zwei, drei weitere sogar in diesem Dorf, das sagte die Alte.

Das war der Anfang. 1975 entschloss sich das Ministerium für Gesundheit und soziale Leistungen in Tokio, die »*Okinawa Centenarian Study*« zu finanzieren; und es ernannte Suzuki zum Projektleiter.

32 Hundertjährige gab es damals, vor knapp 45 Jahren, auf Okinawa, 660 in ganz Japan. Da Japan 47 Präfekturen hat, hätten es auf Okinawa, der Bevölkerungszahl entsprechend, nur sechs Hundertjährige sein dürfen. Und, das eigentliche Wunder: 28 jener 32 waren vollkommen gesund. Hellwach. Und zufrieden.

Wieso? War es das Zauberwort: ikigai?

Der Grund des Lebens?

»Ja, ikigai«, sagt Suzuki, »sie alle hatten einen Grund. Einen Sinn. Glück, wenn es das gibt. Damals aber wusste ich noch nichts davon. Ich wusste nur: was für ein Rätsel, was für ein Geheimnis! Wie besonders! Darum beschloss ich, mit dieser Arbeit anzufangen. Und ich hätte nicht gedacht, dass sie so viel Zeit verschlingen, dass sie mein eigenes Leben so komplett ausfüllen würde.«

Heute, im Dezember 2018, leben genau 1197 Menschen in Okinawa, die mindestens 100 Jahre alt sind. Vieles ist anders als vor 45 Jahren. Mehr als die Hälfte lebe inzwischen einsam im Heim, liege im Bett oder sei sogar dement, sagt Suzuki. Nicht einmal die Hälfte sei noch wirklich aktiv, »Familiensinn und Ernährung haben sich auch hier verändert, wie überall auf der Welt«.

Es ist widersinnig, es ist absurd. Die Welt wird klüger, und die Welt wird dümmer, zur selben Zeit. Viele Menschen wissen, wie man zufrieden 100 Jahre alt werden könnte, und verhalten sich doch so, dass sie es auf keinen Fall schaffen werden. Dr. Suzuki ist mittendrin in dieser glückseligen Zone, wo alles blüht und alles wächst, was gut tut und schmeckt, aber er sieht junge Menschen, die heute zu »McDonald's« rennen und morgen zu »Kentucky Fried Chicken«; »sie essen viel zu viel Fleisch, trinken zu viel, bewegen sich zu wenig, auch hier«. In all den harten Jahren, im Krieg und danach, aßen die Leute hier die Süßkartoffeln vom eigenen Feld – der Wohlstand hat die amerikanische *Fast-Food*-Ernährung nach Okinawa gebracht.

Und sind Männer vielleicht doch dümmer als Frauen?

Eine Erkenntnis der vergangenen zehn Jahre ist, dass die Lebenserwartung der Frauen von Okinawa weiter steigt, die der Männer aber nicht. »Junge Männer mögen den *Sake*. Sie sind nicht so sehr interessiert an der Länge des Lebens, leben im Heute, ausschließlich«, sagt Suzuki, »und natürlich wollen sie auf gar keinen Fall auf dem Land leben.«

Wenn man es nun zusammenfasst, dann hat Makoto Suzuki in den viereinhalb Jahrzehnten seiner Arbeit diese zehn Lektionen gelernt:

1. Die richtige Ernährung ist wichtig; eine Art Diätkultur. Gemüse, Tofu, Obst: Auf Okinawa wächst alles, was gesund ist. Tabak, Alkohol und Koffein sind tabu.
2. Kleine Portionen sind schlau, auf Okinawa sind daher kleine Teller üblich. »*Hara hachi bu*« heißt das hier: Iss nur solange, bis dein Magen zu 80 Prozent gefüllt ist. Der durchschnittliche Erwachsene nimmt auf Okinawa knappe 1900 Kalorien pro Tag zu sich; in den USA isst er das Doppelte.
3. Bewegung ist wichtig. Es muss nicht Sport sein, aber der Mensch hat Beine, damit er geht. Und der Mensch kann schwimmen, und wenn nicht, kann er's lernen.
4. Mentale und soziale Gesundheit sind wichtig. Bleiben wir, ehe wir in die Details einsteigen, vorerst bei dem japanischen Wort: ikigai. Man muss in der Lage sein, Niederlagen und Trauer irgendwann hinter sich zu lassen. Das führt dann zu spiritueller Gesundheit. Suzuki traf eine Hundertjährige, die ihren Mann und ihre vier Kinder im Krieg verloren hatte. Die Frau sagte ihm: Ich bin erschöpft. Ich kann nicht mehr über den Krieg reden. Aber heute habe ich etwas zu essen, zu trinken, und all das gab es im Krieg nicht. Es ist nicht nötig, immer nur betrübt an gestern zu denken. Es geht mir gut.
5. Niemals gestresst, aber immer sinnvoll beschäftigt zu sein ... dieses Gleichgewicht ist gesund.

6. Neugieriges Lernen ist zentral. Der Mensch versteht und lernt das, was er tut, und wenn es immer das Gleiche ist, stumpft der Mensch irgendwann ab und langweilt sich. Auch Hirnzellen altern (schon zwischen dem 20. und 30. Lebensjahr beginnt dieser Prozess). Eine neue Sprache, ein neues Spiel, ein neues Hobby oder neue Details der alltäglichen Aufgaben – »wir müssen uns auch im geistigen Sinne bewegen«, sagt Suzuki.

7. Familie und Freunde sind wichtig. Auf Okinawa gibt es das *Moai*-System: Die Menschen kommen zusammen, essen gemeinsam, diskutieren, versuchen, Probleme zusammen zu lösen. Noch heute wird die Moai-Tradition in Naha gepflegt: Gruppen von Menschen mit gemeinsamen Interessen treffen sich einmal im Monat; sie alle zahlen einen kleinen Beitrag, mit welchem dann jenen im Kreis, die Sorgen haben, geholfen werden kann. Moai ist die moderne Familie, denn Einsamkeit ist schlimm, und Isolation tötet.

8. Konzentration ist ein neuer Schlüssel zum Glück im Alter. Der moderne Mensch ist allzu abgelenkt. Multitasking gilt ihm als Begabung. »Das Telefon wegzulegen und sich voll und ganz einer Sache hinzugeben ist sehr, sehr gesund«, so Suzuki.

9. Wir müssen so oft wie nur möglich so lange wie möglich das tun, was wir wirklich tun wollen. Und wir sollten so selten so kurz wie möglich das tun, was wir tun müssen. Und: Humor hilft.

10. Nicht zu vergessen: Der Mensch sollte schlafen – und auch dies voll und ganz, hingebungsvoll, ohne Smartphone auf dem Nachttisch. Die Zellen und damit der ganze komplizierte Körper erholen sich im Schlaf. In der Nacht sollte nichts als der Schlaf unser ikigai sein.

Die Menschen von Okinawa haben seltener – und später – Krebs und Herzinfarkte als andere Menschen; im Vergleich zu den USA gibt es fünfmal weniger Herz- und Gefäßerkrankungen und viermal weniger Prostata- und Brustkrebs. Sie werden seltener und später dement. Ihre Sexualhormone sind auch im Alter noch zahlreicher.

Im Westen, so sagt es Suzuki, würden Krankheiten erst dann wahrgenommen und behandelt, wenn sie eben da seien; die Menschen von Okinawa hätten vorgebeugt.

1986 stellte Suzuki seine ersten Ergebnisse und Thesen auf einem Gerontologen-Kongress in Hamburg vor. Deutsche, Italiener, Amerikaner waren dort, viele Pathologen, und die Wissenschaftler bekamen eine erste Vorstellung davon, dass es diese wenigen besonderen Orte gibt, an denen Menschen anders, nämlich womöglich glücklicher, jedenfalls nachweisbar länger leben als anderswo. Ein Journalist malte blaue Kreise um Okinawa und um Sardinien, und so entstand der Fachbegriff »Blue Zones«.

Warum dort, warum nicht anderswo? Was ist das Erfolgsgeheimnis der blauen Zonen?

Das interessierte uns, als wir unsere Weltreise zu den ältesten Menschen begannen, und vor allem interessieren uns die noch größeren Fragen: Wie lebt man ein langes, vor allem ein gutes, erfülltes Leben?

Was lässt sich beeinflussen – und wie?

Worauf sind Menschen, die sehr alt werden, stolz, und was bedauern sie?

Wie also blicken sie ganz am Ende zurück auf ihre rund 100 Jahre – und was können wir daraus lernen?

Nach seinem Herzinfarkt konnte Suzuki nicht mehr so viel reisen, aber die Welt war neugierig geworden, weshalb die Welt nun zu ihm kam. Zwei junge Wissenschaftler aus Kanada, Bradley und Craig Willcox, besuchten ihn, waren begeistert, stiegen 1994 in seine Projekte ein, und zu dritt schrieben sie das Buch »The Okinawa Program«, das ein Weltbestseller wurde. Von den Willcox-Brüdern werden wir später noch hören.

Makoto Suzuki sagt, er könne durchaus 100 Jahre alt werden. Er weiß zweifellos, wie es geht: Er isst Gemüse, Tofu, Fisch, er nennt sich »Semivegetarier«. Und er liebt seine Familie, die Ehefrau, die zwei Töchter, die zwei Enkel, er hat ohne Frage sein ikigai und hält Vorlesungen, arbeitet noch immer in der Kardiologie, befragt (wenn er nicht zu weit fahren muss) noch immer die Hundertjährigen Okinawas. Er hält sich viel draußen auf, denn auf Okinawa ist es hell, und das Licht der Sonne ist gesund für uns: Vitamin D stärkt Immunsystem und Knochen und schützt vor Diabetes, hohem Blutdruck und angeblich, so jedenfalls sagt es Suzuki, sogar vor mancher Krebsart. Sport macht er nicht, aber am Wochenende arbeitet er auf seinem Bauernhof, wässert, sät, erntet.

»Das könnte doch reichen«, sagt Dr. Suzuki.

Mit 70 bist du nur ein Kind

OGIMI, OKINAWA

Es sei immer warm hier, angenehm stressfrei für den Körper.

Die bittere Melone, *Goya*, habe heilende und übrigens auch im sexuellen Sinne wundersame Wirkungen.

Die Menschen gingen zu Fuß.

Sie würden einander helfen.

Grünen Tee würden sie trinken.

»*Yuimaaru*« sei natürlich wichtig, das bedeutet Teamgeist und Zusammenspiel.

Und »*ichariba chode*«, das heißt, dass man Fremde wie den eigenen Bruder oder die eigene Schwester behandeln solle.

Das sind Sätze, die wir an den Ständen und in den Restaurants von *Makishi Nobu* hören, dem großen Markt von Naha. Viele Achtzig-, Neunzig-, Hundertjährige arbeiten hier, helfen ihren Söhnen und Töchtern beim Verkaufen, entkommen dadurch der Einsamkeit in dieser Großstadt, in der riesige Coca-Cola- und Samsung-Schilder blinken wie überall auf der Welt, und in der Pizza-Hut neben Burger King residiert.

Wir brechen auf und fahren nach Norden. Aus der Hauptstraße wird eine Autobahn, und aus der Autobahn wird die schmale Landstraße 58, drei Stunden lang geht es voran, Häuser verschwinden, der *Yanbaru*-Regenwald wird dichter, und weit sind die Strände. Unser Ziel ist Ogimi, 3000-Seelen-Dorf, weltberühmtes Ziel aller Forschung über die ältesten Menschen der Erde. In Ogimi sind wir verabredet.

Wenige Autos gibt es hier. Die Menschen fahren Rad oder gehen zu Fuß. Am Strand findet sich ein steinernes Willkommensschild: »Mit 70 bist du nur ein Kind, mit 80 wirst du langsam zum Jugendlichen, und wenn dich – wenn du 90 bist – deine Angehörigen in den Himmel einladen, dann bitte sie so lange zu warten, bis du 100 bist ... dann könntest du langsam darüber nachdenken.«

Die Häuser und Hütten stehen weit voneinander entfernt. 17 Nachbarschaften gibt es, sie alle haben einen Präsidenten bzw. meist eine Präsidentin, und jede Nachbarschaft ernennt Verantwortliche für Themen wie Kultur, Feste, Langlebigkeit. Und wenn man nun hier herumwandert, hört man schnell jenes Wort, das alle hier für das Geheimnis von Ogimi zu halten scheinen: *basho-fu.*

Basho-fu ist das eine, das gleichfalls weltberühmte Produkt der Menschen von Ogimi. »Basho-fu«, das meint jene Kleider, Hüte, Taschen und kleinen Utensilien, die aus den Fasern der hier wachsenden Bananen-Staude entstehen. Basho-fu, das bedeutet zugleich eine, man kann's nicht anders sagen: extrem filigrane, extrem langwierige Tätigkeit. Basho-fu ist die Aufgabe aller hier, auch und vor allem die der Alten, denn die Alten gelten als die Bewahrer der Tradition des basho-fu; sie mischen mit, arbeiten mit, jede und jeder an dem Ort, an dem sie noch effektiv helfen können.

Drei Jahre dauert es, bis die Bananenstaude gewachsen und bereit ist. Mit der Machete wird sie gefällt, mit Messern werden die Fasern herausgetrennt, »u« heißen die Fasern. Und »u-daki« heißt das Kochen der Fasern in riesigen Töpfen, »chingu« das Aufrollen der Fasern zu Bällen. Dann wird getrocknet, gesponnen, gefärbt, gestreckt und endlich verwoben. Es sind viele, viele Schritte, viele Monate, und heute, an einem Dezemberdonnerstag 2018, arbeiten zwei Dutzend Frauen summend und singend im ersten Stock des flachen Baus im Zentrum des Dorfes.

Sie reden nicht viel.

Sechs Tage pro Woche seien sie hier, sagen sie, von acht bis 17 Uhr.

Und ja, sagt eine, das hier ist unser Leben, wir machen das zusammen, Entschuldigung, sagt sie, ich muss jetzt weitermachen.

Die Älteste ist die Anführerin: Toshiko Taira, 98 Jahre alt. Sie hockt

Toshiko Taira: »Ich weiß nicht, wie man lange lebt.«

hinten rechts auf dem Boden, webt, ein Kleid entsteht, eines wie jenes, das sie selbst trägt: ein blaues, leichtes, gleichsam schwebendes basho-fu-Kleid.

Wir müssen warten, Toshiko muss ihre Arbeit beenden. Wir sitzen unten im Erdgeschoss, reden mit ihrer Enkelin Nao, die auch hier arbeitet, trinken Wasser und Tee, und nun kommt Toshiko Taira langsam an unseren Tisch, den Rücken gebeugt, mit erstaunlich großen Ohren und strahlend lächelnden braunen Augen, und erzählt in ruhigen, freundlichen Sätzen ihre Geschichte.

Gelernt hat sie das, was sie heute tut, von ihrer Mutter und ihrer Großmutter. Das ganze Dorf habe von Zuckeranbau, Bananen und eben basho-fu gelebt, immer schon, wobei basho-fu nach dem Zweiten Weltkrieg auszusterben schien, ehe die Regierung in Tokio ein nationales Kulturerbe daraus machte, inklusive Werbung, inklusive Renovierung der Gebäude, was basho-fu wieder zum Sinn des Daseins, zum ikigai und profitabel werden ließ.

21

Zehn Geschwister hatte Toshiko, sie ist die Älteste, sechs Brüder und Schwestern leben noch. Die Eltern ließen sich früh scheiden, Toshiko musste sich viel um die Kleinen kümmern. Sie ging in die Grundschule, liebte das Lesen und das Rennen, sie war die Schnellste der Klasse.

Es war ein armes Dorf, aber die Großeltern waren Heiler, sie heilten mit den Kräutern, die in Okinawa wuchsen, die Familie hatte immer genug zu essen. Toshiko war noch sehr jung, das genaue Alter weiß sie nicht mehr, als sie nach Naha geschickt wurde, um dort als Hausmädchen zu arbeiten. Sie war noch immer jung, als sie zurückbeordert wurde, hierher, um sich wieder um die Geschwister zu kümmern, da die Mutter krank war; und jung war sie, 16 Jahre alt erst, als sie in den Süden Japans geschickt wurde, um wieder Hausmädchen zu sein. Aufregend war es dort. Die große Welt! Und dann erst Tokio! Dort kochte sie. Über zwei Jahre lang blieb sie in der großen Welt, und dann holte die Familie sie zurück nach Ogimi.

Ist das nicht zum Verzweifeln? Diese ewigen Fesseln? Eine Familie, die die eigenen Wünsche erstickt?

Toshiko Taira lächelt noch immer, aber sie scheint nicht recht zu verstehen, was wir sagen wollen. Sie sagt: »Niemand kann etwas dagegen tun. Man muss sich umeinander kümmern. Man muss helfen. Man muss das Leben akzeptieren.«

Die Eltern wählten einen Ehemann für sie aus, doch der musste zur Armee, und sie hatte zu warten; mit 23 oder 24 heiratete sie dann doch. Aber die Kriegsjahre warfen alles durcheinander, Toshiko Taira landete noch einmal in Japan, diesmal in Okayama, es ging immer nur darum, irgendwie zu überleben, Arbeit zu finden, Sicherheit auch. Sie fertigte Kimonos, lernte Nähen, Handarbeit. Ihren Ehemann vermisste sie nicht, den kannte sie ja kaum, aber sie vermisste die Heimat, die Familie.

Und so kam sie also wieder her und begann mit basho-fu. Sie trennte sich von Yoshimasa, ihrem Ehemann, sie hatte ihren Sohn, Hiroshi (der bald auch schon 70 Jahre alt ist), sie hatte ihre Aufgabe, ihr Dorf, ihre Gemeinschaft, ihr ikigai, und nun blieb sie. Denn das Wetter ist besser als im übrigen Japan, so warm, ohne Schnee, und die Menschen helfen einander.

Sie heiratete nie wieder. »Ich habe hart gearbeitet. Da war keine Zeit, Männer zu treffen«, so sagt es Toshiko Taira. Und die Jahre vergingen. Und ja, es war ein gutes, ein glückliches Leben, sagt diejenige, die es geführt hat. »Ich habe eine jüngere Schwester in der Hauptstadt, in Naha. Bis ich 90 war, habe ich sie gern besucht, da bin ich immer mit dem Bus gefahren, vier Stunden lang, die Familie hat sich immer Sorgen um mich gemacht.«

Über das Geheimnis des langen Lebens, sagt sie, habe sie nie nachgedacht. »Ich weiß nicht, wie man lange lebt. Es passiert.«

Sie hatte eine Herzoperation, als sie 80 Jahre alt war, sie ist wenig später eine Treppe hinabgefallen, sie braucht ein Hörgerät, sie hat manchmal Kopfschmerzen und manchmal Rückenschmerzen, aber schlimm sei nichts davon. Sie lebt. Und ein Tag ist wie der andere, aber genau so, wie die Tage eben sind, scheinen sie gut zu sein.

Morgens um vier oder fünf Uhr steht Toshiko Taira auf, wäscht sich, kleidet sich an, isst ein wenig Gemüse, trinkt Tee, liest zwei Zeitungen. Um sieben Uhr kommt sie her: früher per Fahrrad oder zu Fuß, jetzt fährt ihr Sohn sie, mit dem Auto sind es nur zwei Minuten. Sie hat eine Lunchbox dabei, Reis, Bananen, Süßkartoffeln, Tofu, bis um 17 Uhr arbeitet sie. Abends essen alle Familienmitglieder zusammen, sie wohnt natürlich im Haus ihres Sohnes, und dann sehen sie fern, und um 21 Uhr schläft Toshiko Taira.

Basho-fu, sagt sie, bedeute täglich neue Fragen, neue Aufgaben. Konzentration auf Details. Variationen dessen, was gestern war.

Darum geht es hier immer: um die Mischung zwischen Stabilität und Abwechslung, Sicherheit und Vielfalt. Darum geht es auch und vor allem bei der Ernährung.

Dr. Suzuki und seine beiden kanadischen Forschungspartner Craig und Bradley Willcox haben die sogenannte Okinawa-Diät ergründet. Ihre Ergebnisse:

Die Hundertjährigen Okinawas essen pro Tag sieben verschiedene Obst- und Gemüsesorten oder fünf verschiedene kleine Gerichte mit Obst und Gemüse. Sie essen 206 verschiedene Lebensmittel regelmäßig. Beliebt ist der »Regenbogen«: Pfeffer, Karotten, Blumenkohl, Spinat, Aubergine, Gemüse in allen denkbaren Farben also; Soja-Produkte wie Tofu kommen hinzu, zudem ein bisschen Reis, dreimal die Woche Fisch, etwas seltener Schweinefleisch und kaum Zucker und nur 7 Gramm Salz pro Tag (12 Gramm sind der Durchschnitt im restlichen Japan).

»Oh«, das sagt Toshiko Taira, »ich kann sagen, womit man 100 Jahre alt wird: Jasmintee, Süßkartoffeln, Sojasprossen, Sojabohnen, Pfeffer, Zwiebeln, Kohl, Kürbis, Thunfisch, Karotten, Miso, Tofu, Goya.« Goya, wir erinnern uns, ist die bittere Melonensorte.

Aber nun entschuldigt sich Toshiko Taira. Es ist 11.30 Uhr, sie hat einen Termin: Massage.

Draußen parkt ein Taxi. Toshiko Taira greift nach einem kleinen Turnbeutel, handgefertigt aus den Fasern der Bananenstauden von Ogimi, und geht.

Wir sagten es bereits: Erst ganz am Ende unserer Reise in die Welt der sehr, sehr alten Menschen sind wir nach Japan geflogen.

Es war eine Reise, die zufällig anfing: mit einem Besuch bei einer uralten ehemaligen Hochspringerin; mit einem Konzert in New York und dem anschließenden Gespräch mit dem Komponisten; mit einer Begegnung mit drei über 100 Jahre alten Geschwistern in New York, die auf ein aufregend erfülltes Jahrhundert zurückblickten und immer noch kraftvoll agil waren.

Durch diese letzte Begegnung mit den Geschwistern Kahn wurden wir entflammt. Wer möchte das nicht: beschwingt und glücklich alt werden? Und so begann unsere Reise, die bald schon viel mit dem eigenen Dasein und den großen Fragen zu tun hatte: Worum geht es in der knappen Zeit, die wir haben?

Und was ist das: ein erfülltes Leben?

Die Reise beginnt

DREI GESCHICHTEN

Gretel Bergmann-Lambert war eine hochbegabte Fleißige gewesen, die perfekte Athletin also. Aber sie war eine Jüdin in Deutschland – zur auf fatale Weise falschen Zeit.

Als Klaus sie besuchte, in ihrem Häuschen in der Avon Street im New Yorker Bezirk Queens, 2009 war das, ging es uns noch nicht um hohes und höheres Alter; es ging in diesem Gespräch um jene schicksalhaft fürchterlichen Jahre, damals im »Dritten Reich«.

Margaret Bergmann-Lambert blätterte durch alte Fotos und Zeitungstexte, durch jene rote Kladde mit Erinnerungen, die ihr Vater angefertigt hatte; und sie sagte: »Ich war ein Naturtalent.« In Laupheim hatte sie mit Laufen, Werfen, Hochsprung begonnen, ehe sie aus dem Ulmer Fußballverein ausgeschlossen wurde, weil sie Jüdin war. Sie ging nach England, wurde britische Hochsprung-Meisterin und kehrte heim, um 1936 in Berlin Olympiasiegerin zu werden. Aber sie durfte nicht starten, weil sie Jüdin war – und die Deutschen trieben diese Geschichte so weit, dass sie einen Mann ins Damentrikot steckten und für den Hochsprung der Frauen nominierten, was aber dennoch nicht zum Gold für Deutschland führte, sondern lediglich zu einem fulminanten Skandal.

Margaret Bergmann wiederum floh in die USA, wo sie nur zweimal pro Woche trainieren konnte, da ein drittes Training eine weitere U-Bahn-Fahrt durch New York City und weitere fünf Cent bedeutet hätte. Was sie sich nicht leisten konnte. Trotzdem wurde sie dreimal amerikanische Meisterin, 1937 in Hochsprung und Kugelstoßen, 1938 im Hochsprung, sie hieß »The German Mädel«.

Nun war sie 95 Jahre alt und sagte: »Gold, nichts anderes wäre es geworden. Ich wollte den Deutschen und der Welt beweisen, dass Juden nicht diese schrecklichen Menschen waren, nicht so fett, hässlich, widerlich, wie sie uns darstellten. Ich wollte zeigen, dass ein jüdisches Mädchen die Deutschen besiegen kann, vor 100 000 Menschen.« Ihr Ehemann Bruno schlief oben, es ging ihm nicht gut, er war 99 Jahre alt.

Und sie sagte auch dies: »Ich hätte so glücklich sein können in all den Jahren, wenn ich nicht so gehasst hätte.« Sie meinte die Nazis, vielleicht auch die Deutschen, ganz gewiss nicht ihren Bruno.

Sechs Jahre später redeten wir am Telefon, Gretel Bergmann war 101 Jahre alt, Bruno war 103 geworden, doch inzwischen gestorben. »Mir geht es aber gut«, sagte sie, »nur meine Beine wackeln etwas.«

In den Jahren, die folgten, ging es Gretel Bergmann-Lambert dann nicht mehr gut, sie verlor ihre Kraft, ihre Klarheit. Telefonieren mochte sie nicht, besuchen durften wir sie auch nicht mehr, sie wollte einfach nicht, oder unser Wunsch erreichte sie nicht mehr. Am 25. Juli 2017 starb sie in New York, ebenfalls 103 Jahre alt.

»Now it's good«, hatte Margaret Bergmann-Lambert zum Ende unseres ersten Gesprächs gesagt.

Der erste Hundertjährige, den wir je erlebten, ebenfalls 2009, ebenfalls lange bevor wir die Idee und das Konzept für diese konzentrierte Recherchereise zu den ältesten Alten hatten, betrat eines Abends tapsig und fröhlich die Bühne der New Yorker Carnegie Hall. Das Orchester hatte eines seiner Werke gespielt, und auf einmal erschien er persönlich, Elliott Carter, damals exakte 100 Jahre alt, einer der größten Komponisten des vergangenen und auch des aktuellen Jahrhunderts. Er lachte und winkte und ließ sich vom Publikum bejubeln, für seine Musik natürlich, aber mindestens ebenso sehr für seine ungebändigte Lebenskraft.

Wir staunten. Was für ein beglückender Moment in diesem so ehrwürdigen Saal.

So energisch, so vergnügt, so schöpferisch konnte ein Mensch von hundert Jahren sein? Elliott Carter komponierte noch immer, so erfuhren wir, er war sogar fleißiger denn je; rund die Hälfte seines umfangreichen Werks war nach seinem 80. Geburtstag entstanden.

Wie machte er das? Was war sein Geheimnis?

Samiha bemühte sich um ein Interview, und so kam es im Herbst 2009, kurz vor seinem 101. Geburtstag, zu einer Begegnung in Carters New Yorker Wohnung.

Elliott Carter saß auf einem zerbeulten Sofa im achten Stock eines Backsteinhauses im Greenwich Village; gekauft hatte er diese Wohnung vor über fünf Jahrzehnten für 15 000 Dollar. Er war ein kleiner, weißhaariger Mann mit wachen blauen Augen und feinen Gesichtszügen. Und Carter, geboren am 11. Dezember 1908 auf der Upper West Side, erzählte von dem stillen New York seiner Kindheit: »Mein Großvater war einer der Ersten, die ein Automobil mit nach Hause brachten. Es war auf eine seltsame Weise wunderschön, mit großen Hupen, und auf der Straße zog es alle Blicke auf sich. Damals gab es in New York nur Pferde und Kutschen. Heute ist diese Stadt ja so vollgestopft mit Automobilen, dass man kaum noch vorwärts kommt.«

Carters Musik ist virtuos und eigenwillig, entdeckungsvergnügt und darum sprunghaft, manchmal spröde und natürlich modern. Sie missachtet, scheinbar, alle Regeln. Rhythmen überlagern sich, es gibt keinen einheitlichen Takt, weshalb Instrumente in verschiedenen Geschwindigkeiten gegeneinander anspielen oder auch übereinander hinweg, geschwind, bremsend, ein Mosaik aus Klängen, das irritierend und zugleich inspirierend klingt. Carter sagte: »Ich würde sagen, ich bin permanent inspiriert, aber nicht verrückt.«

Carter hatte das Textilgeschäft seines Vaters übernehmen sollen, aber er wollte immer nur Musik machen. Sein Erweckungserlebnis hatte er am 31. Januar 1924, als er in der Carnegie Hall Igor Strawinskys »Le Sacre du printemps« hörte, gespielt vom *Boston Symphony Orchestra*; für Carter war es »das Größte, was ich je gehört hatte«. Er ging nach Harvard und studierte englische Literatur, Griechisch, Philosophie und Musik, weil seine Eltern ihn eben dort, in Harvard, studieren sehen wollten; und »weil das Boston Symphony von Koussevitzky dirigiert wurde und viel zeitgenössische Musik spielte«, so erzählte er.

Er rebellierte gegen die konservative Musikausbildung in Harvard, aber er spielte Oboe und Klavier. Nach dem Studium ging er nach Paris, um bei Nadia Boulanger das Komponistenhandwerk zu lernen. Sein Vater stellte enttäuscht die Unterstützung ein, doch mit den 1000 Dollar pro Jahr, die seine Mutter heimlich über den Atlantik schickte, konnte sich Elliott Carter im Paris der frühen dreißiger Jahre durchschlagen.

Der Durchbruch kam spät, mit 42 Jahren, in Arizona. Dort lebte Carter mit seiner Ehefrau, der Bildhauerin Helen Frost-Jones, zusammen, die die eigene Kunst aufgegeben hatte, um seine Kunst zu unterstützen. 2003 starb sie nach schwerer Krankheit; Carter pflegte sie bis zuletzt. »Das ist sie, das ist meine Frau«, sagte er und deutete auf einen filigranen Frauenkopf aus Stein, »sie hat wunderbare Kunstwerke gemacht. Später wurde dann ich ihre Skulptur.«

Samiha fragte ihn, wie es sich anfühle, 101 zu werden? Carter schnaubte. »Die Antwort ist, dass ich nicht die geringste Vorstellung von meinem Alter habe«, sagte er. Es sei vermutlich eine Frage von Glück, aber darüber denke er nicht nach. Dann sagte er: »Ich will einfach nur jedes Stück beenden, das ich anfange.«

Am 5. November 2012 starb Elliott Carter, er wurde 103 Jahre alt.

Unsere Neugierde war geweckt, die schiere Freude an Gesprächen wie diesem sowieso. Und wie das so ist, wenn man selbst älter wird: Wir dachten ohnehin über die eigenen, alt werdenden Eltern nach, über Samihas Mutter, die Pianistin war, humorvoll, lebensgierig und doch an Parkinson erkrankt. Warum gerade sie? Und was bedeutete diese Diagnose für Dora, für die Familie?

Wir sprachen mit unseren Eltern oft und immer öfter über das Alter, über den Tod, über das Schrumpfen von Möglichkeiten, das Schrumpfen von Freundeskreisen, das Schrumpfen der Kraft und doch auch über den Stolz auf all das Geschaffte.

Und wir sprachen über die Trauer über Ausgelassenes, dieses so schmerzhafte Bedauern verpasster Möglichkeiten, die niemals mehr wiederkehren, wir sprachen über jene wenigen, aber so gewichtigen Fehler, die zu stechendem schlechten Gewissen im Alter führen und doch zum Leben dazugehören.

Und ja, wir sprachen mit unseren Eltern über die größte aller Fragen: Wie gelingt das Leben?

In New York besuchte Samiha 2010 die Familie Kahn, um im »Spiegel« über diese drei Geschwister zu schreiben. Drei sehr, sehr alte Geschwister.

Helen, damals 108, verachtete Salat, Gemüse, frühes Aufstehen und das ganze verdammte gesunde Leben überhaupt. Sie liebte kurzangebratene Hamburger, Schokolade und Cocktails und ganz besonders das Nachtleben von New York: die Oper, den Broadway, all die Restaurants. Und sie hatte 80 Jahre lang geraucht, warum auch nicht? Helen wurde seit Kindertagen nur »Happy« genannt, »die Glückliche«. Diese Helen Faith Keane Reichert also, geboren am 11. November 1901 auf Manhattans *Lower East Side* und die Tochter polnisch-jüdischer Einwanderer, war Psychologin, Modeexpertin, einstige Fernsehmoderatorin und emeritierte Professorin für Marketing an der New York University.

Happy war zum Fall für die Wissenschaft geworden, da eben auch ihre beiden Brüder uralt waren: Irving, 104, und Peter, 100; und erst im Jahr 2005 war ihre Schwester Lee gestorben, damals 102 Jahre alt.

Wie schaffen es manche Glückspilze, 100 Jahre und länger zu leben – und dabei auch noch geradezu unverschämt gesund und aktiv zu bleiben? Diese Frage interessierte die Wissenschaftler, und diese Frage begann nun uns zu interessieren.

Happys kleiner Bruder Irving ging an Arbeitstagen noch immer in sein Büro im 22. Stock eines Wolkenkratzers an der Madison Avenue. »*Kahn Brothers*« hieß die Investmentfirma, die er 1978 zusammen mit zwei Söhnen gegründet hatte; der ältere Sohn, heute 72, war allerdings vor fünf Jahren in Rente gegangen. »Ich interessiere mich für viele verschiedene Branchen und Technologien«, sagte Irving, »und ich lese leidenschaftlich gern. Deshalb ist Investor der perfekte Job für mich.« Seit dem Tod seiner Frau vor 14 Jahren arbeite er sogar noch mehr als zuvor. »Ich habe einfach niemanden mehr gefunden, der so interessant wäre wie die Frau, mit der ich 65 Jahre lang das Bett geteilt habe«, sagte er und begann ein wenig zu flirten.

Samiha fragte: Wie wird man glücklich alt?

»Erstens muss man sich gesund ernähren, mit viel Gemüse und Salat. Zweitens: viel Zeit an der frischen Luft verbringen. Drittens: nicht trinken, nicht rauchen. Ich trinke höchstens alle drei Monate ein Glas Wein. Viertens, man muss immer in Bewegung bleiben, offen sein, Menschen von überall auf der Welt kennenlernen. Und fünftens viele Interessen haben und Dinge lernen, die man noch nicht kann – das hält jung!« All das sagte Irving Kahn.

»Ich habe ehrlich keine Ahnung, warum ich so alt geworden bin«, erklärte anschließend der Kleine, Peter, nur 100 Jahre alt, das Nesthäkchen also. Er habe »absolut normal« gelebt, nie groß auf seine Gesundheit geachtet und auch nie groß über sein Alter nachgedacht. Aber unter dem Namen Peter Keane machte er im Showbusiness Karriere – als Fotograf und Kameramann in Hollywood. Er war dabei, als Ende der dreißiger Jahre »Vom Winde verweht« gedreht wurde. Und als die junge Judy Garland am Set von »Der Zauberer von Oz« ihr legendäres »Over the Rainbow« sang, sei er wie alle Kollegen am Set in Tränen ausgebrochen, sagte er.

Im September 2011 starb Happy. Peter starb im Februar 2014. Und im Februar 2015 folgte ihnen ihr Bruder Irving; er wurde 109 Jahre alt. Bis zum Ende rief er Samiha in Hamburg an und schlug ihr Reportagen vor, die zufälligerweise allesamt in New York spielten.

Und damit also begannen wir, uns auf dieses Thema einzulassen, das ganz beiläufig zu unserem eigenen Thema wurde.

Wir wurden ja ebenfalls älter. Das Leben veränderte sich, weil sich Freundschaften veränderten oder sogar endeten (was man in der Jugend meist für unmöglich hält). Auch die Liebe verändert sich mit den

Jahren. Berufliche Einschnitte kamen hinzu: diese Trauer, die im Kern schierer Unglaube war, über die Kälte der Lügen scheinbar Vertrauter, das Staunen über die Intrigen durch Menschen, die gestern noch Freunde gewesen waren. Auch das gehört zweifellos zum Leben: Beziehungen, private wie berufliche, die wichtig und stabil schienen, zerbrechen dann doch. Große Fragen stellen sich damit, das ist die logische Konsequenz:

Worum geht es wirklich im Leben?

Was wollen wir mit den Jahren und den Möglichkeiten, die wir haben, anfangen?

Wir mussten dann, auch das gehört leider dazu, mit dem Tod von Verwandten, dem Tod von Samihas Mutter umgehen – und im Frühjahr 2019 wurden wir Eltern eines Sohnes. Diesen Sohn werden wir in eine westliche Welt entsenden, die lange robust schien, eine Welt der Möglichkeiten – und die in diesen Jahren nun bedroht und brüchig ist, da ihre großen Probleme, der Klimawandel, die Überbevölkerung, die Massenmigration und die Überforderung der Demokratie in den kommenden Jahrzehnten kaum kleiner werden dürften.

Und wieder sind sie da, die größten aller Fragen:

Wie führen wir unser Leben so, dass wir glücklich oder zufrieden sein können?

Was in unserem Leben lässt sich überhaupt lenken, was können wir entscheiden; und was ist vorbestimmt, was ist Zufall?

Welche Veränderungen sind die richtigen: Woran sollten wir festhalten, und was sollten wir loslassen – und wann?

Wie wichtig ist Arbeit, Erfolg – und wie können wir mit Niederlagen umgehen?

Welche Wendepunkte zählen wirklich; was in unserem Leben ist am Ende tatsächlich wesentlich?

So haben wir diese Reise angelegt: Sie wird in die Ferne führen, in die ruhmreiche Heimat von Hundertjährigen auf Sardinien, Okinawa oder in Loma Linda, Kalifornien. Und sie wird uns nach China, Thailand, Hawaii, auf afrikanische Inseln, nach Russland oder an die amerikanische Ostküste bringen.

Aber natürlich fahren wir auch nach Österreich, in die Schweiz, nach Dänemark und quer durch Deutschland. In die Nähe also. In unsere Städte und Dörfer, zu unseren Familien.

Und in die Hauptstadt führt die erste Etappe.

Der Schwimmlehrer

Leopold Kuchwalek steht am Rand des Schwimmbeckens und schaut an sich herab. Die Haut wirft am ganzen Körper Falten, fast so, als sei sie im Laufe seines Lebens zu groß geworden. Unter seinem Bauch klemmt ein roter Badeslip. Darunter beginnen die Beine, auf deren Kraft er einst stolz war. Unter Kuchwaleks Füßen führt eine Treppe ins Wasser, aber Kuchwalek will nicht die Stufen nehmen.

Er will springen.

Langsam hebt er beide Arme über den Kopf und streckt den Rücken durch. Er lässt sich nach vorne fallen, kerzengerade, wie ein Bungee-springer an einer Klippe. Die Kinder im Becken kreischen. Als Kuchwalek auftaucht, liegt das weiße Haar platt auf seinem Gesicht. Er wischt mit den Händen die Strähnen aus den Augen und streckt die Arme nach einem blonden Jungen aus, der lachend davonrudert. »Ach, du kannst ja doch schon schwimmen!«, ruft Kuchwalek und paddelt ihm hinterher.

Seit Leopold Kuchwalek in Rente gegangen ist, arbeitet er als Schwimmlehrer. Die ersten jener einstigen Jungen und Mädchen, die bei ihm schwimmen lernten, bringen heute ihre eigenen Kinder in seinen Unterricht: Leopold Kuchwalek ist jetzt, 2018, 100 Jahre alt. Zweimal in der Woche kommt er ins Primavita-Bad in Berlin-Zehlendorf, um zusammen mit seinen Freunden Dieter und Dieter Schwimmunterricht zu geben.

Als Leopold Kuchwalek ein Junge war, hatte er nie Schwimmunterricht. Sein Onkel führte ihn zum Hohenzollernkanal in Charlotten-

Leopold Kuchwalek: »Meine Frau war jut.«

burg, griff den Jungen und warf ihn ins Wasser. Danach konnte Leopold schwimmen. Damals nannte man Charlottenburg »Schlorndorf«. Kuchwalek nennt es noch heute so, weil so viele Erinnerungen in diesem Wort stecken:

Im Erdgeschoss des Mietshauses, in dem er aufwuchs, betrieb ein Mann eine Gemüsefabrik. Gurken aus dem Spreewald wackelten über Laufbänder durch den Innenhof, wurden gewaschen und schließlich in Gläser gesteckt. Das beobachtete Kuchwalek gerne, vom Fenster aus, und ab und zu klaute er eine Gurke. Kuchwalek sagt nicht Gurke, sondern »Jurke«. Das »r« liegt schwer im Rachen, als wolle er es verschlucken.

Als Leopold Kuchwalek 14 Jahre alt war, war es mit der Kindheit vorbei. Die Schule dauerte nur acht Jahre, und nun sollte er, halb Kind, halb

Mann, einen Beruf erlernen. Ob er einen Traumberuf hatte? Da muss er lachen. »Ich wusste gar nicht, was das heißt: zu arbeiten.« Wünsche hatte er nicht, die Arbeit kam einfach zu ihm. Eines Tages besuchte ein Freund des Vaters die Familie, ein Ingenieur der AEG. Sie brauchten junge Burschen, sagte er. Und Leopold wurde Maschinenschlosser.

In jener Zeit, Anfang der dreißiger Jahre, formierten sich in Berlin die Nationalsozialisten. Kuchwalek sagt, er könne sich kaum daran erinnern. Vielleicht mag er auch nicht. 1933 trat er nicht in die Partei ein, sondern in den Paddelclub Viking, in dem er noch heute Mitglied ist. Politik interessierte ihn nicht. »Wenn Aufmärsche waren, war ich im Wasser«, sagt er.

Es war Frühling, die AEG feierte ein Fest, und da sah er Hilde zum ersten Mal.

Er schweigt ein paar Sekunden lang, guckt in die Luft und denkt nun wohl an das Mädchen mit den schicken Lederschuhen. Sie tanzten. Einige Tage später holte er sie mit seinem Motorrad ab und brachte sie ins »Paresüd«, zum Tanztee. Hildes Mutter saß am Rand und beguckte den jungen Mann. Sie muss zufrieden gewesen sein. »Ach«, sagt Kuchwalek nur, »meine Frau war jut.«

Vor drei Jahren starb Hildegard Kuchwalek, da hatten sie 78 Jahre miteinander verbracht. Seit Hilde nicht mehr da ist, hat sich sein Körper verändert. Als seine Frau noch für ihn kochte, habe er 75 Kilo gewogen, sagt er, heute seien es 62. Sein Ernährungsplan: »Morgens 'ne Stulle, abends 'ne Stulle und zwischendurch Pellkartoffeln oder Suppe aus der Büchse.«

Leopold Kuchwalek hätte seine Hilde gern sofort geheiratet. Aber 1939 wurde er eingezogen. Er war 22 Jahre alt, als die Wehrmacht ihn nach Frankfurt an der Oder schickte, als Kanonier. Mit seiner Truppe rückte er Richtung Osten. Drei Jahre lang. Er erzählt wortkarg vom Krieg, wie so viele Männer seiner Generation. »Alles war gleichgültig«, sagt Kuchwalek, »ich habe einfach funktioniert.« Solange, bis ihn ein Brief der AEG erreichte: Er werde gebraucht. Kuchwalek musste auf Montage, um Turbinen zu reparieren. »Die haben mich dann hin und her geschickt, überallhin, wo's brenzlig war.«

Kuchwalek hatte also Glück: Er musste kein Maschinengewehr mehr tragen, und ab und zu durfte er sogar nach Hause, zu Hilde. Am Valentinstag 1942 heirateten sie. Auf einem Foto, aufgenommen in ihrer ersten Wohnung in Berlin-Mitte, sitzt sie auf seinem Schoß, die Haare wellig, das Gesicht glatt, in Karobluse mit Puffärmeln. Kuchwalek hält sie am Rock fest. Am Ringfinger glänzt der Ehering. Stolz sieht er aus. Glücklich, das auch.

Wenige Wochen später musste er wieder an die Front, in den Ural. Doch die Truppen rückten nicht mehr vor, sondern zurück. »Ich ging zum Regimentskommandeur, um mich zu melden. Vor der Hütte waren die Toten aufgeschichtet. Das war mein erster Eindruck.«

Seine Augen werden jetzt rot, seine Gesichtszüge starr. Hinter ihm tauchen die Kinder nach Ringen. Und Kuchwalek steht dort im Wasser, streckt die Arme seitlich aus und legt seine Hände auf die Wasseroberfläche und schließt die Augen. Dann kann er weitererzählen.

»Ich kam nach Bryansk. Wir hatten so viele Verluste. Wir mussten uns zurückziehen. Also ab in den Graben. Da war ein Unterstand. Ich sagte: Hier können wir schlafen. Aber die anderen riefen: Weiter! Weiter! Also sind wir weiter durch die Gräben gezogen. In dieser Nacht ist eine Bombe auf genau diesen Unterstand gefallen. Alle, die darin lagen, waren tot. Ich hätte darin gelegen. Eigentlich hätte ich darin liegen müssen.«

Das Wasser gleitet Kuchwalek über die Lippen, es gluckert, dann verschwindet auch die Nase. Kurz steht er atemlos im Wasser. Dann lässt er die Arme nach unten schnellen, sein Körper schießt nach oben, sein Mund schnappt nach Luft. Wieder schwimmt er zum Beckenrand und stützt sich ab. »Sehen Sie die weißen Flecken?«, sagt er und streicht sich über die Unterarme. »Das war Stalingrad. Die Sonne. Meine Haut hat sich nie wieder erholt.«

Und auf einmal sind da all die Erinnerungen, die Bilder.

»Wir standen im Gegenfeuer. Ich dachte, der erschießt mich. Ich habe den genau gesehen. Was macht der jetzt nur, denk ich. Ich habe mein Gewehr in hohem Bogen weggeschmissen. Dann haben die russischen Soldaten uns umzingelt. Die Sache war erledigt. Wir haben für drei Tage Brot gekriegt, und dann war Schluss. Es war furchtbar. Wir haben so gehungert. Sie können sich das nicht vorstellen. Ich habe so gehungert. Aber die anderen ja auch, die ja auch. Die Russen haben uns Knochen gegeben. Die sollten wir verbuddeln. Und da ist mir der Gedanke gekommen, die Knochen aufzuschlagen. Ich habe das Mark da rausgekratzt. Einen Becher voll. Den Becher habe ich heut noch. Und wenn wir doch mal Brot hatten, dann hatte ich was zum Draufschmieren.«

Knochen? Wir fragen nicht nach.

Leopold Kuchwalek kam frei, weil er gebürtiger Österreicher war. Er durfte nach Wien ausreisen. Doch er wollte nach Hause – und zu Hause, das war Berlin. Also gab er sich auf dem Wiener Hauptbahnhof als Helfer aus, half den Passagieren mit den Handkarren und versteckte sich schließlich zwischen Kisten in einem Zug nach Berlin. An Weihnachten 1945 kehrte er zurück.

Doch sein Zuhause gab es nicht mehr. Die Wohnung, in die er mit Hilde gezogen war, war durch die Bombenangriffe zerstört worden. Hilde hatte überlebt.

Ihr erstes Kind nicht.

Leopold Kuchwalek war 26 Jahre alt, hatte eine Tochter bereits verloren, und sein eigenes Leben war ihm nun mehrfach geschenkt worden. Bis dahin, sagt er, war ja irgendwie immer alles zu ihm gekommen: die Arbeit, die Liebe, der Krieg. Aber als er Berlin sah und spürte, dass nichts mehr von allein kommen würde, setzte er sich ein Ziel: »Ich wollte meiner Familie ein gutes Zuhause bauen.«

Er fand Arbeit als Klempner. Morgens um fünf stand er auf, und abends ging er in die Schule, um sich zum Techniker weiterzubilden. Am Wochenende streifte er durch die Trümmer der Stadt, sammelte Steine und Holzlatten und schleppte sie in den Garten seiner Eltern. Vor dem Krieg waren sie nach Lichterfelde gezogen, in ein Neubaugebiet mit Holzhäusern und weitläufigen Gärten. Das Haus war ausgebombt. Aber im Garten war Platz. Also trug Leopold Kuchwalek das Baumaterial für sein erstes Haus dort zusammen. Tag für Tag wuchs die Hütte: In der Küche verlegte er Linoleumfußboden, das Wohnzimmer bekam einen Kachelofen, und schließlich baute Kuchwalek sogar eine Veranda, für den Sommer. Der Wasseranschluss im Keller der Eltern funktionierte noch, und als er in den Ruinen ein paar Rohre fand, nahm er sie mit und baute sich einen Gasanschluss.

Hilde gebar zuerst einen Sohn und dann eine Tochter. Zehn Jahre verbrachte die Familie in der Laube. »Das war eigentlich ganz schön, da im Garten«, sagt Kuchwalek. Aber er hatte versprochen, seiner Hilde und den Kindern ein gutes Zuhause zu bauen. Und die Laube war nicht gut genug.

Nach dem Schwimmunterricht warten vier Frauen vor den Umkleidekabinen: drei Mütter und Kuchwaleks Tochter.

Monika Gesirich, blondgrauer Bob, freundliches Lächeln, ist auch schon Rentnerin. Gemeinsam fahren sie in eine Doppelhaushälfte in Lichterfelde, ein schlammbraunes Haus, zwei Stockwerke, eingezäunt mit Maschendraht. Als Leopold Kuchwalek sich 1961 in dieses Haus verguckte, sah es noch ganz anders aus: Es stand nur noch eine Außenmauer, von oben führte eine Treppe durchs Freie in den Schutt hinein. Wie ein Puppenhaus – hinten zu, vorne offen.

Niemand in der Familie glaubte daran, dass dieses Haus ein Zuhause werden könne. Die Schwiegereltern, die versprochen hatten, die junge Familie beim Hausbau zu unterstützen, zogen ihr Versprechen für ein Darlehen zurück. »Dit schaffste nie, hat meine Frau gesagt. Hab ich aber«, sagt Kuchwalek und lacht. Er bestand darauf, das Haus zu kaufen. Monika Gesirich, die Tochter, hat die Fotos von damals behalten und in einer Stadtteil-Chronik veröffentlicht.

Die Großeltern, die mit stummen Gesichtern die Baustelle besichtigen.

Ihre Mutter, die im Kleid Steine in eine Schubkarre sortiert.

Ihr Vater, der mit krummem Rücken einen Sack Mörtel über die Baustelle schleppt. Und schließlich wieder die Großeltern, nun mit einem Spaten in der Hand. Stein für Stein baute Kuchwalek damals seine Gartenlaube ab, trug die Steine nach Lichterfelde und setzte sie dort wieder aufeinander. Zwei Jahre später zogen sie ein, und heute, ein halbes Jahrhundert später, sieht es so aus wie damals: dänische Teakmöbel, sonnengelbe Blumentapete, Linoleum. Hier sitzt Leopold Kuchwalek nun an seinem Esstisch und schaut durch rüschige Gardinen in den Garten.

Damals machte er sich selbständig. »Nur ich und mein VW-Bus«, sagt er, »ich bin sogar nachts noch losgerannt, wenn Kunden anriefen.« Er stellte erst einen Gesellen ein, dann einen zweiten, und schließlich leitete er eine Sanitärfirma. Er habe immer mehr Zeit bei der Arbeit als zu Hause verbracht, sagt er. Die Kuchwaleks konnten in den Urlaub fahren, nach Italien oder an die Ostsee, und irgendwann reichte das Geld für ein Ferienhaus in Schleswig-Holstein.

»Ich musste immer vorwärtsschauen«, sagt er und klopft mit dem Handrücken auf den Tisch, »das war jut.«

Am liebsten macht er noch immer alles selbst. So wie an dem Tag, als ein Gutachter vorbeikam, um seinen Antrag auf eine Pflegestufe zu prüfen. Der Gutachter kam einen Tag zu früh. Als er klingelte, öffnete niemand. Also ging er ums Haus herum. Im Garten stand Kuchwalek, 98 Jahre alt, auf einer Leiter in der Krone eines Apfelbaumes, mit einer Kettensäge in der Hand. »Ich schaffe halt gerne«, sagt er und grinst.

Und doch: Wenn die Zukunft mehr verspricht als die Vergangenheit, lernt jeder Mensch, hoffentlich, nach vorne zu schauen – irgendwann aber werden die Aussichten kürzer und die Schatten länger.

Leopold Kuchwalek hat den Krieg überlebt, zwei Häuser gebaut, zwei Kinder bekommen und eine Firma geleitet. Als wir ihn fragen, welche Pläne er noch habe, schweigt er kurz, und dann sagt er: »Im Sommer geht's wohl wieder an die Ostsee.« Es gibt Menschen, die genau dies genießen: die Ruhe. Für Kuchwalek ist das nichts. Er sagt: »Früher konnte ich immer schlafen. Heute grübele ich. Den Schlaf kannst du nicht bescheißen.«

Die Weisheit des Alters, I.

»Ich sage immer: Kinder, ich mach das schon,
ich erledige das.«

Leopold Kuchwalek

Rogers Reise, I.

Der alte Mann ist schon sehr lange alt; lange her, folglich, dass er jung war. Das ist eine banale Erkenntnis, einerseits. Schockierend ist es aber doch auch, andererseits. Wie schnell das alles vergeht, wie schnell so vieles für alle Zeiten vorbei ist.

Der alte Mann erinnert sich exakt an das Kind, das er war, an die Scheidung der Eltern auch; da war er acht Jahre alt, und danach musste er bei seinem Vater bleiben, der Anwalt war und keine Ahnung hatte, wie das eigentlich ging: Vater sein.

»Ewig her, so unendlich ewig und doch so nah«, sagt der alte Mann und berichtet von seinen elf Haustieren, von seiner Schwester Nancy, die längst tot ist, genau wie natürlich all die Haustiere und leider auch all die anderen Menschen. Lang ist diese Liste der Toten, und beinahe täglich verlängert sie sich.

Grüne Hosen, einen blauen Pullover, ein blaues Hemd und eine runde Brille trägt der alte Mann, der weiße Haare und einen weißen Schnauzbart hat, geschwollene Finger, geschwollene Knie, der gebeugt geht und gebeugt sitzt, aber wach ist, schlagfertig, sarkastisch und scharfsinnig, ein New Yorker Beobachter seit Jahrzehnten, überhaupt ein New Yorker durch und durch: Roger Angell, 95 Jahre alt, als wir uns erstmals begegnen.

Wird er 100 werden?

Er würde gern.

Er muss nicht.

Er weiß sehr genau, wie gesagt, dass sie alle längst weg sind, die Familie, die Freunde, sogar eine Tochter, und auch all die Hunde, einer nach dem anderen; nun liegt also Andy, der neue Foxterrier, auf der Couch und schmatzt und grunzt. Und sein Herrchen weiß, dass es durchaus passieren kann, dass er, Roger, morgen früh nicht aufwacht, oder dass bei einem Spaziergang im Central Park der Herzinfarkt kommt, oder dass er stürzt, einfach so, und dass nach einem solchen Sturz der Verfall sich beschleunigt.

»Professionelle Athleten werden vom eigenen Stolz angetrieben«, sagt Angell, »mich aber treibt nichts mehr. Am Leben zu bleiben wäre eine gute Idee. Aber Stolz beschäftigt mich nicht mehr. Meine Augen beschäftigen mich, sie lassen nach, das ist ein großer Verlust.« Er denkt ein wenig vor sich hin, sagt dann: »Ach, was auch immer passieren wird, wird passieren.«

Wir sind hier, weil Angell über das ganze, verdammte Altern und womöglich sogar über das Sterben reden und schreiben kann wie kein Zweiter, so komisch und so schonungslos, der alte Mann schreibt schließlich seit über sechs Jahrzehnten für das Wochenmagazin »The New Yorker«. Wir besuchen ihn in seiner Wohnung in der Madison Avenue auf der Upper East Side in Manhattan, weil wir darauf hoffen, dass er 100 Jahre alt werden wird, und wir ihn auf dieser Reise begleiten möchten.

Ein Flügel steht in der Wohnung, Noten von Schubert und Schumann liegen darauf. Bücher und CDs in den Regalen. Parkett. Weiße Sessel.

»In Wahrheit war ja der ›New Yorker‹ mein Leben. Mein Halt. Meine Identität. Meine Heimat. Er war immer da. Und ich wollte nie etwas anderes tun als für den ›New Yorker‹ zu schreiben.« Autor und Redakteur war Roger Angell, immer im Wechsel. Als Literatur-Redakteur betreute er Alice Munro, Vladimir Nabokov und John Updike, als Reporter schrieb er über alles, was sich halt ergab. Auch als Schriftsteller versuchte er sich, einige Kurzgeschichten entstanden, doch »ich hatte für Romane oder Kurzgeschichten nicht genug zu sagen«, sagt er.

All die großen Chefredakteure des »New Yorker« hat er erlebt, zuletzt Tina Brown, die ihm riet, persönlicher und direkter zu schreiben, und nun David Remnick, der so präsent und kraftvoll ist, der das Blatt um Podcasts, Blogs, den ganzen täglichen Digitaljournalismus erweitert hat; und sie alle, all die Chefredakteure, gaben Roger Angell Zeit und Raum für Recherchen und Texte: was ein Reporter halt braucht, selbst wenn dieser Reporter 95 Jahre alt ist.

Sein erster Text für das Blatt seines Lebens war kurz: über einen Flugzeugabsturz, er war zufälligerweise in der Nähe gewesen. Angell wurde danach nicht sofort eingestellt, was er als Frechheit vom »New Yorker« empfand, weshalb er zum Magazin »Holiday« ging und sich Bekanntheit erschrieb; und nach zehn Jahren rief der »New Yorker« an, und Roger Angells eigentliches Leben begann. Jenes mit Inhalt und Sinn.

Ein zweites gab es auch noch, das als Fan der New York Yankees; eher als Liebhaber, das Wort klingt feiner als »Fan«. Und weil Angell ja persönlich schreiben sollte, mit Leidenschaft und Gefühl, schrieb er wunderzarte Baseball-Geschichten, zuletzt über den irren Selbstzerstörer Alex Rodriguez, über den niemals hibbeligen Mariano Rivera, über den Manager Joe Torre vor allem, den Roger Angell verehrte, »weil er niemals die eigenen Spieler bloßstellte. Joe war ein Redner, ein Erzähler. Ich habe in meinem Reporterleben vor allem die Redner und Erzähler gesammelt, weil diese dein Notizbuch füllen.« Als Baseball-Autor wurde Angell dann berühmt.

Als es den letzten Streik gab, die Spieler wollten mehr Geld, die Besitzer der Clubs hielten dagegen, verfasste Angell eine Geschichte über Väter und Söhne: Die Väter liebten das Spiel so sehr und konnten es doch nicht spielen; die Söhne hingegen hatten die jungen Frauen, den Ruhm, und elegant, kraftvoll, jugendlich droschen sie den Ball aus dem Stadion. Es war eine Erzählung des Neids: Die Söhne, das waren natürlich die Baseball-Profis, und die Väter, das waren die Clubbesitzer. In Wahrheit ging es, auch da, um Vergänglichkeit, um Jugend und Altwerden.

Der alte Mann sagt, er sei nie ein schneller Schreiber gewesen. Immer nur ein Projekt, eine Recherche, ein Text zur selben Zeit, und dann die zweite, die dritte Fassung, Wort für Wort und Satz für Satz. Linear, so nennt er diese Arbeitsweise, die durchaus dem Wesen des Baseballs entsprach. »Beim Baseball vergeht viel Zeit, und es passiert immer nur eine Sache, der Wurf, der Schlag, *strike* oder *hit*, vielleicht fünf Sekunden Action, dann vergeht wieder Zeit. Beim Eishockey passiert sehr viel mehr im selben Moment, aber der Fehler wäre, deshalb zu denken, dass Baseball schlicht und simpel wäre. Oder das Schreiben.«

Es gab Wendepunkte im Leben des alten Mannes, entscheidende Momente.

Irgendwann, als Schüler, beschloss Roger, den Nachmittagsunterricht auszulassen und ins Kino zu gehen. Eine Erleuchtung. Und von da an täglich: nachmittags blau machen und ab ins Kino, am liebsten gleich zwei Filme. Gebeichtet hat er es nie jemandem, und gelernt hat er auf diese Weise, wie man Geschichten erzählt.

1942 schloss er das College ab, wurde sofort eingezogen, war im Pazifik, aber nicht in Gefahr.

Dann die erste Ehe, zu schnell, zu früh, eine junge Frau in der Redaktion des »New Yorker«, Evelyn. Eine mutige Frau, trotz des Diabetes war sie die Chefin der jungen Familie, knappe 20 Jahre lang. Zwei Kinder. Und schließlich die Scheidung.

Der Suizid der älteren Tochter, viel später, ohne Erklärung, ohne Ankündigung.

Die zweite Ehe. Es ist das Privileg der Hundert- oder Nahezu-Hundertjährigen, dass einer 20-jährigen Ehe noch eine 48-jährige Ehe folgen kann; mit Carol, Frau seines Lebens, beim »New Yorker« kennengelernt, erkannt, gehalten. »Wir waren großartig zusammen. Carol war zugleich sehr bescheiden und durch und durch selbstbewusst«, sagt er. Carol war Opernliebhaberin, weshalb Roger fürchtete, sie würde ihn für Pavarotti verlassen … ach, Carol fehlt ihm bis heute.

Trotz Peggy. Peggy bringt den Tee herein, Peggy ist die dritte Ehefrau und Roger auf keinen Fall unterlegen. Eine Englischlehrerin, die auch noch ein Kunstmagazin redigiert und vollschreibt. Getroffen haben sich die beiden schon vor vielen Jahren erstmals, da waren sie aber beide verheiratet. Dann starb Peggys Ehemann Harvey. Dann starb Carol.

Roger schrieb eine Postkarte an Peggy. Peggy brachte Roger ein gebackenes Huhn. Seit zwei Jahren sind sie in diesem Januar 2016 unserer ersten Begegnung nun verheiratet, sie lächeln, natürlich war diese späte Hochzeit richtig, sagen sie, jeder einzelne Tag ist nun schöner als er es wäre, wären sie allein.

Dürfen wir fragen, wie alt Sie sind, Peggy?

Peggy: »67.«

Roger: »Was?«

Peggy: »Ich hab vergessen, dir das zu sagen.«

Das Gekicher der Liebenden.

Ach, ein Leben voller Wegmarken, so viele Entscheidungen, es gab in Wahrheit ja Hunderte dieser Augenblicke, in denen auch eine ganz andere Richtung möglich gewesen wäre.

Nur einen Karriereplan gab es nicht, die Karriere passierte einfach, der alte Mann hatte, als er jung war, diese Sehnsucht nach dem »New Yorker«, und als er endlich dort angekommen war, tat er das, was er gern tat.

Wichtige Menschen aber, die gab es. Die Mutter, den Vater, den Stiefvater.

Der Vater war der Aktive. Er schleppte den Sohn in Museen, zum Tennis, zum Kanufahren, zum Baseball. Dann schrieb der Sohn eine Kurzgeschichte über einen Vater, der beim Tennis einen Herzinfarkt hat, und wenig später passierte der Herzinfarkt im wahren Leben.

Die Mutter war Redakteurin beim »New Yorker«. Unterstützend, bestimmt auch liebend, aber keine große Umarmerin. Sehr, sehr involviert beim »New Yorker«.

Und der Stiefvater war E. B. White, der Dichter und »New Yorker«-Autor, das Vorbild, der Großmeister. Angell hört noch den Klang der Schreibmaschine. E. B. White, was für ein Held. In Maine stand das Zweithaus, dort hielt der Stiefvater Hühner, dort war er Bauer, und auch dort: Im Zentrum standen E. B. White und die Schreibmaschine.

Und heute aber: das Alter. Ein Grund, dankbar zu sein, selbstverständlich ist das Alter ein Glück, aber es ist doch auch eine Plage. »Du hast so viele Freunde verloren. Alle alten Menschen wollen wieder 17 sein, wollen wie früher leben, und es geht nicht«, sagt Roger. Das New York von früher hätte er auch gern zurück: jene Stadt, die noch nicht so laut war, in der es noch Nachbarschaften gab, also auch Schuster, Klempner, Marktstände und Lädchen und nicht nur Reiche hier auf der Upper East Side. 1972 zog Roger in dieses Apartment ein, es war das New York von Vladimir Horowitz und Woody Allen (der damals noch *Stand-up-Comedian* war, sehr schnell, sehr präzise, alles so lange her). »Was für ein sozialer Mix«, sagt Roger; »einige Menschen waren in dieser Stadt einfach im Reinen mit sich und angekommen«, sagt Peggy. Na ja, »wenn ich ehrlich bin«, sagt er, »liebe ich New York immer noch. Es ist heute nur anders als damals«.

Anders ist auch der »New Yorker«. Weniger persönlich, weniger warm. Die Kollegialität ist weg, alle sitzen still an ihren Tischen. »Es ist jetzt Remnicks ›New Yorker‹, ein weltweiter Ansatz, Texte von überall«, sagt Roger, der immer noch ein Büro in der Redaktion hat, aber seit 1994 nicht mehr festangestellt ist.

Eine Sinatra-CD läuft.

Regrets … he has a few.

But then again … too few to mention?

Nein, einige Dinge bedauert er sehr ernsthaft, weil sie bedeutend waren. In den wichtigsten persönlichen Beziehungen sei er nicht immer sorgsam gewesen, sagt Roger Angell. Den Eltern habe er wenig Empathie und viel Arroganz entgegengebracht. Und nein, von seiner Arroganz seien nicht allein die Eltern betroffen gewesen.

Drei Gründe dafür, dass Roger Angell 95 Jahre alt wurde: Gene, Glück, Ärzte. Nämlich die Stents in den Blutgefäßen. Besonders gesund hat er nicht gelebt, Steak und Eiscreme liebt er immer noch. »Als ich ein junger Mann war, war man mit 60 uralt«, sagt Roger. Vor zehn Jahren hat er angefangen, Gedichte auswendig zu lernen, 30 beherrscht er, wir hören ihn Walt Whitman zitieren.

Kaum noch lesen zu können, das ist für ihn der größte Verlust der späten Jahre. »Die Odyssee« haben Roger und Peggy in den vergangenen Tagen als Hörbuch genossen, und es war genau dies, ein Genuss.

Machen diese zwei also, buchstäblich, das Beste daraus? Es wirkt gewiss so.

Was auch nicht aufhört: Humor. Auf dem Weg zum Central Park, ganz langsam und Schrittchen für Schrittchen, sieht Roger Angell Gras am Wegesrand, sagt »Komm, das rauchen wir«, und Peggy braucht zehn Sekunden, ehe sie's versteht, aber dann lachen sie beide.

DES RÄTSELS LÖSUNG, II.

Ein Dorf der Super-Alten, wie in Italien, oder eine Hundertjährigen-Insel wie Okinawa, gibt es in Deutschland nicht. Wer wissen will, wie die ältesten Alten in Deutschland leben, muss sie suchen. Im Jahr 2017 lebten hier rund 16 500 Menschen, die älter waren als einhundert Jahre – mehr als drei Viertel davon waren Frauen. Zur selben Zeit lebten in Österreich rund 1400 Hundertjährige, in der Schweiz etwas mehr als 1500.

Seit der Jahrtausendwende hat sich die Anzahl der Hundertjährigen in Deutschland fast verdoppelt. Berlin weist die höchste Hundertjährigen-Dichte auf. Hier haben unter 10 000 Einwohnern bereits drei Personen ihren hundertsten Geburtstag gefeiert. Den zweiten und dritten Platz nehmen Bremen und Hamburg ein, gleichfalls Stadtstaaten, wie Berlin.

Die Verteilung scheint bei uns in Deutschland eher willkürlich, zufällig zu sein. Weder die fischlastige Ernährung im Norden noch die bayerische Weißwurst dürften ausschlaggebend sein, und auch ein Super-Gen wurde in Deutschland bisher nicht entdeckt. Stattdessen sind die, die hundert Jahre alt werden, in ihrer Umgebung häufig die einzig Übriggebliebenen ihrer Generation. Manche Städte bringen ihre hundertjährigen Einwohner jährlich zu einem Stammtisch zusammen. Doch bis auf solche Ausnahmen ist die Welt der Ältesten mit den Jahren kleiner geworden. Die Hundertjährigen haben keine Interessenvertretung auf Bundesebene, keinen Dachverband mit Ortsverbänden, keinen Club. Sie sind eine Schicksalsgemeinschaft. Sie teilen wenig, außer ihrem Alter. Ihr Leben beschränkt sich im Normalfall auf wenige Vertraute: Enkel, Kinder und Pflegekräfte.

Wie soll man sie also finden?

Einer, der sie – theoretisch – alle kennt, ist der Bundespräsident. Denn wer seinen 100. Geburtstag feiert, erhält persönliche Glückwünsche aus dem Bundespräsidialamt. Dessen Verwaltung wird von den Einwohnermeldeämtern informiert, die genau dokumentieren, wann und wo ein Geburtstag ansteht. Von dort bekommen stets auch die Bürgermeister einen Hinweis, denn für sie gehört ein Geburtstagsbesuch ab einem 100. Lebensjahr zur Amtspflicht.

Wissenschaftler und Hobby-Experten, zum Beispiel von der *Gerontology Research Group*, verbringen viel Zeit damit, Zeitungsmeldungen nach neuen Mitgliedern dieser besonderen Gemeinschaft zu durchsuchen und deren Alter durch Geburtsurkunden zu verifizieren. Für die Ältesten unter den Hundertjährigen, die sogenannten *Supercentenarians*, gibt es Rekordlisten im Internet. Das hohe Alter verschafft Prominenz. Sobald man einen Namen gefunden hat, braucht man ihn nur noch nachzuschlagen – im Telefonbuch, nicht bei Google.

Die eigentliche Herausforderung liegt in der Kontaktaufnahme selbst. Wie zum Beispiel bei Lucie Siegmund. Die Lübeckerin, im Sommer 2018 stolze 105 Jahre alt, wäre nicht Teil dieses Buches geworden, wenn nicht bei unserem ersten Anruf zufällig eine Pflegerin in der Nähe gewesen wäre. Lucie Siegmund ist schwerhörig, so wie viele ihrer Altersgenossen. Zum Glück legte sie aber nicht auf, sondern reichte den Hörer an ihre Pflegerin weiter. In anderen Fällen sorgten Verständigungsprobleme dafür, dass ein Treffen nicht zustande kam. Bevor es am anderen Ende der Leitung tutete, murmelten einige gerade noch ein »Ich kaufe nichts« in den Hörer.

Zu Reaktionen wie dieser trägt eine Eigenschaft bei, die nicht nur dem Alter, sondern womöglich der Kultur geschuldet ist. Deutsche sind skeptisch. In Hawaii oder Thailand, in New York oder auf Sardinien schienen sich die Hundertjährigen über unsere Anfrage zu freuen;

wie schön, dass ihnen jemand zuhören wollte! In Deutschland war das bisweilen anders.

Gustav Gerneth, der mit 113 Jahren während der Recherchen für dieses Buch der älteste bekannte Deutsche und im April 2019 auch der älteste Mann der Welt war, legte schon auf, als das Anliegen noch gar nicht vorgetragen war. Auch auf einen Brief reagierte er nicht, ob aus Vorsicht oder aus anderen Gründen, ist schwer zu sagen.

Alte Menschen neigen dazu, sich zurückzuziehen. Vielleicht führt die Angst vor Enkel-Tricks, Erbschleichern, Verkäufern oder Einbrechern dazu, dass sie sich einigeln. Aus der Sicht eines Hundertjährigen ist das gewiss verständlich. Vor allem wer alleine lebt, will sich schützen.

Die größten Zweifel hatten die Hundertjährigen allerdings an sich selbst: »Was möchten Sie denn von mir wissen?«, das fragten viele, die wir um ein Treffen baten. Während Journalisten und Mediziner Hundertjährige gern als Naturwunder betrachten, sehen diese sich natürlich als jene Menschen, die sie schon immer waren, bloß älter. Die meisten Hundertjährigen, die wir trafen, waren außerordentlich bescheiden.

Die Hundertjährigen haben sämtliche Phasen eines gewöhnlichen Lebens schon hinter sich: die Kindheit, das Erwachsenenalter und das Alter. Viele verstehen die Phase, in der sie sich jetzt befinden, als Leben plus. Es ist ein Lebensabschnitt, den zum Zeitpunkt ihrer Geburt niemand für möglich gehalten hätte. Viele sind froh über die geschenkte Zeit, gelassen, dankbar. Jeder Tag ist ein Gewinn.

Nun ist es so, als säßen sie im Restaurant und hätten die Rechnung längst bezahlt, aber der Kellner serviert trotzdem immer noch ein neues Dessert. Und auf einmal setzen sich Fremde zu ihnen an den Tisch und fragen, wie die Vorspeise und der Hauptgang geschmeckt haben. Denn die Frage, die Mediziner, Gerontologen, Biologen, Psychologen und uns umtreibt, ist diese: Wie haben die Hundertjährigen es geschafft, so alt zu werden? Wir wollen das geheime Rezept erfahren oder wissen, was wir bestellen müssen, um es ihnen gleichzutun.

Wissenschaftler nähern sich dem Phänomen der Super-Alten auf zwei Arten: medizinisch und psychologisch. Bewiesen ist, dass unser

Verhalten einen größeren Einfluss auf den Altersprozess hat als unsere Gene. Entscheidend ist, wie wir uns ernähren, wie wir uns bewegen und auch, wo wir leben. Denn Umweltfaktoren wie die medizinische Versorgung oder der Lebensstandard eines Landes oder einer Region beeinflussen, ob wir hundert Jahre alt werden können oder nicht.

Mit der Heidelberger Hundertjährigen-Studie, die erstmals im Jahr 2000 durchgeführt und im Jahr 2010 wiederholt wurde, wurde ein Porträt deutscher Hundertjähriger geschaffen. Die Studie zeigt: Ein deutscher Hundertjähriger hat durchschnittlich vier bis fünf Gesundheitsprobleme. Und dennoch antworten viele auf die Frage »Wie geht es Ihnen?« mit ein und demselben Satz: »Ich bin zufrieden.«

Zwischen den Jahren 2000 und 2010, von der ersten bis zur zweiten Heidelberger Studie also, geschah etwas Erstaunliches: Die geistige Fitness der Hundertjährigen nahm zu. In der zweiten Studie litt nur noch rund die Hälfte der Befragten unter kognitiven Einschränkungen – rund zehn Prozent weniger als im Jahr 2000. Wenn sich diese Entwicklung fortsetzt, werden in Zukunft immer mehr Hundertjährige in Deutschland leben, und sie werden mehr benötigen als körperliche Pflege.

Wer noch klar denken kann, dem müssen Gelegenheiten geboten werden, sich an der Gesellschaft zu beteiligen. Bewegung ist wichtig, denn Bewegung verlangsamt das Altern. Auch Hörgeräte können Leben retten, da Depressionen dann entstehen, wenn Menschen keinen Input mehr bekommen, beispielsweise weil sie nichts hören. Alles, was im Frontalhirn geschieht, lässt im Alter nach: das episodische Gedächtnis zunächst, dann auch das semantische Gedächtnis (wie fährt man noch mal Auto?). Das Leben ist durchaus symmetrisch: Die Söhne und Töchter und Enkel der Ältesten sollten wissen, dass die Eltern und Großeltern irgendwann das wieder verlieren, was sie als Kinder einst lernen mussten; das hingegen, was schon Kinder automatisch beherrschen, das bleibt bis zum Schluss.

Alte Menschen brauchen Zuwendung. Freundschaften und Liebe helfen. Wärme hilft. Gespräche helfen.

Und Einsamkeit macht krank.

Für Hundertjährige gilt, was für fast alle Menschen gilt: Je intensiver sie in das soziale Leben eingebunden sind, desto besser geht es ihnen. Der Anteil der Single-Haushalte nimmt zwar auch unter Hundertjährigen zu. Die meisten leben allerdings nach wie vor mit ihren Kindern oder einer Pflegekraft, nur jeder Vierte lebt in einem Heim.

Obwohl das Einsamkeitsgefühl im hohen Alter abnimmt, litten in den Heidelberger Studien noch immer rund 40 Prozent der Befragten genau daran.

So sehr sich die sehr, sehr alten Menschen, die wir für dieses Buch besuchen durften, auch unterschieden: Sie alle haben uns beeindruckt. Denn egal ob Lebensfreude oder Disziplin, Fürsorglichkeit oder Strenge; jeder und jede Hundertjährige hat eine ganz eigene Stärke, die ihn oder sie angetrieben hat. Und jede und jeder von ihnen hat eine ganz und gar einzigartige Geschichte.

Wenn Eltern Kinder werden

WOLFSBURG

Erna und Ludwig Thomas leben jenes Leben, das sich vermutlich viele Menschen fürs Alter wünschen: Erna und Ludwig Thomas sind seit 70 Jahren verheiratet, wohnen noch immer in dem Zuhause, das sie kurz nach ihrer Hochzeit bezogen haben, und wenn alles gutgeht, werden sie bald zusammen ihren 100. Geburtstag feiern.

Werden sie? Weil ihr Sohn Helmut sie so liebevoll pflegt, könnten sie es schaffen. Wenn sie es denn schaffen wollen.

Wollen sie?

Nun ja ... also ... nein, Erna und Ludwig Thomas wollen nicht unbedingt hundert werden. An ganz schön vielen Tagen wollen sie inzwischen lieber tot sein.

Wenn Erna und Ludwig Thomas ihre Häkelgardinen zurückschieben, können sie das Volkswagen-Werk sehen: die vier Schornsteine des Kraftwerks und den Mitarbeiterparkplatz, voll mit Neuwagen. Dahinter fließt der Mittellandkanal. Als Erna und Ludwig hier einzogen, konnten sie auch noch auf die Bahnschienen gucken, aber seither wurde viel gebaut.

Das Ehepaar Thomas lebt in Wolfsburg. Früher arbeitete Ludwig im VW-Werk, und am Wochenende ging er zum VfL. In einem Fan-Lied heißt es über diese für Nicht-Wolfsburger doch ein wenig gewöhnungsbedürftige Stadt: »Ein Schloss; ein Werk, das Arbeit gibt; und einen See, den jeder liebt«. Damit wäre das meiste über diesen nach einer gewissen Eingewöhnungszeit durchaus liebenswürdigen, aber

53

auch dann noch etwas eigentümlichen Ort gesagt. Wolfsburg, das so gern Metropole wäre, ist eine Industriestadt, gegründet in erster Linie für das Werk und in zweiter Linie für die Menschen, die in jenem Werk arbeiten. Die Fußgängerzone heißt »Porschestraße«, das Freibad heißt »Volkswagen-Bad«, das Fußballstadion »Volkswagen Arena«, und wer einen Ausflug machen will, geht in die »Autostadt«, eine Art Freizeitpark von VW.

Damals, als Erna und Ludwig nach Wolfsburg zogen, gab es all das noch nicht. Da gab es nur das Werk und die Schrebergartenanlagen, und an diesen zwei Orten verbrachten sie den größten Teil ihrer Lebenszeit. Sie sind ja beide viel älter als diese so junge, erst 1938 gegründete Stadt: 99 Jahre alt sind sie in diesem Frühling 2018, als wir sie besuchen.

Seit mehr als 60 Jahren wohnt das Ehepaar oder die Familie Thomas in dieser Dreizimmerwohnung in diesem Dachgeschoss dieses dreistöckigen Baus. Einen Balkon gibt es nicht, aber viele Dachschrägen, die es gemütlich machen. Es gibt Auslegware: Teppich in der Stube, Linoleum in der Küche. Hier hat sich im letzten halben Jahrhundert vermutlich nicht viel verändert – außer Erna und Ludwig: Die beiden sind alt geworden.

Es ist kurz vor 12 Uhr, der letzte Tag im Mai, Erna hat auf der Küchenbank Platz genommen. Sie muss einst groß und schlank gewesen sein, heute ist ihr Körper hager, die Augen liegen tief in ihren Höhlen, die nackten Beine baumeln unter dem Tisch. Erna hat eine Küchenschürze übergeworfen, eine blaue Weste mit großen Taschen, wie Hausfrauen sie früher trugen, um die guten Kleider zu schützen. Erna aber trägt keine Kleider mehr, sondern meist nur ein Nachthemd.

Vor einigen Jahren hatte Erna einen Lendenbruch, seitdem schmerzt die Hüfte, und sie verbringt die meisten Stunden des Tages im Bett. Sie hat die Pflegestufe 5 erreicht, die höchstmögliche. Nur einmal am Tag lohnt sich das Aufstehen noch – wenn das Mittagessen geliefert wird. Essen ist ihre Lieblingsbeschäftigung; es ist die letzte Beschäftigung, die sie noch beherrscht. Am liebsten ist ihr Sauerkraut. Aus der Dose muss es kommen, und kalt muss es sein, so kennt sie es von früher.

Und in ihrer Nachttischschublade steht eine Kaffeetasse, ohne Kaffee, aber mit einem Häufchen Zucker, und wenn ihr danach ist, steckt sie den Finger hinein und dann in den Mund.

Um kurz nach 12 klingelt es an der Tür. Heute bringt der Lieferservice Bockwurst, Kartoffeln und Gurkensalat. Helmut Thomas nimmt das Essen entgegen, Ernas und Ludwigs einziger gemeinsamer Sohn, ein Rentner inzwischen auch er, 68 Jahre alt. Er sieht aus wie ein sportlicher Mann, der aus seiner Freizeit eine Menge machen könnte: Radtouren, Wanderurlaube, Fußballspiele, aber Helmut Thomas hat pflegebedürftige Eltern. Es ist hier so wie in vielen deutschen Familien: Die Rollen haben sich gedreht, die Eltern sind zu Kindern geworden und umgekehrt.

Vor 12 Jahren hat Helmut Thomas aufgehört zu arbeiten, damals begann er damit, sich um seine Eltern zu kümmern. Marion, seine Frau, hilft ihm dabei. Marion war früher Lehrerin, ein blonder Bob umspielt ihr freundliches Gesicht. Wenn Marion mit Erna spricht, berührt sie ihre Schwiegermutter am Arm, um ihr zu zeigen, dass sie sie mag. Marion und Helmut kaufen Windeln in der Apotheke, und wenn der Sauerkrautvorrat verbraucht ist, stellen sie neue Dosen in den Schrank. Alle drei Tage bezieht Marion die Betten frisch. Helmut erledigt die Wäsche. Und wenn es beim Staubsaugen im Rohr klackert, weiß Helmut, dass Erna ihre Schmerztabletten wieder nicht genommen hat.

Marion und Helmut sind seit vier Jahren nicht mehr in den Urlaub gefahren. »Was, wenn doch mal was passiert?«, sagt Marion.

Ludwig Thomas sitzt am Kopfende des Tisches. Ein kleiner Mann mit runden Augen, die ein wenig tränen. Er trägt einen Trainingsanzug, die Füße stecken in dicken Socken. Die Luft in der Dachgeschosswohnung ist warm und feucht, es ist ja Mai. Ludwig Thomas merkt das nicht. Seit er als Soldat durch Russland marschierte, will die Kälte nicht aus seinen Gliedern verschwinden. Ludwig Thomas war Landwirt, er war Soldat, er war Bandarbeiter im Werk. Seit vierzig Jahren ist er nun Rentner: Manchmal fühle er sich nutzlos, sagt er.

Auf dem linken Ohr ist er so gut wie taub, und seit einigen Jahren leidet er unter Blasenkrebs; er braucht einen Katheter, der ihn ständig daran erinnert, dass er ist, was er ist: alt, Pflegestufe 4. Er läuft nicht mehr, er tapst, Schrittchen für Schrittchen. Für einen 99-Jährigen ist das normal. Aber Ludwig war ja nicht immer 99 Jahre alt, und deshalb fällt es ihm schwer, den eigenen Zustand zu akzeptieren.

Die Wohnung gleicht einem Museum. Vor kurzem hat Helmut die Sicherung des Herdes abgeklemmt, damit nicht wieder etwas anbrennt. Auch den Fernseher hat er inzwischen abgemeldet; Ludwig kann den Ton nicht mehr hören, und Erna kann nicht mehr stundenlang im Sessel sitzen. Im Grunde könnte man die Geräte entsorgen. Aber wie sähe das aus, eine Küche ohne Herd, eine Stube ohne Fernseher? Für die Dinge hier ist die Zeit abgelaufen, für die Bewohner noch nicht.

Einen Fahrstuhl gibt es nicht. Die Treppe ist ein Problem. Sie steht zwischen Ludwig, Erna und dem Leben. Bis in den dritten Stock schaffen sie es einfach nicht mehr, weder herauf noch hinunter. Wenn einer zum Arzt muss, kommt ein Transportdienst, und an den vielen anderen Tagen hocken sie hier oben wie ein vergessenes Königspaar in der verfallenden Burg.

Es sei vor allem das Geld, das seine Eltern in der Wohnung halte, sagt Helmut. Sechzig Quadratmeter, 270 Euro. Aber für Erna ist es mehr. »Nur mit den Füßen zuerst geh ich hier wieder raus«, sagt sie, »woanders leben kann ich nicht.« Erna und Ludwig wollen es nicht leicht haben; sie wollen es lediglich so, wie es immer war. Wenn man sie fragt, ob sie sich auf den 100. Geburtstag freuen, der im Herbst ansteht, scherzen sie.

»Dann gebe ich Autogramme vorm Rathaus«, sagt Erna.

»Dann kommt das Werksorchester und spielt für uns«, sagt Ludwig.

Aber wenn man sie fragt, was sie sich wünschen, ist der Geburtstag kein Thema mehr. Stattdessen sagt Erna: »Ich will einschlafen.«

Und Ludwig nickt.

Wenn Ludwig einen dieser Tage hat, an denen er sterben will, schleicht er zu Erna ins Schlafzimmer, setzt sich an die Bettkante und fragt: »Erna, wie lange noch?« Manchmal sagt er auch: »Wir könnten aufhören zu essen.«

»Verhungern wollen wir nicht«, antwortet sie dann.

Und wenn Erna einen dieser Tage hat, meint sie es ernst. Einmal hat sie sich auf die Toilette gesetzt, die Füße in eine Plastikwanne mit Wasser gestellt, ein abgerissenes Stromkabel in der Hand. Aber das Kabel war kurz, sie konnte die Steckdose nicht erreichen. Helmut fand sie und brachte sie zurück ins Bett.

Erna greift die Zeitung, die Helmut mitgebracht hat, und schlägt sie auf.

»Du erzählst heute viel«, sagt Ludwig.

»Wer viel fragt, kriegt viele Antworten«, sagt Erna, den Kopf hinter der Zeitung versteckt.

»Ich weiß nicht mehr so viel«, sagt Ludwig.

Erna blättert ein wenig. Dann legt sie die Zeitung zur Seite und schiebt den Teller von sich. »Ich gehe wieder ins Bett«, sagt sie. Sie stemmt die dünnen Arme auf den Tisch, drückt den Körper hoch, zwängt sich zwischen Fenstersims und Küchentisch hindurch. Vor Ludwig macht sie halt. Er steht auf, greift ihre Hände und drückt seine Stirn auf die ihre.

»Schlaf schön, meine Liebste«, flüstert er. Dann küsst er sie. Vor wenigen Tagen haben sie ihren 70. Hochzeitstag gefeiert.

Wer die beiden beobachtet, bekommt das Gefühl, dass Ludwig etwas mehr gebe als Erna. So, als sei die Sache zwischen ihnen nicht ganz sicher, ein wenig wie bei frisch Verliebten. Ludwig kämpft um seine Frau, immer noch.

Wenn man Erna fragt, was sie am Altern stört, sagt sie, sie würde gerne mal wieder einen Schweinebraten essen, aber sie könne nicht kauen. Ludwig beginnt zu weinen und sagt: »Manchmal weiß ich nicht mehr, was gestern war und was morgen kommt.« Fragt man sie nach dem Geheimrezept ihrer Ehe, sagt Erna: »Ich hatte immer das Kommando, und den Schrebergarten hatten wir zusammen.«

Ludwig sagt: »Man muss sich immer schön einig sein.«

Erna wurde im Sudetenland geboren, »Friedland an der Mohra, Kreis Römerstadt«, sagt sie in einem Ton, als hätte ein Grenzbeamter gefragt. Sie war eines von elf Kindern, und so behandelte ihre Mutter sie auch. Morgens musste Erna die Wäsche zum Bach bringen, sie wusch und schrubbte, und am Nachmittag schleppte sie Feuerholz aus dem Wald ins Haus, »alles nur für eine Scheibe Brot«. Die Kirche war ihr wichtig, der Gottesdienst am Sonntag auch und sowieso die lieben Worte, die der Pastor für alle Menschen hatte, sogar für sie.

Ludwig wuchs in Hessen auf, in Erzhausen bei Darmstadt, an einem Ort, in dem zumindest auf den ersten Blick alles in Ordnung war. Er hatte einen Bruder und zwei Schwestern. Ludwigs Vater war Landwirt, also sollte auch er Landwirt werden. Zwei Pferde, zwei Kühe, zwei Schweine und ein bisschen Land, all das sollte einmal ihm gehören. Aber als Ludwig zwanzig Jahre alt war, begann der Zweite Weltkrieg. Bis dahin hatte seine Familie Hitler weder verehrt noch verachtet, aber nun kämpfte er für Hitler, in Frankreich, in Polen und schließlich in Russland, wo er auf die Kälte traf, die bis heute nicht verschwinden will.

Ludwig wurde gerade in Kriegsgefangenschaft genommen, als Erna Westdeutschland erreichte. Sie hatte in der Zwischenzeit eine Tochter geboren, Edeltraud, die sie Traudel nannte. Geheiratet hatte sie auch, aber ihr erster Mann wurde im Krieg vergiftet, so erzählt sie es. Und Erna war aus ihrer Heimat vertrieben worden. Soldaten hatten sie in ein Lager in Prag gebracht und in einen Zug nach Darmstadt geschoben. Auf den Stufen eines Bauernhofes setzten sie sie aus. Die Landwirte sollten sie aufnehmen, so war es üblich. »Ich nehme keine!«, rief die Bäuerin, als sie Erna und das Kind sah. »Aber sie musste ja«, sagt Erna. Die Bäuerin war Ludwigs Mutter.

Für die Menschen in Erzhausen war Erna namenlos. Sie nannten sie »die Flüchtlingsfrau« und schickten sie zur Arbeit aufs Feld. Erna hielt durch. Für Traudel. Und weil sie immer durchgehalten hatte.

Drei Jahre später kehrte Ludwig heim. Er hatte die Härte des Krieges kennengelernt und sehnte sich nach der Wärme des heimischen Hofes. Er verstand nicht, warum die Leute im Dorf Erna nicht leiden konnten. Er mochte sie. Sehr. Und obwohl seine Eltern dagegen waren, heiratete er Erna. Sie trugen beide schwarz, denn es war Ernas zweites Mal. Ein Jahr später, 1949, bekamen sie einen Sohn: Helmut. Für ihre Schwiegereltern änderte das nichts.

»Ich blieb die ungeliebte Schwiegertochter«, sagt Erna.

Nach fünf Jahren Ehe floh Erna ein weiteres Mal. Nach dem Krieg hatte ihr Bruder in Wolfsburg Arbeit gefunden, und darum ließ er sie und ihre zwei Kinder auf seinem Dachboden schlafen. Auf der Suche nach Arbeit traf Erna auf einen Sudentendeutschen, der ein Wohnhaus baute. Erna half beim Ausbau und putzte in seiner Werkstatt. Im Gegenzug versprach er ihr eine Dachgeschosswohnung. Ludwig traf eine gewaltige Entscheidung: Er verließ den Hof seiner Eltern, fand Arbeit im Presswerk des VW-Werkes und zog zu Erna, die beinahe 40 Jahre alt war, als sie nun zum ersten Mal in ihrem Leben ein sicheres Zuhause bewohnte. Erna, Ludwig und die beiden Kinder, sie waren jetzt eine normale deutsche Familie.

Und in genau dieser Dachgeschosswohnung liegt Erna 60 Jahre später wieder in ihrem Bett. Sie hat zwei Fotos in ihrem Schlafzimmer aufgehängt. Das Bild ihres Bruders, dem sie all das hier zu verdanken hat. Und das Hochzeitsfoto, auf dem sie neben Ludwig zu sehen ist. Auf dem Foto neigt sie den Kopf, damit man nicht sehen kann, dass sie ein gutes Stück größer ist als ihr Mann.

Auch er sitzt nun wieder in seinem Zimmer, auf seinem Bett und lässt die Füße baumeln. Fragt man ihn, ob er seine Frau noch liebe, sagt er: »Jahaha«, und lacht. Fragt man Erna, warum sie Ludwig geheiratet hat, lacht sie auch, aber anders. Sie sagt: »Es war ja kein anderer da.« Aber in ihrer Stimme liegt tröstende Ironie. Wie es ist, geliebt zu werden, hat sie wohl tatsächlich erst von ihm gelernt.

Als Ludwig noch arbeitete, pflegte Erna den Schrebergarten. Vierzig Jahre zwischen Kartoffelstauden und Pflaumenbaum. Dann konnte Erna die Arbeit nicht mehr bewältigen. Und alleine in den Schrebergarten zu fahren, das kam für Ludwig nicht in Frage. »Ich kann meine Frau nicht allein lassen«, sagt er.

Bevor der Sohn der beiden, Helmut, aufbricht, geht er noch einmal ins Schlafzimmer seiner Mutter, um sich zu verabschieden. Sie hat jetzt doch noch einen Wunsch. »Ich möchte, dass mein Mann es nicht so schwer nimmt«, sagt sie. Als Helmut sie zudeckt, umarmt sie ihn und sagt: »Danke.«

Helmut und Marion haben einen radikalen Beschluss gefasst: Sie wollen in diesem Sommer für zwei Wochen nach Südtirol fahren. Dann kommt Camilla, eine Pflegerin aus Polen.

Und nun dreht sich Helmut zu seiner Ehefrau um und erzählt, dass seine Mutter ihn gerade in den Arm genommen habe.

»Das macht sie nicht oft«, sagt er.

»Ich werde sie vermissen«, sagt Marion.

Helmut schließt die Tür.

Es vergehen einige Monate nach diesem Besuch. Ludwig und Erna werden gemeinsam 100 Jahre alt, auf ein Fest verzichten sie. Am 3. Januar 2019 schreibt ihr Sohn Helmut eine SMS: Am Neujahrstag ist Erna friedlich eingeschlafen und nicht mehr aufgewacht.

Zum ersten Mal seit 70 Jahren ist Ludwig allein.

La famiglia

Von der Küste aus, egal von welcher Seite man kommt, dauert es, bis man das Dorf der Hundertjährigen erreicht. Da ist immer noch ein Berg und noch ein Tal und noch eine Kurve, und immer weiter geht es hinauf. Steiniger wird es. Kühler auch. Karger sowieso. Und wenn man endlich dort ist, wenn man die ersten sandfarbenen Häuser mit den roten Dächern sieht, ein paar Hunde, eine Kirche und eine Bar, dann ist man schon am Ende des Dorfs und wieder draußen.

Perdasdefogu also, 2000 Einwohner, davon 40 über 90 Jahre alt, 16 über 90-jährige Männer und 24 Frauen; das jedenfalls ist der Stand im August 2015, als wir dort sind.

Und ehe wir die Hundertjährigen von Perdasdefogu treffen, besuchen wir den Mann, der behauptet, er verstehe dieses Dorf und seine Geheimnisse.

Von dem simplen Leben weit oben in Sardiniens Bergen erzählt er zuerst. »Das Leben hier ist klein und langsam«, so sagt er es. Man geht zu Fuß, oder jedenfalls: Man ging zu Fuß, früher. Und man aß das, was die Felder hergaben, Tomaten logischerweise im September, denn »Tomaten im Februar sind doch absurd«, das sagt Giacomo Manelli, 75 Jahre alt, Soziologe und Journalist.

Giacomo ist hier oben geboren, doch dann zog es ihn fort in die sardische Hauptstadt Cagliari, das Leben sehen, das Leben leben. 35 Jahre lang schrieb und redigierte er für »*L'Unione Sarda*«, unter anderem schrieb er dort unten in der großen Stadt 1956 über die Ankunft des

Militärs auf Sardinien, die ersten europäischen Mittelstreckenraketen, die hier in Salto di Quirra getestet wurden; aber vor zwei Jahren kam er zurück in sein Dorf, in sein Haus am Rande der Gemeinde.

Wir sitzen in Korbstühlen auf der Terrasse, Garten und Felder scheinen endlos. Auf dem Tisch ein Korb mit Pflaumen. Daneben Oliven und Brot, *Moddigina*, das lokale Brot aus Kartoffeln, Wasser und Weizenmehl. Es gibt eine Minestrone ohne Chemikalien, dazu Rotwein, Wasser, später Tiramisu und Espresso. Der weißhaarige Giacomo trägt Shorts, ein weißes Polohemd, Sandalen, Brille. Nina, Mischlingshündin, auch schon 17 Jahre alt, lässt sich von Besuchern gern kraulen.

Die Helden von Perdasdefogu, das sind die Männer und Frauen der Familie Melis. Die Dorfälteste, das war jahrelang Consolata. »Eine Bäuerin und Hausfrau«, sagt Giacomo, »ihr Leben lang war sie draußen bei den Ziegen und Schafen auf den Feldern oder eben daheim. Eine glänzende Homöopathin war sie auch.« Consolata, von allen anderen Consuela genannt, wurde 107. Die Gemeinde Perdasdefogu hat ihretwegen ein kleines Museum eröffnet, wir sehen dort auf schwarz-weißen Fotos die junge Consuela und in einer Vitrine ihr Hochzeitskleid, und natürlich hängen in den zwei Räumen des Museums die Zeitungsausschnitte von 2012: Damals wurde die Familie Melis die älteste Familie der Welt, offiziell anerkannt vom Guinness-Buch der Rekorde. Es zählen, da sind die Buchhalter streng, keine Cousins oder Neffen, sondern nur Brüder und Schwestern und – theoretisch – deren Eltern, und 2012 also bestand die Familie Melis aus: Maria, 97; Vitalia, 80; Concetta, 91; Claudina, 99; Consolata, 105; Adolfo, 93; Antonio, 89; Vitalio, 86; und Fida Vitalia, 78, genannt »die Kleine«.

In diesem Sommer 2015 sind sieben dieser neun noch da, nur Consolata und Maria sind inzwischen gestorben. Der junge Salvatore Melis, Mitglied der nächsten, durchaus geschäftstüchtigen Generation der Familie Melis, hatte die Idee, das Guinness-Institut zu kontaktieren, der Rekord wurde der Familie dann schnell zugesprochen, die Fakten waren eindeutig und die Konkurrenz überschaubar. Und am 1. Juni 2015 lagen die Melis-Geschwister immer noch in Führung: Familienalter 745 Jahre und 210 Tage.

Damals, 2012, als die Auszeichnung gefeiert werden sollte, versammelten sich alle in Consolatas Küche, sogar der Bürgermeister war da. Die Küche war klein. Giacomo Manelli, der eine Rede auf seine Patentante halten wollte, fragte, ob sie nicht ins größere Schlafzimmer gehen könnten. »Ins Schlafzimmer? Willst du mit mir Liebe machen?«, fragte Consolata. Inzwischen, im Sommer 2015, ist Claudina Melis die Heldin der Familie, 103 Jahre alt, sie ist die neue Dorfälteste.

»Heute ist auch hier bei uns alles anders«, sagt Giacomo, »leider. Die Kinder nehmen das Auto der Eltern und fahren damit 600 Meter weit bis zur Schule. Die Rekorde der Familie Melis mögen hoffentlich pädagogisch wirken.«

Im Zentrum von Perdasdefogu, wenn man's denn Zentrum nennen möchte, liegt die Bar, Vittorio Emmanuele 99 ist die Adresse. Es gibt Billardtische und Plastikstühle, Eis und Süßkram, und den Lottoschein kann man hier abgeben. Über dem Tresen hängt ein Schild: »*Smartphone, PC e Social: fonti di stress.*« Von jener ganzen verdammten, stressigen Moderne bekomme man nämlich Akne, Muskelschmerzen, Bauchweh und Lippenherpes, so steht es dort geschrieben.

Adolfo Melis, nunmehr 93 Jahre alt, führt die Bar und erzählt, dass er täglich abwechselnd hier und auf seinen Feldern sei, wo er Auberginen, Kartoffeln und Bohnen anbaue. »Du arbeitest halt einfach immer weiter und isst deine Minestrone.« Noch eines sagt uns Adolfo: »Eine Familie existiert, damit sie zusammenhält. Wir helfen einander. Wenn einer krank ist, kümmern wir uns.«

Consolata, die große Schwester, hatte 14 Kinder, 24 Enkel, 25 Urenkel und drei Ururenkel. Es gibt hier keine Altersheime, es gibt nur die Familie. Morgens, das sagt Adolfo, frühstückt die Familie Melis gemeinsam. Und sonntags essen sie nach dem Gottesdienst zusammen, *calungiones*, ein Kartoffelgericht mit reichlich Knoblauch.

Luca Deiana, Molekularbiologe, Biochemiker und Altersforscher an der Universität Sassari auf Sardinien, spricht in Mails und am Telefon zwar auch von »günstigen, unveränderten Genen« und »vorteilhaften Zellproteinen«, vor allem aber spricht er von *»la famiglia«* und dem

Ursprünglichen des sardischen Lebens. »Sardinien ist windig, und das durchmischt die Luft, die Sie atmen«, sagt er. »Es gibt keine extremen Temperaturschwankungen. Die Arbeit auf dem Feld und das Hüten der Herden bedeuten, dass die Menschen körperlich aktiv bleiben. Ein Glas Rotwein und ein Stück Schafskäse oder Ziegenricotta sind das normale Essen der Hundertjährigen hier. Alles lokal, alles selbst hergestellt. Und alle alten Sarden leben mit ihren Familien zusammen und werden als lebende Erinnerungen ihrer Dorfgemeinschaften verehrt.«

Hier in der Bar sitzt nun Vittorio Palmas, auch er ein Hundertjähriger aus Perdasdefogu, ein gebeugter Mann, 102 Jahre alt, und das Erzählen fällt ihm schwer. Nein, er kenne keine Weisheiten über das Altwerden, nein, er habe das nicht gewollt, er habe halt einfach gearbeitet, sein Leben lang, und sowieso wäre er beinahe ganz früh gestorben: Er war im Krieg oben im Norden Italiens, der Schweiz ganz nahe, als er in Gefangenschaft geriet und nach Oranienburg, Dubrovnik, Bergen-Belsen kam, wo er am Ende noch 37 Kilogramm wog – »unter 35 Kilo stirbst du«, sagt Vittorio Palmas. »Man hat Glück oder eben nicht«, sagt er dann, und das ist natürlich doch eine kleine Weisheit über das Altwerden.

Auf unserer Reise in die Welt der Hundertjährigen werden wir das selten erleben, aber hier erleben wir es eben doch: Sprachlosigkeit. Man arbeitet, man wird älter und schließlich sehr alt, was gibt es darüber schon zu erzählen? Vittorio Palmas wirkt erleichtert, als wir keine Fragen mehr haben. Er schleift seine Ehefrau Peppina davon, vielleicht ist es auch umgekehrt, Peppina hat gleichfalls nicht viel gesagt. Sie ist 96.

Also zurück zur Familie Melis. Bauern, Soldaten, ein Wirt, Hausfrauen. Ein Cousin ist Missionar auf Madagaskar. Rita, die Tochter von Adolfo, war Anwältin in Rom, ist aber inzwischen wieder hier und heute so etwas wie die Managerin der Familie. Die Familie braucht zwingend eine Managerin, neulich haben sie darüber beraten, ob sie ihre Minestrone patentieren lassen und vermarkten können. Die meisten von ihnen sind auf der Insel geblieben, und angeblich telefonieren sie alle täglich miteinander, das jedenfalls hören wir mehrfach.

Claudina ist seit Jahrzehnten Witwe, ihr Ehemann war der Postbote von Perdasdefogu und arbeitete bis zu seinem letzten Tag. Dass die Zeit auf dem Berg langsamer vergehe, das verneinen sie hier oben, und die Alten sagen das sowieso: Die Jahre rasen; je älter man wird, desto schneller rasen sie, also macht etwas daraus, Kinder. (So werden wir während all dieser Recherchen auf allen Kontinenten immer wieder genannt: Kinder.)

Nun aber wirklich: die Geschichte der Familie Melis.

Adolfo, im Oktober 1923 geboren, ging bis zu seinem zehnten Lebensjahr in die Schule, dann half er den Eltern auf den Feldern und im Laden. 1942 wurde er eingezogen; er bewarb sich für die Offiziersschule, aber weil er Rheuma hatte, ging das nicht. Im Krieg war er in Norditalien, und nein, was soll er da schon erzählen, schön war es nicht. 1945 kamen die Monate der Orientierungslosigkeit, alle wanderten umher, nichts war sicher, nichts stand fest. Adolfo wanderte nach Neapel und weiß heute nicht mehr, warum er so weit im Süden landete, aber dort nahm er ein Schiff nach Cagliari, und dann ging es zu Fuß und auf der Ladefläche eines Lastwagens die Berge hinauf nach Hause. Jahre auf den Feldern folgten. 1956 konnte er die Grundmauern legen und 1958 die Bar eröffnen, und die Bar wurde seine Leidenschaft, sein Leben. »Bar di Adolfo«, inzwischen auch »Bar Billardo«, um die Jugend anzulocken. 1994 renovierte er die Bar und übergab die meisten Schlüssel an Giuseppe, seinen Sohn, und Giuseppe führt die Bar nun offiziell. Manchmal. Morgens um 4.30 Uhr steht allerdings noch immer Adolfo auf, er schläft ja nicht mehr so gut, und deshalb öffnet er die Bar früh, schließt um zehn am Abend wieder ab, einen Schlüssel hat er behalten. Beim Wort »Ferien« lacht er, eine Urlaubsreise gab es nie.

Fragt man Adolfo nach seinen Eltern, sagt er: »Sie waren wie alle hier. Bauern. Sie hatten auch ihr Lebensmittelgeschäft. Was kann ich sagen? Sie waren unsere Eltern.« Fragt man nach, wird die Erzählung nicht reichhaltiger: Es bleibt bei einem eher wortkargen Vater und einer Mutter, die sich um die Kinder kümmerte. Die Mutter wurde nur 63 und starb an einem Herzinfarkt, der Vater wurde 88. Ob irgendwer glücklich war oder etwas anderes vom Leben wollte, das sei nie auch nur diskutiert worden. »Großstadt-Fragen«, sagt Adolfo, der weiße Haare hat, direkt über den Ohren noch etwas mehr als sonstwo auf dem Schädel, der Turnschuhe, blaue Leinenhosen und Poloshirt trägt und vielleicht noch 1,60 Meter groß ist.

Und seit 1958 … ist eigentlich nichts mehr passiert.

»Ich bin immer noch hier.«

Das sagt er und lacht nicht.

Auf Nachfrage: 1960 war Adolfo für ein halbes Jahr in Stuttgart, ein Gastbauarbeiter, aber es gefiel ihm nicht, er vermisste Perdasdefogu. »Es ist natürlich und normal, hier zu sein«, sagt er. Und sonst noch – wirklich nichts mehr passiert? Adolfo heiratete spät, und seine Delia, Jahrgang 1936, schenkte ihm die drei Kinder: Rita, Giuseppe, Francesca.

Hat Adolfo jemals darüber nachgedacht, warum sie alle so alt werden?

Nein, sagt er, so etwas strebe man schließlich nicht an, irgendwann sei mal halt so alt oder eben auch nicht. Wenn er aber jetzt, heute, darüber nachdenken solle, dann fielen ihm vier Gründe ein. Erstens: »Il Signore«, er deutet zum Himmel, holt den Rosenkranz aus seiner Hosentasche, »wir alle beten viel«, sagt er. Zweitens: »Das ruhige Leben. Löse die Probleme des Alltags, bleib gelassen, sei nett und höflich zu allen Menschen.« Drittens: »Keiner in der Familie hat je geraucht. Nicht mal Kautabak gab es bei uns.« Viertens: »Iss gut und gesund, aber nicht zu viel. Ein halbes Glas vom eigenen Wein. Beinahe täglich Minestrone.«

Vor vier Jahren bekam Adolfo eine künstliche Hüfte. Eines, etwas Fünftes, möchte er noch sagen: »Löst Probleme sofort, lasst sie nicht größer werden.« Mehr aber gibt es dann nicht zu erzählen, dies war das Jahrhundert des Adolfo Melis, und »ich kann dem nicht viel hinzufügen«, das sagt Antonio. »Es war hier für alle gleich, für jeden von uns.«

Er setzt sich trotzdem an unseren Tisch: Antonio Melis, im Mai 1919 geboren, ein kleiner Mann in grauen Hosen und blauer Strickjacke, über den Krückstock gebeugt.

»Es gibt kein Familiengeheimnis«, auch das sagt er sofort. »Wir alle haben immer hart gearbeitet. Niemand hatte größere Träume, niemand

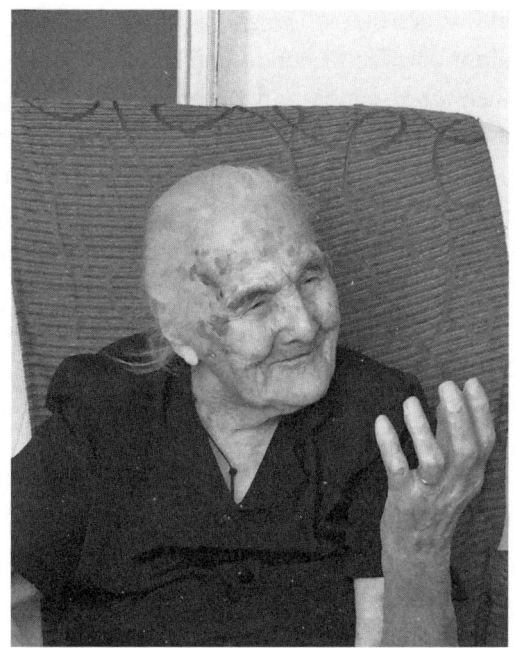

Claudina Melis: »Es ist wichtig, schlau zu sein.«

hat an Villen oder höhere Gehälter oder so etwas gedacht. Nach der Schule ging es zu den Tieren auf die Felder und dann nach Hause, so war das hier. 24 Kilometer weit musste ich zum nächsten Bahnhof gehen, um Waren für den Laden meiner Eltern abzuholen. Zurück ging es mit einer Kutsche. Ein ernstes Leben.«

Natürlich war er Soldat, natürlich war es grausam. Die Bomben der Amerikaner über Cagliari 1943. Noch heute die Träume, die schlaflosen Nächte.

Vor dem Krieg hatte er Maria Carta getroffen, nach dem Krieg heirateten sie, und bis sie vor fünf Jahren starb, 2010, war es eine gute Ehe. Fünf Kinder, Mädchen allesamt. Auf der Militärbasis arbeitete er später.

»So war das. Wollen Sie jetzt meine große Schwester besuchen?«

Claudina lacht.

Claudina nimmt die Zähne heraus und setzt sie wieder ein und fragt kichernd, woher wir kommen und warum wir hier sind und wie wir leben und ob wir regelmäßig in die Kirche gehen und wie das Leben in Deutschland ist. Ob man dort in Deutschland hundert Jahre alt werden könne, in diesem Regen, in dieser Kälte.

Claudina Melis, 103, trägt ein schwarzes Kleid, schwarze Strümpfe, blaue Slipper, und die weißen Haare sind streng zurückgekämmt. In eine rote Decke hat sie sich eingewickelt, die Fenster sind geöffnet, frisch und klar ist die Luft selbst hier drinnen. In einem weißen Haus wohnt Claudina, weiß gekachelt ist der Fußboden, an den Wänden viele Fotos, die meisten schwarz-weiß.

Zuerst berichtet Claudina nicht von sich, sie möchte lieber von ihrer Familie erzählen. Von den Eltern, die sie gläubig erzogen haben und zur Grundschule gehen ließen, was für Mädchen nicht selbstverständlich war. »Zweifle nie an deinem Glauben«, das sagten die Eltern, und sie alle gingen zusammen in die Kirche, Claudina mochte immer den ersten Gottesdienst am liebsten, morgens um 7.30 Uhr. Eine hölzerne Muttergottes, links an der Wand, blickt auf sie herab, während sie erzählt. Drei Zimmer gab es im Elternhaus, eines für Mama und Papa, eines für die Mädchen, eines für die Jungs. Die Matratzen waren handgefertigt, mit Gemüseresten gefüllt. Spielzeug war rar, die Mädchen teilten sich eine Puppe. Kein Telefon, kein Radio. Gemeinsame Mahlzeiten, meist Minestrone.

Die Kindheit, das ganze Leben spielte sich draußen ab, Fangen und Verstecken, die Mädchen unter sich, hier und dort ein Blick hinüber zu den Jungs, die vor der Kirche Krieg spielten, aufgeteilt in zwei Gruppen, zwei kriegführende Länder waren sie, und alle wollten Italien sein; oder einer war der Verbrecher, und alle anderen mussten ihn jagen. Die Mädchen spielten mit kleinen Steinen: Wurfspiele, Geschicklichkeitsspiele.

Claudina trägt noch links ihren Ehering und will von Alberto berichten, der ihr ein guter Ehemann war, zwar recht viel krank und hin und wieder hilfsbedürftig, aber verlässlich und fleißig, bis er viel zu früh starb. Sieben Kinder bekamen die beiden, und die fünf, die noch leben, sind inzwischen Pensionäre, Großeltern; 1972 schon starb Claudinas Sohn Flaviano nach einem Autounfall, hier oben auf der Bergstraße, so etwas vergisst man nicht, und man kann es auch nicht ertragen, sagt Claudina, und dann erträgt man es doch. Mit Gottes Hilfe. Maviolina starb an Krebs, 2000 war das, sie wurde 59, es war der einzige Krebs in der Familie.

Und als wir dann nach ihr, nach ihrem Leben fragen, da sagt Claudina lang und leidend: »Aaaah.« Aber sie lehnt sich doch zurück, und ihr kleiner Bruder Adolfo, der uns hergeführt hat und gerade noch ganz selbstbewusst war, beugt sich nun vor und fragt ganz zart, ob sie etwas brauche, Wasser vielleicht, und sie sagt nein, und alle im Raum werden still, die Kinder und Enkel, denn nun erzählt Claudina, 1912 geboren, und die Stunden vergehen. Ein Menschenjahrhundert in Perdasdefogu.

Ach, es war ein anderes Sardinien, ein anderes Perdasdefogu vor 95 Jahren. Keine Autos. Keine Bar. Männer in abgewetzten Hosen und löchrigen, schwitzigen Hemden, die vom Feld kamen und dann auf Baustellen weiterarbeiteten und erwarteten, dass zu Hause die Kinder brav waren und nichts verschwendet wurde. Das Leben war nicht reich, natürlich nicht, aber niemand hungerte, niemand litt, und alle hier ehrten die Alten und kannten den eigenen Platz.

Das erste Auto kam 1944 hier an, ihr Bruder Antonio brachte einen Fiat 501 aus Cagliari mit.

Es gab dann, irgendwann, ein Telefon für alle; es stand in einem der Lebensmittelläden.

Es gab Petroleum. Der elektrische Strom erreichte das Dorf 1955.

Seit 1961 gibt es fließendes Wasser.

Den ersten Fernseher bestaunten sie alle im Tabakladen, und da trafen sich an den Sonntagen dann die Männer: Fußball, *Seria A*. Die goldenen Jahre von Juventus.

Ein Postamt immerhin gibt es seit 1908.

Und das sandsteinfarbene Schulhaus steht noch, wo die meisten Mädchen bis zur dritten Klasse kamen und die Jungs bis zur fünften, Claudina allerdings auch.

Vater Melis war zwar nicht Bürgermeister, aber doch eine Autorität. Er verteilte die Tiere zwischen den Familien. Perdasdefogu besaß 110 Kühe, 100 Esel und 200 Schafe, und Vater Melis sagte, wer sich wie viele verdient hatte durch den Dienst an der Gemeinde.

Claudina war 19, als sie Alberto heiratete. Er kam wie sie aus Perdasdefogu, das war normal, das war ihre Welt. Unspektakulär der Antrag: Mann fragt, Frau sagt »ja«, was sonst sollte noch sein? Ganz traditionell auch die Trauung: Getrennt gingen sie zur Kirche, dort begegneten sie sich, und ja, Claudina erinnert sich an das Gefühl der Freude, da ihr Alberto der Richtige war. Spektakulär dann das Fest: Das ganze Dorf aß, sang, tanzte fünf Tage lang. Das Menü: Fleisch. Von der Schwiegermutter bekam Claudina den Ratschlag, Streit zu vermeiden und sich darum niemals gegen den Mann aufzulehnen.

»Aber du hattest doch das Kommando«, ruft Rita, die Nichte. Inzwischen sind 13 Menschen hier im Raum, Claudina thront auf der Couch und erzählt, und alle Angehörigen lauschen.

Ach, wenn sie so zurückdenkt …

Sie bedauere doch so manches, sagt sie.

Sie ritt so gerne und hätte gern bei Pferderennen mitgemacht, aber das durfte sie nicht, sie musste sogar im Damensattel sitzen und zusehen, wie Alberto bei einem Rennen vom Pferd fiel. Sie nicht, sie fiel nicht. Aber nun, 70 Jahre danach, kichert sie.

Und wie gern wäre sie länger zur Schule gegangen. Das sagen viele der Frauen, mit denen wir auf unserer Reise in die hundertjährige Welt sprachen: Wie grausam das war, ihnen, den Mädchen, all die Chancen und die Ausbildung zu verwehren, die den Jungs selbstverständlich offen standen. (Letzteres stimmt hier oben, in den sardischen Bergen nicht: Realschule oder Gymnasium gab es auch für die Jungs nicht.)

Claudina sagt, sie beneide die Frauen von heute um genau dies: Bildung. Wahlmöglichkeiten. Freiheit. Wenn Claudina noch einmal 20 wäre, würde sie studieren und Lehrerin werden und Mädchen unterrichten. »Es ist wichtig, schlau zu sein und alles zu verstehen. Ich verstehe nicht alles.«

Noch mehr Bedauern: Claudina wäre gern zur See gefahren. Sie hat das Meer immerhin gesehen, nach der Hochzeit waren sie unten am Strand, aber, so sagt sie: »Ich wäre so gern Seemann.«

Es wird dann Abend in Perdasdefogu, es ist Sonntag, heute wäre Consolatas 108. Geburtstag gewesen, und die Gemeinde hat eine Zeremonie für die Hundertjährigen geplant, es geht natürlich vor allem um die Familie Melis. Man trifft sich auf dem Platz vor der Kirche, wo früher die Melis-Kinder und die anderen Kinder des Dorfes gespielt haben, 300 Menschen kommen zusammen, und Consolatas heisere Stimme erklingt vom Tonband: »Bleibt gesund«, sagt Consolata, als spräche sie aus dem Himmel zu uns.

»Hoffentlich betet sie dort oben für uns«, sagt Giacomo Manelli, ihr Patensohn. Rita übernimmt das Mikrophon und sagt: »Von Consuela können wir lernen, wie kostbar es ist, wenn unsere Türen füreinander offenstehen. Sie hatte für alle Kinder des Ortes Karamellbonbons.«

Ein Lokalpolitiker sagt, alle sollten sich ein Beispiel an den Melis nehmen: nicht hadern, immer aktiv sein, dann würden sie nämlich auch das Gesundheitssystem entlasten, er sagt das wirklich so. Einige Jugendliche jagen ihre Autos mit offenen Fenstern die Hauptstraße hinunter, dröhnend die Bässe.

Die Weisheit des Alters, II.

Du musst optimistisch sein. Und interessiert, also neugierig.
Mach nie etwas, das schlecht für andere Menschen ist, sei ernsthaft.
Kämpf nicht mit deinem Ehemann.
Versuch die Fehler und Schwächen der Männer zu verstehen,
man kann ja damit fertig werden.
Koch das Gemüse aus deinem eigenen Garten.
Seid ehrlich.
Kämpft nicht um jede Kleinigkeit, seid auch mal gelassen.
Und wenn ich ganz und gar die Wahrheit sagen soll, dann ist dies hier
das wahre Geheimnis: Wenn ihr hundert werden wollt, dann
glaubt an Gott. Geht jeden Sonntag in die Kirche.

Claudina Melis

DES RÄTSELS LÖSUNG, III.

Für Almut Nebel verbirgt sich das Geheimnis eines langen Lebens im Blut. Die Molekularbiologin weiß ziemlich genau, wovon sie redet, denn sie hütet einen Schatz.

Mit einem Spendenaufruf hatten sie und ihr Team Briefe an Hundertjährige in ganz Deutschland verschickt. Die Forscher baten darin nicht um Geld, sondern um Blut. Und nun führen sie hier, in Kiel, die Popgen-Datenbank, eine der größten Biodatenbanken der Welt; und dies ist ihr Schatz: 700 Blutproben hundertjähriger Menschen. Aus diesen Proben gewinnt Almut Nebel, was sie für ihre Arbeit braucht: DNA.

Wenige Kilometer von Blutproben und Labor entfernt, auf dem Campus des Kieler Universitätsklinikums, funkelt zwischen Betonbauten und Baustellen in goldenen Lettern die Aufschrift »Exzellenzcluster Entzündungsforschung« über der Glastür eines Neubaus. Hier residiert Almut Nebel, die Leiterin der Arbeitsgruppe »Langlebigkeit und alte DNA«. Schwarzweiß-Fotografien schmücken die Flure, Menschen mit zerknitterten Gesichtern lächeln den Besuchern entgegen. »Das sind meine Probanden«, sagt Nebel, kurzes Haar, Norwegerpulli, und lässt sich in ihrem Büro auf einen Drehstuhl fallen. »Meine Intention ist nicht, dass wir alle 150 werden oder gar unsterblich – ich möchte, dass wir im Alter gesund bleiben«, sagt sie.

Die meisten Krankheiten mit Todesfolge treten, normalerweise, weit vor dem hundertsten Lebensjahr auf. Daraus ergibt sich die durchschnittliche Lebenserwartung, die in Deutschland für einen Mann derzeit bei 78 Jahren und für eine Frau bei 83 Jahren liegt. Doch für Hundertjährige scheinen nicht dieselben Regeln zu gelten. Ihre innere Uhr tickt nicht nur langsamer, sondern so, als habe sie jemand neu aufgezogen. »Die Frage ist, welche genetischen Faktoren diese langlebigen, gesunden Menschen von anderen unterscheiden«, sagt Nebel.

Zwei Möglichkeiten gebe es: Entweder trügen gesunde Hundertjährige weniger krankmachende Risikofaktoren in ihrem Genom als andere Menschen; oder sie verfügten über bestimmte Genvarianten, welche die Krankmacher gleichsam unschädlich machen könnten. »Das nennen wir Puffereffekt«, so Nebel, »und der wird zurzeit unter Wissenschaftlern stark diskutiert.« Menschen, die besonders alt und dabei gesund sind, müssten demnach über sogenannte »Langlebigkeits-Varianten« verfügen.

Dabei geht es um Gene wie FOXO3.

Zwei Langlebigkeitsvarianten in diesem Gen wurden bei besonders vielen Hochaltrigen gefunden, nicht nur in Deutschland, sondern auch in den USA, in Dänemark und Frankreich. »FOXO3 ist ein Schlüsselgen, das wichtige Stoffwechselprozesse beeinflusst«, sagt Nebel. Vereinfacht dargestellt, sorgt das Gen für die Ausschüttung eines Proteins, das wiederum den Insulinstoffwechsel reguliert. Bei Experimenten mit Zellkulturen stellten die Wissenschaftler fest, dass die beiden FOXO3-Langlebigkeitsvarianten ihre positive Wirkung unter normalen und unter nährstoffarmen Bedingungen entfalteten. Hunger aktiviert das Gen. Die Folgerung: Jene Hochaltrigen, die über diese Genvarianten verfügen, profitieren möglicherweise heute davon, dass sie sich beim Essen ihr Leben lang eher zurückgehalten haben, oft genug auch zurückhalten mussten.

Für all diejenigen, die noch hundert werden wollen, müsste dies bedeuten: Wer weniger isst, lebt länger.

Doch ist es so einfach?

Derart zwingend kausal ist die Sache leider nicht. Bislang wissen die Forscher nicht, ob die Laborergebnisse auf den Menschen übertragbar sind und ob sie auch auf heute jüngere Generationen zutreffen. Es gibt zudem, vermutlich, noch zahlreiche weitere Genvarianten, welche die Länge unseres Lebens beeinflussen. Erst das Ergebnis ihres Zusammenspiels wird eine umfassende Antwort bergen.

Jedoch: Trotz großen Forschungsaufwands, trotz vieler teurer Studien ließen sich neben FOXO3 laut Nebel bisher nur zwei weitere Genvarianten identifizieren, die die Langlebigkeit beeinflussen. Die eine, ApoE, ist ein sogenannter Mortalitätsfaktor. Im Gegensatz zu FOXO3 macht dieser nicht gesünder, sondern krank. Unter Umständen kann ApoE zu einer früheren Alzheimer-Erkrankung beitragen.

Und dann gibt es da noch eine Stelle im Genom, die derzeit untersucht wird, eine naturgemäß winzige Position auf dem Chromosom 5, über die man bisher noch zu wenig weiß, um Aussagen über ihre Wirkung treffen zu können.

Almut Nebel versteckt ihre Ungeduld nicht: »Ich hatte mir persönlich mehr von der Genetik versprochen«, sagt sie. Ein Problem in der Langlebigkeitsforschung sei, dass viele Effekte bisher nur in jeweils einer untersuchten Population aufgetreten seien; in Folgestudien konnten sie nicht belegt werden. Und dann kommt hinzu – diesen Punkt haben wir bereits erwähnt, und dazu werden wir später noch ausführlich kommen –, dass Langlebigkeit überhaupt nur zu rund 30 Prozent von der genetischen Prädisposition bestimmt wird. Zu einem weitaus größeren Teil hat es der Mensch selbst in der Hand, wie lange er lebt. Eine gute Nachricht, nicht wahr? Unser Lebenswandel sowie Umweltfaktoren und die medizinische Versorgung sind wichtiger als die Gene.

Ja, das sei eigentlich eine gute Nachricht, sagt Almut Nebel. Ihr Vorgesetzter Stefan Schreiber, Direktor des Instituts für Molekularbiologie und der Inneren Medizin in Kiel, sieht allerdings eher eine enorme Herausforderung: Dass wir unsere Gesundheit selbst beeinflussen können, heiße ja nicht automatisch, dass wir sie positiv beeinflussten. »Die Macht der Gewohnheit ist größer, als wir denken«, sagt Schreiber und zieht sein Handy aus der Kitteltasche. »Haben Sie einen Schrittzähler? Ich gehe 8000 Schritte am Tag. Immer! Ich schaffe es bei meinem Tagesablauf nicht, konstant mehr Schritte zu machen. Warum nicht?«

Schreiber eilt über den Flur, vorbei an wartenden Patienten und Pflegebetten, in sein Büro. Der Forscher arbeitet auch als Internist an der Uniklinik. Fragt man ihn nach einem Tipp – wie kann ich besonders alt werden? –, muss er lachen. »Ich preise keine Verhaltensweisen an«, sagt Schreiber, »aber es gibt Faktoren, die zweifellos mit gesundem Altern zusammenhängen: die Diät, eine gewisse Grundbewegung und das Gewicht – wobei hier weniger nicht immer besser ist.«

Trotz aller Schwierigkeiten: Schreiber misst der Erforschung der Gene einen hohen Stellenwert zu. »Es gibt Inseln, da sind alle blond, und dann gibt es Inseln wie das japanische Okinawa, da sind alle langlebig«, sagt er. Und man kann es ja auch andersherum betrachten: 30 Prozent sind nicht wenig, gerade weil diese 30 Prozent nichts mit unserem Verhalten zu tun haben. Wir werden von der Natur beschenkt – oder eben nicht.

Genmutationen tragen eindeutig dazu bei, dass Menschen aus bestimmten Familien und an bestimmten Orten länger leben als andere. Und solange wir unsere Gene nicht manipulieren können oder wollen, sind wir diesem Zufall ausgeliefert. Wer Glück hat, also die richtigen Gene, und wer klug ist, also gesund seine Tage gestaltet, der lebt länger; und wer Pech mit seinen Genen hat und / oder unvernünftig ist, stirbt früher.

Komplex? Selbstverständlich.

Aufregend? Selbstverständlich auch.

Es geht ja um eines der größten Themen menschlichen Lebens: Wie viel Zeit haben wir? Wann müssen wir sterben, und warum?

Und wie viel davon ist eigentlich Schicksal, und was liegt in unserer Hand?

Um auch Menschen ohne Langlebigkeitsgene helfen zu können, erforscht Stefan Schreiber das menschliche Mikrobiom; das sind all jene Mikroorganismen, die den Körper von innen und außen besiedeln. Denn auch diese Mikroorganismen, so seine Hypothese, spielen für die Lebensdauer eine entscheidende Rolle.

»Je älter ein Mensch ist, desto mehr Entzündungsprozesse finden in seinem Körper statt«, erklärt Schreiber, »und eine Entzündung führt oft zu einem Barriereverlust.« Fehlende Barrieren führten dazu, dass Bakterien an Stellen im Körper gelangten, wo sie Schaden anrichten können. So könnten sie etwa neue Entzündungen auslösen.

Deshalb sagt Schreiber: »Wir müssen unser Mikrobiom verstehen.« Er beschäftigt sich vor allem mit Darmerkrankungen und ihren Auswirkungen auf den Rest des Körpers. Der Darm ist nicht nur eine Art Schaltzentrale des menschlichen Stoffwechsels, sondern auch ein Zentrum des Mikrobioms. Deshalb füllen heute Probiotika, die eine gesunde Darmflora versprechen, ganze Supermarktregale – und Schreibers Schreibtisch.

Schreiber greift zu einer der Packungen. »In diesen modernen Mitteln sind oft zahlreiche Mikroben auf einmal enthalten«, sagt er, »aber das allein reicht nicht.« Der Mediziner will die Darmflora nicht nur unterstützen – er will sie verändern. »Die Frage ist: Wie können wir mit molekularen Ernährungseingriffen das Mikrobiom manipulieren?« Schreiber träumt von Zauberkapseln, welche die natürlichen Barrieren im Körper jedes Menschen aufrechterhalten. So will er Entzündungen nicht behandeln, sondern von Anfang an verhindern. Ein Arzneimittel wäre eine solche Kapsel nicht, sagt er: »Kein Therapeutikum, sondern ein Präventivum.«

Verbirgt sich das Geheimnis eines langen, gesunden Lebens also – auch – im Darm?

Almut Nebel jedenfalls möchte sich künftig mehr mit Fragen der Ernährung beschäftigen: Gemeinsam mit ihren Kollegen will sie untersuchen, welche Wirkung Fett und Zucker auf die Langlebigkeitsvarianten von FOXO3 haben. Fragt man sie, wann mit den Ergebnissen zu rechnen sei, schüttelt sie allerdings den Kopf und lächelt gütig.

»Die Genforschung ist ein sehr langwieriger Prozess«, sagt sie.

Rogers Reise, II.

Roger Angell schreibt über alles, am liebsten zweifellos über Baseball, aber auch über diese Stadt, seine Stadt, New York City. Über seine Hunde schreibt er, auch über Donald Trump, auch über die Metropolitan Opera. Und einmal, natürlich geschah es im Blatt seines Lebens, dem »New Yorker«, schrieb er viele, viele Seiten über sich selbst und sein Altern, es war im Januar 2013, da war der alte Mann 93 Jahre alt.

Sehen Sie mich genau an. Die oberen zwei Knöchel meiner linken Hand sehen aus, als sei ich intensiv vom KGB bearbeitet worden. Wenn ich mit dieser Hand auf Sie deutete wie mit einer Pistole und dann auf Ihre Nase zielte, würde die Kugel Ihr linkes Knie treffen. Arthritis.

Wenn ich nun – ich betrachte Sie immer noch – mein linkes, das bessere, Auge verdecke, sehe ich eine verschwommene, kreisförmige Version des Daches und des Bodens oder der Wände und Fenster zu unserer Rechten bzw. Linken, aber ich sehe nichts von Ihrem Gesicht oder Kopf: nichts in der Mitte. Aber, freuen Sie sich: Wenn ich die Lage verändere und mein rechtes Auge verdecke, sind Sie wieder da.

Es gehe ihm gut, schreibt Angell. Dann nämlich, wenn er das Tylenol nicht vergesse, alle vier oder fünf Stunden, gegen die Schmerzen im linken Unterarm und im linken Daumen. Gut gehe es ihm, da ihm ja die Stents die Arterien weiteten. Gut gehe es, da ein Loch in seinem Herzen operativ geschlossen worden sei. Gut auch deshalb, da viele der Stunden, die er nackt und verkabelt in irgendwelchen Operationssälen verbracht habe, offensichtlich lebensverlängernde Auswirkungen gehabt hätten. Gut gehe es schließlich wegen der pinkfarbenen und weißen Tabletten zum Frühstück, wegen der Betablocker und der anderen, minderwichtigen Pillen.

Das linke Knie ist zwar dicker, schreibt Roger Angell, doch wackeliger als das rechte. Ewig her, dass Roger es sich beim Football verletzte, wieso merkt er die Folgen erst heute? Wieso ausgerechnet heute? Injektionen von synthetischem Froschhaar oder jedenfalls etwas Ähnlichem besiegen die Schmerzen, und der Krückstock hilft beim Gehen. Die Wirbelsäule windet sich in der Mitte wie eine Landstraße in Connecticut, das liegt an dem Bandscheibenvorfall vor sieben oder acht Jahren. Fünf oder auch acht Zentimeter Körpergröße hat ihn der gekostet, was ihn von Gary Cooper zu Geppetto verwandelt habe.

Gespräche brauchen mehr Pausen als früher. Es fehlt halt ständig etwas, ein Name, ein Verb, eine Erinnerung. Man kann dann bedeutungsschwer in die Gegend gucken, solange bis der nächste Gedanke eingetroffen ist. Auch diesen bedeutungsschweren Blick lernt man mit den Jahren.

Auf der anderen Seite habe ich Keats oder Dick Cheney noch nicht vergessen, und ich weiß noch, was in der chemischen Reinigung auf mich wartet. Bis zum jetzigen Zeitpunkt bin ich nicht Christopher Hitchens oder Tony Judt oder Nora Ephron; ich bin nicht tot und liege auch nicht unzurechnungsfähig in einer verlässlichen Einrichtung in Upstate New York. Der Verfall und das Desaster sind nahe, aber meine Gedanken verharren dort nicht.

Es würde mich gleichwohl nicht überraschen, wenn ich kommende Woche um diese Zeit von meiner Familie umkreist würde, eilig zusammengerufen – und sie alle sind traurig und schockiert, aber auch ein bisschen angepisst, weil sie hier sein müssen –, die nun darüber entscheiden muss, was mit mir zu geschehen hat. Nach dem, was geschehen ist.

Es muss dieses Wissen sein, das Wissen um diesen ungefähr zwei Tonnen schweren Safe, der an diesem dünnen Seil über meinem Kopf schwingt, welches stets alle so froh macht, mich wiederzusehen. »Wie großartig du aussiehst! Verrate uns dein Geheimnis«, rufen sie netterweise, wenn sie mir beim Überqueren der Straße oder beim Verlassen des

Behandlungszimmers begegnen, während ich in der kleinen Sprechblase über ihrem Kopf lesen kann: »Heilige Scheiße – er hält sich immer noch senkrecht.«

Der Hund ist neu, schreibt Angell. Der alte Hund hat sich umgebracht: Harry, jener Foxterrier, der einst die Ausflüge in Maine so genossen hatte, stehend, vorne, im Kajak. Es war ein Nachmittag im Juni vor rund zehn Jahren, Harry war allein zu Hause im Apartment im 5. Stock auf der Upper East Side, als ein gewaltiger Sturm aufzog. Was für ein Lärm. Ein Fenster stand einen Spalt weit offen. Harry quetschte sich hindurch und fiel oder sprang.

Jetzt, in meiner zehnten Dekade, kann ich bezeugen, dass der Nachteil hohen Alters in dem enormen Raum besteht, den die elenden Nachrichten einnehmen. Lange zu leben heißt: Genug, es reicht jetzt. Als Harry starb, konnten meine Frau Carol und ich nicht aufhören zu weinen; wir saßen im Badezimmer, seine geborgene Leiche zwischen uns auf einer Matte, die hellbraunen Flecken auf dem Rücken und die Ohren noch nass vom Regen. Und wir reichten uns eine Box Kleenex hin und her.

Nicht alle Tränen waren für Harry. Zwei Monate zuvor hatte meine wunderbare Tochter, meine Älteste, ihr Leben beendet, und die ozeanische Kraft und das Rätsel dieses Ereignisses hatte keinen Raum für Tränen gelassen. Nun konnten wir hemmungslos weinen, um Callie und Harry und uns selbst. Harry befreite uns.

Es ist überraschend, so schreibt es Roger Angell, dass wir unter dem Gewicht all der Abschiede nicht begraben werden. Unser Gehirn schafft es, den Schmerz über nicht auszuhaltende Verluste umzuwandeln in etwas Distanzierteres, sogar etwas Leuchtendes. Erinnerungen: an einen Schal. Eine Geste. Eine Stimme. Einen Satz. Auch an Gefühle oder Sinneswahrnehmungen, Süße oder Bitterkeit.

Roger Angell stellt sich all seine Toten auf der Île de France vor, Seite an Seite versammelt. Der Vater ist da, im Smoking, eine *Lucky Strike* rauchend. Esther Mae aus der vierten Klasse. Die wunderbare Cousine Jean und ihr spät auftretender britischer Ehemann. Viele, viele Namen fallen Roger ein. Die Tochter Callie ist wieder da, eilig und ungeduldig am Telefon, immer am Ende hebt sie die Stimme: »*Da-ad?*«

Roger Angell, Harry: »Hemmungslos weinen.«

Meine Liste der Namen ist banal, aber erstaunlich, und das ist ja nur ein Bruchteil, diejenigen, die mir gleich in den ersten ein, zwei Minuten einfallen. Jeder, der über Sechzig ist, kennt das; meine Liste ist nur länger als ihre. Ich tue mir das nicht oft an, aber sobald ich einmal begonnen habe, ist das Bataillon der Toten bereit und im Einsatz. Warum tun sie mir gut, warum muntern sie mich auf, warum erinnern sie mich an das Leben? Ich verstehe das nicht. Warum trauere ich nicht unablässig?

Es gibt die alten Filme. Zeke, der Labrador, rast in einem dieser Filme durchs Bild mit einem Tennisball im Mund. Die Schwester Nancy ist wieder 17, raucht an Bord eines Schiffes eine lippenstiftrote Zigarette. Die Mutter lacht und duckt sich aus dem Bild, 35 Jahre alt ungefähr. Der kleine Roger im Schneidersitz unter der Tischtennisplatte. Wer hält das aus, sich so etwas anzusehen?

Wie könnte man es sich nicht ansehen?

In den Tagen vor Carols Tod, vor 20 Monaten, lag sie im Bett zu Hause, halb bei Bewusstsein, und schwaches, kaum wahrnehmbares Atmen wechselte sich ab mit tiefem, röchelndem Luftschnappen. Dann fuhr sie, in einer sehr feinen Geste, mit der Spitze ihrer Zunge um ihre oberen Zähne herum. Das wiederholte sie, wieder und wieder. Ich habe vieles vergessen, vielleicht aus Mitleid, was in dieser letzten Woche geschah, doch diese Szene ist geblieben.

Carol ist noch da, aber weniger verlässlich. Fast ein Jahr lang wachte ich am späten Nachmittag nach einem Nickerchen auf, immer im selben Wohnzimmersessel, und in den Sekunden vor der Klarheit spürte ich, dass sie in ihrem Stuhl saß, mir gegenüber. Kein Geist, sondern die Realität, lebendig wie früher und im selben Moment wieder verschwunden. Das geschah oft, und beinahe verließ ich mich schon darauf, aber ich wusste, dass es aufhören würde. Dann hörte es auf.

Leute meines Alters und auch etwas jüngere Freunde scheinen in der Lage zu sein, sich an die Tapeten ihrer Kindheit zu erinnern und auch an Ereignisse aus dem frühen Leben ihrer Kinder: Unterhaltungen, Mahlzeiten, Geburtstagsfeiern, Krankheiten, Picknicke, Urlaubspensionen, Ausflüge zum Ballett, der Tag, an dem … Ich kann das nicht, es quält mich, aber dann, ohne Ankündigung oder Verbindung, taucht doch etwas auf. Ich gehe mit meinen kleinen Töchtern in der Ludlow Lane in Snedens spazieren, vor vielen Jahren an einem Sommermorgen. Ich bin in den Dreißigern, sie sind ungefähr neun und sechs, und ich beschwere mich über den steilen Anstieg zwischen der Straße und unserem Haus. Vielleicht werde ich ja alt, sage ich. Dann sage ich, dass ich eines Tages wirklich alt sein und sie mich tragen werden. Ich imitiere einen alten Mann, der Unsinn plappert, und gehe mit schlackernden Beinen weiter. Callie und Alice schreien vor Lachen und halten mich, jede an einer Seite. Als ich aufhöre, bitten sie mich um mehr, und wir machen das wieder und wieder.

Heute sind Roger Angells Kinder Alice und John-Henry und die Schwägerin Alice zwar nicht in der Nähe, aber für ihn da. Die Enkelinnen halten zusammen und wirkten auf ihn wie ein *Platoon* von

Marines an jenem Tag, als die Familie Carol beerdigte. Laura und Lilly holen Roger und den Hund ab, wenn der Sommer beginnt, und fahren ihn 500 Meilen weit nach Maine hinauf, und im Auto reden sie und schlafen (er, nicht sie), und nach einigen Tagen fahren sie ihn wieder zurück.

Roger Angell arbeitet noch. Oder so ähnlich. Er versucht halt weiterhin zu lesen und zu schreiben, wissend, dass es niemals mehr sein wird wie es war.

Freunde sind für ihn da, viele Freunde. Sie laden Roger ins Restaurant ein oder kochen für ihn. Einmal fand er, als er nach Hause kam, ein frisch gegrilltes Hähnchen vor der Tür und zwei Stunden später noch eines. Die Freunde fahren ihn in die Oper, oder sie kaufen Eiscreme und besuchen ihn, und dann schauen sie zusammen die Yankees. Den Psychotherapeuten gibt es außerdem noch, dem Roger neulich sagte: »Ich weiß nicht, wie ich das durchstehen soll.«

»Weiß ich auch nicht«, sagte der Therapeut, »aber du wirst es durchstehen.«

Überraschend: die Freude, sogar das Glück. Vielleicht liegt es daran, dass Alte wie er die eigenen Ambitionen hinter sich gelassen haben. Vielleicht liegt es auch an der Sicherheit des Alltags, der Routine oder, wenn die Partnerin noch da ist, an der Zuneigung, die sich in langem Schweigen zeigen kann, an der schönen Langeweile wiedererzählter Geschichten und derselben Meinungen.

Wir Alten haben das eine oder andere gelernt, zum Beispiel Unsichtbarkeit. Hier also bin ich, mitten in einem Gespräch mit guten Freunden – alte Freunde, aber doch nicht so alt: sie sind um die Sechzig –, und wir trinken Wein und diskutieren ernsthaft über den Klimawandel oder Virginia Woolf. Da ist eine Pause, und ich steige mit einigen Sätzen ein. Die anderen blicken mich höflich an, dann setzen sie in ihrer Unterhaltung exakt dort ein, wo sie pausiert hatten. Was? Hallo? Habe ich nicht gerade etwas gesagt? Habe ich den Raum verlassen? Ich hatte nicht erwartet, nun die Diskussion zu bestimmen, aber ein, zwei Antwortsätze hätte ich doch erwartet. Nicht heute. (Frauen, die ich kenne, sagen, dies habe für sie mit dem fünfzigsten Geburtstag begonnen.)

Wenn ich das Phänomen gegenüber Gleichaltrigen anspreche, ernte ich Lächeln und Nicken. Ja, wir Alten sind unsichtbar. Verehrt, respektiert, sogar geliebt, aber nicht mehr ganz würdig, angehört zu werden. Du hattest deine Zeit, Pops, jetzt sind wir dran.

Warum eigentlich denkt Roger Angell nicht öfter, nicht immerzu an diesen eisig kalten Besucher, der bald kommen wird? Vor 30 oder 40 Jahren dachte er ständig an den Tod, damals hatte Roger Verpflichtungen und Termine, all die Texte waren zu schreiben, und der Tod hätte gestört. Heute gibt es nichts Dringendes mehr, keine Verabredung und keinen Abgabetermin, kaum Anrufe, es ist beinahe wieder wie einstmals in der Kindheit. Damals aber wachte Roger auf und hatte vom Tod geträumt. Heute träumt er nicht mehr vom Sterben. Einige seiner Bekannten hatten sich zunehmend an den Gedanken gewöhnt und warteten am Ende mit einer gewissen Ungeduld. »Warum dauert das so lange?«, fragte einer; »ich bin's leid, hier so herumzuliegen«, sagte ein anderer.

Der Tod wird schon irgendwann zu mir kommen, und dann wird er zu lange bleiben. Ich habe keine Eile wegen dieser Begegnung, es fühlt sich sowieso so an, als würde ich ihn beinahe schon zu gut kennen.

Wir sind ja alle unermüdliche Voyeure des Todes geworden: Er ist in den Morgennachrichten, den Abendnachrichten, den Breaking News mitten am Tag – nicht der Berühmtheitentod, sondern der Jedermanntod. Ein Unfall am Straßenrand, von einer Decke verhüllt. Eine tote Familie, aus einem weit entfernten elenden Gebäude getragen, von Kugeln getroffen. Die Verkehrstoten. Die Toten der Hurrikane und Tsunamis und Fluten, in »Zahl der Opfer« zusammengefasst. Die toten Soldaten, schweigend präsentiert auf deinem Bildschirm, jung und wohlfrisiert aussehend. Die feindlichen Kriegstoten, wiederentdeckte Kriegstote, in höheren Zahlen. Bewegende und ermüdende Zahlen nicht nur aus dem aktuellen Krieg, sondern auch aus denen davor und aus den weit zurückliegenden, denen einige der Anwesenden ebenfalls bereits beigewohnt haben. All die Toten von Kriegen und Naturereignissen und Schulmassakern und Straßenverbrechen und häuslicher Gewalt, die uns lehren, dass jeder Einzelne von uns wieder einmal davongekommen ist, sich schreck-

lich fühlt und Blumen an der Gedenkstätte oder am Tatort niederlegen möchte. Es gibt nichts Neues über den Tod, außer seiner gewachsenen Publicity.

Wie geht das nun aber, wie wird man, trotz allem, so optimistisch so alt?

Ich komme klar. Ab und zu kommt mir der Gedanke, dass ich mehr Energie und Hoffnung als einige Altersgenossen habe, aber das ist nicht mein Verdienst. Ich gehöre keinem Buchclub an, auch keinem Bridgeclub; ich habe weder mit Mandarin noch mit Yoga begonnen; und ich spiele nicht Viola. In einem sporadischen Versuch, mein Gehirn vor dem Zerfall zu bewahren, habe ich begonnen, kurze Gedichte auswendig zu lernen – von Auden, Donne, Ogden, Nash und anderen –, die ich mir vortrage, wenn ich nachts mit dem Hund hinausgehe, Harrys Nachfolger, dem Foxterrier Andy.

Müsste ich nicht etwas Wissenschaftlicheres oder Komplexeres zu sagen haben, ein Geheimnis – späte Hochleistungen, Gewichtiges? Tut mir leid. Die Gedanken des Alters sind kurz. Ich folge auch keinen Lehren oder Rezepten, außer vielleicht Walter Cronkites Regeln für alte Männer, die er allerdings nicht vor der Kamera vortrug: Vertraue keinem Furz. Lasse keinen Drink aus. Ignoriere keine Erektion.

Da war mein wunderbarer Kollege Bob Bingham, der in den späten Fünfzigern starb und von einem Freund gefragt wurde, was er vermissen oder was er anders machen würde, wenn er die Chance bekäme. Bob dachte einen Augenblick lang nach und sagte: »Mehr vögeln.«

Mehr vögeln. Mehr Liebe; mehr Nähe; mehr Sex und mehr Romantik. Bringt es zurück, gebt es uns zurück, unbedingt, ganz egal wie alt wir sind.

Das ist ein heikles Thema, allemal wenn es von einem frischen Witwer vorgebracht wird, und ich werde nun einen weiteren Bruch der Etikette riskieren, wenn ich sage, dass Carol und ich darüber diskutiert haben. Wir sahen keinen Sinn in Treue in memoriam. Unserer Ansicht nach wäre der gestorbene Partner – wir dachten immer, das würde ich sein – ja eben nicht mehr da und hätte aber gewusst, dass er oder sie für immer geliebt worden war. Also Liebling, keine Scheu, verpasse keinen Augenblick.

Carol sagte mir am Ende dies: »Wenn du innerhalb eines Jahres keine Neue gefunden hast, komme ich zurück und bestrafe dich.«

Die britische Autorin Diana Athill schrieb in ihrem zauberzarten Band *»Somewhere towards the end«* vom Schwinden aller erotischen Triebe – dem Schwinden dessen also, »was das Wichtigste in meinem Leben gewesen war: Womöglich sah ich noch gar nicht so alt aus, und ich fühlte mich auch nicht so, doch ich hatte aufgehört, ein sexuelles Wesen zu sein«. Genau dieses Schwinden aber führe zu der kleinen Chance, herauszufinden, wer wir wirklich sind, jenseits unserer Lust; »der Unterschied zwischen Sein und Nichtsein ist zugleich so abrupt und schnell, dass (der Tod) ein Schock ist, obwohl er jedem Lebewesen widerfährt, das ist, war oder jemals sein wird.« Diana Athill wurde 101, sie starb im Januar 2019.

Roger Angell bestreitet allerdings, dass kurz vor dem Tod die Triebe schwänden. Es sei überraschend, es sei die größte aller Überraschungen des Alters, schreibt er, dass alte Menschen wie er nach Zärtlichkeit und intimer Liebe und Nähe dürsteten. Ein reicher Witwer, den er kannte, heiratete die Krankenschwester, die er im Hospital getroffen hatte, und konnte sich kurz darauf nicht mehr an ihren Namen erinnern. Er nannte sie vorsichtshalber »Kind«. Eine über Achtzigjährige, zweifach verwitwet, fand eine neue Liebe, einen knapp neunzigjährigen Professor aus dem Mittleren Westen. Zwei oder drei glückliche Jahre schafften die beiden zusammen, ehe auch er starb. Als sie zunächst seine Kinder anrief und dann hinfuhr, um ihre Sachen aus seinem Haus abzuholen, standen ihre Taschen und all ihre privaten Dinge aufgereiht vor der Haustür.

Roger Angell ruft »zur Hölle mit ihnen« und meint die Kinder des Verstorbenen und alle, die eben diesen Anblick eines verliebten alten Paares nicht ertrügen. Wie nämlich soll leben, wer zu lieben aufhört?

»Sex oder Tod: Such es dir aus«, dieses Zitat stammt von John Updike.

Ich glaube ja, dass jeder Mensch auf der Welt heute Nacht mit jemandem zusammen sein möchte, gemeinsam in der Dunkelheit, die süße Wärme einer Hüfte oder eines Fußes oder einer entblößten Schulter in

Reichweite. Die von uns, die all dies verloren haben, egal wie alt, ver-
lieren doch nie die Sehnsucht: Seht euch nur unsere Gesichter an. Und
wenn es noch einmal zurückkehrt, ergreifen wir es, verblüfft und aufs
Neue verwandelt.

Die Frau, die ihn ergriff, heißt Peggy.

Stärker als die Männer, hundertmal stärker

SEYCHELLEN

Liebe?

Träume?

Träume von der Liebe sind Luxus, bloße Kraftverschwendung, wenn man hungrig ist. Keine der drei Hundertjährigen, die wir nach der Lektüre von Roger Angells Alterswerk während einer Segelreise auf den Seychellen treffen, hatte einen solchen Traum – unsere Frage danach lässt sie verstummen, ratlos. Sowieso: Wovon hätten sie träumen sollen? Sie waren ja ganz und gar damit beschäftigt zu überleben, in ihren hundert Jahren auf Mahé, der größten der rund 115 Inseln, die gemeinsam die Republik der Seychellen bilden.

Die Seychellen sind dahingesprenkelte Smaragde im Indischen Ozean, eine tiefblaue Unendlichkeit entfernt vom Rest der Welt. Saftig grüne Berge gibt es hier, die in feinweiße Sandstrände übergehen, und Granitfelsen, kunstvoll gemeißelt wie Skulpturen, die sich aus dem Wasser erheben. Kalt wird es nie, die Sonne brennt jeden Tag, und zwischendurch fällt kräftiger Regen, so dass die Erde fruchtbar bleibt. Das Meer vor den Inseln ist türkisblau, durchschimmernd und launisch wie eine Königin, mit einem Hofstaat flirrender Fische. Delphine und Rochen schwimmen herum, und hin und wieder paddelt eine Schildkröte vorbei, als hätte sie alle Zeit der Welt. Das stimmt ja auch: Auf Bird Island, im Norden der Seychellen, lebt die Schildkröte Esmeralda, geschätzte 170 und damit nahezu doppelt so alt wie die hundertjährigen Damen, die wir im März 2017 auf Mahé besuchen.

Alda Philo, 101, Andrine Reddy, 102, und Elisabeth Samson, 100, leben vor, dass man trotzdem hundert Jahre alt werden kann – obwohl das Leben so schwer ist und voller Schläge. Obwohl man immer nur gearbeitet hat und dennoch kaum etwas besitzt. Obwohl die Männer Nichtsnutze sind, faul, untreu und gewalttätig – und obwohl sich selbst der eine, der dann doch ein guter Ehemann ist, viel zu jung zu Tode raucht.

Das Leben müsste milde sein auf diesen Inseln, denken wir, während wir von Bucht zu Bucht segeln und jede noch wunderbarer finden als die vorherige. So hell und warm ist es hier, so farbensatt, und überall tragen die Palmen schwer an Kokosnüssen, deren Wasser der köstlichste Durstlöscher ist. Wir ankern in einer Bucht im Süden von Mahé und gehen an Land.

Aber die Seychellen sind ein eigenartiger Staat. Um weniger als 90 000 Menschen müsste sich die Regierung kümmern, mehr Einwohner haben die Seychellen nicht. Fast jeder Dritte lebt in Victoria, dem beschaulichen Hauptstädtchen auf Mahé. Vor dem Markt, auf dem Fische mutmaßlich frisch, aber zweifellos ungekühlt verkauft werden, lungern Bettler herum. Drogen sind ein Problem, vor allem Heroin, und, damit verbunden, Seuchen wie Aids und Hepatitis.

Öffentliche Schulen sind kostenlos auf den Seychellen, aber wer seinem Kind eine gute Ausbildung ermöglichen möchte, muss es auf eine Privatschule schicken. Ähnlich verhält es sich mit der Gesundheitsversorgung: Sie kostet nichts, theoretisch, doch manche Therapien gibt es nur in teuren Privatkliniken, und für manche komplizierte Operation muss man nach Indien fliegen, wenn man denn noch so viel Zeit hat. Die wichtigste Geldquelle des Landes ist der Tourismus, der 70 Prozent der Staatseinnahmen einbringt. Die Touristen sind mehrheitlich weiß und wohlhabend, die Seychellois mehrheitlich schwarz und arm. Der Kontrast ist beschämend.

8000 Rupien sind ein durchschnittliches Monatseinkommen für Staatsangestellte, knapp 600 Euro – ungefähr so viel kostet auch eine Nacht in einem der Luxushotels.

Die Spielhölle im Hafen nennt sich »Casino«, aber sie besteht nur aus Automaten, reihenweise gleichen Automaten, blinkend und plärrend Glück verheißend. Die Spieler füttern sie mit 500 Rupien, 1000 Rupien, sie starren auf das Geblinke und können nicht aufhören, denn alle haben die Geschichte des einen Glücklichen gehört, der hier gestern das große Geld gewonnen haben soll. Er hat etwas Zynisches, dieser Ort, der dazu angelegt ist, Menschen, die nicht viel besitzen, ihre wenigen Geldnoten aus der Tasche zu ziehen. Aber was bleibt den Menschen hier übrig? Wieso nicht wenigstens einmal im Monat auf den großen Gewinn hoffen, gegen alle Wahrscheinlichkeit?

Die Regierung der Seychellen scheint derzeit vor allem damit beschäftigt, Inseln zu Geld zu machen. Manche der schönsten Inseln wurden in den letzten Jahren an Ausländer verkauft, oft an Araber oder Russen. Strände sind zwar öffentliches Gut, so lautet ein Gesetz, aber oft genug stehen an den Stränden privater Inseln und Buchten die Dienstboten der Insel- und Buchtenbesitzer und sorgen dafür, durchaus aggressiv, dass niemand den säuberlich geharkten Sand ihres Herrn betritt. Es wirkt wie ein eiliger Ausverkauf, bevor die Probleme allzu offensichtlich werden. Der Klimawandel bedroht die Geschäftsgrundlage der Seychellen: Korallenriffe, die einst mit ihrem schillernden Leben die Taucher verzauberten, bleichen aus und sterben, weil das Wasser sich erwärmt. Inseln schrumpfen, da der Meeresspiegel steigt.

Alda Philo, Andrine Reddy und Elisabeth Samson, die drei hundertjährigen Damen auf der Insel Mahé, lernten schon vor über neun Jahrzehnten, dass sie sich auf niemanden verlassen sollten. Von der Regierung – seinerzeit waren es britische Kolonialherren – bekamen sie kaum etwas mit. Und die Erwachsenen, die sich um sie kümmern sollten, waren zu sehr mit sich selbst beschäftigt, die Väter vor allem. Aber auch die Mütter waren oft nicht da, sie mussten Geld auftreiben, als Feldarbeiterinnen, als Putzfrauen bei reichen Weißen, als Gespielinnen wechselnder Männer. Tanten oder Großmütter sprangen manchmal ein und gaben den hungrigen Kindern etwas zu essen.

Elisabeth Samson hatte es ein wenig leichter als die anderen beiden Hundertjährigen. Ihr Vater, Emile, war Holzfäller, Mutter Julina arbeitete auf dem Feld und kümmerte sich um Elisabeth und ihre fünf jüngeren Geschwister. Die Familie war arm, aber immerhin waren die Eltern da, Vater und Mutter, und es gab genügend zu essen. Im Garten hinter ihrem Häuschen trippelten Hühner durch Gemüsebeete. Auch Fische gab es reichlich, der Vater zog sie aus dem Meer. Brennholz zum Kochen sammelten Elisabeth und ihre Geschwister in den Bergen, Wasser schöpften sie aus Flüssen und Bächen, sie füllten es in Krüge und balancierten es auf dem Kopf nach Hause. »Damals konnte man das Wasser aus den Flüssen noch trinken«, sagt Elisabeth Samson, »heute ist es zu schmutzig.«

In diesem März 2017 ist Elisabeth Samson exakte 100 Jahre alt, sie trägt einen roten Rock mit weißen Herzen und eine weiße Bluse, weiß sind die gekräuselten und kurz geschnittenen Haare, und eine hübsche Kette mit vielen bunten Steinen trägt sie auch. Die Samsons sind die wohlhabendste der drei Familien, sie haben einen Fernseher, Sessel, Vorhänge, Lampen und Ventilatoren, eine gute Küche und vor allem Platz. Elisabeth Samson sitzt im Rollstuhl, ihre Tochter Rose-Amante Samson, 59, versteckt den Katheter hinter der Mutter und sagt: »So ist das halt, ist ja nicht zu ändern.«

Der Garten ist sein eigener Dschungel, Vögel fliegen durch die Türen ins Haus hinein und durch die Fenster wieder hinaus. Regen stürzt vom Himmel, als ginge die Welt unter, danach ist der Garten eine Schlammwüste. Das ist hier normal.

Elisabeth Samson hat eine heisere Stimme. Sie sieht nicht glücklich aus, mit den tiefen Augenringen und den fallenden Mundwinkeln und den senkrechten Falten. Aber sie lacht viel. Und dann steigt sie doch aus diesem Gespräch aus, und die Tochter Rose-Amante übernimmt die Antworten.

Elisabeth durfte zur Schule gehen, bis sie zwölf Jahre alt war. Sie mochte den Unterricht, lernte Lesen und Schreiben. Doch kaum war sie ein Teenager, wurde sie zu Hause gebraucht. Sie kümmerte sich um die kleineren Geschwister, wenn ihre Mutter auf dem Feld war, und mit 14 Jahren war sie alt genug, ihre erste Stelle anzutreten, als Hausangestellte. Wenn sie nicht arbeitete, half sie ihrem Vater, Holz nach Victoria zu transportieren. Straßen gab es damals noch nicht auf Mahé, nur urwaldüberwucherte Berge. Der einzige Weg in die Hauptstadt führte übers Meer. Sie beluden Pirogen mit dem Holz und paddelten; ein Weg dauerte vier Stunden, es grenzte an Leistungssport. In Victoria verkauften sie das Holz, manchmal auch ein paar Kokosnüsse, dann paddelten sie wieder zurück.

Elisabeths Vater war 66 Jahre alt, als er starb. Er übertraf die heutige mittlere Lebenserwartung für Männer auf den Seychellen immerhin um sieben Jahre. Elisabeths Mutter, zäh wie die Tochter, wurde 92 Jahre alt.

Ein Indiz für Langlebigkeitsgene? So eindeutig ist das nicht: Elisabeths jüngere Geschwister sind allesamt schon vor Jahrzehnten gestorben, alle fünf – an Krebs, an einer Lungenkrankheit, an Herzschwäche; einer ihrer Brüder trank sich zu Tode.

Was also ist Elisabeth Samsons Geheimnis? Wie konnte sie hier, auf diesem so verzaubernd schönen wie ärmlich unterversorgten Flecken Afrikas, 100 Jahre alt werden?

Tochter Rose-Amante übersetzt unsere Frage, sie spricht sie ihrer Mutter ins Hörgerät, langsam und klar artikuliert. Die Samsons verstehen Französisch, aber sie sprechen doch lieber Creole, die regionale Abwandlung des Französischen, wie die meisten hier. Sie habe immer viel gearbeitet, antwortet Elisabeth Samson, und sie habe Gott um ein langes Leben gebeten. »Gott entscheidet, wie lange wir leben«, sagt sie leise.

Elisabeth war 21 Jahre alt, als sie ihren Mann kennenlernte. Es war ein Sonntag nach der Messe, ein Fremder folgte ihr, als sie die Kirche verließ, und sprach sie an. Er war elf Jahre älter als sie und Seefahrer. Am Anfang seien sie glücklich gewesen, verliebt, sagt Elisabeth, trotz diverser Fehlgeburten. Ganze 20 Jahre dauerte es, bis sie doch noch Mutter wurde – mit 41 Jahren. Ein Wunder sei das gewesen, sagt sie, zweifelsfrei ein Wunder des Herrn. Die Schwangerschaft allerdings war voller Komplikationen: Die letzten drei Monate musste Elisabeth im Krankenhaus verbringen, ihr Blutdruck war viel zu hoch, und sie hatte Diabetes. Nach der Geburt erholte sie sich nur langsam, und auch das Baby schwächelte. Sie lagen noch einen Monat lang gemeinsam im

Krankenhaus, Mutter und Tochter; die kleine Rose-Amante nahm einfach nicht zu.

Elisabeths Ehe war da längst kaputt. Ihr Mann ging fremd; überall, wo er auftauchte, hatte er seine Frauen, und wenn er mal daheim war, wurde er handgreiflich – so erzählt es Elisabeth. Ihr katholischer Glaube gebot es der treuen Ehefrau, die Schläge auszuhalten und ihren Mann zu unterstützen, ganz egal, was dieser tat. Manchmal nur, selten, wenn es nämlich unaushaltbar schlimm wurde, floh sie zu ihrer Mutter.

Es gibt ein altes Foto von diesem Kerl, ein Dandy oder ein Aufschneider, so jedenfalls posiert er. Ganz in Weiß. Hosen mit Schlag. Riesige Hemdkragen, über dem Hemd eine Weste. Hut. Die Hände in den Hosentaschen vergraben.

Als Rose-Amante drei Jahre alt war, verschwand ihr Vater aus ihrem Leben. Es gab keine Scheidung, keine offizielle Trennung, er wirbelte einfach weiter zu anderen Frauen, und Elisabeth Samson zog ihre einzige Tochter alleine groß.

Hungern mussten sie nicht, weil sie ja einen Gemüsegarten hatten, und sie aßen sättigende Wurzeln: Süßkartoffeln, Yam, Cassava.

Das Unglück ihres Lebens sei, dass ihr Mann sie verlassen habe, sagt Elisabeth Samson.

Wir sehen uns fragend an: Hat sie das wirklich gesagt: Unglück? Nicht Glück?

Ja, sagt sie, sie habe leider nicht durchgehalten.

Und was ist Ihr größter Stolz?

Rose-Amante beugt sich über ihre Mutter und wiederholt die Frage. Elisabeth blickt ihr in die Augen und flüstert nun etwas. Die Tochter lächelt, halb verlegen, halb gerührt: »Sie sagt: Das bist du. Also … sie meint mich.« Es ist einer der vielen Momente unserer Reise, bei denen wir mitweinen möchten.

Sie leben hier bis heute zusammen, Elisabeth und Rose-Amante, in dem Häuschen, in dem Rose-Amante einst aufwuchs. Früher habe es kein richtiges Dach gehabt, erzählt die Tochter, sondern nur eines aus Palmblättern, unter denen sich ein Heer blutrünstiger Insekten eingenistet hatte. »Wir wurden dauernd gestochen«, sagt Rose-Amante und lacht. Irgendwann hatten sie genügend Geld gespart, um ein richtiges Dach zu bauen.

Die 115 Inseln, die zu den Seychellen gehören, wurden 1742 zufällig entdeckt: Lazare Picault, Kapitän im Dienste Frankreichs, kam aus Mauritius und wollte nach Indien segeln; die Inseln wurden zum französischen Besitz erklärt und nach dem Seefahrer Jean Moreau de Séchelles benannt und mit Plantagen besiedelt. Aber die Briten und Franzosen rangelten um die Herrschaft auf den fernen Ozeanen, und 1794, während des Ersten Koalitionskrieges, besetzten die Briten die Seychellen. Und blieben. Die Seychellen waren zunächst Teil der Kolonie Mauritius, wurden dann eigenständige Kolonie, was am Leben der Einheimischen nichts Wesentliches veränderte.

Ab 1970 durften die Seychellen sich selbst verwalten. 1976 wurden sie unabhängig, es folgten 1979 ein Putsch und die Einparteienherrschaft der sozialistischen SPPF, 1993 dann so etwas wie Demokratie: Seitdem darf es eine Opposition geben.

Elisabeth Samson sagt, sie habe keine besonderen Erinnerungen an all diese Ereignisse. So sei halt das Leben: laut und unruhig. Selten nur stabil. Sie freut sich darüber, dass es heute auf Mahé Straßen gibt und dass viele Touristen kommen; das sei gut für das Land.

Rose-Amante pflegt ihre Mutter und kocht für sie. Morgens gibt es Haferflocken, ein hartes Ei, vielleicht ein Sandwich, dazu Wasser, Fruchtsaft und Tee – keinen Kaffee. Elisabeth darf sich wünschen, was sie mittags und abends essen möchte. Oft wünscht sie sich Fisch, mit Gemüse und Kartoffeln oder Maniok. Manchmal gibt es Hühnchen.

Die Tochter sorgt auch dafür, dass Elisabeth ihre Medikamente nimmt, Tabletten gegen Bluthochdruck, Diabetes und eine Herzkrankheit. Vor fünf Jahren habe sich ihre Mutter die Hüfte gebrochen, erzählt sie, seither könne sie nur noch sitzen oder liegen. Elisabeth sagt, sie würde gern 105 werden, denn sie wolle ihre Tochter nicht allein lassen.

Rose-Amante hat nie geheiratet, aber auch sie hat eine Tochter geboren und ohne Vater großgezogen. Der Vater, sagt sie, habe keine Rolle gespielt. Elisabeth Samsons einzige Enkelin ist längst erwachsen, sie arbeitet bei einer Bank und hat nun selbst zwei kleine Töchter. Sie sei zwar verheiratet, aber nicht mehr lange, sagt Rose-Amante: »Meine Tochter lässt sich gerade scheiden. Sie hat einen guten Job, sie braucht den Mann nicht.«

Was bitte tun eigentlich die Männer hier auf den Seychellen?

Mutter und Tochter müssen lachen.

Die Frauen seien heute selbständiger als früher, sagt Rose-Amante, oft hätten sie inzwischen bessere Jobs als die Männer. Deshalb hätten sie es nicht mehr nötig, um jeden Preis zu heiraten – oder bei einem Mann zu bleiben, der sie schlecht behandle.

In der größten Kirche Victorias werden sonntags jene Babys getauft, deren Eltern verheiratet sind, freitags die unehelichen Kinder. An den Freitagen haben die Priester dreimal so viel zu tun wie an den Sonntagen: Die Seychellois sind zwar mehrheitlich katholisch und durchaus fromm, aber drei von vier Kindern sind unehelich. Oft sind die Väter in ihrem Leben kaum präsent.

Auch dies gehört zu den Absurditäten dieses Landes: Das Mindestalter für legalen Sex beträgt 16 Jahre. Verhütungsmittel allerdings sind erst ab 18 Jahren erhältlich. Wenn sie 18 werden, haben viele Mädchen bereits ihr erstes Kind zur Welt gebracht.

»Männer«, sagt Alda Philo, die zweite der drei Hundertjährigen auf den Seychellen, sie spuckt das Wort aus und macht dazu eine Handbewegung, als wollte sie eine Fliege verjagen. »Wir brauchen keine Männer.«

Wir verstehen dann ziemlich schnell, warum sie so wütend ist: Aldas Vater verließ Aldas Mutter, als Alda noch klein war; ihr Großvater hätte genug Geld gehabt, ließ sie aber hungern, und Aldas Töchter wuchsen dann ohne Vater auf, weil sich ihr Erzeuger nicht für sie interessierte – und jener Mann, den Alda schließlich mit Mitte 30 doch noch heiratete, entpuppte sich als Schläger. Ihr Enkel Jean-Claude, unbestreitbar ein junger Mann, sitzt neben ihr auf der Veranda, blickt schüchtern unter seinen Rastalocken hervor und wagt keinen Widerspruch.

Dies war die Kurzfassung, zu den Details dieses Lebens, auch zu den Männern kommen wir noch.

Alda Philo, geboren am 14. Juli 1915, ist 101 Jahre alt, als wir sie be-

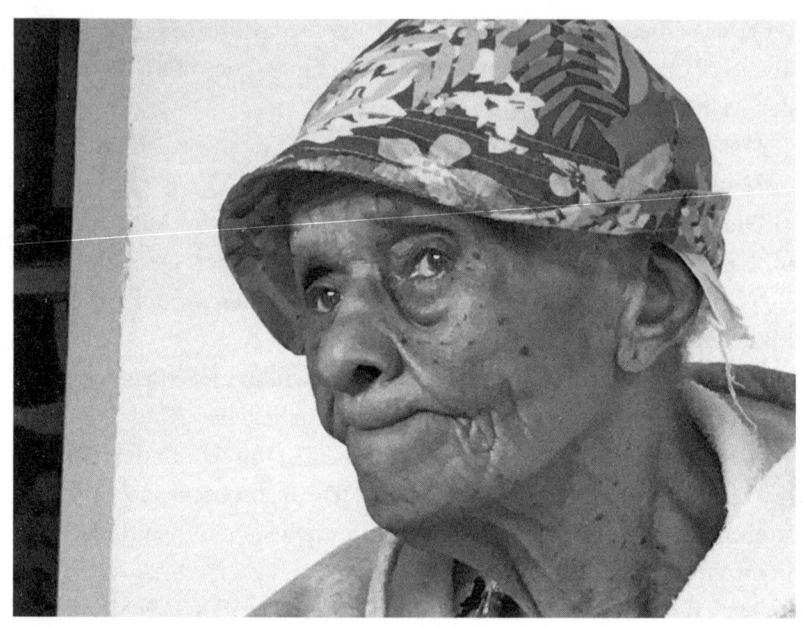

Alda Philo: »Ich lebe lieber allein als mit Männern.«

suchen; sie wohnt in Anse Royale im Süden der Insel Mahé. Sie sitzt in rosa Hausschuhen und grünem Blümchenkleid und mit braun-rosa-gelb-orange-blauem Blümchenhut auf der Veranda ihres weißen Häuschens. Alda ist hellwach, meistens jedenfalls, sie liest die Zeitschrift *»Vivre en famille«*, fragt uns nach Deutschland. Nur manchmal denkt sie sich in andere Welten fort, vielleicht auch nur in andere Augenblicke ihres Lebens: Dann rollt sie die Lippen ineinander und schweigt lange, oder sie erzählt irgendetwas über die Wiese gegenüber, oder sie zieht sich ihren grauen Kapuzenpulli an, weil sie trotz der 29 Grad friert, und dann streicht sie sich über den Reißverschluss und sagt, ihr sei gerade das Portemonnaie geklaut worden.

Weiße Haare und braune Augen hat sie. Und dünn ist sie. Auf den wenigen schwarz-weißen Fotos von früher sieht man eine stolze Alda Philo, gerade und ernst steht sie da, die schwarzen Haare mittelgescheitelt, sie war bestimmt 20 Kilogramm schwerer als heute, aber schlank, ihr Körper wirkt sehnig-kraftvoll wie der einer Sportlerin. Blümchen trug sie damals auch, auf ihrem Rock. Viele Löchlein hat sie in den Ohren und heute noch einen einsamen Ohrring, rechts. Wenige, bestimmt ebenfalls etwas einsame Zähne hat sie noch.

Das Haus der Philos steht in den Hügeln, es gibt Plastikstühle, weiße Wände, grüne Türrahmen und ein Wellblechdach, auf das der erste Regen des Tages prasselt.

Energisch redet diese alte Dame, die lacht und geradezu leuchtet, wenn das Wort »Tanz« fällt. Oh, sie hat gern getanzt, früher.

Sie liebe das Leben, sagt sie, gerne würde sie 102, 103 und noch älter werden. »Nur Gott weiß, wie lange ich noch lebe«, sagt Alda Philo, den Blick nach oben gerichtet, »jeden Tag sage ich *merci*, lieber Gott, dass ich 101 geworden bin.«

Es hätte ja auch schon viel früher vorbei sein können. Aldas ältere Geschwister, eine Schwester und fünf Brüder, sind schon lange tot. Sie ist die erste in ihrer Familie, die ein dreistelliges Alter erreicht hat – obwohl ihr Leben aus hundert Jahren Kampf bestand.

Als Kind habe sie oft nichts zu essen gehabt, erzählt sie, und immer viel Arbeit. Es begann damit, dass ihr Vater die Familie verließ. Da war Alda noch klein, wie alt genau, kann sie nicht sagen. Ihre Mutter wusste nicht, wie sie sieben Kinder versorgen sollte, sie hatte keine Arbeit, neue Männer kamen und gingen. Für Alda, das Nesthäkchen, war kein Platz mehr, sie landete bei ihrer Großmutter. Doch auch dort gab es ein Problem: den Großvater. »Er war weiß, und ich war schwarz«, sagt Alda, »deshalb war er gemein zu mir.«

Der Großvater habe nicht gewollt, dass die Großmutter ihr zu essen gebe. Manchmal gab die Großmutter ihr trotzdem etwas, heimlich. An anderen Tagen floh Alda zu einer Tante, die Mitleid mit ihr hatte. Und Alda lernte, auf Palmen zu klettern, um Kokosnüsse zu pflücken. Zu ihrer Mutter hatte sie keinen Kontakt mehr, zum Vater sowieso nicht.

Wie Elisabeth Samson ging auch Alda Philo ein paar Jahre lang zur Schule, bis sie lesen und schreiben gelernt hatte. Wie Elisabeth musste sie ihre Ausbildung abbrechen, als sie zwölf Jahre alt war. Sie musste nun die Häuser weißer Herrschaften putzen. So lernte sie, dass ihr

Großvater nicht der einzige Weiße war, der Schwarze verachtete. Die Weißen auf Mahé hatten mehr Geld als die Schwarzen, sie besuchten bessere Schulen, und in der Kirche saßen sie vorn und die Schwarzen hinten. Wenn Weiße mit Schwarzen zu tun hatten, dann meist nur, weil die Schwarzen für sie arbeiteten.

Als Alda 22 Jahre alt war, gebar sie eine Tochter, ein Jahr später eine zweite. Wie es dazu kam, mag sie nicht erzählen, nur so viel: Einen Vater hätten ihre Töchter nicht gehabt. Alda wollte nicht heiraten, bis sie 35 Jahre alt war. Dann traf sie Lionel, der charmant war, zunächst. Sie heirateten.

Ein Fehler, wie sich bald herausstellte: Lionel sei gewalttätig gewesen, sagt Alda, er habe sie geschlagen, immer wieder. Drei Jahre hielt sie es aus, dann trennten sie sich. Und Alda hatte genug. »Ich lebe lieber allein als mit Männern«, sagt sie, »Männer sind garstig.«

Davon ausgenommen sind mutmaßlich Jean-Claude, ihr Enkel, und Tracy, ein Neffe, die im selben Haus leben wie Alda. Deren ältere Tochter Josephine, 79, sowie Josephines Tochter Finesse kümmern sich um Alda.

Es ist nicht so, dass Alda viel Pflege brauchte: Sie nehme kein einziges Medikament, sagt sie stolz, und im Krankenhaus sei sie seit vielen Jahrzehnten nicht gewesen. Jeden Morgen steht sie um 7.30 Uhr auf, frühstückt, blättert in Zeitschriften, geht ein wenig spazieren oder im Garten die Tauben füttern. Macht sie ein Mittagsschläfchen? Energisches Kopfschütteln, kein Mittagsschläfchen, das hat sie nicht nötig.

Andrine Reddy, die dritte Hundertjährige auf den Seychellen, rettet schließlich ein Fitzelchen der Ehre der männlichen Seychellois. Sie habe eine gute Ehe geführt, sagt sie und kichert vergnügt, und vor der Ehe habe sie auch schon ihr Leben gelebt, »verstehen Sie?«

Zu ihrem Leben gehörte ein Sohn, der bereits zehn Jahre alt war, als sie den Mann kennenlernte, den sie heiraten wollte. Michel Reddy hieß dieser Mann, er war ein Jahr jünger als sie, 35, und Feldarbeiter. Sie arbeitete im Straßenbau.

Für eine gute Ehe, sagt Andrine Reddy, brauche man einen Mann, der nicht viel trinke. Das sei Voraussetzung Nummer eins. Zweitens müsse man miteinander reden, Probleme besprechen, und drittens solle man sich nach der Arbeit nicht draußen herumtreiben, sondern nach Hause kommen. »Abends waren wir zusammen zu Hause«, sagt sie, »und wenn ich ein bisschen Geld hatte, kaufte ich uns etwas Schönes zu trinken.« Eine schlimme Krise hätten sie nie gehabt, nur kleine Kabbeleien: »Wir hatten ein gutes Leben.«

Andrine Reddy trägt ein blaues Kleid, die Haare sind grau und in der Mitte gescheitelt; in zwei lustigen Knoten, vor jedem Ohr einer, bändigt sie ihr Haar. Von der Arbeit schmutzig sind die Fingernägel.

Andrine lacht energisch, sie hat Kraft, dürfte ihr Leben lang Kraft gehabt haben, denn Energie baut ja niemand im Greisenalter plötzlich auf. Bewundernswert jedenfalls ist diese Kraft, denn Andrine Reddy ist in Armut aufgewachsen, durfte nie zur Schule gehen, kann nicht lesen oder schreiben, hörte immer nur Radio, den ganzen Tag lang, und sitzt jetzt in diesem engen Haus im Stadtteil Mont Fleuri und erfreut sich am Leben.

Ein Raum. Sessel an Tisch an Sessel gequetscht, in unmöglichen Winkeln. Dazu drei Schlafplätze, durch rissige Vorhänge vom Rest des Zimmers getrennt. Gelbe Wände. Alte Teppiche. Glühbirnen hängen ohne Lampenschirme von der Decke. Die Haustür sieht aus, als habe sie schon mehrfach Einbrechern nicht standhalten können.

Aber Andrine lacht. Sie sei gerade 102 geworden, erzählt sie, vor drei Tagen habe sie Geburtstag gehabt.

Hat sie gefeiert?

»Ich habe kein Geld, also habe ich auch keine Party gemacht«, sagt sie. Ein Mittagessen mit der Familie gab es, und ihr Lieblingsgetränk: *Irish Cream*.

Andrine hat eine ähnliche Geschichte wie die anderen beiden Hundertjährigen – auch sie hatte viele Geschwister, drei Schwestern, zwei Brüder, die lange vor ihr gestorben sind. Auch ihre Kindheit war schwierig. Ihr Vater starb, als sie sieben Jahre alt war, und sie musste sich um ihre Geschwister kümmern, während ihre Mutter auf dem Feld arbeitete. Sie sei meistens gesund gewesen, erzählt sie, aber hungrig –

an manchen Tagen hatten sie kaum etwas zu essen, keinen Reis, keine Kartoffeln, nur Brotfrucht.

Als sie 18 Jahre alt war, traf sie einen Geschäftsmann, der ihr anbot, seine Familie als Kindermädchen nach Nairobi zu begleiten. Andrine ergriff die Chance, ein Jahr lang hütete sie die Kinder des Geschäftsmannes, zwei Mädchen und einen Jungen. Angenehm sei das Leben in Nairobi gewesen, sagt sie, aber als die Familie weiterzog, nach Mauritius, wollte sie nicht mehr mitgehen. Sie kehrte zurück auf ihre Insel, wo nun Straßen gebaut wurden, und weil sie keine Schulbildung hatte, aber jede Menge Kraft, baute sie eben Straßen, viele Jahre lang. Mit 55 ging sie in Rente.

Mit Michel, den sie liebte, bekam sie noch einen Sohn und drei Töchter. Sie waren, wenn man so will, ein modernes Paar: Zwar führte Andrine den Haushalt, aber Michel kochte und half bei der Hausarbeit. Er hatte, wenn man Andrines Erzählungen lauscht, eigentlich nur ein Laster: Er rauchte, viel. Und so starb er an Lungenkrebs, über 30 Jahre ist das her.

Auch Andrines Söhne sind schon vor Jahren gestorben, die Töchter leben noch. Eine Tochter, Veronique, lebt bei ihr, und eine Enkelin sieht täglich nach dem Rechten. »Leben und Tod gehören zusammen«, sagt Andrine, »so ist das nun einmal.« Man müsse akzeptieren, was man nicht ändern könne. Sie bereue nichts, sagt sie, aber sie bete viel. Das habe ihr nach dem Tod ihres Mannes geholfen.

Andrine Reddy, die stärkste 102-Jährige, die wir kennen, entlässt uns mit diesem Rat: »Arbeitet hart und schützt euch.«

Die Weisheit des Alters, III.

»Einzig von Gottes Gnade hängt es ab, wie lange man lebt;
das muss man akzeptieren.«

Elisabeth Samson

100

»Ich bete jeden Abend zu Gott. Ich bitte Gott, meiner Familie und meinen Nächsten zu helfen, jeden Abend bete ich zu Gott, ich mag den Regen nicht, ich mag die Sonne, und ich sage, danke, Gott, für den Sonnenschein.«

Alda Philo

»Dankt Gott. Wenn ich heute ein Stück Brot bekomme, sage ich danke, und wenn ich heute kein Stück Brot bekomme, sage ich auch danke.«

Andrine Reddy

Die Jahre sind einfach vergangen

GEDANKEN ÜBER DAS ENDE – BERÜHMTE ALTE
UND ALTE BERÜHMTE

Es ist, oft, ein Ereignis, wenn Menschen sehr, sehr alt werden. Die Umgebung staunt, Medien staunen auch, darum kann das Altwerden zu einigem Ruhm führen. Oder aber es verläuft andersherum: Dann kommt zuerst die Berühmtheit und erst später das hohe Alter.

Eine Berühmtheit der ganz und gar modernen Art war die Inderin Mastanamma (so ihr verkürzter Künstlername). Im wahren Leben hieß sie Karre Mastanamma, und sie war in der Provinz Andhra Pradesh verheiratet worden, als sie elf Jahre jung war, war eine fünffache Mutter ohne jede Ausbildung, als sie 22 war. Dann starb ihr Mann. Sie schleppte Reissäcke für ein bisschen Geld. Putzte. Kochte. Vier ihrer Kinder starben nach kurzen Krankheiten. Als sie 105 Jahre alt war und ihr legendäres Auberginencurry kochte, schlug ihr Sohn vor, sie solle ein YouTube-Video drehen. Und sie drehten. Einmal. Und dann wieder. Fischgerichte waren es vor allem, aber auch Hühnchen in gedünsteter Wassermelone. Und 200 Millionen Menschen sahen ihre Filme, über eine Million Menschen hatten Mastanamma abonniert, die Meisterköchin aus Indien, die 107 Jahre alt wurde.

Kurze Hymnen und Nachrufe auf berühmte Hundertjährige also:

Walter Regula, ehemaliger Meteorologe, war der letzte Überlebende einer legendären Schiffskatastrophe: Die »Pionier« war 1940 im Skagerrak unterwegs, als sie vom britischen U-Boot »Sturgeon« versenkt wurde; 338 Menschen starben. Im Jahr 2018 war Regula 103 Jahre alt.

Der einstige norwegische Soldat Joachim Ronneberg war ein Nationalheld: Er setzte 1943 ein mysteriöses Kraftwerk in Brand, in welchem deutsche Soldaten für Hitler die erste Atombombe entwickelten – das glaubten britische Geheimdienste ermittelt zu haben. Ronneberg wurde 99 Jahre alt.

Jeannie de Clarens, die während des Zweiten Weltkriegs noch Jeannie Rousseau hieß, war Übersetzerin in Paris, sprach fließend Deutsch, und so bezaubernd schön war sie, dass deutsche Offiziere ihr allerlei Geheimnisse über die Entwicklung der V1- und V2-Raketen anvertrauten. Die Spionin riskierte ihr Leben und trug alles, was sie ermittelte, an die sogenannten Druiden, das französische Geheimdienstnetzwerk, weiter. Madame de Clarens wurde 99 Jahre alt.

Im Guinness-Buch der Weltrekorde stehen die beiden Japaner Masao Matsumoto und Miyako Matsumoto als jenes Paar, das die längste aller Ehen geführt hat: Im September 2018 waren es 80 Jahre. Masao war 108, Miyako war 100 Jahre alt. »Wir haben das wegen meiner Geduld geschafft«, sagte Gattin Miyako.

Roberta McCain war 106, als sie im August 2018 auf dem *Naval Academy Cemetery* in Annapolis, Maryland, ihren Sohn, den Senator John McCain, beerdigen musste.

Anne Olivier Bell wurde 102 Jahre alt: Sie hat der Menschheit das Geschenk gemacht, dass sie die Tagebücher Virginia Woolfs so elegant wie geschickt redigierte, dass daraus fünf Werke für die Ewigkeit wurden.

Und Patricia Schiller war zunächst eine eher gewöhnliche Rechtsanwältin, damals in den fünfziger Jahren; sie kämpfte für gerechte Scheidungen und dachte doch immer, dass der Gesellschaft, der amerikanischen jedenfalls, in Wahrheit etwas ganz anderes fehle. Also wurde sie Sex-Erzieherin. Sie sprach über Verhütung, über weibliche Lust und über Orgasmen, das war durchaus *shocking*. Patricia Schiller wurde 104 Jahre alt.

Max Fuchs hingegen wurde wegen eines einzelnen Moments zu einem amerikanischen Helden, zur Legende. Am 6. Juni 1944 erstürmte er Omaha Beach, es war D-Day in der Bretagne; und ein halbes Jahr später, am 29. Oktober, kam jener Moment des Max Fuchs, denn in Aachen betete er zusammen mit 50 jüdischen Soldaten und sang die glorreichen Sabbath-Lobgesänge für sie.

Der Niederländer Johan van Hulst, Schuldirektor während der Zeit des Nationalsozialismus, schaffte es, 600 Kinder vor dem Tod im Konzentrationslager zu retten; er versteckte sie zunächst in einem Klassenzimmer und brachte sie dann in Sicherheit. Später wurde er Mitglied des holländischen Senats und Abgeordneter im Europaparlament. Johan van Hulst wurde 107 Jahre alt.

Die ehemalige Schauspielerin Olivia de Havilland war 101 Jahre alt, als sie die FX-Studios verklagte. In einem Film über ihr Leben sollte die fiktive de Havilland die eigene Schwester eine *bitch* nennen – und das sei frei erfunden, sagte die echte Frau de Havilland, eine zweifache Oscar-Gewinnerin. Sie gewann.

Der amerikanische Reverend Billy Graham, der in Amerikas Arenen predigte und den noblen Weg zu Gott pries, aber ein sehr irdisches Leben inklusive Alkohol, Drogen und Affären führte, wurde 99 Jahre alt.

Der Botaniker und Ökologe David Goodall war in Australien ohnehin prominent, doch durch seinen letzten Entschluss wurde er weltberühmt: Er reiste in die Schweiz, um zu sterben, da er nach eigener Einschätzung nun wirklich lange genug gelebt hatte. Die Kräfte schwanden. Die geistigen auch. Es war genug. Aufgeregte Journalisten fragten ihn vieles. Die letzte Mahlzeit? War ihm egal. Seine Begleitung? War ihm auch egal. David Goodall wollte einfach nur sterben und dabei Beethovens Neunte hören. Eine Passage sang er den Journalisten vor:

»Freude, schöner Götterfunken
Tochter aus Elysium,
Wir betreten feuertrunken,
Himmlische, dein Heiligtum!«

Er wurde 104 Jahre alt.

Manchmal, wir erwähnten es bereits, werden berühmte Menschen sehr alt; aber manchmal werden auch sehr alte Menschen berühmt. Im

April 2018 ging die Nachricht um die Welt, dass nun der Japaner Masazo Nonaka der älteste Mann der Welt sei: 112 Jahre und 259 Tage. Sein Vorgänger, der Spanier Francisco Nuñez Olivera, war 113 Jahre alt geworden, aber im Januar gestorben. Im Januar 2019 starb dann auch Masazo Nonaka, ebenfalls mit 113 Jahren. Der älteste Mensch der Welt war im März 2019 die 116-jährige Japanerin Kane Tanaka, geboren am 2. Januar 1903.

Die erste Ehefrau Frank Sinatras, Nancy, wurde 101.

Die erste Frau, die in New York einen Motorrad-Führerschein machte, die erste Frau am Steuer eines Taxis, das war Gertrude Jeannette, eine Afro-Amerikanerin. Später wurde sie Schauspielerin, Drehbuchautorin, Regisseurin, Produzentin. Gertrude Jeannette wurde 103 Jahre alt.

Und als dort in New York die einstige Sekretärin Sylvia Bloom starb, war dies zunächst keine Nachricht. Bald aber sprach ganz Amerika über diese Dame: 67 Jahre lang hatte sie nämlich für ein und dieselbe Anwaltskanzlei gearbeitet; und wenn ihre Chefs irgendwelches Geld anlegten, dann investierte Sylvia auch: weniger Geld natürlich, aber in die gleiche Aktie. Als Sylvia Bloom starb, spendete sie ihr Vermögen von über acht Millionen Dollar für College-Stipendien. Sylvia Bloom wurde 96 Jahre alt.

Heute sei er noch da, und »morgen werde ich weg sein«, so sagte es Amos Oz voraus, und wenige Jahre später starb er, mit 79. Das Altern und die Bilanz des eigenen Lebens und all die Entscheidungen und Fehlentscheidungen und sowieso der Tod sind ein ständiges Thema in der Kunst, der Musik, der Literatur. Tolstoi schrieb immer wieder neu über die Träume und ihr Scheitern, und im »Tod des Iwan Iljitsch« geht es um die eine, die größte Lebenslüge: dass es im Leben beständig aufwärts gehe, von der Ausbildung hinein und hinauf in die Karriere, von der Heirat zur Familie, vom Jugendtraum zu dessen Verwirklichung – während doch in Wahrheit die Niederlagen und der Verfall längst angefangen haben und immer nur zunehmen und ein Scheitern dem anderen folgt. Iwan Iljitsch erkennt spät, zu spät, dass er das eigentliche

Leben stets aufgeschoben hat, auf ein Später nämlich, das es jetzt, in den letzten Tagen, nicht mehr geben kann.

Joachim Ringelnatz dichtete: »Der Tod geht stolz spazieren, / Doch Sterben ist nur Zeitverlust. / Dir hängt ein Herz in deiner Brust, / Das darfst du nie verlieren.«

Claude Simon sagte auf die Frage, was ihm fehlen werde, wenn er das Leben verlassen müsse: »Das Leben. Die Vögel, der Himmel. Nicht mehr schwimmen zu können, nicht mehr in der Sonne zu sein. Alles, alles, alles.« Die Welt nämlich sei »schön, und ich muss sie verlassen und habe noch immer nicht alle Bücher gelesen«.

Die »Zeit«-Journalistin Iris Radisch hat für ihr herzenswarmes Buch »Die letzten Dinge« Lebensendgespräche mit Schriftstellern gesammelt. Der russische Dichter Andrej Bitow sagte ihr: »Ich bin immer noch am Leben. Ich habe gewonnen und verloren. Ich bin dumm genug, mich des Lebens zu freuen. Mutlosigkeit ist eine der größten Sünden.« Und dann erinnert er sich an einen Gospel: »Gott, ich bin noch nicht bereit zu sterben, warte noch ein bisschen, *I want to be ready to die.* Das ist es: Man muss zum Sterben bereit sein. Es ist wichtig, dem Tod würdig zu begegnen. Aber der Mensch ist ein schwaches Geschöpf.« Ob er einen letzten Wunsch habe, fragt Radisch. Und Bitow sagt: »Ich möchte immer das Nächste tun, das Nächste von allem, was ich noch nicht getan habe. Ich möchte, dass es eine Fortsetzung gibt. Aber im Grunde denke ich, dem Wesentlichen kann ich nichts hinzufügen. Das Wesentliche ist nicht zu erreichen. Man kann drum herumschreiben, schöne Verse machen, guten Wein trinken, einen guten Stuhl bauen. Mehr schafft man nicht.« Die Welt übrigens sei fröhlicher als wir, denn »wir sterben, aber die Welt stirbt nicht«.

Die Dichterin Sarah Kirsch berichtete, sie spüre das Alter nicht: »Man wird innerlich nicht so schnell alt, wie man in Wirklichkeit alt wird. Innerlich bin ich immer noch die, die mit ihrer Mutter irgendwo langgeht.«

Die Wiener Schriftstellerin Friederike Mayröcker sagte zu ihrem 80. Geburtstag: »Ich kann nicht sagen, dass sich etwas verändert hat. Ich fühle mich nicht alt. Und manchmal geht es sogar so weit, dass ich wieder bloßfüßig in Deinzendorf herumlaufe. Und das ist nicht die übliche Erinnerung der Erinnerung des alten Menschen, sondern die Kindheit. Es ist das Gefühl, ich fange erst an. Manchmal denke ich, mein Leben beginnt überhaupt erst.« Melancholie? Natürlich. »Die Jahre sind einfach vergangen. Und man weiß eben nicht, wie. Ein Jahr vergeht so rasch. Dieses Jahr ist vorüber, dann ist das nächste Jahr vorüber. Und man denkt sich dann: Wie lange wird das wohl noch so gehen?« Friederike Mayröcker sehnte sich durchaus nach Unsterblichkeit, jedenfalls nach mehr Zeit: »Man müsste mindestens 200 Jahre alt werden. Man braucht so viel Zeit. Ich würde das Leben aufteilen. In einem Leben würde ich nur lesen, in einem nur schreiben und in einem nur reisen. Dann bräuchte ich noch eines, um mehrere Sprachen zu erlernen.« Aber da ist leider der Tod davor, und sie wusste es. »Ich hasse den Tod. Ich weiß, dass ich knapp vor diesem Tor stehe. Mit achtzig muss man immer damit rechnen. Das ist eine so furchtbare Vorstellung. Ich kann es mit nichts vergleichen, eine strangulierende Vorstellung. Bald wird man nicht mehr alles erfahren können, was man gerne noch erfahren möchte. Wohin kommt das alles, was man gedacht hat? Was man empfunden und gedacht hat? Und auch der Gedanke, dass die Welt weitergeht. Wenn ich tot bin, geht die Welt genauso weiter wie an den Tagen, als ich noch lebte. Das ist eine Unbegreiflichkeit. Eine Benachteiligung! Man möchte doch erfahren, wie es weitergeht. Und man wird angeschnitten davon und weiß nicht, ob es weitergeht, wie es weitergeht. Es ist einfach aus.«

Günter Grass sagte zur Liebe im Alter: »Meine Erfahrung mit dem, was unter dem Stichwort ›Altersgeilheit‹ läuft, ist die, dass die erotische Liebe im Alter differenzierter wird, sich verlangsamt.« Der Theatermacher George Tabori, der mit 93 Jahren starb, erzählte kurz vor seinem 90. Geburtstag: »Also, mit dem Sex, das ist vorbei. Darüber müssen wir uns nicht unterhalten. Ich hatte einen Onkel, der hat mit 92 Jahren ein Kind fabriziert. Wie er das geschafft hat, weiß ich nicht.«

Tabori, Sohn jüdischer Intellektueller, wurde in Budapest geboren und lebte in London, Berlin, Kairo, Budapest, New York, Tübingen, München, Istanbul, Los Angeles, nicht in dieser Reihenfolge, und das war ein Problem im Alter: das genaue Erinnern. Was war wo geschehen, was in welcher Wohnung, in welcher Stadt? Welche Sprache passte zu welcher Erinnerung? »Englisch hab ich verlernt, Ungarisch spreche ich nur noch mit meinem Hund. Aber auch das Deutsche verschwindet langsam.« Eher hilflos wirkte die Bilanz: »In meinem Leben war alles Zufall. Zufall regiert die Welt.« Nie sei er überrascht gewesen, »wenn etwas Schlimmes passiert«.

Günter Grass sagte dann noch, über Neugierde bzw. Zynismus: »Ich stehe, auch das ist eine Folge des Alters, staunender. Staunender vor der Natur, auch vor der beschädigten Natur. Es mischt sich jetzt, was Religion und Alter betrifft: Ich nehme den Wechsel der Jahreszeiten deutlicher wahr, mit mehr Erstaunen als in jüngeren Jahren.«

Und der wunderbare Imre Kertész, der als Vierzehnjähriger in Budapest verhaftet wurde und Auschwitz und Buchenwald überlebte und dann den »Roman eines Schicksallosen« schrieb, sagte, von Parkinson bereits schwer gezeichnet, dass er im Alter viel über das Leben als Ganzes nachdenke: »Wer weiß, welches Leben man hätte leben können.« Für ihn, sagte er, habe der eine Augenblick über alles entschieden, als er nämlich 25 Jahre alt gewesen sei und verstanden habe, was Auschwitz für ihn bedeute: »Ein einziger existentieller Augenblick. Bis dahin hatte ich nur Anekdoten über Auschwitz erzählt.« Nun aber »wurde mir schlagartig klar: Ich bin nicht einfach ein Mensch, der Auschwitz überlebt hat, sondern es ist eine großartige Geschichte mit mir passiert. Und das muss ich ergreifen. Ich wurde von einer Sekunde zur anderen ein ganz anderer Mensch.« Elementar und unerklärlich sei dieser Augenblick der Erkenntnis gewesen, »das sind Momente, wie Heilige sie erleben«, und »einmal im Leben muss der Mensch verstehen, wo er lebt und dass er lebt«.

Kertész sagte schließlich, er sei bereit. Er warte. »Ich glaube, ich habe alle meine Augenblicke schon erlebt. Es ist fertig, und ich bin noch da.« Imre Kertész wurde 86 Jahre alt.

Der Mensch an sich, selbstverständlich auch der Mensch als Literat oder Philosoph, ist oft beleidigt, wütend, empört wegen dieses verdammten Alters. Der Literaturkritiker Marcel Reich-Ranicki, der das

Warschauer Ghetto überlebt hatte und in der Nachkriegsbundesrepublik mit seinen Rezensionen, Aufsätzen, Einmischungen aller Art zu einem grandiosen öffentlichen Intellektuellen geworden war, dieser Reich-Ranicki blickte als Neunzigjähriger bitter zurück. Seine Bücher hatte er weggegeben, er konnte nicht mehr gut lesen, doch er mochte die Literatur auch nicht mehr. Und er sagte: »Das Leben ist scheußlich, wenn man alt ist. Sehr unangenehm. Es ist kein Vergnügen.« Das Furchtbare sei nicht, dass es keine Zukunft gebe – »es ist schon eine Zukunft da, aber die ist der Tod«. Er sei »nicht glücklich. Ich bin überhaupt nicht glücklich. Ich war es nie in meinem Leben. Ich war es nie. Ich war nie in meinem Leben glücklich. Das ist etwas, was ich nicht kenne«. Mit 93 Jahren starb Reich-Ranicki in einem Pflegeheim.

Dann aber ist der Mensch (und auch der Literat) doch wieder milde, humorvoll, gelassen. Ruth Klüger, im April 2019 87 Jahre alt, ist eine der großen intellektuellen Gestalten der vergangenen hundert Jahre – was für ein Leben. Zwölf Jahre alt war sie im Konzentrationslager Theresienstadt, als die Mädchen und Frauen sich nackt in einer Schlange anstellen mussten und selektiert wurden; alle Frauen zwischen 15 und 45 Jahren mussten oder durften arbeiten, die anderen nicht. Ruth sollte zurückbleiben. Sie weinte. Ihre Mutter weinte. Ruth traute sich und stellte sich in einem unbeobachteten Moment zum zweiten Mal an. Sie sei 15, sagte sie und kam durch. Wenige Tage später waren alle Mädchen unter 15, alle, die in den Baracken ihre Freundinnen gewesen wären, tot.

Mutter und Tochter überlebten, wanderten in die USA aus, und in Kalifornien wurde Ruth Klüger Literaturwissenschaftlerin und Schriftstellerin.

Als die Kollegin Iris Radisch die damals 83-jährige Klüger nach den letzten Dingen fragte, sagte diese: »Ich bin jetzt so alt wie Goethe in seinem Todesjahr. Und das Erstaunliche ist, dass man nicht allein ist. Es gibt eine Generation von alten Leuten. Das hat es früher nicht gegeben. Goethe hat sehr darunter gelitten, im Alter allein zu sein, weil alle anderen schon weg waren. Ich habe gerade meine 91-jährige Freundin in London besucht. Im Januar hat mich meine 88-jährige Freundin in

Kalifornien besucht. Wir sind vorhanden. Auch wenn ständig jemand stirbt, den man kennt.«

Wenn sie zurückdenke, sagte Ruth Klüger, denke sie an Irrtümer: »Das kann man nicht zurücknehmen. Man kann nur weitermachen und sich womöglich wieder irren.« Und sie fühle sich frei: »Wenn aber alles Zufall ist, was ich glaube, dann hat das den Vorteil, dass man frei ist, zu wählen. Deswegen muss man sich später keine Vorwürfe machen. Man weiß im Leben nie, was dabei herauskommt.« Und Ruth Klüger erinnerte sich gern: »Ich habe Entscheidungen getroffen, zu denen ich stehen will. Und ich habe Entscheidungen getroffen, die mir leidtun. Aber das sind alles Dinge, die mir passiert sind. Was will man mehr vom Leben?«

Der Sinn des Lebens nämlich …

»Ich finde, wenn man wissen will, was der Sinn des Lebens ist, muss man sich eine Katze ansehen. Eine Katze, die den ganzen Tag schläft. Da weiß man, dass der Sinn des Lebens einfach das Leben ist.«

Tanzen und fühlen

Mit Hilde Hefti kann man kein Interview führen. Nein, vollkommen unmöglich, das geht nicht. Wir haben uns zwar unsere Fragen überlegt, wie immer, und einige dieser Fragen stellen wir der Dame auch, doch das spielt keine Rolle. Mathilde Hefti, geborene Baldauf, Rufname erstens Hilde und zweitens Hildy, sagt, was sie sagen möchte. Und irgendetwas möchte sie immer sagen. Es kommt sogar vor, dass wir eine Frage gleich fünfmal wiederholen, also insgesamt sechsmal stellen, weil diese Frage uns wirklich, wirklich wichtig ist – aber das Ganze wird sich dann hinterher, beim Abhören der Aufnahme, einigermaßen bescheuert anhören, da Hilde Hefti sechsmal lieber die Geschichte zu Ende erzählen möchte, die sie begonnen hat; und solch eine Geschichte braucht mitunter ihre Zeit.

Am 13. Mai 2018 sind wir erstmals bei ihr in dem Einfamilienhaus mit kleinem Garten in Riehen, einem Vorort von Basel. Sie ist eine gewiefte Gastgeberin: Es gibt Joghurt-Törtchen in Herzform und weitere Süßigkeiten, Tee, Kaffee, Wein, und sie singt und tanzt für uns. Sie kann das sehr, sehr gut: tanzen. Denn von Mitternacht bis zwei Uhr morgens tanzt sie in jeder Nacht, vermutlich genau so wie jetzt: mit langen Tüchern, mit den Armen spannweitenbreit ausholend, singend. *»Are you lonesome tonight«*, singen Elvis und Hildy.

Frau Hefti kam vorhin von der Sonntagsmesse, sie hat noch nicht gefrühstückt, denn weil sie nachts tanzt, steht sie spät oder noch etwas später auf. Sie läuft jetzt in der Küche umher und kocht Wasser auf. Sie

Hilde Hefti: »Kleiner Mensch, sei dankbar, dass du Gefühle hast.«

trägt eine blaue Stoffhose, ein grünes Wolljackett, eine mattschwarze, moderne Hornbrille, und ein seidenes Haarband hält die langen weißen Haare zurück. Ein großer Schreibtisch steht ein paar Meter entfernt, mit Blick auf den Garten und voll mit Papieren, ordentlich gestapelt. »Ich schreibe dort meine Briefe«, sagt sie, »und ich schreibe meine Gedanken auf. Auch tagsüber. Ich bin sehr glücklich darüber. Wissen Sie, die meisten Leute finden mich schräg. Sie halten mich für seltsam. Aber ich bin glücklich, dass ich so bin. Ich stehe zu mir selber. Zu all meinen Macken.«

Wir verstehen schnell, was sie meint, denn sie ist zweifellos anders als die anderen Alten, denen wir begegnen: Sie tanzt nicht nur, sie verfasst auch Gedichte. Und lädt uns zum Essen ein, bei jedem Besuch. Schickt uns Basler Süßigkeiten, Verse, Geschichten. Und sie war 1945 in einem Zug, der Richtung Konzentrationslager fuhr, und entkam haarscharf, doch dazu später.

Hilde Hefti kommt aus Lindau am Bodensee. Ihre Eltern sind lange tot, ihr kleiner Bruder starb vor einem Jahr. Hilde ging einst zur Klosterschule, wo es genau eine säkulare Lehrerin gab, für Sport und Musik. Diese Lehrerin brachte eine Freundin mit, die Ausdruckstanz mit den Schülerinnen machte, zum »Karneval der Tiere«. »Du musst ganz, ganz fest die Musik hören und sie in dich aufnehmen. Ich spiele das jetzt noch einmal, und du versuchst, die Musik in Bewegung umzusetzen.« Das sagte die Tanz-Fachfrau, und Hilde tat wie gewünscht.

»Dann sagte meine Lehrerin, dass sie mich für eine Tanzausbildung in München anmelden wollte. Sie hatte mit ihren Eltern gesprochen und wollte, dass ich bei denen wohne. Du musst es nur deinem Vater erzählen, hat sie gesagt. Mein Gott, mir hat sich ein Himmel geöffnet. Ich war so happy. Und dann bekam ich das Zeugnis und brachte das nach Hause. Meine Mutter war Schweizerin, mein Vater war Bayer. Ich sagte zu ihm: Du sagst ja gar nix. Gefällt es dir nicht? Und dann sagte er ganz trocken: Von dir hab ich nix anderes erwartet. Dann hab ich ihm das erzählt von meiner Lehrerin. Und er klopft nur auf den Tisch und sagt: Nein. Ich habe dich angemeldet bei der Bayerischen Vereinsbank. Du machst die Lehrzeit dort, und dann sehen wir weiter.«

Auch auf solche Weise können Träume enden.

Sie stellt Schnapsgläser auf den Tisch. »Sie sind ja nicht mit dem Auto da. Da können wir ja schon ein Schnäpschen trinken. Jetzt nehmen wir unseren Fridolin noch mit dazu.« Sie greift nach einem Foto.

Das war Ihr Ehemann?

»Vor 12 Jahren ist er gestorben. Aber ich bin nie allein. Ich rede mit ihm. Ich singe für ihn. Und ich tanze für ihn. Und das ist so schön! Er ist noch im Spital gewesen. Und da sagen die Ärzte zu mir: Wollen Sie bei ihm bleiben? Denn ich kann Ihnen keine Hoffnung mehr machen. Dann blieb ich acht Tage lang bei ihm. An einem Samstag war es, als er unruhig wurde. Und ich saß immer bei ihm am Bett. Und dann habe ich gemerkt: Er atmet anders. Da habe ich ihn hochgenommen, in den Arm, dort im Bett, und da ist er mir eingeschlafen. In meinem Arm. Und das ist unerhört schön gewesen. Ich habe ihn angeschaut. Er war auch im Sterben noch der schönste Mann. Ich konnte nicht weinen. Ich habe keine Träne geweint. Denn wir hatten es so schön zusammen. Was soll es denn? Er ist mir ja nur vorausgegangen. Jedenfalls sind wir dann wieder beisammen. Das ist meine Freude und zugleich mein Trost. Als er starb, guckte er mich an und sagte: Dass es bei uns so gut gegangen ist, das ist allein dein Verdienst. Nicht nur mein Verdienst, habe ich geantwortet. Doch, hat er gesagt. Und dann habe ich da später drüber nachgedacht und dachte: Er hat recht. Denn er war ein sehr gescheiter Mann, aber auch stur. Und ich war gerade das Gegenteil. Wenn zwei Sture zusammentreffen, klappt es nicht. Aber wenn ein Sturer auf eine flexible Frau trifft, kann das gut gehen. Er sagte zu mir: Du warst immer diejenige, die den Frieden gesucht hat. Mir fiel das nicht schwer. Ich bin so. Sehr flexibel und sehr zugänglich. Ich habe nicht gerne Unfrieden. Genau deshalb ist es so gut gegangen.«

Fridolin studierte Chemie und fing bei Geigy an, jener ersten Chemiefabrik in Basel, die später mit Ciba fusionierte, woraus im Laufe des 20. Jahrhunderts der Konzern Ciba-Geigy wurde, der wiederum mit Sandoz zusammenging und zu Novartis wurde. Noch heute höre sie nichts als Lob, sagt Hilde: »Jaa, der Fridolin Hefti – das war ein wunderbarer Mensch und Chef. Mein Mann, das müssen Sie wissen, war schon einmal verheiratet. Mit einer bildschönen Frau. Eine ganz andere Type als ich. Sie bekam ein Mädelchen. Das Baby war noch nicht ganz ein Jahr alt, als die junge Mutter Kinderlähmung bekam. Sie war atmungsgelähmt. Sie ist in den Armen meines Mannes gestorben. Aber das Kind war ja noch da.«

Hildes Stieftochter. Es scheint kompliziert zu sein. Bis heute.

»Ich bin ein ganz anderer Mensch als sie. Man muss nichts erzwingen wollen. Wenn sie und ihre Kinder mich besuchen wollen, freut es mich jedes Mal. Das Häusle ist für alle offen. Aber zwingen kann ich niemanden. Man kann eine Beziehung, auch eine verwandtschaftliche Liebe, nicht erzwingen und nicht erkaufen. Das will ich nicht. Man muss das aus dem innersten Empfinden heraus machen. Aus einem Wunsch. Dann ist es schön. Fridolin und ich haben dann ja noch eine gemeinsame Tochter bekommen. Die Brigitte. Die lebt in einem Haus am See, mit ihrem Mann und ihren drei Kindern.«

Hilde erzählt es, wie sie es erzählen möchte. Damals kam die Hochzeit natürlich erst nach dem Krieg. Zuerst kam der Krieg, und 1943 wurde Hilde Hefti zum Nachtfluggeschwader 102 auf dem Fliegerhorst in Echterdingen bei Stuttgart kommandiert, wo sie Munition abfüllen sollte. Nachts, so hieß es, stünden die jungen Frauen den Männern der SA und der SS zur Verfügung, aber der Kommandant sagte: »Mein Gott, so ein junges Ding«, und machte sie zu seiner Sekretärin. Hilde führte die Listen: Wer lebte noch, wer lag im Lazarett, wer lebte nicht mehr?

Sie werden nach Ostpreußen verlegt, nach Polen. Hilde begegnet dem wirklichen Krieg. Der Kälte. Der Verwüstung. Männer, mit denen sie gestern sprach, sind heute tot. 1945 dann, als nichts mehr zu gewinnen ist, weist der Kommandant sie an, über Hannover heim nach Memmingen zu fahren. Er dankt ihr per Brief, sie hat den Brief aufbewahrt und zeigt ihn: »Sie waren für uns alle die sichtbare Verbindung zur Heimat. Herzlichen Dank für Ihren Einsatz und danke für Ihre Art.« Als Proviant hat sie eine Stulle. Im Bahnhof Hannover fragt sie einen Schaffner, wo ein Zug nach München fahre. Er schickt sie zu einem Bahnsteig. Sie wartet, setzt sich auf den Koffer. Hilde Hefti erzählt:

»Endlich kommt ein Zug, einer mit Viehwaggons, die keine Fenster haben, nur diese Schlitze, ihr wisst doch, damit das Vieh frische Luft kriegt. Der Zug hält. In dem Moment recken sich aus den Schlitzen ganz schmale Finger, nur Haut und Knochen. Von innen höre ich es gottsjämmerlich schreien, ich kann das nicht anders sagen: Hunger. Hunger. Hunger. Ich gebe mein Brot diesen Fingern. In dem Augenblick springt ein Soldat aus dem Zug, packt mich, zerrt mich hinauf und wirft mich in den Zug. Ich sage: Das können Sie nicht machen, ich muss weiter nach München, ich habe einen Befehl von meinem Kommandanten. Er schreit: Halt die Schnauze, du Drecksau. Du gehörst dorthin, wo diese hinfahren. Es ist ein Zug ins KZ von Bergen-Belsen, ich werde gefesselt, die Jüdinnen sagen: Du Engel, du Engel, du Engel. Hilf, Engel, hilf. Ich sage ihnen: Ich bin kein Engel, ich kann nicht helfen. Ich rede mit dem Soldaten, der befiehlt mir zu schweigen, aber dann holt er einen Kollegen, und der sagt: Das sieht gar nicht gut aus, wirf sie besser raus. Da werfen sie mich aus dem fahrenden Zug. Irgendwo zwischen Hannover und Bergen-Belsen. Alles tut mir weh, aber nichts ist gebrochen. Ich gehe zu Fuß die Gleise entlang. Und als ich wieder in Hannover ankomme, steht mein Koffer noch auf dem Bahnsteig.«

Es kann exakt so oder ungefähr so gewesen sein; nachprüfbar ist diese Geschichte nicht. Es gibt, natürlich, keine lebenden Zeugen mehr. Die »Neue Zürcher Zeitung« hat die Geschichte so ähnlich aufgeschrieben, aber auch die NZZ konnte nur mit Hilde Hefti darüber sprechen.

Damals, nach dem Krieg, wollte Hilde nicht zurück zur Bank und ging in die Schweiz, die Heimat ihrer Mutter. Sie putzte, zunächst. Arbeitete für Familien, dann in Hotels.

»Eines Tages kam ein Mann, ein Witwer, mit seiner Mutter und seinem Kind. Ich habe sie hinaufbegleitet, in ihr Zimmer. Blumen sind da, Früchte sind da, und hier ist das Badezimmer – und ich mache die Tür auf, und da springt ein nackter Mann aus der Badewanne! Was bin ich erschrocken! Denn Sie müssen wissen … obwohl ich im Krieg bei den Soldaten, also bei 600 Männern im Dienst war, dreieinhalb Jahre lang, hatte ich noch nie einen nackten Mann gesehen. Mein Kommandant hatte ja immer aufgepasst, dass mir keiner zu nahe kam. Nun stand da einer, na, er sprang sogar aus der Badewanne! Und ich habe nur schnell die Tür zugemacht. Mein Gott, war mir das peinlich. Dem Witwer habe ich leid getan. Sie kamen später zum Essen hinunter. Er kam mit seiner Mutter am Arm und dem Mädel an der Hand. So ein wunderschöner Mann. Passende Krawatte zum Anzug, gut gestylt, wellige, schwarze Haare. Also: wow. Wow! Und die Frau von meinem Patron sagte: Der Mann ist noch nicht lange Witwer. Mich hat er beeindruckt. Er war sehr liebevoll mit seiner Mutter. Du bist ja nicht nur ein Schöner, habe ich gedacht, du bist auch noch ein Lieber. Sie blieben drei Wochen. In der zweiten Woche hat er meinen Patron gefragt, ob er mich zum Tanz ausführen darf.«

Das also war der Fridolin?

Sie antwortet nicht, bleibt aber beim Thema:

»Und dann sind wir in das Parkhotel gegangen. Wir gingen unter blühenden Linden, und ich sagte zu meinem Mann, ich kenne da ein Gedicht:

Ich muss mal eine Reise mit dir machen,
mitten in die große, weite Welt hinein.
Wir müssten fröhlich sein und recht viel lachen,
so als wären wir ganz klein.
Wir müssen singen, tanzen, Schmetterlinge jagen,
ganz vom Augenblick entzückt.
Wir müssen recht viel dumme Sachen fragen,
fast als wären wir verrückt.
Doch abends dann,
beim zarten Duft der Linden,
da werden wir des Tages Kindheit los,
und unsre Hände würden still sich finden,
so als wären wir ganz groß.

Und da sagt er: Von wem ist das Gedicht? Und da hab ich's ihm gesagt: von mir! Und als er mich dann gefragt hat, ob wir heiraten wollen, hatte er drei Bedingungen. Erst danach kannst du Ja sagen, hat er zu mir gesagt. Erstens: Du musst die Tochter meiner ersten Frau annehmen. Zweitens: Du musst meine Mutter als Schwiegermutter annehmen, denn ich kann meine Mutter, die in der schwersten Zeit, als meine Frau gestorben ist, sofort zu mir gekommen ist und mein Kind gehütet und den Haushalt besorgt hat, nicht auf die Straße stellen, ich hab sie viel zu lieb, ich bin ihr so dankbar. Und das Dritte ist: Bist du einverstanden, dass wir uns nur zivil trauen? Dann habe ich mir das überlegt. Das Kind, das ist klar, das ist sein Fleisch und Blut. Das Zweite … ich bin in meinem Leben schon mit so vielen Menschen zusammen gewesen, ich komme mit allen gut aus. Aber ich hätte dazu sagen sollen: nur wenn das Gegenüber auch mit mir zusammenkommen will! Und das Dritte: Wir haben zivil geheiratet, hier in der Nähe von Basel, wir haben im Wasserschloss zu Mittag gegessen. Und dann, beim schwarzen Kaffee, hat mein Mann ans Glas geklopft. Er sagt: Ich habe heute meinen neuen Schwiegereltern das Herz schwergemacht, weil wir uns nicht kirchlich getraut haben. Da hat meine Mutter bitter geheult. Aber er sagte: Weil wir das nicht gemacht haben, gehen wir jetzt alle zusammen in den Wallfahrtsort Mariastein. Und meine Mutter war froh. So war mein Fridolin. Aber die Schwiegermutter ist dann hart geworden. Sie musste ja immer schauen, dass Geld da war. Etwas konnte sie mir oder ihm nie verzeihen: dass er ausgerechnet mich geheiratet hat. Eine Deutsche ohne Geld. Sie hatte innerlich einen Hass. Das war schwer. Aber ach, das Leben ist interessant. Nicht immer leicht, keineswegs. Das ist auch ein Teil von meiner Lebenstheorie. Ich kann Gefühle sprechen lassen. Wenn ich traurig war, habe ich irgendwann zu mir gesagt: du dummes Ding, du. Da geht's dir doch so gut! Du darfst leben! Du hast ein Häuschen, hast Essen, hast Trinken, hast liebe Menschen, die dich gernhaben. Ja Herrgott, was machst du nur? Was sind das für seltsame, düstere Gefühle? Gefühle sind Geschenke, die uns das Leben gibt. Gefühle sind nicht planbar. Gefühle können in Dur und in Moll sein. Gefühle in Dur können uns tragen, in glückselige Höhen. Und in Moll können sie uns in die tiefsten Tiefen führen.«

Hilde Hefti haut mit der Faust auf den Tisch.

»Bis an den Rand der Verzweiflung. Aber, kleiner Mensch, sei dankbar, dass du Gefühle hast. Sie zeigen dir, dass du lebst. Finito. Ich weiß, wovon ich spreche. Denn dreimal in meinem Leben war ich am Rand der Verzweiflung.«

Wir fragen: Möchten Sie erzählen, welche drei Momente das waren? Und sie antwortet:

»Das erste Mal war ich achtjährig. Es war alles schwer und traurig. Meine Mutter trank so viel. Ich musste alle Arbeiten machen. Da ging ich mit einem Strick auf den Friedhof und wollte mich erhängen. Ich konnte nicht mehr. Da hat mich eine alte Frau gerettet, die direkt vor mir gestolpert ist. Ich half ihr auf, brachte sie heim, vergaß, dass ich mich erhängen wollte.

Das zweite Mal, das war kurz bevor ich einrücken musste. In den Krieg.

Und das dritte Mal, da war ich schon verheiratet. Wir gingen immer zusammen in die Ferien damals, nie allein, immer mit meiner Schwiegermutter zusammen. Da kam es zu einer ganz bösen Auseinandersetzung. Sie sagte es laut und deutlich zu meinem Mann: Dir ist schon einmal eine Frau gestorben. Du wirst noch einmal froh sein um mich. Da habe ich gemerkt: Sie wartet auf meinen Tod. Dann bin ich davongesprungen, weg von Kind und Mann, einfach geflohen, in den nahen Wald. Puh. Wissen Sie, solche Momente, die kann man gar nicht beschreiben. Die sind so furchtbar traurig und dramatisch. Ich hab mir überlegt, ganz ernsthaft überlegt, ob ich nicht Schluss machen will. Ich sehe noch die Nacht, ich spür das noch, ich rieche das noch. Sie können das nicht nachfühlen, das ist etwas ganz Entsetzliches. Wenn man nur noch sterben will. Ich habe dann irgendwann unsere Tochter rufen hören. Mami, Mami, wo bist du? Mami, Mami? Und dann habe ich mich ganz lebhaft gefragt: Darfst du das machen? Du kannst sie doch nicht allein lassen. Dann sind wir miteinander wieder zurück. Aber dann habe ich endlich gesagt, wir müssen was anders machen. So geht's nicht weiter. Sie hat sich selbst ein Heim ausgesucht, ein schönes Heim. Hier in der Nähe von Basel. Heute bin ich froh, dass ich noch immer leben darf.«

Hilde Hefti ist 96 Jahre alt, als wir erstmals bei ihr zu Gast sind. Sie sagt, sie sei im Reinen mit ihrem Leben und sich selbst. »Man muss sich gern haben. Man muss sich selber lieben. Gib nie auf, an dich selbst zu glauben! Andere sagen: die spinnt. So ein schräger Vogel. Hat man mir schon oft gesagt, dass ich schräg sei. Man muss spüren können. Die Feinheiten des Lebens fühlen. Die zarten Klänge hören. Die wunderbaren kleinen Wunder der Natur beobachten. Das muss man können. Und wollen. Wissen Sie, dass ich so alt geworden bin und noch so glücklich sein darf, das gibt mir aber eine Verpflichtung: dass ich das Lächeln weiterschenken kann. Zum Beispiel an euch.«

Schmerzen aushalten, weitermachen

LACHEN, SCHWEIZ

»Ich bin nur noch seinetwegen da«, sagt Carla Voirol, deren 100. Geburtstag in diesem Februar 2017 noch zehn Monate entfernt ist, »ich möchte so lange leben, dass er vor mir stirbt.« Ob er sie also wohl hundert werden lässt, ihr Daseinszweck?

Klein ist er, mit langen Schlappohren und beigem, gekräuseltem Fell, seine treuen, ein wenig trüben Äuglein sind fest auf seine Herrin gerichtet. Im Laufe des Gesprächs rollt er sich zu ihren Füßen zusammen und beginnt leise zu schnarchen. Sein Name ist Dino, und er ist auch schon bald zwölf Jahre alt, für einen Pudel ein stolzes Alter.

Hundert zu werden, für Carla Voirol dürfte das ein Leichtes sein, denkt man, wenn man sie so erlebt – und außerdem habe sie schon bei ihrem letzten Hund ständig gesagt, dass sie nur seinetwegen noch lebe, erzählt ihre jüngste Tochter. Vor zwölf Jahren war das, Carla war 87, und als jener Hund dann starb, verlor sie allen Schwung. Sie musste ja nicht mehr morgens um 6 Uhr aufstehen, um mit dem Hund vor die Tür zu gehen. Also blieb sie liegen, manchmal bis mittags.

Wozu aus dem Haus gehen?

Warum in ein anderes Zimmer gehen?

Wieso also Rock und Pullover anziehen?

Wenn ihre Tochter mittags anrief, erschrak sie oft und sorgte sich, denn die Mutter meldete sich erst nach langem Klingeln, und sie sprach schleppend, verschlafen.

So kann es nicht weitergehen, das sagte Carla Voirol immerhin

*Carla Voirol: »Leben Sie so, wie man früher
gelebt hat.«*

selbst nach ein paar Wochen, ich brauche doch wieder einen Hund.
Darum kam Dino zu ihr, als sechs Wochen alter Welpe – und sorgt
seither dafür, dass sie weiterlebt.

Carla Voirol empfängt in ihrer Alterswohnung in einem Schweizer
Dörfchen mit dem hübschen Namen Lachen, sie hat ein Zimmer, eine
kleine Küche und einen Balkon mit weitem Blick über die Berge. Sie
sitzt auf einem Stuhl mit zwei dicken Sitzkissen, eine kleine Dame mit
gebeugtem Oberkörper und klarem, forschendem Blick. Wenn man sie
fotografieren will, ziehen sich ihre dichten Brauen zusammen; »ich bin
nicht fotogen«, sagt sie und deutet auf die kleinen Kissen unter ihren

Augen, »ich habe die da«. Sie meint das nicht kokett, stellt es einfach fest und wünscht keinen Widerspruch. Ihre Haare sind weiß und kurz geschnitten, sie trägt eine graue Jogginghose und ein schwarzes Shirt, ihr einziger Schmuck sind goldene Ohrringe.

Der linke Arm steckt in einer Schlaufe. Das sei nichts, wehrt sie ab, nur ein »Wehwehchen«. Und dann erzählt sie doch: Vor zehn Tagen sei sie mit Dino spazieren gegangen, wie sie es immer tut, viermal täglich, auf ihren Rollator gestützt. Auf einmal sei ein großer Rottweiler auf sie zugelaufen, Dino habe sich erschrocken, der Rollator sei irgendwie weggerollt, und sie sei gestürzt. Nun sei die Hand leider gebrochen.

Sie blickt auf den Verband herab, verächtlich: »Die Ärzte wollten das operieren. Sie wollten auch, dass ich eine Schmerztablette nehme, für dieses Wehwehchen hier! Ich habe gesagt, nein, es gibt nichts, ich nehme keine Tablette.« Sie wackelt mit den Fingern, die aus dem Verband herausschauen, noch immer stark geschwollen. »Man sagte mir, ich würde Mühe haben, die Hand zu bewegen, aber sehen Sie das? Es geht schon wieder. Es hat weh getan, aber jetzt tut es gar nicht mehr so weh.« Carla Voirol, meistens ernst während dieses Gesprächs, lächelt nun, triumphierend.

Ihre einzige Konzession an die lädierte Hand ist, dass Frau Voirol ihr Bett gegen ein Krankenhausbett eingetauscht hat, mit per Knopfdruck verstellbarer Rückenlehne und einem herabhängenden Plastikgriff, der das Aufstehen erleichtert. Und sie lässt zu, dass ihre jüngste Tochter öfters für sie einkauft und Essen vorbeibringt. Bis zu dem Unfall kochte sie selbst, meist einen großen Topf Bündner Gerstensuppe oder Gemüse, jedenfalls etwas Gesundes, leicht Kaubares, wovon sie dann mehrere Tage lang zehren konnte.

Sie sei zufrieden mit ihrem Leben, sagt Carla Voirol, sie wolle nichts anders haben als es eben ist, und sie vermisse nichts. Es gehe ihr ja gut, heute.

Früher, als sie ein Kind war, war das anders. Da gab es bisweilen dreimal täglich Kartoffeln zu essen und ansonsten kaum etwas. Ihre Eltern waren Einwanderer, sie kamen aus Italien. Der Vater, 1873 geboren, wanderte als junger Mann gen Norden, 1898 war das, und entkam so dem Wehrdienst. Die Mutter, zehn Jahre jünger, wäre als junges Mädchen in Italien beinahe an Typhus gestorben, aber auch sie schaffte es in die Schweiz. Sie trafen einander, fanden einander, und 1905 bekamen sie eine erste Tochter; ganze zwölf Jahre später, am 19. Dezember 1917, kam die kleine Carla zur Welt, in Scuol, einem Ferienort im Kanton Graubünden.

Die Schweiz von damals war so ziemlich das Gegenteil all dessen, woran man heute denkt, wenn man »Schweiz« hört. Die Schweiz war ein unterentwickeltes, armes Land, in dem die meisten Menschen Not litten. Carlas Familie teilte sich mit anderen ein altes Bauernhaus. Wasser holten sie aus einem Brunnen. Der Vater hatte sich als Bauarbeiter verdingt, er verdiente 20 Rappen pro Stunde. »Als er pensioniert wurde, 1963, war sein Lohn auf 40 Rappen pro Stunde gestiegen«, erzählt Carla Voirol.

Sie lernten, genügsam zu sein. Die Mutter hatte keine Arbeit, der Vater erklärte den Töchtern: »Ihr Meitli braucht keine Ausbildung. Eine Frau gehört ins Haus.«

Später ging die Mutter dann doch arbeiten, weil es anders nicht reichte. Sie putzte Hotelzimmer und brachte Essensreste der Gäste nach Hause. Manchmal, wenn sie etwas Geld hatten, kaufte der Vater ein »Säuli«, ein junges Schwein. Sie zogen es auf, bis es einen schönen Braten gab.

Carla ging ein paar Jahre lang zur Schule, allerdings nicht das ganze Jahr über. »Wir hatten drei Lehrer«, erzählt sie, »aber alle drei waren Bauern.« Im Sommer mussten die Bauern aufs Feld, und deshalb fiel die Schule aus, fünf Monate lang. Aber Carla ging ohnehin nicht besonders gerne hin: »Wir Ausländer wurden immer bestraft, wenn die anderen Fehler machten.« Strafen gab es auch, wenn sie wieder einmal zu spät kam, weil die Eltern sie morgens vor der Schule zur Messe schickten. Ihre Familie war katholisch, die meisten Einheimischen im Dorf waren protestantisch.

Carla hatte keinen Schweizer Pass. Ihre Muttersprache war Italienisch, aber in der Schule sprach sie Schweizerdeutsch, die melodische Variante des Kantons Graubünden. Sie sprach den Dialekt akzentfrei und ohne Fehler, dennoch gehörte sie nur halb dazu. Als vollwertige Schweizerin akzeptiert zu werden, das war schon damals eine Geduldsprobe.

Carlas ältere Schwester zog fort, als Carla noch klein war. Es gab keine Arbeit für junge Frauen im Bündnerland, und so landete die Schwester in Wallisellen im Kanton Zürich. Sie arbeitete als Näherin, heiratete einen Gärtner. Carla folgte ihrer Schwester, als sie 17 Jahre alt war, und heuerte als sogenannte Serviertochter – Kellnerin – in einem Restaurant in Zürich an. Dort traf sie, 22-jährig, einen Schweizer, der sie – endlich! – zur Schweizerin machte. Nach der Heirat bekamen sie in rascher Folge drei Söhne und eine Tochter, geboren 1940, 1941, 1943 und 1945. Es waren die Jahre des Zweiten Weltkriegs, aber in der Schweiz konnte man sich der Illusion hingeben, der Krieg wüte nicht nebenan, nicht um das ganze, kleine Land herum, sondern irgendwo in weiter Ferne.

Carlas Ehe war nicht so glücklich, wie der Kindersegen vielleicht vermuten ließe. »Wir stritten über Geld«, sagt sie. Der Mann hütete das Geld und gab ihr keines. Sie hatte ihre Arbeit aufgegeben, wegen der Kinder, doch daraus entstand eine demütigende Abhängigkeit. Zu ihren Aufgaben gehörte es, Lebensmittel für die Familie einzukaufen, aber wie sollte sie das tun, ohne Geld? »Er sagte zu mir: Du kannst in den Laden gehen und die Sachen kaufen, und ich gehe hinterher vorbei und bezahle.« Nur Grundnahrungsmittel durfte sie kaufen, Süßigkeiten für die Kinder waren verboten.

Carla, machtlos und wütend, suchte Arbeit, sie sprang als Aushilfskellnerin ein, wo sich eine Gelegenheit ergab, bei Turnfesten und Banketten. So verdiente sie ein paar Franken. »In ganz Wallisellen gibt es nur ein einziges Lokal, in dem ich nie ausgeholfen hatte«, erzählt sie. Nach zehn Jahren Ehe, im Jahr 1948, fühlte sie sich stark genug und reichte die Scheidung ein.

Wie hieß er? Sie hat die Frage schon vor fünf Minuten überhört.

Wie hieß denn Ihr erster Ehemann? Sie redet weiter.

Wir werden es später noch erfahren: Robert.

Carla Voirol allerdings zeigt auf diese sehr gekonnte Weise ihre

Verachtung auch noch knappe 70 Jahre später: Eine Namensnennung muss man sich erarbeiten, die muss man sich verdienen.

»Meine zweite Ehe«, sagt sie, »war mit ihm da, mit Arthur.« Sie deutet auf ein gerahmtes Foto über ihrem neuen Spitalbett, es zeigt ein attraktives Paar in schwarz-weiß. Arthur und Carla waren beide 35 Jahre alt, als sie heirateten, und ein paar Jahre später, 1959, bekamen sie eine Tochter. Carla war glücklich, zum ersten Mal – von ihr aus hätte nun alles bleiben können, wie es war. Ihr Mann spielte Fußball bei den Grasshoppers, einem der beiden großen Zürcher Clubs. Sie arbeitete als Schrankenwärterin bei der Bahn.

Doch es bleibt nie, wie es heute ist.

Das gute Leben endete, als ihr Töchterchen sieben Jahre alt war: Der Ehemann starb. Er hatte eine Rippe gebrochen, die Rippe verletzte die Leber, er bekam Gelbsucht, wurde krank und immer kränker, und dann war es vorbei.

50 Jahre ist auch das nun her, und seit damals, sagt Carla Voirol, habe es keinen Mann mehr in ihrem Leben gegeben. In den neunziger Jahren verlor sie in allzu schneller Folge ihren ältesten und ihren drittgeborenen Sohn – beide waren Piloten bei der Swissair, beide starben an Krebs. Der mittlere Sohn lebt mit seiner Frau und zwei Söhnen in Rudolfstetten; auch er ist an Krebs erkrankt.

Die Töchter sind gesund, die ältere lebt in Küsnacht im Kanton Zürich, die jüngere hier in Lachen. Zehn Enkel habe sie, erzählt Carla Voirol, »alle meine Kinder haben nur je zwei Kinder bekommen«. Sie erhebt sich, um ein Fotoalbum aus einer Schublade zu kramen. Wenn sie steht, beugt sich ihr Körper in der Mitte um fast 90 Grad nach vorn. Sie arbeitet sich vom Stuhl zur Kommode vor, langsam und beharrlich, greift das Album, findet den Weg zurück.

Sie blättert durch die Fotos, zeigt ihre Kinder und lachende Enkel, und dazwischen steht sie selbst, fotogen und unerwartet schalkhaft. Ein Bild existiert, entstanden ist es 2017 zur Karnevalszeit, da trägt sie eine violette Perücke und grinst albern und vergnügt in die Kamera.

Eigentlich gebe es nichts, das sie bereue, sagt Carla Voirol, »falls doch, fällt es mir bestimmt wieder erst nachträglich ein«. Und ja, später wird sie sagen, dass sie gern etwas gelernt hätte, einen richtigen Beruf – »damit man etwas weiß«. Stolz sei sie darauf, dass sie mit niemandem Krach habe und dass sie niemandem etwas schuldig sei, keinen Rappen: »Wir hatten es schwer, aber wenn die Kinder etwas haben wollten, habe ich ihnen immer gesagt, das bekommt ihr erst, wenn wir es uns leisten können.«

Niemals in ihrem bald hundertjährigen Leben habe sie Urlaub gemacht, sagt sie, »wovon denn?« Im Kino sei sie vielleicht dreimal im Leben gewesen. An Bewegung mangelte es ihr nicht, aber Sport, gezieltes Training, Spaß womöglich, dafür hatte sie keine Zeit. Bedauernswert findet sie das nicht: »Mich dünkt, heute wollen alle immer alles haben, jeder hat selbstverständlich einen Computer und ein Smartphone und dieses und jenes – wofür? Diese Anspruchshaltung, das ist nicht gut, glauben Sie mir, das gibt noch Krieg!« Auf einmal redet sie sich in Rage: »Meine Enkelin macht das auch«, schimpft sie, »die ganze Zeit drückt sie auf ihrem Telefon herum. Das ärgert mich! Wir durften so etwas nicht, früher, wir mussten arbeiten.«

Besser wäre es, sagt Carla Voirol, wenn die Menschen wieder etwas mehr wie früher lebten, ein einfacheres, gesünderes Leben führten. »Wir müssen ein bisschen zurückgehen«, sagt sie, »auch mit den Pillen von den Ärzten.« Dies hier wäre nun also ihr Wahlprogramm: weniger Pillen, dafür mehr Gemüse und Früchte, und dazu die richtige Einstellung: »Man muss nicht immer alles haben.«

Als sie an diesem Punkt angelangt ist, klopft es an der Tür. Ihre jüngere Tochter und ihre Enkelin sind gekommen, um nach ihr zu sehen. Während sich die Tochter in der Küche zu schaffen macht, lässt sich die Enkelin aufs Sofa plumpsen und zieht ihr Smartphone aus der Tasche. Pling, pling, macht das Telefon.

Carla Voirol sagt nichts, sie verdreht nur die Augen, unauffällig, und krault Pudel Dino, der aufgewacht ist und sich auf ihrem Schoß niedergelassen hat. Zeit für seinen nächsten Spaziergang. Carla Voirol wird ihren Rollator nehmen, sich mit der gesunden Hand darauf abstützen und langsam, behutsam einen Fuß vor den anderen setzen. Nach dem Spaziergang wird sie sich ausruhen, vielleicht ein wenig Musik hören oder die Radionachrichten, und um 22 Uhr wird sie nochmals mit Dino vor die Tür gehen und eine letzte, langsame Runde drehen.

Manchmal treffe sie bei ihren Spaziergängen 80-Jährige, die sich beklagten, dass sie nicht mehr gut laufen könnten, erzählt Carla Voirol zum Abschied, aber das sei schlicht Blödsinn: »Ich sage niemals: Ich kann nicht laufen. Ich sage: Ich muss laufen.«

Die Weisheit des Alters, IV.

»Man muss nicht wegen jedem Wehwehchen eine Tablette nehmen. Wenn Sie mal krank sind, sollten Sie das ausprobieren: Sagen Sie sich, wegen diesem Wehwehchen nehme ich jetzt keine Tablette. Die nimmt Ihnen nur kurzfristig die Schmerzen weg, aber in Ihrem Inneren macht sie mehr kaputt, als sie heilt. Essen Sie viel Gemüse und Früchte, und leben Sie so, wie man früher gelebt hat, ganz einfach. Das ist viel besser.«

Carla Voirol

Ein Neuanfang nach 70 Jahren

»Sehen Sie den alten Apfelbaum da hinten?«, fragt Walter Diethelm und deutet durch das Fenster auf ein stolzes Gewächs, etwa 300 Meter entfernt, das alle anderen Bäume überragt. »Direkt daneben stand mein Elternhaus.«

100 Jahre, sieben Monate und 27 Tage nachdem Walter Diethelm dort neben dem Apfelbaum zur Welt gekommen ist, am 18. Juni 1916, kann er durch sein Fenster auf die Stätte seiner Geburt blicken. Auf dieser Reise, die unser Leben ist, ist er nicht besonders weit gekommen, könnte man sagen; oder aber: Er ist seiner Heimat treu geblieben, ein ganzes Jahrhundert lang.

Das Elternhaus steht schon lange nicht mehr, aber der Apfelbaum hat all die Jahrzehnte überdauert, knorrig, eigenwillig, tief verwurzelt wie Walter Diethelm, wie die Menschen von Siebnen, einem von schroffen Bergen umgebenen Dorf im Kanton Schwyz, dem Kernland der Schweiz. Wie die Älteren jedenfalls, die hier geboren sind. Längst gibt es in Siebnen auch Neulinge, viele Reiche, die wegen der selbst für Schweizer Verhältnisse niedrigen Steuern hierhergezogen sind. Sie veränderten das Dorf, sagen die Alteingesessenen, die einander kennen und fast alles voneinander wissen, die fremden Neuen nähmen Siebnen seine Seele. Denn die Zugezogenen sängen nicht im Chor, sie turnten nicht im Turnverein, sie plauderten auch nicht mit ihren Nachbarn, und sie gingen kaum in die Kirche. Außerdem verdürben sie die Preise, so dass die Kinder und Kindeskinder der Siebner sich hier keine Wohnung und kein Haus mehr leisten könnten und vertrieben würden.

Uri, Schwyz und Unterwalden – ein Dreiklang, den jedes Schweizer Kind kennt – sind die drei Gründungskantone der Schweiz. Die Urner, die Schwyzer und die Unterwaldner, so die Legende, waren im Jahre 1291 die ersten Eidgenossen: Die Mannen – Frauen waren, soweit man weiß, nicht beteiligt – schworen feierlich, füreinander einzustehen und auch für ihr gemeinsames Ziel: frei zu sein von fremder Herrschaft. Die Legende des Rütlischwurs prägt bis heute das Selbstbild der Schweiz: Sie versteht sich als freies, unabhängiges, neutrales Land. Und diejenigen, die immer schon hier waren, die halten zusammen.

Wer diese Geschichte kennt, den wundert nicht mehr, dass die Schweizer sich erst 2002 dazu durchrangen, den Vereinten Nationen beizutreten – als 190. Mitglied. Dass sie, von allen Seiten umzingelt von Mitgliedern der Europäischen Union, notfalls sogar lieber holländischen Käse essen würden als der EU beizutreten. Holländischer Käse, das muss man wissen, ist aus Schweizer Sicht kein Käse. Es gibt, aus Schweizer Sicht, nur einen Käse: schweizerischen. (Wobei den Franzosen beim Weichkäse – nur da! – unter toleranteren Eidgenossen eine gewisse Expertise zugestanden wird.)

Ein stolzes Land, zweifellos. Und zu den schweizerischsten aller Schweizer gehören, der Legende geschuldet, die Schwyzer und somit auch die Bewohner des Dorfes Siebnen.

Walter Diethelm kommt aus einer alteingesessenen Familie, er war das zweitälteste von zehn Kindern – neun Buben und ein Mädchen. Außer ihm lebt nur noch seine kleine Schwester Rosmarie, 86 Jahre alt. Keiner seiner Brüder wurde älter als 80 Jahre, alle starben an Krebs. Auch Walter Diethelm wäre um ein Haar daran gestorben, mit 30 Jahren, da erkrankte er an Darmkrebs. Aber er überlebte und mied danach Krankenhäuser, viele Jahrzehnte lang.

Ist es Zufall, dass gerade er so alt geworden ist? Glück? Irgendetwas, das er anders gemacht hat als seine Brüder? Die Gene, so viel ist klar, können es nicht sein.

Es ist Mittwoch, der 15. Februar 2017, 11 Uhr, als wir Walter Diet-

Walter Diethelm beim Interview: »Wie lernt man eine Frau kennen?«

helm hier in Siebnen besuchen. Zu Beginn eine einfache Frage: Wie geht es Ihnen heute, Herr Diethelm?

Gut, sagt er forsch und erhebt sich, wie zum Beweis, aus seinem Sessel. Aufrecht und ein wenig unschlüssig steht er da, als wisse er nicht, was er mit diesem plötzlichen Energieschub nun anfangen soll. Man könnte ihn für einen jugendlichen 80- oder 85-Jährigen halten: wache, braune Augen hinter einer Drahtbrille, ein scharfkantiges Gesicht mit grauem Kinnbart, auf dem Kopf ein Haarkranz.

»Willst du dich nicht wieder setzen, Papi?«, fragt Gret Ebnöther, 71, seine älteste Tochter. Sie wohnt in der Nähe und schaut fast täglich nach ihm. An manchen Tagen sei er gut drauf, das hat sie uns vor dem Interview erzählt, und manchmal ganz niedergedrückt. Man könne vorher nie wissen, wie man ihn vorfinde.

Heute scheint ein guter Tag zu sein. Walter Diethelm steht mitten in seinem Altersheimzimmerchen und wirkt, als habe er zu viel Elan für diese Umgebung. Nein, sagt er, er wolle sich nicht setzen.

Es ist an der Zeit für eine Frage, die wir allen Hundertjährigen stellen: Wie wird man 100, lieber Herr Diethelm?

Darüber muss er nicht nachdenken: »Genießen und leben«, sagt er und blinzelt. Dann kichert er, erfreut über das Lachen, das seine Antwort hervorruft. »Vergleichsweise bin ich wohl zu brav gewesen«, sagt er und legt den Kopf schief, treuherzig.

Haben Sie gesund gelebt, sich viel bewegt? Haben Sie Sport getrieben?

Ohne Zögern: »Ja, gearbeitet!« Als Kinder hätten er und seine Geschwister im Wald Holz sammeln müssen, erzählt er, »den Berg rauf und runter, tagein, tagaus.« Die Mutter brauchte das Holz zum Kochen und Heizen. »Es gab ja keine Elektrizität, gar nichts«, sagt Diethelm.

Sein Vater habe als Fünfzehnjähriger eine Lehre zum Gießer gemacht, erzählt er, und von da an sein Leben lang gearbeitet. 86 Jahre alt wurde der Vater, die Mutter, 19 Jahre jünger, wurde nur 70. Sie hatte keinen Beruf – sie kümmerte sich um den Haushalt und die zehn Kinder. Gegessen wurde, was auf den Tisch kam, mehr Kartoffeln als Fleisch. Seine Leibspeise? Die Frage macht Diethelm ratlos. Er habe alles gern gegessen, antwortet er. Besonders gemocht habe er Innereien, wirft seine Tochter ein, »Hirn zum Beispiel, das isst man ja heute gar nicht mehr«.

Er hätte gern studiert, aber das Geld der Familie reichte nur für ein Studium, und Walter war der Zweitälteste; sein Bruder Werner, ein Jährchen älter, hatte Vorrang und entschied sich für Medizin.

Es ist das Einzige, das Walter Diethelm bis heute bedauert: »Ich habe gern gelernt«, sagt er, »ich hätte gern mehr gelernt.« Während sein Bruder studierte, machte er eine Malerlehre. Doch das war nur der Anfang: »Ich habe 35 Jahre lang in Zürich gearbeitet«, erzählt er, unüberhörbar stolz. Zürich ist, von Siebnen aus betrachtet, mindestens eine Weltstadt. Bei der Firma Zingg-Lamprecht arbeitete er zunächst im Lager, dann verkaufte er Möbel und bildete sich weiter zum Einrichtungsfachmann. Bald richtete er Banken, Schulen und Kirchen ein. Die Firma verkaufte dänische Möbel, und manchmal schickte ihn sein Chef nun zu Messen nach Dänemark.

Nie im Leben wäre Diethelm auf die Idee gekommen, ins 43 Kilometer entfernte Zürich zu ziehen. Er pendelte jeden Tag hin und her, mit dem Zug. Als er 28 war, heiratete er die Frau, mit der er bis zu ihrem Tod zusammen war: Ida Füchslin, wie er im Juni geboren, aber fünf Jahre später.

Wie haben Sie Ihre Frau kennengelernt, Herr Diethelm?

»Die, die ich geheiratet habe?«, fragt er zurück und grinst. Ida habe in einem Lebensmittelgeschäft gearbeitet, »da musste ich öfters vorbeigehen«. Mehr gibt es dazu nicht zu sagen, findet er: »Wie lernt man eine Frau kennen? Man kommt ins Gespräch, und dann lädt man sie halt mal ein, geht spazieren.«

Lieber spricht Diethelm von dem Haus, das er für sich und seine Familie baute, im Jahr 1953. Er habe etwas Eigenes gewollt, sagt er, eine Heimat für seine Familie, natürlich in Siebnen. So kaufte er ein Stück Land – das ging damals noch, die Preise waren noch nicht abgehoben. Sein älterer Bruder, inzwischen Arzt, lieh ihm 5000 Franken. Auf seinem Grundstück baute Diethelm ein Häuschen, schlicht und weiß. An der Wand in seinem Zimmer hängt ein Foto davon, es ist sein ganzer Stolz. Schön eingerichtet sei es gewesen, sagt er, mit Möbeln aus der Zürcher Firma.

Sie bekamen drei Kinder, zuerst kam Gret und dann, sechs Jahre später, ein zweites Mädchen und bald darauf ein Junge. Was er an seiner Frau geliebt habe, sagt Diethelm, sei ihr Lachen gewesen. Ja, wegen ihres Lachens habe er sie geheiratet. »Man muss miteinander reden, Probleme besprechen«, sagt er, »aber man muss das Leben auch fröhlich nehmen können.«

70 gemeinsame Jahre, das war das Ziel, auf das sie hinarbeiteten: Vorher, so hatten sie einander versprochen, würde keiner von beiden sterben. Sie hielten Wort.

Doch die letzten fünf Jahre waren anders, als sie es sich ausgemalt hatten: Ida wurde krank.

Walter Diethelm lässt sich in seinem Sessel sinken, er senkt den Kopf. »Und dann ist sie gestorben. Ach, Gott.« All die Erinnerungen. Sein Gesicht ist plötzlich totenbleich. Ihm sei ganz schwindelig, klagt er. Wir rufen eine Betreuerin, geben ihm ein Glas Wasser, öffnen das Fenster. »Zu viel geredet«, flüstert er, mit geschlossenen Augen. Wir ziehen uns zurück. Er will versuchen, ein wenig auszuruhen.

Als Ida starb, dauerte es keinen Monat, bis Walter ins Altersheim ging, erzählt Gret Ebnöther, die Tochter. Wir sitzen unten in der Cafeteria des Heims und trinken Rivella, eine mit Kohlensäure versetzte Schweizer Eigentümlichkeit aus Milchserum. Ida Diethelm starb vor zwei Jahren, im stolzen Alter von 93 Jahren. Bis zuletzt pflegte Walter seine Ehefrau in jenem Haus, das er für sie gebaut hatte. Obwohl es schon lange nicht mehr ging, eigentlich. »Sie war immer mollig, nicht so beweglich wie er«, sagt Gret Ebnöther, »er hat sie überall hin chauffiert.« Doch in den letzten Jahren ihres Lebens konnte er sie im Haus nicht mehr die Treppe hinauf- und hinabtragen. Sie war gestürzt, ein Schenkelhalsbruch, danach konnte sie nicht mehr richtig gehen. Morgens und abends kam ein ambulanter Pflegedienst. Walter Diethelm aber wollte die Würde seiner Frau beschützen: Frühmorgens wechselte er ihre Windeln, damit kein Fremder sähe, dass sie durchnässt waren. »Er hat Unglaubliches geleistet«, sagt Ebnöther, »er pflegte sie und schmiss nebenbei den Haushalt, er kochte, bügelte, machte die Wäsche.«

Sie klingt, als sei sie Jahre später immer noch erstaunt darüber. Früher nämlich seien die Rollen durchaus klar verteilt gewesen, erzählt sie. Ganz traditionell. »Vater war der Chef zu Hause«, sagt Ebnöther. »Ich hätte nie gedacht, dass ich mal einen so milden Vater haben würde wie den da oben.« Ihr Vater kämpfte für ihre Mutter, für das gemeinsame Leben, all die Erinnerungen und damit natürlich auch für sich selbst.

Aber das Leben ist nicht aufzuhalten. Und dann ist es vorbei, und »es war wie früher, nur dass nichts mehr wie früher war«, so benennt Benedict Wells in seinem zärtlich klugen Roman »Vom Ende der Einsamkeit« diesen Moment des Verlusts der allerengsten Liebsten. Das klügste und zärtlichste Sachbuch über eben dieses Thema hat Joan Didion geschrieben, die mit ihrem Ehemann John Dunne in ihrer Wohnung an der Madison Avenue, nicht weit von Roger Angell entfernt, einen zwar besorgten, ansonsten aber ganz normalen Abend begonnen hatte: Die Tochter Quintana lag im Krankenhaus, John fragte nach einem zweiten Drink, Joan mixte den Salat – und da fiel John auf den Tisch. Es war ein Herzinfarkt, und vermutlich war er schon in dieser Sekunde tot.

»Das Leben wandelt sich innerhalb eines Augenblicks«, schreibt Didion in »*The Year of Magical Thinking*«, »du setzt dich zum Abendessen hin, und das Leben, das du kennst, endet.« Die Trauer, die dann folge, sei nicht so, wie wir sie erwarteten: Wir fürchteten, wir könnten die Beerdigung nicht überstehen, und dann würde es langsam besser werden – doch so sei es nicht. Mal funktionierten wir und dann wieder nicht. Einst waren die Tage erfüllt von der Stimme des anderen. Nun sind die Tage leer. Da ist diese irrationale Hoffnung auf die Rückkehr des anderen; »den anderen zurückzubringen wird zum wesentlichen Lebensziel«. Die Trauer jedenfalls »kommt in Wellen«, und die Trauernden haben »diesen Gesichtsausdruck der Verwundbarkeit, der Nacktheit, der Offenheit«, den nur andere Trauernde wahrnähmen. Trauer »stellt sich als der eine Ort heraus, den niemand von uns kennt, bis wir ihn erreichen«.

Es gehört zu unserem westlichen Leben, so Didion, dass wir den Tod auszuklammern versuchen, dass wir darum die allzeit Starken, die scheinbar Unverwundbaren und deren ewig gute Laune feiern; »und viele Menschen, die ich kenne, teilen jene Haltung, die gemeinhin den sehr Erfolgreichen zugeschrieben wird. Sie glauben absolut an ihre eigenen Management-Fähigkeiten«, also an Telefonnummern und Mailadressen und damit daran, das Schicksal steuern zu können.

»*You're safe, I'm here*«, sagen Eltern zu ihren Kindern, und meist halten sie das Versprechen ein – aber schrecklich oft eben auch nicht.

Joan Didion zitiert eine Studie. Die meisten Menschen könnten die meisten Schicksalsschläge innerhalb von zwei Monaten verarbeiten. Arbeitslosigkeit sei schlimmer, die Trauer dauere länger. Und der Tod der engsten Angehörigen sei noch viel schlimmer. »Die durchschnittliche Witwe benötigt viele Jahre, bis sie ihren früheren Grad an Lebenszufriedenheit erreicht«. War Didion die durchschnittliche Witwe? »Ich sagte mir ständig, dass ich mein Leben lang glücklich gewesen war. Darum hatte ich nicht das Recht, nun auf einmal unglücklich zu sein.« Ach, die große Joan Didion schreibt Sätze, die zum Weinen schön sind. »Die Ehe ist Erinnerung.« »Die Zeit ist die Schule, in der wir wirklich lernen.« Solche Sätze. Und dann schreibt sie: »Wenn wir trauern, trauern wir über uns selbst – wie wir waren, wie wir jung waren, wie wir nie wieder sein werden, wie wir überhaupt nicht mehr sein werden.«

Walter Diethelm wollte sich damals an seinen Erinnerungen festhalten. Er wollte Ida nicht verraten, all die gemeinsamen Jahre, er wollte das Haus nicht aufgeben. Aber dann, wenige Wochen nach dem Tod seiner Frau, rief er mitten in der Nacht seine Tochter an und sagte, er fühle sich furchtbar schlecht. Es war eine Herzattacke.

Kurz darauf zog er ins Altersheim. Und das Haus, sein ganzer Stolz, wurde verkauft.

Seither ist seine Welt klein geworden. Die meisten seiner Freunde sind vor langer Zeit gestorben. Aus seinem Fenster blickt Walter Diethelm auf den knorrigen Apfelbaum und die Berge seiner Heimat, oder er sieht fern, meistens Naturfilme oder Sport. Lesen ermüdet ihn. »Wenn man 100 ist«, das hatte er kurz vor dem abrupten Ende des Interviews gesagt, »mag man nicht mehr so viel machen.«

Wir gehen nochmals nach oben, um nach ihm zu sehen. Er schläft. »Ich denke, er hatte ein gutes Leben«, sagt die Tochter.

Ein halbes Jahr später erreicht uns eine Mail. Gret Ebnöther, die Tochter, schreibt: »Im Februar besuchten Sie unseren Vater Walter Diethelm im Heim in Siebnen. Ein eindrückliches Erlebnis für alle. Nun ist er gestern Nachmittag friedlich eingeschlafen und hat das Loslassen geschafft. Das war sein großes Thema in seinen letzten Monaten und Tagen. Es tut so weh, gehen zu müssen, waren seine häufigen Worte. Gerne sende ich Ihnen noch Fotos von seinem 101. Geburtstag am 18. 6. 2017. Ganz herzliche Grüße, Gret Ebnöther.«

Die Weisheit des Alters, V.

»Man sollte sündigen, aber nicht zu viel.«

Walter Diethelm

»Die Älteste im Land«

BERN

Vor gut einem Monat hat Frieda Binz ihren 109. Geburtstag gefeiert. Sie ist am 10. Januar 1908 in Thun geboren, einem Städtchen nicht weit von Bern. Auf einem Tisch im Aufenthaltsraum des Alterszentrums liegen noch Glückwunschkarten und Girlanden. Ihre Schwiegertochter Gerti hatte für sie zum Geburtstag einen Apéro, einen Umtrunk, organisiert, mit Champagner, Kuchen, Fleisch- und Käseplatten. Der Vizestadtpräsident von Bern schaute vorbei, um zu gratulieren; Lokalzeitungen, »Tele Bärn« und die »Schweizer Illustrierte« berichteten über Frieda Binz, diese 109-jährige Sensation, die »Älteste im Land«, die immer noch »fit wie ein Turnschuh« sei.

An diesem Nachmittag – es ist Dienstag, der 14. Februar 2017, 14.30 Uhr im Alterszentrum Schönberg in Bern – sitzt sie nun wieder allein an einem Tisch, ein vogelzartes Wesen im Rollstuhl. Sie tut nichts Offensichtliches, aber sie döst auch nicht, ihr Blick wandert umher, neugierig. Sie trägt eine dunkle Hose und eine schimmernde Bluse mit Leopardenmuster und um den Hals einen elegant geknoteten Seidenschal. Das kurze, graue Haar ist nach hinten gekämmt, das Gesicht nicht so runzelig wie ... wie ... erwartet.

Was erwarten wir nun eigentlich von einer 109-Jährigen?

So viele 109-Jährige gibt es ja nun nicht auf der Welt, dass wir konkrete Vorstellungen davon haben könnten, wie ein Mensch mit 109 Jahren zu sein habe. 109 bedeutet, dass selbst der 100. Geburtstag schon wieder fast ein Jahrzehnt zurückliegt. Mit 109 steht man an der

Schwelle zum »*supercentenarian*«. Supercentenarians sind jener kleine, feine Kreis besonderer Menschen, die von Wissenschaftlern begierig erforscht werden, weil sie anders sind als 99,9 Prozent der Menschheit. 100 ist ein Alter, das eine wachsende Zahl von Menschen erreichen kann – 110 hingegen …

Frieda Binz jedenfalls sieht nicht älter oder kränker aus als die anderen Senioren im Aufenthaltsraum des Heims, allesamt deutlich unter hundert, also – verglichen mit ihr – lächerlich jung. An ihrem linken Ringfinger blitzt ein goldener Ehering. Ihr Mann starb an Krebs, als sie beide 50 waren, vor einer Ewigkeit. Drei Kinder hatten sie zusammen. Auch Frieda Binz' älterer Sohn starb vor einigen Jahren, der jüngere starb 2015. Seither kümmert sich noch Gerti um sie, die Witwe des jüngeren Sohnes. Frieda Binz' Tochter Ruth lebt seit Jahrzehnten in den USA, kommt manchmal zu Besuch, zuletzt war sie zur Geburtstagsfeier hier. Vier Enkel gibt es und mittlerweile sechs Urenkel.

Als junge Frau war Frieda Binz Telefonistin, später arbeitete sie im Patentamt, sie sprach neben Deutsch nicht nur Französisch und Italienisch, die Landessprachen der Schweiz, sondern auch Englisch. Das hat sie gelernt, als ihre Tochter in die USA auswanderte. Fast jeden Sommer flog Frieda Binz nach New Jersey, zu Ruth. Sie selbst hatte niemals Fernweh: Sie liebte die Berge ihrer Berner Heimat, fuhr Ski – rasant, wie die Lokalzeitungen berichten –, war Mitglied im Turnverein und wanderte gern. Noch mit Mitte 80 stieg sie mit einer gleichaltrigen Nachbarin auf Berge, mehrere tausend Meter hoch. Dass ihre Angehörigen sich Sorgen machten, wenn sie einfach so, ohne vorher Bescheid zu sagen, auf einen Berg entschwand, fand sie seltsam.

Mit 99 kam die letzte Reise, noch einmal nach Amerika, zu Ruth. Die Crew feierte sie, die uralte Passagierin, mit einem Gläschen Champagner. Von da an lebte Frieda Binz noch etwa ein Jahr lang allein in ihrem Haus, Verwandte und ein mobiler Pflegedienst halfen ihr. All das konnte man über sie lesen in den Zeitungsberichten zu ihrem 109. Geburtstag.

Eine Pflegerin rollt sie nun zu der Besucherin, die sie nicht kennt.

Frieda Binz lächelt freundlich und erstaunt: »Ja was, zu mir wollen Sie?«

Genau, zu ihr, der wohl ältesten Eidgenossin der Welt. Als der Erste Weltkrieg ausbrach, wurde sie gerade eingeschult, in Thun, knapp 30 Kilometer von hier entfernt. Der Krieg war weit weg, die Schweiz blieb verschont, auch der Zweite Weltkrieg zog vorüber. Als er endete, war Frieda Binz schon 37 Jahre alt. Ob sie sich an jene Zeit erinnert? Und überhaupt: Wie fühlt es sich an, 109 zu sein?

Sie blinzelt und schweigt.

109 sind Sie kürzlich geworden, Frau Binz?

»Sind Sie sicher?«

Ja.

Ungläubiges Kopfschütteln: »Ja, merci.«

Draußen scheint die Sonne, weiß leuchten die Alpen, klar und frisch ist die Luft. Die Pflegerin schlägt vor, auf die Dachterrasse zu gehen, eine Abwechslung. Frau Binz zögert keinen Moment, Jacke an, Mütze auf, »gehen wir!«, sagt sie fröhlich, und dann, immer noch staunend: »Extra wegen mir sind Sie nach Bern gekommen? Aus Zürich?«

Zürich kenne sie gut, erzählt sie, dort habe sie früher als Telefonistin gearbeitet. Aber eigentlich stellt sie lieber Fragen, als von sich zu sprechen: »Wohnen Sie in Zürich? Woher kommen Sie? Wo sind Sie aufgewachsen? Wie lange bleiben Sie denn jetzt in Bern?«

Neugierig ist sie, interessiert, vielleicht möchte sie auch allzu detaillierte Fragen abwehren. Viele Erinnerungen sind noch da, aber sie scheinen zu verschwimmen oder einander zu überlagern: Der Garten mache viel Arbeit, antwortet sie auf die Frage, wie ein normaler Tag bei ihr aussehe. Und dass sie gern wandern gehe, mit der Nachbarin. Sie blickt in die Ferne, auf die Alpen, sehnsüchtig.

»Ich bin dankbar, dass ich noch weiß, wer ich bin«, das hatte sie vor vier Jahren einer Reporterin der »Berner Zeitung« gesagt, die sie zu ihrem 105. Geburtstag besuchte. Schon damals war Frieda Binz eine Sensation: 105! Der Zeitungsausschnitt hängt in ihrem Zimmer, gerahmt und etwas vergilbt. Es ist ein kleines, helles Zimmer im ersten Stock des Heims, dekoriert mit hawaiianischen Plastikblumenkränzen, einem bunten »Happy Birthday«-Banner, ein paar roten Weihnachts-kugeln und Fotos von der Familie. Durchs Fenster sieht man die Berge. Ein Blatt Papier klebt an der Wand: »Bitte die Bettgitter unten lassen, Frau Binz steigt sonst darüber!«

Wie wird man 109 Jahre alt, Frau Binz?

Sie überlegt. »Ich glaube, das ist ein Geschenk. Überaus viel macht man selber nicht.«

Glauben Sie an ein Leben nach dem Tod?

»Da bin ich dann nicht mehr da, wenn ich gestorben bin«, sagt sie, recht vergnügt, und blickt der Besucherin fest in die Augen: »Also aus Zürich sind Sie heute gekommen?«

Die Kraft der Wut

Wir erleben bei unserer Reise in die Welt der alten Menschen die unterschiedlichsten Gespräche. Manchmal ist nach zwei, drei Stunden alles gesagt, manchmal reden wir zwei, drei Tage lang mit unseren Gastgebern, manchmal kehren wir wieder und wieder zurück. Mitunter, das gehört dazu, sind wir hinterher enttäuscht, weil wir nicht aufmerksam genug gefragt haben, manchmal sind wir beglückt: was für eine Bereicherung unseres Lebens – eine Recherche also, die vor allem uns, die Recherchierenden, beschenkt.

Nach dem Besuch bei Frieda Binz fühlten wir uns so: beschenkt. Es war aber auch alles gesagt.

Bei Carla Voirol hatten wir noch diverse Fragen, als wir gingen, und wir konnten diese Fragen nicht mehr stellen; und einige Fragen fielen uns leider erst hinterher, beim Schreiben, ein. Was war da wirklich gewesen mit jenem Mann, dessen Namen sie nicht aussprach? Was waren die Abgründe, zumindest die Tiefen dieses Lebens? Es war an der Zeit für einen zweiten Besuch bei Frau Voirol, vier Monate nach dem ersten.

Es ist nun Frühsommer im schweizerischen Lachen, aber kühl und nass. Menschen mit verkniffenen Mienen und hochgezogenen Schultern hasten durch den Regen. Als wir zu der Alterssiedlung kommen, in der Carla lebt, sitzt sie draußen auf einem Mäuerchen und wartet auf uns. Sie trägt einen wasserabweisenden Parka, neben ihr steht ihr blauer Rollator, und natürlich ist Dino bei ihr, das Hündchen. Sie führt uns hinauf in ihre kleine Wohnung.

Nun sind es nur noch sechs Monate bis zu ihrem 100. Geburtstag. »Er wäre am 15. Oktober hundert geworden«, sagt Carla Voirol und blickt zu dem Foto, das über ihrem Bett hängt: Arthur und sie, ein junges, verliebtes Paar. »Aber er ist am 27. Juni 1967 gestorben«, fährt sie fort, in Erinnerungen versunken. »Das ist jetzt 50 Jahre her.«

Sie lebt nun schon so lange, dass die Zeit mit Arthur, ihrem zweiten Ehemann, kaum mehr als eine Episode ist: 15 Jahre nur – doch die Liebe ihres Lebens. Die glücklichsten Jahre. Bevor sie Arthur traf, hatte sie 35 Jahre lang ohne ihn gelebt, ein hartes, ein schwieriges Leben war es gewesen. Auch nach seinem Tod ging ihr Leben weiter, irgendwie, und nun ist sie allein beinahe so alt, wie sie beide zusammen es damals waren, als er starb: zweimal fünfzig Jahre.

Und nie hat sie aufgehört, Arthur zu vermissen.

Es gehe ihr gut, sagt sie. Nur die gebrochene Hand sei noch nicht ganz in Ordnung, morgens fühle sich die Hand »halb tot« an, und später, am Nachmittag, beginne sie zu schmerzen. Zweimal pro Woche geht Carla zur Physiotherapie. »Aber es geht schon«, sagt sie und wackelt wie zum Beweis mit den Fingern. Die Nägel sind silbrig lackiert.

Als sie beim letzten Mal von ihrem ersten Mann erzählte, von ihrer unglücklichen Ehe mit einem Geizkragen, der ihr und den Kindern nichts gönnte, nannte sie kein einziges Mal seinen Namen. Überhaupt waren da wenig Details, auch kein Beruf. »Mein erster Mann?«, fragt sie nun zurück.

Und dann: »Er war praktisch ein Niemand. Er ließ sich alles von seinen Geschwistern befehlen.« Ihre Brauen ziehen sich zusammen, als ob es sie wütend machte, auch nur an den Mistkerl erinnert zu werden. »Er war zehn Jahre älter als ich«, sagt sie, »Jahrgang 1907.« Dann erzählt sie wieder von einem anderen Mann – diesmal von demjenigen, den sie ursprünglich hatte heiraten wollen.

»Ich hatte einen Schatz«, sagt sie, »er lebte im Niederdorf, in einem Haus ganz aus Holz.« Das Niederdorf ist ein kopfsteingepflastertes Viertel in der Altstadt von Zürich, heute eine Touristenattraktion wegen seiner vielen Restaurants und Bars. »Die Wohnung meines Freundes war im fünften Stock«, erzählt Carla, »er hatte gerade einen Freund zu Besuch, als das Feuer ausbrach. Sie sprangen brennend zum Fenster hinaus.« Das Haus brannte nieder. »Niemand konnte entrinnen«, sagt Carla, »die Nachbarn verbrannten, eine alte Dame, ein Vater mit zwei kleinen Kindern, deren Mutter gerade im Spital war.«

Carla war bei der Arbeit, als ihr Freund starb, in einem Restaurant in der Nähe des Hardturm-Stadions. »Wir hatten vor, zusammenziehen«, sagt sie, »wir hatten mein Zimmer schon ausgeräumt, und er hatte meine ganzen Sachen mitgenommen. Alles verbrannte. Ich hatte nur noch, was ich an dem Tag am Leib trug.«

Sie blieb, wo sie war, und arbeitete weiter. Was hätte sie sonst tun sollen? Der Wirt, sagt sie, habe sie ausgenutzt: Sie musste Bierfässer, 35 Kilo schwer, aus dem Keller hochschleppen, und während sie sich im Keller mit den Fässern abmühte, tippte der Wirt auf ihren Namen erfundene Bestellungen ein: »Wenn ich nach oben kam, standen da plötzlich sechs Franken für eine Flasche Wein auf meiner Rechnung. Dabei war da kein neuer Gast und keine Flasche!«

Der Wirt habe immer wieder versucht, sie so zu übertölpeln. Eines Tages, als sie gerade wieder über ihre Abrechnung stritten, »kam mein zukünftiger Mann rein«. Er habe sich den Streit eine Weile lang angehört, dann sagte er, an den Wirt gewandt: »Ich nehme die Serviertochter jetzt mit.«

Er hieß Robert Tschiemer, war gelernter Metzger und kannte Carla aus der Ferne, seit sie ein Kind war, denn er hatte im selben Ort im Kanton Graubünden gelebt. Hin und wieder hatte er Carlas Eltern ein »Säuli« verkauft. Jetzt lebte er, was für ein Zufall, im selben Haus wie ihre ältere Schwester, in Wallisellen. Dort hatte er Carla beobachtet und Gefallen an ihr gefunden. Ihre Schwester hatte ihm verraten, wo sie arbeitete. Darum war er hier: Er wollte ihr die Ehe antragen.

»Keinen Tag hatten wir bis dahin zusammen verbracht«, sagt Carla, »er dachte einfach, das passe jetzt. Und meine Mutter sagte, ich solle bloß ja sagen, dann sei ich versorgt.« Carla, kein bisschen verliebt, fügte sich.

»Bei der Hochzeit waren wir nur zu viert, wir beide und zwei Trauzeugen. Als wir aus der Kirche kamen, begannen die Glocken zu läuten. Da schimpfte mein Mann: Du Luder, du, hast du die Glocken bestellt?« Carla begann zu weinen. Sie erkannte, so erzählt sie es heute, just in jenem Moment, dass ihr Bräutigam geizig und grob war. Denn er verdächtigte sie allen Ernstes, für das Glockengeläut Geld verschwendet zu haben. Dabei erklangen die Glocken für ein anderes Paar, das unmittelbar vor ihnen getraut worden war.

»Ich dachte, die Liebe käme von selbst, wenn man immer zusammen ist«, sagt sie nun. »Aber er hat nie mit den Kindern gespielt, abends oder so. Einmal kam mein Bub aus der Schule, es war kurz vor Ostern, und seine Sohlen lösten sich von den Schuhen. Ich sagte zu Robert, der Junge braucht neue Schuhe, zu Ostern. Und Robert sagte: Mach du doch, kannst ja Geld verdienen gehen. Ich habe nie auch nur einen Fünfer von ihm bekommen!«

Ihre Stimme bebt, sie gestikuliert und fuchtelt mit den Händen, hebt den Zeigefinger, während sie erzählt. Ihre Wut, noch immer frisch, scheint ihr Kraft zu verleihen. Sie deutet auf ein Foto an der Wand, ihre Kinder als Kinder, schwarz-weiß und verblichen. »Die Kleider, die sie da anhaben, habe ich selber genäht. Ich hatte den Stoff gekauft, um mir daraus eine Jacke zu nähen, aber dann brauchten ihn eben die Kinder. Sie hatten ja keine Hosen mehr und nichts. Keine Hemden. Alles habe ich selber genäht.«

Sie sagt, sie habe damals nicht gewusst, wie sie sich wehren sollte. Die Machtverhältnisse waren bei diesen beiden so, wie sie überall waren, der Mann hatte das Sagen, die Frau gehorchte. »Das hatte ich so gelernt«, sagt Carla, »schon bei den Eltern war es so.«

In der Schweiz waren Frauen Bürgerinnen zweiter Klasse, ganz offiziell. Sie hatten noch nicht einmal das Wahlrecht – das kam erst viel später, 1971; kaum noch vorstellbar, aus heutiger Sicht, wie rückständig die Schweiz, eine der ältesten Demokratien der Welt, bis vor einigen Jahrzehnten war.

Carla Voirol kämpfte damals nicht für das Frauenstimmrecht. Sie interessierte sich überhaupt wenig für Politik; sie hatte andere Sorgen. Eines Tages entdeckte sie beim Aufräumen Briefe ihrer Schwägerinnen, an ihren Mann adressiert, in denen die Schwägerinnen über sie herzogen: »Sie schrieben, dass sie mich nicht in der Familie haben wollten. Ich würde in ein Heim gehören, wo ich richtig arbeiten lernen würde.« Carla las die bösen Briefe und weinte, da klingelte es an der Tür. Eine Frau stand vor ihr, die Kosmetika verkaufen wollte. Carla, mit rot verheultem Gesicht, hielt in ihrer Verzweiflung der Fremden die Briefe unter die Nase. Die Frau hatte Mitleid, sie sagte, sie habe einen Onkel, der Anwalt sei und vielleicht helfen könne. »Sie hielt Wort«, sagt Carla. »Ich ging zu ihrem Onkel, und er sagte: Schau, Meitli, du musst dringend die Scheidung einreichen, sonst nehmen sie dir am Ende die Kinder weg.«

Es war dann verblüffend einfach, Robert zu verlassen. Die Scheidung dauerte eine Stunde; weder Carla noch ihr Mann konnten sich einen Anwalt leisten.

Danach war sie auf sich selbst gestellt. Sie bezog ein Zimmer über einem Restaurant in Winterthur, in dem sie Arbeit gefunden hatte – aber es war unmöglich, ihre Kinder dort unterzubringen. Sie musste sich von ihnen trennen. »In dem Haus, in dem mein Mann wohnen blieb, lebte eine Familie mit sieben Kindern. Die Frau konnte eh nicht arbeiten gehen, also fragte ich sie, ob sie meine drei Buben aufnehmen würde, wenn Robert dafür zahlte«, sagt sie. Und dann, wütend: »Das hat er dann bezahlt!«

Für ihre Tochter fand sie ein anderes Zuhause, bei Bekannten in Winterthur. Sie sah ihre Kinder jetzt nur noch, wenn sie krank waren: Dann brachte ihr Kinderarzt, der Mitleid mit Carla hatte, die Kinder heimlich zu ihr statt ins Krankenhaus. Robert und die Schwägerinnen, die den Kontakt unterbinden wollten, durften nichts davon erfahren. Nacheinander bekamen die Kinder Masern, Scharlach, Mumps und Keuchhusten, »und immer, wenn sie etwas hatten, pflegte ich sie«, erzählt Carla.

Sie war nun Anfang 30 und hatte den größten Teil ihres Lebens in einer Art Kampfhaltung verbracht. Besser, nein, richtig gut wurde ihr Leben erst, als Arthur auftauchte und an ihrer Seite blieb, 15 kostbare Jahre lang.

Aber davon mehr beim nächsten Mal. Die Zeit ist so schnell vergangen, jetzt müssen wir schleunigst zum Flughafen. Wir verabschieden uns und versprechen, dass wir bald wieder zu Besuch kommen werden.

Rogers Reise, III.

Peggy und Roger sind seit drei Jahren verheiratet, und heute, am 17. Juli 2017, feiern sie Hochzeitstag. Sie zeigen ein Foto vom Festtag, betrachten es selbst, »oh je, da sahen wir jünger aus«, sagt Peggy.

Zwölf Jahre lang war Peggy verwitwet. Sie wollte das alles nicht mehr, dieses Flirten, diese Kompromisse, diese Diskussionen über Schuldfragen. Puh, diese verdammte Anstrengung amerikanischen Sozialverhaltens. »Ich habe früher ganz schön viel geflirtet, bin viel ausgegangen, aber wenn du alt bist … hast du nicht mehr die Zeit für all das.«

Und dann? Kam Roger Angell des Weges? »Ich habe es für meine Tochter gemacht, damit sie nicht dachte, sie müsse immer bei mir sein.« So sagt sie es, aber ganz so drastisch meint sie es nicht. Wegen ihrer Tochter habe sie sich wieder aufgerafft, hinauszutreten in die Welt, das stimme. Aber dass dort draußen in der Welt ausgerechnet Roger vorbeiging, das war dann das pure Glück.

»Roger tut mir immer noch so leid, weil Carol gestorben ist. Sie waren so …« Peggy bricht ab.

Schweigt.

Carol war die Liebe seines Lebens, nicht wahr?

Wir sind in Brooklin, Maine, essen auf der Terrasse Hühnersalat, Maissalat, Spargel, wir trinken Limonade. Um uns herum Wasser und Segelboote, der Wald von Maine. Das Haus steht am Ende eines Waldweges, ein Haus aus Holz, Baujahr 1920, das Haus ist so alt wie sein Besitzer. Unten gibt es Küche, Esszimmer und das Wohnzimmer mit dem Kamin. Die Schlafzimmer sind oben, die Farbe Grün dominiert. Die Haustür ist nicht abgeschlossen, da ist bloß ein Mückengitter. Riesig ist die Veranda, mit einem Fernglas beobachtet Roger die Segler dort draußen.

Auf die Frage, wie es ihm gehe, sagt Roger seit einigen Monaten stets das Gleiche: »Ich werde langsam alt. Und blind. Und Trump macht mir zu schaffen. Es wird dunkler und dunkler in Amerika. Vielleicht werden wir bald unsere alte, stabile, aufklärende Medienwelt verloren haben.«

Er mache auch nicht mehr viel Sport, sagt Roger, seit seine Senioren-Turngruppe sich aufgelöst hat – mangels Mitgliedern. Und er schlafe nicht mehr gut, sagt Roger, aber eigentlich habe er noch nie gut geschlafen. Jetzt sind es acht unruhige Stunden und auch das nur mit einer Schlaftablette um drei Uhr morgens, und ständig träumt er den gleichen Traum: Allein wandelt er durch eine Ruinenstadt, niemand mehr da außer ihm, er versteht den Traum als Erzählung über all die Toten in seinem Leben. »Heute habe ich aus irgendeinem Grund das Wort ›nevertheless‹ gesagt«, das berichtet Roger über seinen Traum.

Kein schlechtes Motto in seinem Alter.

Nichtsdestotrotz.

Ach, er denkt jetzt an früher, an die vielen Menschen in seinem Leben. Immer in der Weihnachtszeit luden Carol und er 100 Freunde zu einer Party ein, und viele, viele andere Menschen klagten, weil sie nicht dabei waren. Wo sind sie alle geblieben?

Wir sind eher beiläufig in dieses düstere Gespräch hineingerutscht. Aber so soll es ja sein, wenn man einander vertraut. Bei allen bisherigen Begegnungen war klar, gleichsam unausgesprochen ausgesprochen, dass es ein einziges Tabu gab: den Suizid der Tochter. Nach Caroline fragten wir nie. Und Roger erwähnte sie immer nur kurz, mit dieser permanenten Verletzung im Blick.

»Caroline hat einen zwanzigseitigen Abschiedsbrief hinterlassen«, sagt er jetzt, unvermittelt. »Es ist darin alles so feindselig. Sie hatte eine dunkle Seite, leider, sie war depressiv. Sie hatte jahrelang über den Suizid nachgedacht, in ihren Tagebüchern geht es sehr lange darum.

Sie hatte auch viel recherchiert, über die Selbstmorde berühmter Menschen.«

Verstehst du ihre Gründe? Kennst du sie?

»Sie hatte Probleme mit der IRS«, also der Steuerbehörde, »sie stand kurz vor einer Anklage. Die IRS kann dir wirklich nahe kommen, dich in die Enge treiben. Ich hatte keine Ahnung von diesen Problemen, sie hatte mich nie um Hilfe gebeten.«

Caroline nannte sich Callie, sie wurde 62 Jahre alt. Auf Rogers Tisch liegt ein Buch über Andy Warhol, das sie verfasst hat. Roger lächelt stolz, mit Tränen in den Augen. »Über so etwas kommt man nie hinweg«, sagt er. Und dann: »Es werden weniger und weniger Menschen. Und mehr und mehr Beerdigungen.«

Er selbst, sagt er, habe keine Angst vor dem Tod. »Kein bisschen.« Aber vor Unfähigkeit, vor Unzurechnungsfähigkeit fürchte er sich. Sein Freund Walker Field erhielt vor einigen Monaten die Diagnose: Hirntumor. Dann verlor Walker sein Gedächtnis. Dann konnte er keine Gespräche mehr führen. Dann erkannte er Roger nicht mehr. Und erst dann starb er.

»Vor einer solchen letzten Etappe habe ich Angst«, sagt Roger.

Er kenne inzwischen jede Menge Augenärzte, sagt er dann, aber eine Behandlung für seine Augen gebe es nicht mehr. Seit Monaten schon nehme er sich vor, sehr viel mehr Audiobücher und Podcasts zu nutzen, aber … na ja, dann tue er es doch nicht.

»Wie also geht's mir? Traurig und depressiv, ehrlich gesagt.«

Er sagt es lächelnd.

Wir brechen dann auf, machen einen Ausflug, gehen spazieren. Im Yachtclub treffen wir Rogers Nachbarn, Sandy beispielsweise, einen Anwalt aus Washington D. C.; dann machen wir einen Abstecher zu Peggys Haus. Peggys Haus? Ja, Peggy hat sich eines gekauft, windschief und ohne Heizung, und renoviert es nun; wenn Roger nämlich stirbt, werden seine Kinder sein Haus erben, und sie möchte ein Sommerzuhause in Maine behalten.

Brooklin liegt an der nördlichen Spitze von Maine und hat 800 Einwohner und 58 Schriftsteller. Es gibt hier einen Lebensmittelladen, eine

Tankstelle, ein Gästehaus, einen Geschenkeladen, eine Bibliothek und zehn Friedhöfe. In der Bibliothek arbeitete einst Katharine White, Rogers berühmte Mutter, darum gibt es gleich nebenan einen »*Memorial Garden*«. Wir gehen zum *Brooklin Cemetery*, mitten im Ort. Es ist auch schon wieder Jahrzehnte her, dass Roger und Carol hier Seite an Seite standen und mit einem netten Menschen von der Verwaltung über ein Doppelgrab sprachen. Es kostete 220 Dollar.

»Pro Jahr?«, fragte Roger.

»Nein, alles inklusive, damit gehört's Ihnen«, sagte der Friedhofsmann.

»*Deal*«, sagte Roger.

Und neben Carols Grabstein aus weißem Marmor (1938 bis 2012) steht nun ein identischer Grabstein: Roger Angell, 1920 – .

Die zweite Jahreszahl fehlt.

Noch.

Roger Angell, der auch deshalb eine Hauptfigur dieses Buches ist, weil er über alles reden und schreiben kann, was das Leben zu bieten hat, möchte nichts sagen, diesmal nicht. Stunden später, in der Küche, wird Peggy sagen: »Er hatte gedacht, er würde Carol rasch nachfolgen. Das ist bald zehn Jahre her.« Sie kichert. »Ich glaube, wir beide werden noch zehn Jahre haben. Wir müssen dann nur am selben Tag sterben, gleichzeitig. Dann nämlich wird es wirklich genug sein.«

Carol hatte Krebs, doch die Krankheit war fünf Jahre lang unter Kontrolle gewesen. Und dann nicht mehr. Als der Krebs zurückkam, war er schnell überall, im ganzen Körper. Carol war knappe 18 Jahre jünger als Roger, niemand hatte erwartet, dass sie vor ihm sterben würde. Roger sagt: »Ich habe sogar eineinhalb Päckchen pro Tag geraucht, bis ich 50 war. Ich bin wirklich davongekommen.«

Wir gehen langsam über den Friedhof. Roger sagt: »Carol war nicht verplappert, nicht sprudelnd. Sie war sehr ruhig, sehr lustig. Hatte sehr viel Selbstvertrauen. Vergnügt war sie auch. Eine verehrte Lehrerin in ihrer Schule. Carol wollte keine Macht. Ach, sie las die ganze Zeit, sie war eine phantastische Leserin. Den ganzen Dickens kannte sie, ich las nur ein Viertel von dem, was sie las.« Er denkt nach. Blickt in die

Ferne. Sagt dann: »Wir hatten eine echte Verbindung. Wir redeten viel. Sie kochte. Ich nicht. Ich bin übrig geblieben aus jener Zeit, als Männer nicht kochten.«

Peggys Ehemann starb mit 64 Jahren an Nierenkrebs. Die gemeinsame Tochter war 13, jetzt ist sie 27. »Ich fühlte mich sehr alt, als er starb«, sagt Peggy, »aber ein Jahr nachdem das mit Roger begann, fühlten wir uns beide wieder jünger.« Sie nennt ihn Rodge, es klingt wie Rodsch.

Und auch Caroline Sergeant Angell (1948 bis 2010) liegt auf diesem Friedhof von Brooklin, jene Callie, Rogers Tochter, die sich das Leben selbst genommen hat. Dahinter liegen Katharine Sergeant White, 1977 gestorben, und E. B. White, 1985 gestorben, sie haben dunkle Steine gewählt. Die Autorin Nancy Franklin schrieb über Rogers Mutter einen Nachruf im »New Yorker«: »*It's funny; as an editor she was maternal, and as a mother she was editorial.*« Die Steine übrigens halten das raue Wetter von Maine nicht gut aus; der berühmte E. B. White sehnte sich immer nach Diskretion, bald wird man seinen Namen nicht mehr lesen können. Jene Eiche wiederum, die E. B. White nach 49 Ehejahren für seine verstorbene Ehefrau Katharine pflanzte, ist mächtig und groß geworden.

Und auch Rogers Bruder Joel ist hier, er starb 1997. Versonnen und schweigend stehen wir vor seinem Grab.

Und ja, nun verstehen wir Rogers Traum.

Nevertheless.

Wir gehen zu E. B. Whites Haus. Die neuen Bewohner sollten eigentlich verreist sein, sind aber daheim. Wie peinlich wir hier herumstehen; darum huschen wir schnell wieder weg … das Haus steht leicht erhöht, ist weiß, hat grüne Fensterläden … doch nun schnell weg. Roger ist zwar neugierig auf das, was aus der eigenen Vergangenheit geworden ist, aber hier in der Einfahrt schämt er sich. Was selten vorkommt.

Roger kommt immer im Sommer nach Maine, seit er neun oder zehn Jahre alt war. »Maine und Brooklin waren wunderbar, als ich ein Teenager war. Alles haben wir selbst getan und entdeckt, nie gab es irgendeine Aufsicht«, sagt er.

Der überriesengroße E. B. White war sieben Jahre jünger als Rogers Mama. »Er war schüchtern, neurotisch, elegant. Spielte nie den Stiefvater. Wurde nur ein einziges Mal laut – als ich in einem Kanu draußen auf See aufstand. Es war für ihn gewiss schwierig, Kinder um sich zu haben, weil in dieser Ehe ja bereits er das Kind war«, sagt Roger. Sein Stiefvater war auch ein großer Hypochonder, der immer Angst vor Gift im Essen hatte.

Ein ständiger Dialog:

»Gibt es Gräten?«

»Keine Gräten, Andy.«

Hochzeiten, Preisverleihungen, sowieso sämtliche Beerdigungen ließ E. B. White aus, weil er dann stets Herzinfarkte hatte, er glaubte das wirklich. Selbst die *Medal of Freedom*, die ihm Präsident Lyndon Johnson überreichen wollte, nahm er nicht persönlich an. War das noch normal?

Nein, aber warum soll man normal sein?

E. B. White schwänzte sogar die Beerdigung seiner eigenen Ehefrau Katharine im Juli 1977. Als er dann selbst starb, acht Jahre später, sagte Roger: »Wenn Andy heute bei uns sein könnte, wäre er nicht bei uns.«

»Aber zugleich war Andy sehr mutig«, das sagt Roger heute, »eine echte Stimme für die freie Meinungsäußerung. Sehr lustig auch.«

Wenn Roger ihn vor sich sieht, und das tut er oft, dann sieht er einen lächelnden Herrn mit Schnauzbart, in Abend-Mokassins, Hemd und Tweed-Sakko, der eine Zigarette und einen Martini hält. Wenn Roger sich erinnert, und er erinnert sich oft und gern, dann denkt er an das Schlittschuhlaufen auf dem gefrorenen See des *Public Garden* – sie haben ihre Straßenschuhe am Ufer unter einem Busch versteckt, aber hinterher sind Andys Schuhe fort, und er stapft in Eishockeyschuhen nach Hause, lachend. »*The Skater*« nannte er sich seitdem selbst.

Einen eleganteren Lehrer kann sich wohl kein Junge wünschen. Andy habe ihm Rudern und Segeln beigebracht, ohne dass es wie Training wirkte – alles so spielerisch, alles so leicht. »Sein Geheimnis war Konzentration, gepaart mit Freude, so etwas wie Verkrampfung gab es einfach nicht.« Genau dies, so Roger, sei auch das Geheimnis wirklich großen Schreibens, weshalb Andy ihm selbstverständlich auch das Schreiben beigebracht habe, ohne jemals explizite Tipps zu formulieren.

Denn über das Schreiben, im handwerklichen Sinne, sprachen sie nie. Aber natürlich las der junge Roger Andys Landkolumne »*One Man's Meat*« in »Harper's«, und natürlich las er den »New Yorker« obsessiv. »Ich wurde ja zum Schreiben gedrängt. Ich schrieb, um meine Mutter zu erreichen. Als mein erster Text vom ›New Yorker‹ angenommen wurde, da war sie außer sich. Ich hatte meine Mama verloren, da war sie nun, wieder mit Autoren arbeitend, mit Autoren feiernd. Ich schrieb und schrieb, *Fiction* vor allem, Kurzgeschichten, doch dann wurde mir klar, dass ich nicht viel zu sagen hatte. Ich wartete darauf, dass ein Roman heranwachsen würde, aber da wuchs nichts.«

Danach, beim »New Yorker« zu arbeiten, habe er sich als Junge nicht gesehnt, und er ist sich sicher, »dass einige sagten: Was macht der Kerl denn hier? Zwei Whites haben wir schon, und beide sind wichtig, was sollen wir mit einem dritten? – Aber ich war ein guter Redakteur, ein ordentlicher Autor, ich hab das alles nicht vorgetäuscht.«

Roger trägt heute ein T-Shirt mit der Aufschrift »*Baseball Hall of Fame, est. 1939*«, dazu beigefarbene Shorts, eine blaue Schirmmütze, Socken, Lederschuhe, und er hält seinen Gehstock. Peggy sagt: »Die einzige Regel für euch, wenn ihr über uns schreibt, muss sein: Auf Fotos dürft ihr Rogers Knie nicht zeigen.« Peggy trägt Jeans, goldene Ringe, Creolen in den Ohren, eine Halskette, sie hat helle, grüne Augen.

Und Roger erzählt noch einmal von Carol, der Frau vor Peggy: »Ich traf Carol beim ›New Yorker‹. Sie war Redaktionsassistentin, hörte damit auf, als wir heirateten, arbeitete dann für einen Medizinverlag. Als wir unseren Sohn adoptierten, hörte sie ganz auf.« Später begann sie eine zweite Karriere als Lehrerin. Warum die Adoption? Er lacht. »Wir haben es nicht ganz hingekriegt.«

Und nun, plötzlich, eine Art Bilanz: »Ich war immer privilegiert. Hatte unverschämtes Glück. Alles, was ich tun wollte, durfte ich tatsächlich tun. Meine einzige Verteidigung ist: Ich war gut in dem, was ich tat.«

Und jetzt, ebenso plötzlich, ist die Verzweiflung zurück: »Es ist so traurig, mein Augenlicht zu verlieren. Makuladegeneration. Die Netzhaut ist krank, unheilbar, nach und nach verschwindet die Sehschärfe. Manchmal denke ich, es ist gut, nicht zu viel über Trump lesen zu können. Manchmal denke ich, ich müsste aber doch etwas über ihn sagen – doch ich bin ein alter Mann.« Und zugleich hat er keine Geduld für die Lektüre von Romanen mehr, schon gar nicht von Romanen, die nicht mindestens herausragend sind – die wenige Zeit, die bleibt, möchte er Wahrheiten widmen, der Wirklichkeit.

Wir sind jetzt zurück im Haus, sitzen im Wohnzimmer, und Roger redet wieder oder noch immer über Trump. »Politisch ist er das Schlimmste, das in meinem Leben passiert ist. Gott weiß, was uns, den USA und der Welt, noch blühen wird. Es ist sehr beängstigend, sehr, sehr beängstigend. Es ist nämlich nicht sicher, dass wir nach Trump wieder zu einer rationalen Welt werden.«

Andy, 7, liegt zu seinen Füßen. Dann sitzt Andy auf einem Sessel. Dann auf Rogers Schoß. Natürlich ist Andy nach E. B. »Andy« White benannt. Andys Vorgänger, Harry, hatte seinen stolzen Namen von Präsident Truman. Roger hat Truman einst in New York getroffen, beim Spazierengehen, er ging ein paar Blocks weit neben Truman und schrieb dann ein »*Talk of the Town*« im »New Yorker« über ihn.

Und wie er die Arbeit mit seinen Autoren liebte. Nabokov war anstrengend; weiter geht Roger nicht, aber es klingt wie »kapriziös«, wie »arrogant«, wie »mein Gott, wie eitel diese Schriftsteller sein können«. Dennoch: Nabokov konnte schreiben. Und da waren die anderen, die Rogers Vorschläge gern anhörten, kleine Veränderungen ausprobierten, Kürzungen sogar herbeiwünschten.

V. S. Pritchett (»*Marching Spain*«) war so, »es war beglückend, mit ihm zu arbeiten«. John Updike wollte immer wissen, ob es noch besser ginge, pointierter, aufregender. »Klarheit ist immer das Wichtigste«, sagt Roger.

Peggy bringt Drinks, er mag *Scotch on the rocks*. »Alt zu werden ist so überraschend«, sagt Roger, »als Reporter willst du darüber natürlich berichten. Ich bin ängstlicher, trauriger, depressiver als früher. Ist das der Trump-Effekt oder das Altwerden selbst, das Blindwerden? Es ist vor allem Trump, glaube ich. Unsere Welt geht unter, unsere Zeit geht zu Ende. Ich fürchte, ich werde das Ende der Trump-Ära nicht erleben.«

Nach dem Essen sitzen wir am Kamin. Um halb elf wollen wir ins Bett, wir haben Jetlag, nur Roger ist nicht müde. Er wird im September 97 Jahre alt.

Am nächsten Morgen, Montag, gibt es Blaubeer-Pfannkuchen mit Butter, Sirup und Speck. Dazu Kaffee und Orangensaft, auf dem Tisch liegen Rogers Tabletten. Er liest die »New York Times« mit der Lupe, Peggy hat sie geholt. Sie sagt jetzt: »Es wäre sehr hart für ihn, mich zu verlieren. Und umgekehrt. Er hatte sein Leben, so ein volles Leben. Als wir uns trafen, erwartete er, dass er bald sterben würde, aber er arbeitete noch voll und ganz. Ich schrieb ihm einen Brief, dann sechs Monate später noch einen: Wie geht es dir, kann ich dir ein Hühnchen vorbeibringen?«

So fing diese Liebe an.

Hatte sie Roger früher schon attraktiv gefunden?

Vor Jahren, vielleicht sogar vor Jahrzehnten?

Sie sagt: »Kennt ihr diese Comics, wo den Figuren vor Begeisterung die Augen herausspringen?«

Vier Freunde lachen.

Die Überwindung der Kindheit

INNSBRUCK, ÖSTERREICH

Als Wilhelmine Seebers Vater aus dem Ersten Weltkrieg zurückkehrte, war er krank, und wenige Monate später war er tot. Wilhelmine, geboren am 18. März 1918, war gerade mal ein Jahr alt.

Doch der Vater hinterließ etwas: ein Wohnhaus, Innstraße 49. Es ist ein hellgraues Haus mit Holzfenstern, vier Stockwerke hoch. Wenn der Wind günstig steht, kann man vorne den Inn vorbeirauschen hören, und wenn der Nebel sich verzieht, kann man hinten die Berggipfel sehen.

Das Haus teilten sie sich damals mit 18 anderen Familien. Kaum einer der Männer hatte Arbeit. Wollte Wilhelmine sich waschen, schleppte sie Wasserkübel die Stiegen hinauf, wobei das Wasser überschwappte. Wollte sie auf die Toilette, lief sie hinunter in den Hof. Die Mutter empfing viele Männer. Wilhelmine war elf Jahre alt, als einer der Männer dauerhaft bei ihnen einzog. Er sei Schlachter gewesen, sagt sie. Ob das sein Beruf oder eher sein Wesen war, sagt sie nicht. Nur, dass er sie in ein Heim gesteckt habe. Ihre Mutter hielt ihn nicht zurück. Dafür habe die Mutter sie nicht genug geliebt, sagt die Tochter, fast 90 Jahre später.

Es ist Juli 2018, Hochsaison in Innsbruck.

Wie eine perfekte Heimatfilmkulisse schmiegt sich die Stadt ins Tal, lindgrün, zartrosa und ockergelb sind die Häuser, dazwischen fließt der Inn, und hoch oben recken sich die Berggipfel in den hellblauen Himmel. Durch die Gassen der Altstadt schieben sich zur Mittagszeit die Touristen. Wer im Sommer durch Innsbruck geht, könnte glauben, diese Stadt sei nur für Besucher gemacht, so selbstverständlich nehmen diese Innsbruck ein, bevorzugt in beigefarbenen Hosen und Poloshirts, mit Wanderstöcken. Sie bestaunen das »Goldene Dachl«, jenen hölzernen Hausvorsprung mit den leuchtenden Ziegeln, der auf vielen Postkarten aus Innsbruck abgebildet ist.

Das Gasthaus in der Hofgasse 1 heißt wie das Wahrzeichen nebenan, Goldenes Dachl. Auf einer Eckbank neben dem Tresen sitzt Wilhelmine Seeber, vor ihr steht eine Tasse Früchtetee. Die Donnerstagsausgabe der »Tiroler Nachrichten« verdeckt ihr Gesicht, auf Seite eins warnt der Wetterdienst vor der anhaltenden Hitze. Die alte Dame lässt das Papier sinken und blickt hoch. Ein paar braune Altersflecken sprenkeln ihr Gesicht, zwischen Nase und Stirn hat sich eine tiefe Falte eingegraben. Und doch: Für eine Hundertjährige würde man sie nicht halten. Kerzengerade ist ihr Rücken, selbst im Sitzen, den Kopf hält sie erhaben. Die blauen Augen strahlen, der schmale Mund lächelt.

Seit dreißig Jahren kommt sie jeden Tag hierher, um zunächst die Zeitung zu lesen und dann zu Mittag zu essen. Das Wichtigste an ihrem Stammplatz sei, dass sie von hier einen guten Blick habe, sagt Wilhelmine Seeber, durch die Butzenfenster hinaus in den Trubel der Stadt. »Früher war Innsbruck ein ruhiges Städtchen. Aber es ist gut, dass die vielen Leut' kommen. Wir leben ja von ihnen.«

Innsbruck ist Wilhelmine Seebers Heimat geblieben, ihr ganzes Leben lang. Nie hatte sie das Bedürfnis, von hier fortzugehen. »Wer so eine Kindheit hatte wie ich, ist mit allem zufrieden«, sagt sie.

Wie prägt die Kindheit das Leben? Kann Erfüllung in späteren Jahren reparieren, was die Kindheit einst kaputt gemacht hat? Und kann man dann, gegen Ende des Lebens, zufrieden sein, trotz allem?

Wilhelmine Seeber war nicht unzufrieden in dem Heim, in das der Ziehvater sie steckte. Die Nonnen waren freundlich zu ihr, und sie erschrieb sich gute Noten. Endlich durfte sie in Ruhe lernen.

Das wahre Unglück geschah, als sie 14 Jahre alt war. Irgendjemand in jenem Heim verschacherte sie an einen Bauern. Wer es war, weiß sie bis heute nicht, sagt sie. Nur wo der Hof stand, daran erinnert sie sich:

im Bregenzer Wald, fern der Heimat. Auf einmal musste sie dort in der Wirtschaft bedienen, im Stall schuften, auf dem Feld arbeiten. Und keinen Schilling bekam sie dafür. Heute würde man es Kinderarbeit nennen, oder Sklaverei. Im zweiten Sommer kam eine junge Frau aus dem Ort, um in der Wirtschaft beim Ausschenken zu helfen. Als sie Wilhelmine sah, bekam sie Mitleid. »Hast du keine Eltern?«, fragte sie.

»Doch, eine Mutter«, antwortete Wilhelmine, »aber ob sie mir hilft, weiß ich nicht.«

Die Frau schenkte ihr 20 Schilling und sagte, sie solle das Geld zur Mutter schicken, damit diese sie abhole. Wilhelmine hatte noch nie so viel Geld besessen. Eine Woche später stand die Mutter tatsächlich vor der Tür. Wilhelmine war glücklich, ein paar Stunden lang: Es ging nach Hause! Doch schon am nächsten Morgen klatschte die Mutter daheim die Zeitung vor ihr auf den Küchentisch. »Such dir eine Arbeit als Dienstmagd«, sagte sie, »ich brauch dich nicht.«

Wilhelmine Seeber wollte nicht dienen, sie wollte lernen, so wie in den guten Jahren bei den Nonnen. Zunächst aber fand sie eine Arbeit in einer Keksfabrik, dann bei einem Nudelhersteller. Bald wurde sie Vorsteherin und schrieb die Tagesberichte. Ihrem Vorgesetzten fiel auf, dass sie keinen einzigen Rechtschreibfehler machte. »Warum arbeiten Sie nicht in einem Büro?«, fragte er. Oh, wie gern hätte sie in einem Büro gearbeitet! Aber dazu hätte sie erst zur Schule gehen müssen, und die kostete vier Schilling im Monat. Der Chef fand eine Lösung: Sie solle am Wochenende die Fabrik putzen.

»Mei, das war schön«, sagt Wilhelmine Seeber.

Schreibmaschine, Buchhaltung, Stenografie. Mit 18 Jahren wurde sie Sekretärin bei den »Tiroler Nachrichten«. »Von der Dienstmagd zur Angestellten«, sagt sie, »niemand kann sich vorstellen, wie schön das ist.«

Und eines Tages war der Hans da, einfach so. Er kam aus einem fernen Tal, aber er wollte in Innsbruck arbeiten, als Tischler. Wilhelmines Bruder kannte ihn von der Berufsschule, deshalb bot er ihm ein Bett in der Innstraße 49 an.

Hans Seeber war ein Stiefkind, so wie Wilhelmine. Sie verstanden sich gut, aber sie hatten nicht viel Zeit. Die Nazis boten Hans erst zum Arbeitsdienst auf, dann zum Militär. Er wurde Gebirgsjäger. Die Wehrmacht schickte ihn nach Norwegen.

Als der Krieg begann, wollten die »Tiroler Nachrichten« Wilhelmine nach Berlin entsenden. Doch sie wehrte sich, sie wollte in ihrem Innsbruck bleiben, in der Innstraße, wo sie mittlerweile eine eigene kleine Wohnung bezogen hatte. Ihr Chef drohte, sie der Gestapo zu melden. Wilhelmine Seeber sagt, sie habe keine Ahnung gehabt, wer oder was die Gestapo war. Aber als sie einer Freundin von dem Streit erzählte, schlug die sich die Hände vor den Mund. Die Nazis könnten sie sonstwohin schicken, warnte die Freundin, wenn der Chef sie dort meldete.

Also kam Wilhelmine ihm zuvor, ging selbst zur Gestapo und fragte nach der Abteilung für Arbeitsunwillige. In einem Büro saß ein Mann hinter einer Schreibmaschine. »Ich bin arbeitswillig«, sagte sie, »ich will nur eben in Innsbruck bleiben, und nicht nach Berlin.« Ob sie Maschine schreiben könne, fragte der Mann. Wilhelmine bejahte. Er brauche eine Schreibkraft, sagte er. Sie solle morgen anfangen.

Und schon während wir zuhören, fragen wir uns: wie umgehen mit einer solch niedlichen Erzählung über die dunkelste Zeit Europas? Kann es sein, dass Frau Seeber damals so naiv war? Eine Bewerbung in reinster Unschuld – bei der Gestapo? Aber wir kommen durch Nachfragen nicht weiter: Sie sagt, so sei es gewesen, nicht anders. Und wir kommen anderswo nicht weiter: Kein Archiv (außer jenen über Hundertjährige) kennt Wilhelmine Seeber.

Zu hundert Jahren Leben jedenfalls gehören auch diese Kapitel. Die Kriege. Die Ängste. Die Verstrickungen, die auch. Denn ganz gewiss waren nicht alle Menschen, die heute hundert Jahre alt sind, hundert Jahre lang Heldinnen und Helden.

Schließlich erhielt Wilhelmine eine Karte von Hans. Es war 1940, er kam dann heim, und sie heirateten. Acht Tage hatte er frei, Hochzeitsurlaub. Die nächsten zwei Jahre sahen sie einander nicht. So war es damals mit der Liebe. Wer sich einmal gefunden hatte, wartete aufeinander. Es waren unsichere Zeiten, aber die Liebe machte Hoffnung, also hielt man an ihr fest.

Wilhelmine Seeber wurde dann doch noch versetzt, nach Mailand. Als die Amerikaner im Süden Italiens anlandeten, musste sie nach Verona fliehen und weiter nach Gossensaß bei Bozen. Und eines Tages waren all ihre Kollegen verschwunden. Die Akten waren verbrannt, das Büro ein einziges Chaos, und Wilhelmine Seeber war irgendwie vergessen worden. Zu Fuß lief sie zum Brenner, aber ohne Marschbefehl wollte der Kerl an der Grenze sie nicht passieren lassen. Sie musste in Südtirol bleiben. Eine Bauernfamilie bot ihr Unterschlupf, sie hütete die Kinder und besorgte den Haushalt.

Der Kellner serviert Schweinsleber mit Kartoffelsalat. Wilhelmine Seeber isst schweigend. Sie kratzt mit dem Messer die Panade von der Leber und schiebt sie an den Tellerrand.

1945, als sie wieder in Innsbruck war, kam die nächste Karte von Hans. »Es geht mir gut«, stand darauf. Zwei Jahre später kehrte er aus der Gefangenschaft zurück, 23. Heimkehrertransport, er wog 39 Kilo. Für Wilhelmine Seeber begann die beste Zeit ihres Lebens, zurück in der Innstraße 49, sie zogen in den ersten Stock. Hans fand wieder Arbeit als Tischler, Wilhelmine als Buchhalterin.

63 gemeinsame Jahre hatten sie. Sie sei nachgiebig gewesen, sagt Wilhelmine Seeber, alles sei nach seinem Willen gegangen. Ihr war es recht, sie wollte bloß keinen Streit. Hans kaufte sich ein Motorrad, damit fuhren sie durch Österreich. Anders als einst der Ziehvater schlug er sie nicht, und er betrank sich auch nicht.

Ein Zuhause und einen guten Mann, mehr brauchte Wilhelmine Seeber nicht. Es war das normale Leben, das sie sich gewünscht hatte. Nur eines fehlte: Sie bekamen keine Kinder.

»Im Krieg war keine Zeit, und nach dem Krieg war ich froh, dass wir keine Kinder durchbringen mussten«, sagt Wilhelmine Seeber.

Sie winkt den Kellner heran und holt eine Geldbörse aus ihrer schwarzen Ledertasche. Die Summe, die sie bezahlt, ist geringer als der Preis, der auf der Speisekarte stand. Der Kellner schiebt den Rollator heran. »Nun trinken« wir noch einen Kaffee«, sagt sie, »oder einen Wein.«

Wenn man neben Wilhelmine Seeber durch die Gassen Innsbrucks

Wilhelmine Seeber: »Ich habe nie auf mich
achten müssen.«

geht, weichen die Leute aus und grüßen. Sie verrücken sogar Blumen-
kübel, um die alte Dame passieren zu lassen. Innsbruck ist freundlich
zu Frau Seeber.

Sie deutet auf einen Tisch unter einem grauen Sonnenschirm eines
italienischen Bistros. »Das ist meine heimliche Liebe«, sagt sie. Dieses
Restaurant? »Nein, der junge Mann, der hier bedient«, sagt sie.

Sie lächelt ihn an: »*Due bicchieri di vino.*«

»Wie vorgestern?«, fragt die heimliche Liebe.

»Genau«, sagt sie.

»Ich würde jetzt gerne eine Zigarette rauchen«, sagt Wilhelmine
Seeber. »Aber ich hab das Rauchen nie angefangen. Ich habe nie auf
mich achten müssen. Ich habe ja nie so viel gehabt, dass ich hätte aus-
schweifen können.«

Sie denkt nach. Schweigt. Sagt: »Vielleicht ist das der Grund, warum ich so alt geworden bin.«

Im Frühjahr und im Herbst fährt Wilhelmine Seeber nun jeweils zur Kur, acht Tage lang. Beim letzten Mal gratulierte ihr die Ärztin: Sie habe den Körper einer 70-Jährigen.

Wilhelmine und Hans hatten einander versprochen, dass der, der zuerst stürbe, den anderen nachholen würde. Nun ist sie seit 17 Jahren Witwe. »Na, da hat er mich zum ersten Mal hängen lassen«, sagt sie und geht heim.

Innstraße 49, ein österreichisches Jahrhundert.

DES RÄTSELS LÖSUNG, IV.

Im Uni-Städtle Heidelberg, in einem prächtigen Altbau, residiert das Institut für Gerontologie. Der Altersforscher Christoph Rott lehnt sich in einem Bürostuhl zurück und klickt durch eine Fotogalerie. Darin sind all die Hundertjährigen aus seinen Studien zu sehen. Eine Dame spielt Klavier, eine andere rührt in einem Kochtopf und lächelt. Die Fotos scheinen eine verbreitete These zu belegen: Obwohl der Körper immer schwächer wird, wächst im Alter die Zufriedenheit.

Das Hundertjährigen-Paradox.

An seinem 100. Geburtstag schlüpfte Allan Karlsson in seine Pantoffeln, stieg aus dem Fenster und verschwand. Karlsson, Held des Romans von Jonas Jonasson, ist der wohl berühmteste Hundertjährige Europas. Das Buch »Der Hundertjährige, der aus dem Fenster stieg und verschwand« verkaufte sich allein in Deutschland über zwei Millionen Mal. So wurde aus einer Romanfigur ein Prototyp: Karlsson prägte das Bild der Hundertjährigen: fit, eigensinnig und lebenslustig.

Christoph Rott mag Karlsson nicht. Vor allem mag er nicht, dass der Schauspieler, der in der Verfilmung des Romans Karlsson spielte, schlappe 50 Jahre alt war. »Mit einem echten Hundertjährigen hätte das nicht funktioniert«, sagt der Wissenschaftler, der das Leben Hundertjähriger seit über 20 Jahren erforscht. Bald wird er selbst in Rente gehen, sein Haar ist schon weiß, aber noch voll, der Körper lang und schlank. Rott weiß anscheinend, wie es geht, das gesunde Altern.

Er klickt weiter durch seine Fotogalerie. Ein Marathonläufer. Eine

163

Schwimmerin. Die Medien liebten solche Ausnahmeerscheinungen, sagt er, aber sie seien eben genau das: Ausnahmen. Naturwunder sozusagen. »Die meisten Über-Hundertjährigen sind gesundheitlich so eingeschränkt, dass man sich wundert, dass sie überhaupt noch am Leben sind«, sagt Rott. Wenn der Autor Jonas Jonasson ein Romantiker ist, dann ist Christoph Rott zweifellos Realist. Tatsächlich aber gebe es eine Sache, die fast alle Hundertjährigen verbinde, sagt er. Frage man sie nach ihrem Befinden, antworteten sie: »Ich bin zufrieden.« Über 80 Prozent der Hundertjährigen in seinen Studien sagten das – trotz körperlicher und geistiger Einschränkungen.

Warum?

Als Gerontologe kümmert sich Rott weniger um die Frage, auf welche Weise die Menschen so alt geworden sind, wie sie heute sind. Das klären Mediziner. Rott will wissen, wie es den Hundertjährigen geht. Im Jahr 2000 kontaktierten er und seine Kollegen deshalb Einwohnermeldeämter im Rhein-Necker-Kreis rund um Heidelberg, um die ansässigen Hundertjährigen nach deren Leben zu fragen. Für die erste Studie trafen die Forscher 91 Menschen, die genau hundert Jahre alt waren. Zehn Jahre später wiederholten sie die Studie mit 95 neuen Teilnehmern. In der Zwischenzeit hatte sich die Anzahl der über Hundertjährigen in Deutschland verdoppelt, von fast 6000 Personen im Jahr 2000 auf über 13 000 im Jahr 2010.

Auf den ersten Blickt zeigt die Studie vor allem eines: Keiner der Hundertjährigen ist ganz und gar gesund. Im Durchschnitt haben sie 4,1 Gesundheitsprobleme. Nur sechs Prozent der Befragten können beschwerdefrei sehen und hören. Selbständig laufen kann ein Drittel der Befragten, aber das auch nur sehr langsam. Fast alle sind auf Hilfe angewiesen, zwei Drittel haben eine Pflegestufe. Selbst die alltäglichsten Dinge fallen diesen Ältesten schwer. Alleine essen können immerhin noch rund 80 Prozent, den Gang zur Toilette schafft ohne Hilfe aber nur noch die Hälfte, und nur jeder Zehnte kann allein duschen.

Und trotzdem: Obwohl sie immer hilfsbedürftiger werden, sagen sie, sie seien zufrieden. Vergleicht man die Antworten der Hundertjährigen mit den Antworten der 80- bis 94-Jährigen, die in der Wissenschaft als »alte Alte« bezeichnet werden, nimmt die Zufriedenheit im extrem hohen Alter noch zu. »Ich nenne das die postfaktische Bewertung des eigenen Gesundheitszustandes«, sagt Rott und lacht.

Lügen sich die Hundertjährigen das Leben schön?

Nein, sagt Rott.

Bei Hundertjährigen könne man, anders als bei jüngeren Menschen, nicht vom körperlichen Wohlergehen auf die Lebenszufriedenheit schließen. Der Satz »Ich bin zufrieden« sei kein Synonym mehr für »Mir geht es gut« oder »Ich bin gesund«. Die Hundertjährigen empfänden ihr Leben vielmehr schlicht und einfach als lebenswert – so wie es eben sei.

»Der Fehler liegt beim Betrachter«, sagt Rott. »Wir meinen, es müsste den Alten schlecht gehen, weil sie Schmerzen haben oder nicht mehr allein in die Badewanne kommen. Aber das ist ein Vorurteil.« Junge Menschen hätten ein verzerrtes Bild vom Alter: Der Körper wird gebrechlich, die Bewegungen werden langsamer, die Haut wird faltig. Wir nehmen die negativen Dinge wahr – Alter als Verlust von Freiheit, Fähigkeiten, Möglichkeiten. Doch wir wissen und ahnen nicht, was im Kopf der Hundertjährigen vor sich geht. »Das Gehirn bleibt meist viel besser erhalten als Muskeln und Knochen«, sagt Rott.

Seine Studien zeichnen ein gänzlich neues Bild des hohen Alters – Altwerden als Zugewinn an Lebensfreude und Genügsamkeit.

Vergleicht man die erste (aus dem Jahr 2000) und die zweite Heidelberger Studie (jene von 2010) miteinander, sieht man eine verblüffende Entwicklung: Nur noch wenige Hundertjährige leiden unter kognitiven Einschränkungen. Die Bewegungen werden langsamer, die Gedanken nicht. Die Hälfte der Teilnehmer der zweiten Studie ist geistig vollkommen fit – rund zehn Prozent mehr als bei der ersten Befragung.

Für viele junge Menschen ist nur ein aktives Leben ein erfülltes Leben; im hohen Alter scheint sich das zu wandeln. Ihre Freizeittätigkeiten haben die meisten Hundertjährigen eingeschränkt oder ganz eingestellt. Rund drei Viertel sehen noch regelmäßig fern. Damit ist dies die beliebteste der abgefragten Tätigkeiten. Drei Viertel sind allerdings nicht viel, wenn man beachtet, dass die Frage, ob sie noch vor einigen Jahren ferngesehen hätten, von 97 Prozent mit Ja beantwortet wurde.

Viele Tätigkeiten können Hundertjährige einfach nicht mehr ausführen. Ein Ehrenamt, Sport oder Handwerkeln ... oft ausgeschlossen. Die Augen sind zu schwach, die Beine zu schwer, die Finger zu steif. Viele Hundertjährige entschieden sich aber auch bewusst gegen eine Beschäftigung, sagt Rott. Der Grund sei nicht Resignation, sondern vertiefte Introspektion: »Sie sind sich selbst genug.« Den ganzen Tag lang in einem Sessel zu sitzen und aus dem Fenster zu schauen, das mag langweilig aussehen. Das sei es aber für viele Hundertjährige nicht.

Wer es so weit geschafft hat, das könnte man meinen, ist um jeden Tag seines Weiterlebens froh. Andererseits rückt natürlich das Ende näher; und dass es nahe ist, das weiß jeder Hundertjährige. Statt Angst vor dem Tod zu haben, blicken zwei Drittel dennoch positiv in die Zukunft.

Wird man im Alter also automatisch zum Optimisten?

Nein, sagt Rott, es sei eher andersrum: Wer optimistisch auf die Zukunft schaut, wird älter.

Seine Studien belegen das. Und auch dänische Wissenschaftler konnten zeigen, dass Optimisten ein geringeres Sterberisiko haben als Menschen, die eine neutrale oder pessimistische Einstellung zur Zukunft haben.

Immer wieder hat Rott nach Korrelationen zwischen der Lebensweise der Hundertjährigen und ihrer Zufriedenheit gesucht. Doch weder ihr Gesundheitszustand noch ihre Freizeitaktivitäten stehen in einem direkten Zusammenhang mit ihrem subjektiven Befinden. Die Erklärung für das Hundertjährigen-Paradox sei vielmehr ein psychologischer Trick: »Der Mensch handelt, um positive Gefühle zu erleben. Negativen Gefühlen weicht er aus.« Diese psychische Stärke komme im Alter vermehrt zum Tragen. Frage man Hundertjährige nach ihren Vorhaben, sprächen sie nicht von großen Plänen, sondern von kleinen, alltäglichen Dingen: einem Telefongespräch, einem Nachmittag im eigenen Garten, einem Besuch. Sie setzten sich kurzfristige und bescheidene Ziele. Und je kleiner die Ziele, desto größer die Erfolge. Hinzu kommt, dass Hundertjährige laut Rott kaum noch Pläne für ihre eigene Zukunft verfolgten. Stattdessen wünschten sie sich, den Hausbau des Enkels oder die Hochzeit des Urenkels noch erleben zu dürfen. Soziale Kontakte spielen im Leben der Hundertjährigen eine enorme Rolle. »Die Kinder sind die wichtigsten Bezugspersonen«, so Rott. Rund 60 Prozent der Befragten in seinen Studien lebten in einem Privathaushalt, oft bei einem Kind. Viele sähen in der Familie den Sinn ihres Lebens. Rott stellte fest, dass die Anzahl der Urenkel die Lebensbewertung positiv beeinflussen kann.

Da die eigene Generation so gut wie nicht mehr existiert und selbst die Kinder der Hundertjährigen schon zu den jungen Alten gehören – sie sind 65 bis 79 Jahre alt –, schenken die Hundertjährigen ihren Enkeln und Urenkeln besonders viel Liebe und Aufmerksamkeit. Die Fähigkeit, sich in diese jüngeren Generationen hineinzuversetzen, bezeichnen die Heidelberger Forscher als Generativität. Rott erinnert sich an einen 105-jährigen Studienteilnehmer. Auf die Frage, was seine größte Sorge sei, habe der uralte Mann geantwortet: »die Staatsverschuldung«. Eine »Frechheit« sei es nämlich, dass seine Enkel dafür aufkommen müssten. »Hochbetagte sorgen sich oft ganz besonders um die Zukunft«, sagt Rott, »weil sie sich für das Wohlergehen der Jungen mitverantwortlich fühlen.«

Seine wichtigste Erkenntnis, dies sagt der Forscher zum Abschied, sei diese: Nicht alle Hundertjährigen seien gesund und glücklich. Aber viele hätten gelernt, ihre Lebenszeit nicht mit Hadern zu vergeuden.

Das Ja und Nein des Lebens

Gedanken über das Hadern, über angemessene Lebenseinstellungen bringen uns noch einmal zu Hilde Hefti, der träumenden Tänzerin, der Optimistin in der Schweiz. Es ist September 2018, sie ist nun 97 Jahre alt, hat ein buntes Tuch um den Kopf gewickelt, darunter lugt ein weißer Zopf hervor. Hilde mag es noch immer nicht, auf Fragen zu antworten; sie ist die Höflichkeit in Person, aber sie erzählt, was sie erzählen möchte.

»Ich gehe am Stock, weil ich vor 55 Jahren einen schweren Bergunfall hatte. Das Bein war mehrfach gebrochen. Da kam ich ins Spital, und der Professor, der gerade Dienst hatte, wollte mir schwupps das Bein abnehmen. Mein Mann sagte: Herr Professor, muss das sein? Der Professor sagte, ja, was er sage, müsse geschehen. Da war ein junger Assistenzarzt, der Mut hatte und sagte, es stehe ihm zwar nicht zu, aber er wolle versuchen, das Bein zu retten. Der hat mich dann geflickt. Nach einem halben Jahr konnte ich wieder einigermaßen laufen. Der junge Arzt sagte mir damals, wenn ich mal alt werden sollte, würde ich das Bein wieder spüren. Und jetzt bin ich alt, und jetzt kommt's. Ich bin unsicher auf dem Bein, aber was soll's, es gibt Schlimmeres.«

Das sind diese Momente, nicht wahr? In denen sich das Leben wendet und entscheidet. Schwer vorstellbar, dass Hilde Hefti mit einem Bein 97 Jahre alt geworden wäre; aber sie hat zwei Beine und kann tanzen. Sie deutet Richtung Himmel, sagt: »Meine Kraft kommt aus der Dankbarkeit, noch leben zu dürfen.«

Hilde erzählt noch einmal, wie sie bereits in dem Zug Richtung KZ Bergen-Belsen saß und von den Soldaten dann doch wieder hinausgeworfen wurde. »Ich sehe heute noch die großen, angsterfüllten Augen der Jüdinnen, denn sie wussten, wohin es geht. Sie wussten, dass sie in ihren Tod gefahren wurden.«

Und sie erzählt von ihrer Mutter, der Trinkerin, von der eigenen Kindheit – so lange her. »Meine Mutter hat über den Hitler geschimpft, sie hat sich als Schweizerin gefühlt und nur Schweizerdeutsch mit uns gesprochen. Aber mein Vater war Bayer. Sie hatten sich im Kirchengesangsverein kennengelernt. Meine Mutter war schwere Alkoholikerin, aber nicht aus eigenem Versagen. Sie wurde als junge Frau vergewaltigt von einem sehr hochstehenden Mann in Rorschach, dem Apotheker und Dorfarzt. Dann bekam sie ein Kind. Und dann wurde sie verstoßen von ihrer ganzen Familie, nur ihr Vater stand zu ihr und hat sie getröstet. Sie war die Schönste von zwölf Kindern. Das ist ihr wahrscheinlich zum Verhängnis geworden. Sie bekam das Kind, in Rorschach. Der Vater sagte, Agathli – sie hieß Agatha –, musst nicht traurig sein, das Kind bleibt bei mir. Dann durfte der Junge beim Großvater bleiben. Meine Mutter war so Anfang 20. Ihr Vater, mein Großvater, war Schneidermeister, sehr begehrt, weil er gut gearbeitet hat, aber die Kundschaft hat meistens nicht bezahlt. Somit war er oft verzweifelt, zwölf hungrige Mäuler mussten gefüttert werden, und er hatte so oft kein Geld. Aber er hat nie den Mut verloren, hat gelacht und uns Freude geschenkt. Er war sehr belesen, ein großer, schöner Mann mit gütigen Augen, sehr intelligent. Er hat sich selber weitergebildet. In Lindau hatten wir ein schönes Daheim, man sah die Grenze, über den See blickte man bis in die Schweiz. Meine Mama stand oft am Fenster und schaute rüber in die Schweiz und hat furchtbar geweint, hatte Heimweh. Sie konnte ihren ersten Sohn nie sehen, der dort geblieben war, beim Großvater. Mein Vater war rigoros und sagte, der Bub kommt mir nicht unter die Augen, den bringe ich um. Und sie hat immer wieder geweint. Sie war so ein gütiger Mensch. Aber dann hat meine Mutter so schlimm gesoffen, und am Nachmittag blieb sie oft in ihrem eigenen Dreck liegen. Wenn mein Vater abends heimkam, musste sie sauber und angezogen am Tisch sitzen, sonst gab es ein elendes Gewitter. Dafür musste ich sorgen. Ich musste sie waschen, sie hinsetzen, kochen.«

Wir sitzen im Restaurant, Hildy hat eingeladen. Sie bestellt eine kleine Portion Ravioli, die Ravioli sind zu hart, sie lässt sie charmant zurückgehen. Sie berichtet von ihren Kriegsjahren, all den Toten, all den Verzweifelten an der Ostfront, die sich umbringen wollten.

»Ich habe immer gesagt: Das dürfen Sie nicht. Wir müssen durchhalten, zu Hause wartet jemand auf Sie. Auf mich. Auf uns alle. Das ist mein größtes Verdienst. Dass ich Menschenleben retten konnte. Ich habe mir viele Gedanken gemacht, wie es damals so weit kommen konnte. Der Hitler und seine Leute waren besessen, vom Teufel besessen. Sie hatten eine solche Intensität, mit der sie andere überzeugen konnten, einen solchen Fanatismus. Sie gingen über alles hinweg. Ich bin überzeugt, dass so etwas wieder geschehen könnte. Wir dürfen uns nichts vormachen. Wenn Menschen so angeheizt sind, dass sie sich selbst nicht mehr kennen, keinen normalen Verstand mehr haben, dann sind sie zu allem fähig. Das ist heute noch ganz gleich wie damals. Wenn ich zurückdenke, wird mir heute genauso bang wie damals. Weil der Mensch sich nicht ändern kann. Der Mensch bleibt beeinflussbar. Und eigenartigerweise hört er lieber auf das Negative als auf das Positive.«

Hilde Hefti ist sehr wach, doch sie möchte das Gespräch lenken, vielleicht will sie ihren Gesprächsfaden nicht verlieren. Wie hat sie Fridolin kennengelernt?, das fragen wir achtmal, aber sie erzählt erst einmal den ganzen Zweiten Weltkrieg. Eine Stunde lang. Sie inszeniert sich, und so wird das Leben zu Geschichten, zu einer fortlaufenden Erzählung – in ihrer Erinnerung.

Malt sie ein neues, ein verändertes, womöglich ein unwahres Bild von sich?

Lässt sie eben dadurch unbewusst oder bewusst – weil zur Wahrheit leider die Einsamkeit des hohen Alters gehören würde – das Bild einer verschrobenen, kreativen, stets quicklebendig beschäftigten Frau entstehen?

Eine solche Frau ist Hilde Hefti im wirklichen Leben gewiss auch, aber natürlich nicht nur. Ihr Ehemann ist tot, die meisten Freunde sind tot, die Töchter weit entfernt. Wie eigentlich sollte sie nicht einsam sein, hin und wieder?

So funktioniert Erinnerung. Jeder Mensch formt sein gelebtes Leben im Nachhinein, Objektivität ist in Fragen von Zeugenschaft selten zu haben, schon gar nicht, wenn man das eigene Dasein bezeugt: Die Wirklichkeit ist selten so geradlinig, schon gar nicht so kausal und logisch, wie wir sie im Nachhinein formen; selten auch ist sie derart selbstbestimmt. *»We tell ourselves stories in order to live«*, schrieb Joan Didion. Denn unser Dasein braucht einen Sinn; das Leben muss Fortschritt sein, der Mensch lernt und wird klüger – anders wäre es kein sinnhaftes Leben.

Hilde Hefti spricht nun einen komplexen Satz, sie sagt dies wörtlich: »Aber die manchmal doch existierende Wahrheit, dass du hin und her geworfen wirst durch andere Leute, dass du den gleichen Fehler wiederholst, gar nicht immer nur klüger wirst, die ist schwer auszuhalten. Dass das Leben nicht linear oder gar ein Aufstieg ist. Dass man auch schwach ist. Aber eben auch nicht nur, wir sind ja beides, schwach und stark, die meisten von uns.«

Drei Monate sind vergangen, es ist November 2018, als wir Hildy erneut, zum dritten Mal, besuchen. Zunächst sind wir wieder in ihrem Häuschen, wo sie seit zwei Jahren im Erdgeschoss schläft – seit sie die Treppe heruntergefallen ist und drei Stunden lang ohnmächtig unten lag und erst im Krankenhaus wieder erwachte. Ihr Schwiegersohn hat ein Geländer eingebaut. Sie geht jeden Morgen hinauf, um sich zu waschen, dann kommt sie vorsichtig wieder herunter. Sie scheint es nicht zuzulassen – eine enorme Leistung –, dass diese ständigen räumlichen Einschränkungen tatsächlich ihre Welt und ihr Leben einengen, verkleinern, irgendwann zum Erliegen bringen. Sie kämpft. Gibt nicht auf. Sucht immer nach dem, was noch möglich ist und Freude macht.

»Du musst im Leben das Jasagen lernen«, sagt Hildy, »auch ja zum Altwerden. Mein Fridolin und ich haben nicht viel darüber gesprochen, aber wir haben es gelebt. Fridolin hat am Ende abgebaut, in den letzten drei Jahren war er nicht mehr gut drauf. Er lag im Wohnzimmer in einem Krankenbett, ich schlief daneben auf dem Canapé. Es ist wirklich eine Kunst, ja zu sagen, auch zum Abbauen ja zu sagen. Ich habe das große Glück, klar zu sein im Kopf und mich steuern zu können. Nur wenn du ja zu sagen lernst, kannst du die letzten Jahre auch noch wirklich erleben. Dein geliebtes Du, der, der von dir gegangen ist, dein Ehemann, ist immer noch da, bleibt immer da: Ich denke an ihn, tanze mit ihm.«

Hilde hat übrigens einen Trick erfunden, und sie sagt, er funktioniere. Sie schreibt alles Negative und Traurige, alles Angstmachende auch, auf Zettel und steckt die Zettel in einen kleinen Weidenkorb mit Henkel, Masche und Deckeln. Und dann verschließt sie den Korb, und es ist weg, all das Böse, erledigt und verschwunden. (Es ist ein herrliches Schweizerdeutsch, mit welchem Hildy das Körbchen beschreibt: ein »Chörbli mit Hänkeli und Mäschli und zwöi Deckeli«.)

Am Abend lädt sie uns wieder zum Essen ein, wir bestellen ein Taxi. Vor dem Rausgehen zieht sie ein rosa Jackett an und schminkt die Lippen rot. Im Restaurant bestellt sie Prosecco, aber als sie hört, dass wir Apérol Spritz wünschen, was sie nicht kennt, sagt sie: »Das will ich auch probieren.«

Wir bleiben beim Thema Altern, Hilde Hefti sagt: »Das ist der wesentliche Teil vom Glücklichsein im Altsein. Es anzunehmen. Ganz, ganz viel hat mit Kleinigkeiten zu tun: Du musst wollen und nie aufgeben. Wir sind Menschen, wir sind schwach und gehen halt unseren Weg, die meisten machen einfach patsch, patsch, patsch.« (Sie klatscht ihre Hand auf den Tisch, schlapp, kraftlos.) »Aber es geht eben auch anders. Hupf, hupf, hupf.« (Die Hand fliegt.) »Für Männer ist das schwerer: Der Mann will sich immer bestätigt wissen. Frauen können das besser. Der Mensch muss halt alt werden wollen. Wut auf den eigenen Körper habe ich mir abgewöhnt. Dazu braucht es aber den Kopf. Ich kann heute manches nicht mehr, suche mir dafür die Musik. Tanzen geht noch. Man muss lernen, frühzeitig ja zu sagen zu den Sachen, die nicht zu ändern sind.«

Wir fragen beim Dessert, ob sie etwas bereue. Welche Fehler sie gemacht habe.

Und sie denkt lange nach, weint ein wenig, trinkt einen Schluck Rotwein, antwortet: »Ich würde alles genau so wieder machen, wie es war.« Sie schweigt noch einmal, weint noch einmal, trinkt einen weiteren Schluck und sagt: »Vielleicht würde ich vorsichtiger sein. Ich würde nicht mehr ganz so fraglos mich schenken, zur Verfügung stellen. Man kann ja auch zu viel Liebe schenken. Wenn du das tust, bist du selber schuld. Ich war zu vertrauensselig.«

Die Weisheit des Alters, VI.

Versuche täglich Dein Leben zu lieben so wie es eben ist
und versuche die Liebe, die in Dir wohnt, zu leben = weiterzugeben.
(Meine Lebensthese seit meiner Kindheit – einer schweren Zeit!!)

Hilde Hefti

Rogers Reise, IV.

Wir besuchen Roger Angell in New York City und in Maine, drei-, vier-, fünfmal im Jahr fliegen wir über den Atlantik, und bald werden wir dort erwartet, denn nun sind wir vier – Roger, Peggy, Samiha, Klaus – nicht mehr Porträtierte und Reporter, sondern wir werden Vertraute.

Wir schauen zusammen Baseball, Roger ganz dicht vor dem Fernseher, damit er *strike* (wenn der Werfer gewinnt, weil der gegnerische Schlagmann den Ball verfehlt) und *ball* (wenn der Schlagmann gewinnt, weil der Werfer unplatziert wirft) unterscheiden kann. Die New York Yankees sind Rogers Team, und sie haben einen jungen Helden, Aaron Judge, knapp über 20, und natürlich haben die Yankees sofort angefangen, die Wortspielerei mit diesem wundervollen Namen zu vermarkten: *»judge«* heißt »Richter«. *»All rise, enter the Judge«*, sagt der Stadionsprecher darum, sobald der junge Held an der Reihe ist.

Wir sehen uns das siebte, das entscheidende Spiel um die Meisterschaft der *American League* an, es ist Oktober 2017. »Mann, er kann schlagen«, sagt Roger, der noch immer seine Spielberichte ausfüllt, jeden *run* (wenn ein Spieler das Feld umrundet und endlich einen Punkt macht) notiert, jeden *hit* (wenn der Schlagmann den Ball trifft und vorrücken darf), alles, was nur Amerikaner notierenswert finden können. »Sie brauchen frühe Punkte«, sagt er beinahe betend, aber nur den Houston Astros gelingen die frühen Punkte, und danach können wir lediglich leidend ertragen, aber kaum mehr hoffen. »*Come on, Aaron, hit a home run*«, flüstert Roger Richtung Fernseher. Doch die Yankees verlieren *game seven* dieser *Play-offs* gegen die Houston Astros 0:4 und verpassen die *World Series*.

»Und damit ist wieder ein Jahr vorbei, und es wird Winter; ach, ich werde die Yankees vermissen«, sagt Roger; »ab morgen muss ich wieder an Donald Trump denken.«

Traurig sitzen wir nun vor dem Fernseher in diesem wundervollen Altbau an der Madison Avenue, einstmals vom New Yorker Architekten Mortimer J. Fox im schnörkelig verspielten *Beaux-Arts*-Stil erbaut und 1902 eröffnet.

Es vergehen einige Schweigeminuten, ehe Roger zu berichten anfängt, und vom Baseball und von seiner Liebe zu diesem seltsamen und doch uramerikanischen Spiel erzählt. »Der größte Unterschied zu damals«, sagt er, »ist, dass heute niemand mehr über Baseball redet. Damals war Baseball das einzige Gesprächsthema Amerikas, an jedem einzelnen Tag. Ganz New York stoppte, wenn die Yankees spielten; ganz Boston liebte und litt mit den Red Sox. Es passiert heute zu viel zur selben Zeit, und dafür ist Baseball zu langsam und zu komplex.«

Früher, als New Yorker Junge, wusste Roger alles über das Spiel; dieses ganze nutzlose Zeug, das die Hirne amerikanischer Männer vollständig beschäftigen kann: Mannschaftsaufstellungen, Transfergerüchte, Statistiken. Und dann war es nicht mehr nutzlos, denn der New Yorker Junge wurde ein junger Reporter, der über Baseball schrieb – und ganz beiläufig humorvoll, also ganz und gar souverän sein enormes Wissen in seine funkelnd federleicht leuchtenden Texte streute.

Wir befinden uns Mitte der dreißiger Jahre, die New Yorker Teams heißen Giants und Yankees: Carl Hubbell verbeugt sich stets zweimal, ehe er für die Giants seinen berühmten *screwball* wirft; und Joe Di Maggio, »mein Joe Di Maggio« (Roger), kommt 1936 aus San Francisco in die Stadt aller Städte, erobert sich Yankee Stadium und mit den Yankees dann die USA: Eine Ära beginnt, Roger Angell ist Zeuge, Liebhaber, liebender Reporter. »Yankee Stadium war die kondensierte Metropole«, sagt Roger jetzt, die ganze Stadt war nicht abgelenkt wie heute, sondern hochkonzentriert, alle fieberten, alle wollten alles über die Yankees wissen, und die Fakten waren rar, »weil sie so langsam von Mund zu Mund getragen wurden«.

Roger sah »*The Babe*«, Babe Ruth, gleich danach Lou Gehrig. 55 Cent kostete der Eintritt. Der erste Manager, an den Roger sich erinnert, hieß Bob Shawkey; da war Roger noch kein Reporter, da war er neun Jahre alt, denn Shawkey regierte 1930. Spielten die Yankees nachmittags um 15 Uhr, war das Stadion halbleer, denn New Yorker arbeiteten hart; samstags oder sonntags saßen und standen dann röhrende 70 000 Menschen auf den Tribünen. Und die Yankees gewannen. Und gewannen.

In einem seiner späteren Texte *(»Early innings«)* erinnerte sich Roger an diese frühen Jahre, er ist ein Romantiker, und ja, wie so viele andere Sportliebhaber ist er hilflos enttäuscht vom modernen Profisport der Gegenwart: »Sport war anders in meiner Jugend – eine Serie von Ereignissen, auf die man sich begierig freute und die man sodann in Erinnerung umwandelte, und noch nicht diese gewaltige, allgegenwärtige Industrie mit ihrer eigenen Betriebswirtschaft, ihrer eigenen Politik und ihrem alles zerquetschenden Marketing ... Einem Spiel beizuwohnen, das bedeutete viel, für Erwachsene und für Kinder, da es die einzige Möglichkeit war, den Athleten zu begegnen und zu erleben, was sie taten. Es gab kein Fernsehen, keine Zeitlupenwiederholung, keine Abendzusammenfassung. Wir sahen die Spieler auf Zeitungsfotos oder auf dem Cover der Monatszeitschrift ›Baseball‹ ... und hier und dort in einer Anzeige. Niemals hörten wir ihre Stimmen, und wir wussten nichts über ihr ›Image‹. Pedro Martinez und Barry Bonds und Michael Jordan waren Lichtjahre entfernt. Baseballübertragungen im Radio waren eine Seltenheit, erlaubt nur während der Finalspiele der *World Series*; die drei New Yorker Teams verboten Radioübertragungen von ihren Heimspielen während der Jahre 1934 bis 1938, weil sie von der Theorie ausgingen, dass tägliche Übertragungen den Zuschauerschnitt senken würden. Wenn du dem Spiel folgen wolltest, musstest du dich schon zum Arbeitsplatz der Spieler bewegen, und sobald du dort warst, folgtest du dem Geschehen mit ganzer Aufmerksamkeit, nicht abgelenkt durch Rockmusik oder Werbung. Die Spieler auf dem Feld zu sehen, stets aus gewisser Distanz, gab ihnen eine heroische Aura.«

Er erinnert sich an Helden wie »Smokey Joe« Wood, der 1912 der beste Pitcher der Welt war, 34 Spiele und dann alle vier Spiele der World Series gewann; Roger traf als Reporter den 93-jährigen Smokey Joe, sprach mit ihm über früher, schrieb über früher: »Und immer wurde der alte Mann nach 1912 gefragt, immer nur nach 1912, das ging längst viel zu lange so.«

Noch etwas unterscheidet das Damals und das Heute. Damals dachten amerikanische Söhne und amerikanische Väter, das Spiel sei ihres, sie könnten mitspielen. Und sie spielten ja tatsächlich mit, auf Wiesen, an Stränden, im Urlaub auf einer Farm in Missouri. »Heute«, sagt Roger, »ist das eine romantische oder absurde Idee, denn Baseball erscheint, wie so vieles im amerikanischen Leben, nicht mehr machbar. Es hat mit unserem Leben nichts mehr zu tun. Wir zahlen Superstars Gehälter außerhalb unseres Vorstellungsvermögens, und diese Superstars spielen das Spiel für uns. Dank des Fernsehens und endloser Diskussionen scheinen wir alles zu wissen – aber die Distanz ist größer denn je. Die Kälte auch. Die Ablenkung und die Langeweile sowieso.«

Inzwischen, sagt Roger, gebe es bei Baseball-Übertragungen Jubelschreie vom Band; es würden also nicht mehr nur real existierende Geräusche gesendet, sondern es würden die dramaturgisch passenden zur Wirklichkeit hinzugemischt – so wie das Gelächter, das auch bei den lausigsten Komödien noch herzhaft vom Computer kommt.

Früher, damals, waren Gespräche zwischen Reportern und Spielern selten und darum besonders. »Beide Seiten gaben sich Mühe«, sagt Roger, »heute sind alle Spieler ständig vor der Kamera und sagen immer nur das, was schon längst jemand gesagt hat. Es gibt kein originelles Zitat mehr.«

Meist ließ sich Roger damals auf den ganz normalen Tribünen nieder, er schrieb ja ebenso über das Publikum, also über Amerika, wie über die Spieler, und das wäre auf den Presseplätzen nicht möglich gewesen. Und er schrieb als Liebender, da schließlich Baseball, das wird er viel später bei einem Glas Scotch sagen, die eine bleibende Liebe seines Lebens war; »ich hätte das selbst niemals gedacht«, so schreibt er es in »*The Summer Game*«, »dass ausgerechnet dieses Spiel derart komplex, reich und vielseitig bezüglich Ästhetik und Emotionen sein würde«.

Stundenlang studierte Roger damals die Ergebnisspalten. Und er merkte sich diese herrlichen Spielernamen: George Pipgras. Firpo Marberry. Eppa Rixey. Jack Rothrock. Nichts ist im modernen Sport noch so, wie es damals war. Die Spieler sind heute keine normalen Menschen mehr: so viel größer, so viel athletischer als die Fans, »wie eine andere Rasse«, sagt Roger. Gibt es wenigstens solch himmelsgleiche Namen noch?

Natürlich wollte Roger damals selbst einer dieser Helden sein, doch dieser Traum lebte nicht lange. Er trainierte in den Parks allerlei Würfe, wollte ein *pitcher* werden, doch sein Wurfarm hielt nicht durch. Verletzt. Ende der Laufbahn. Mit 13 Jahren. Roger kichert sein heiterstes Kichern und sagt, stattdessen habe er »das Rauchen und die Ironie trainiert. In beidem hatte ich eine längere Karriere als mit dem Sport«.

Und immer wieder, im Sommer vor allem, wohnen wir auch bei Roger und Peggy in Maine, und schöner könnte das Häuschen der beiden nicht sein: auf eine bewaldete Landzunge gebaut, also an drei Seiten von Wasser umspült und zugleich von Blättern umrauscht, das Holz knarrend, an den Wänden Fotos verstorbener Helden der New York Yankees und von Rogers Kindern und Enkeln.

Wir erleben dort, wie Roger kämpft. Er will sich für Donald Trump interessieren und wütend sein über das, was Roger »die Zerstörung von allem« nennt, »wofür wir stehen«. Er will sich für seine Yankees interessieren. Er will schreiben, über die Yankees, über Trump, über Gedichte und Romane, aber er hört so schlecht, er sieht so schlecht, und er ärgert sich darüber, dass er so viel über den eigenen Körper und dessen Verfall nachdenkt. Worüber er ja bereits ausführlich geschrieben hat.

»Ich werde alt«, sagt der 97-Jährige im Herbst 2017.

Wir sitzen beim Frühstück, später beim Dinner, Peggy hat Fischeintopf gemacht. Und wir führen Roger zurück in dieses, sein langes Leben.

Woran erinnert man sich nach einem knappen Jahrhundert?

Oh, da sind so viele Erinnerungen.

Roger denkt an seinen Vater, Ernest, und die erste Erinnerung ist jene an diesen ernsthaften Mann, der damals vor seinen Bücherregalen in der 93. Straße in Manhattan saß und Briefe schrieb, da war dieses Kratzen des schwarzen *Waterman*-Füllfederhalters auf Papier. Roger sehnte sich nach der Unterschrift unter dem letzten Brief, denn danach griff der Vater stets nach einer Zigarette, klopfte sie viermal gegen den eigenen Daumennagel und begann zu rauchen, und dann griff er nach »Oliver Twist« und sagte: »Nun, mein Sohn, wo waren wir stehen geblieben?«

Roger denkt zurück an den ersten Ausflug mit seiner Mama und diesem fremden Mann, E. B. White, genannt Andy. Sie hockten im Familienauto, einem Franklin, dieser fremde Mann also saß am Lenkrad, Roger muss sieben oder acht Jahre alt gewesen sein, wir dürften uns ungefähr im Jahr 1928 befinden. Es ging ins Westchester County zum Mittagessen, die Mama lachte mehr als zu Hause, das bemerkte der Junge. Auf dem Rückweg fuhr die Mama und machte irgendeinen Fehler beim Schalten – Getriebeschaden in der Auffahrt zum Bronx Highway. E. B. White, der Held, holte einen Mechaniker herbei. Zwei Jahre später waren die Eltern geschieden und die Mama neu verheiratet, und das glamouröse Paar – beide beim »New Yorker« – zog ins East Village, in die achte Straße, bekam einen Sohn (Joel), kaufte sich zwei Autos (einen siebensitzigen Buick für die Familie und einen weißen Plymouth für den Spaß), und Roger blieb beim ernsthaften Vater zurück. (Der Buick wurde dann aus der Garage geklaut und kam bei einem Banküberfall in Yonkers zum Einsatz. E. B. White konnte sogar darüber lachen: »*C'mon, Buick*«, rief er, anfeuernd.)

Roger denkt nun an Autos. Er lernte früh zu fahren, und als er 15 Jahre alt war, schrieb er an das *Bureau of Motor Vehicles* in Augusta und ließ sich den Führerschein schicken. Er küsste Mädchen in der *Town Hall* von Blue Hill, Maine, und fuhr die Mädchen wieder heim, und er lud zum *Date* und fuhr mit den Mädchen ins Autokino. Geküsst wurde selbstverständlich auch dort.

Roger denkt überhaupt gern ans Kino. Er geht heute nicht mehr viel aus, ins Kino sowieso nicht, aber auch Kino war seine Jugend. Damals ging er heimlich hin, nachmittags, er sah »King Kong« im RKO in der 86th Street, sprintete nach Hause und konnte sich gerade noch gelangweilt an den Schreibtisch setzen, ein Hausaufgabenheft vor der Nase, als der Vater heimkam. Es gab *Double Features*, also zwei Filme, 15 Cent kostete der Eintritt, und für weitere 10 Cent gab es eine Cola und ein *Milky Way*. Er sah die Garbo als »Mata Hari«, er sah das ganze, glorreich leuchtende Hollywood der dreißiger Jahre: Astaire und Rogers, Bogart und Grant, die größten Studios schafften damals 500 Filme pro Jahr. »Wir waren die Glücklichen, wir waren die ersten Bürger des Films, und wir vertrauten dem Kino für den Rest unseres Lebens«, schreibt Roger in seinem autobiographischen Werk »*Let me finish*«.

Er denkt an seinen Schulfreund, den immer etwas geistesabwesenden Kim Atwood, »*The Professor*«, und nun fällt ihm einer der coolsten Auftritte sämtlicher Menschen, die Roger in seinen knapp 100 Jahren jemals erlebt hat, wieder ein. Kim und er waren gerade in der Wohnung der Atwoods, Kim verschwand im Schlafzimmer seiner Eltern und kam mit einer kleinen Box zurück, und in der Box lag ein pinkfarbenes, rundes Gummiding. Roger hatte keine Ahnung. Kim sagte: »Du weißt schon, hm? Es ist für … für Sex.« Roger nickte wissend. Sie hielten das Gummiding interessiert in der Hand, als sie hörten, wie sich der Schlüssel in der Wohnungstür drehte. Kims Mutter kam herein, Kim ließ das Diaphragma in den Papierkorb fallen. Kims Mutter sagte: »Hallo, Roger. Möchtest du ein Glas Milch? Kekse?« Sie öffnete die Post. Ließ die Briefumschläge in den Papierkorb flattern. Ihr Blick blieb für die Winzigkeit einer Zehntelsekunde dort unten hängen. »Die Königin der Selbstbeherrschung, die Göttin des *Cool*« (Roger) nahm das Diaphragma aus dem Papierkorb und ging kerzengerade zum Schlafzimmer, sagte kein Wort, brachte Kekse und Milch, lächelte sanft – *wow*.

Und Roger denkt an die Familie, immer wieder. Seine Familie. Der Vater, Ernest Angell, New Yorker Rechtsanwalt, war schlank, hager, schmal, doch energisch. Er trug Weste und maßgeschneiderte Anzüge. Eine der Urgroßmütter des Vaters war Indianerin gewesen, eine Seneca; die Familie Angell stammt aus dem Westen des Bundesstaates New York. Der Vater, schreibt Angell, schwamm wie ein Otter. Und, Roger erzählt es uns bei Keksen und Saft auf der Terrasse in Maine, der Vater liebte das Bergsteigen, das Eislaufen, das Forellenfischen, das Skifahren, das Kanufahren, das Tanzen, das Gärtnern und das Tennisspielen. Die Kinder nannten den Vater »König des Waldes«, weil er stets nach draußen strebte und so gern mit der Axt Holzklötze spaltete.

Als Kind hatte Roger sich jahrelang eine größere Familie gewünscht. Er hatte Freunde, die fünf oder sechs Brüder hatten. Und er hatte nichts, nur eine Schwester, doch die zählte nicht. Dann kam der Halbbruder Joel hinzu, immerhin. Und dann ... dann ging ihm plötzlich auf, dass er eigentlich eine ganz schön aufregende Familie hatte, wenn er nur all die Abzweigungen einbezog. Da waren, beispielsweise, 17 Scheidungen in drei Generationen, genug also für eine Seifenoper inklusive Fortsetzungen. Affären gab es auch, reichlich, also jede Menge Mätressen; und es gab Kriegsverwundete, Schriftsteller, die ja sowieso. Es gab Tante Elsie, die eine Kriegsreporterin für den »New Republic« war und in Frankreich verwundet wurde, als ihr Begleiter eine Granate hochhob, die wie eine Kartoffel aussah; der Begleiter starb, sie hatte zwei zerstörte Fußgelenke. Tante Elsie lebte später in New Mexico, verstand sich bestens mit den Ureinwohnern und war eine ewige Rivalin ihrer eigenen Schwester, also von Rogers Mutter Katharine. »Dieses vulgäre Blatt«, sagte Elsie über den »New Yorker«, das war die schlimmste aller denkbaren Beleidigungen für Katharine. Elsie, 83, starb im Cosmopolitan Club in Manhattan, den Scheck ihres Verlegers in der Tasche, denn sie hatte gerade einen neuen Buchvertrag unterschrieben und wollte ein bisschen feiern.

»*Way to go out*«, sagt Roger.

Dieser denkt jetzt, natürlich, an die Unglücke der Familie. Der Vater nämlich hatte den eigenen Vater, Rogers Großvater, nur wenige Jahre lang gekannt. Elgin Adelbert Angell, Rechtsanwalt in Cleveland, ging an Bord der »*La Bourgogne*«, eines jener letzten Dampfsegelschiffe, die den Atlantik überquerten. Elgin wollte seine Ehefrau und die Tochter Hildegarde wiedersehen, die seit sechs Monaten in Europa waren. Aber »La Bourgogne« sank, als sie mit dem britischen Frachter »*Cromarty-shire*« kollidierte. 549 Menschen starben, darunter Elgin Adelbert Angell; und auch der kleine Ernest Angell, neun Jahre alt, hätte an Bord sein sollen, aber die Windpocken hatten ihn in Amerika festgehalten. Sein Onkel Frederick, Leiter einer Schule für Jungen in Brookfield, Connecticut, hütete den kranken Ernest.

Roger weiß nicht, wann und wie sein Vater Ernest von der Tragödie erfuhr, er weiß nicht, wann sein Vater mit Mutter und Schwester wiedervereint wurde, denn Ernest redete über all das nicht. Roger stellt sich darum bis heute immer wieder nur vor, wie der Onkel ans Bett des fiebrigen Ernest trat und dem kleinen Kerl sagte, da draußen auf hoher See sei leider ein Unglück geschehen, er müsse jetzt stark sein.

Sehr, sehr stark.

Der weibliche und der männliche Weg

HAWAII

Hawaii ist wild, ungebändigt, man könnte auch sagen: das Gegenteil von Florida. Hawaii gehört zu den USA, aber vielleicht ist es zu weit weg vom Festland – die Amerikaner jedenfalls haben es nie in den Griff bekommen, wollten es vermutlich auch gar nicht domestizieren. Wer hier lebt, fügt sich ein in die raue, wüste Natur. Man kann sich die Hippies von 1968 noch genauso gut im heutigen Hawaii vorstellen wie die Ureinwohner.

Kauai, die vielleicht schönste der Inseln, ist ursprünglich und farbensatt, Kauai ist grün und blau und rot und schwarz, eher schroff als lieblich. Von Berggipfeln stürzen Wasserfälle herab, brodelnd und schäumend; ihr Wasser gehorcht nur der Schwerkraft, sonst keinem. Die Küste: weite, feinsandige Strände, zwischendurch scharfe Klippen, umbraust von einem strudeligen Pazifik. Dieses Meer fordert Wellenreiter heraus, auf Segler wirkt es eher abschreckend.

Das Leben allerdings ist gemächlich auf den Inseln, und die Entfernungen sind nicht besonders groß. Einzig Honolulu, die Hauptstadt auf Oahu, ist anders: ein bisschen Las Vegas, ein bisschen New York, ein bisschen Shanghai und Tokio auch. Die Menschen, die wir hier besuchen, sind Nachkommen von Einwanderern aus China und Japan. Sie wurden während des Ersten Weltkriegs geboren und waren junge Erwachsene, als der Zweite Weltkrieg ausbrach. Nach dem Angriff auf Pearl Harbor wurden Menschen wie sie, Amerikaner mit asiatischem Aussehen, verdächtigt, ausgegrenzt, beschimpft, manche wurden verhaftet und in Lager gesperrt. Die meisten blieben trotzdem, denn Hawaii war und ist ihre Heimat.

Zwei Hundertjährige, Gladys Goka und Joseph Lee: Die eine ist diszipliniert und ernsthaft, macht sich viele Sorgen und lächelt wenig; mit schierer Willenskraft bewältigt sie allein ihren Alltag, weil sie nichts verschwenden und niemandem zur Last fallen will. Der andere ist humorvoll, ironisch, er lächelt viel und erzählt von sich aus nur von schönen Dingen; an das Schlimme, Traurige, das es natürlich auch gab in seinem hundertjährigen Leben, muss man ihn erinnern.

Ist es Zufall, dass die Frau die Disziplinierte ist und der Mann der Heitere?

Die Tür zu Gladys Gokas Häuschen, in einem ruhigen Wohnviertel von Honolulu gelegen, ist nicht abgeschlossen. Gladys hat im Wohnzimmer auf uns gewartet, mit durchgedrücktem Rücken in einem Ledersessel sitzend, eine kleine, zarte Frau mit kinnlangem Bob und Pony und sorgfältig im Halbkreis über die Augen gemalten Brauen. Sie trägt Hausschuhe, einen wadenlangen, schwarzen Rock, eine geblümte Bluse, ein Strickjäckchen und ein Seidentuch um den Hals, und sie ist geschminkt, als wollte sie später noch ausgehen. Sie schminkt sich immer so sorgfältig, wie sie später erzählen wird, jeden Morgen trägt sie Puder, Lidschatten, Brauen- und Lippenstift auf, »auch wenn ich danach nur im Garten arbeite«.

Der Besuch war telefonisch vereinbart; Gladys' von Hand geschriebener Brief, in dem sie uns mitteilte, dass sie lieber doch kein Interview geben wolle, weil sie nicht interessant sei und nichts zu erzählen habe, erreicht uns erst viel später. Am Tag vor dem vereinbarten Termin schreibt uns ihre Tochter aus dem fernen Kalifornien eine E-Mail: Was wir von ihrer Mutter wollten? Wie wir sie gefunden hätten? Die Tochter ist besorgt, ihre Mutter lebt schließlich ganz allein in ihrem Häuschen, mit ihren 100 Jahren. Nach kurzem Hin und Her glaubt die Tochter uns, dass wir keine bösen Absichten haben.

Und Gladys Goka hat dann, sehr verblüffend natürlich, doch eine ganze Menge zu erzählen.

»Meine Eltern kamen aus Japan«, so beginnt sie, »und sprachen kein Englisch. Sie sprachen nur Japanisch mit mir und meinen Geschwistern. Es war hart, als ich in die Grundschule kam, ich verstand kein Wort. Irgendwie bin ich trotzdem bis in die neunte Klasse gekommen. Danach musste ich die Schule verlassen und arbeiten gehen, putzen, mit meiner Mutter zusammen. Für kleines Geld.«

Gladys, am 11. April 1915 in Honolulu geboren, hatte fünf jüngere Geschwister. Sie war die Große, die vernünftig sein und den Eltern helfen musste. Eines Tages, als sie putzen war, wurde sie von einer eleganten Dame angesprochen. Was sie für Pläne habe? »Keine, sagte ich. Und sie fragte: Kannst du uns helfen?« Die Dame suchte ein Kindermädchen, und dann arbeitete Gladys, zu Beginn gerade mal fünfzehn oder sechzehn Jahre alt, drei Jahre lang als Kindermädchen. »Ich war bereit, jede Arbeit zu verrichten«, sagt sie.

Dann ergatterte sie einen Job bei Bon Ton, damals eines der beiden größten Warenhäuser Honolulus. Montags und dienstags trugen die Verkäuferinnen ein weißes Kleid, mittwochs und donnerstags ein gelbes, freitags und samstags ein rosafarbenes. »Wir dachten damals nicht wirklich über Mode nach«, sagt sie, »aber wir mussten uns benehmen.« Der Job gefiel ihr: »Alles war hübsch und sauber. Ich mochte es, Menschen zu begegnen, mit ihnen zu reden.« Sie verdiente nun mehr als je zuvor: einen Dollar pro Tag.

Aber es genügte nicht. »Wir konnten uns keine Milch leisten, kein Fleisch. Ein Brot kostete fünf Cent«, erinnert sie sich. »Meist gab es nur Gemüse und Fisch. Jeder konnte Fische fangen, damals, es gab noch so viele Fische im Meer.«

Am 7. Dezember 1941 griffen die Japaner Pearl Harbor an. »Es war beängstigend, auf einmal war Krieg in Honolulu«, sagt Gladys. Im Bus auf dem Weg zur Arbeit trugen die Menschen Gasmasken. Sie beschimpften Gladys, äußerlich eine Japanerin: »*Damned Jap!*« Sie bewahrte Haltung, erst daheim an der Haustür sackte sie zusammen und weinte. Am nächsten Tag aber fuhr sie wieder mit dem Bus zur Arbeit, ließ sich wieder beschimpfen. Und am darauffolgenden Tag wieder. Ihre Eltern hatten Koffer gepackt, für den Fall, dass jemand an die Tür klopfen und sie – wie manche anderen Japaner – festnehmen würde. Sagten sie auf der Straße aus Versehen etwas auf Japanisch, wurden sie angeblafft: »*Speak American!*« »Nach dem Krieg«, sagt Gladys, »versuchten wir diese Dinge allmählich zu vergessen.«

Sie wollte gern heiraten, aber sie hatte, man kann es nicht anders sagen, Pech in der Liebe. »Als junge Frau hatte ich vier Verehrer«, sagt sie. Der erste, ein Medizinstudent, erkrankte an einer Lungenentzündung und starb. Der zweite spielte Baseball und bekam einen Herzinfarkt. Tot, auch er. »Der dritte bekam ebenfalls einen Herzinfarkt«, erzählt sie. Der vierte trug ihr die Ehe an, sie sagte Ja, sein Onkel aber sagte Nein. Die Familie, daheim in Japan, hatte bereits eine Braut für den jungen Mann bestimmt. »Das war ein Schock«, sagt Gladys, »ich bekam Scharlach und lag drei Monate lang im Bett.«

Dann stand sie auf und ging wieder zur Arbeit. Gegenüber von Bon Ton gab es einen kleinen Souvenirladen, dort arbeitete ein freundlicher, gutaussehender Verkäufer. Im Vorbeigehen grüßten sie einander, und einmal, als sie zu früh zur Arbeit kam, fragte sie ihn, ob sie in seinem Laden warten und die Zeitung lesen dürfe. »Das passierte dreimal«, erzählt sie, »und beim dritten Mal nahm er meine Hand und fragte mich, ob ich ihn heiraten würde.« Sie erinnert sich nicht, ob sie Ja sagte. »Ich war nicht in ihn verliebt, überhaupt nicht. Aber ich glaube, Gott sagte mir: *Take it or leave it.*« Sie war 30 Jahre alt. »Ich fühlte mich wie benebelt. Er küsste mich, mein erster Kuss. Er hielt meine Hand. Ich ging zur Arbeit und abends, als ich nach Hause kam, hatte ich alles vergessen. Ich erzählte meinen Eltern nichts.«

Doch am nächsten Morgen stand ein Freund ihres Verlobten vor ihrer Tür, als Heiratsvermittler. »Meine Eltern waren völlig überrumpelt«, sagt Gladys, »meine Mutter rief bei Bon Ton an und sagte Bescheid, dass ich heiraten würde.«

Und, ach ja, der Mann, den sie heiratete, hieß George. George Masaichi.

Sie hausten gemeinsam in einem kleinen Zimmer, drei Jahre lang, dann ging Gladys in ihr Elternhaus zurück, um ihr erstes Kind zu gebären, ein Mädchen. Drei Jahre später bekam sie einen Jungen. »Meine beiden Kinder haben sich den Weg ins College selbst erarbeitet«, sagt sie, und zum ersten Mal huscht ein winziges Lächeln über ihr Gesicht. »Sie sind aufs Festland gegangen. Meine Tochter ist Lehrerin geworden, mein Sohn Flugzeugmechaniker.« Inzwischen sind beide im Ruhestand, in Kalifornien.

Anfang der vierziger Jahre kauften Gladys und George das Häuschen, in dem sie bis heute lebt. »Ich erinnere mich nicht, was es gekostet hat«, sagt sie, es klingt erstaunt: Sie ist ja so sehr daran gewöhnt, auf Kosten zu achten, bis heute. Sie weiß, dass eine Papaya in Chinatown 97 Cent kostet, im Supermarkt aber 1,35 oder sogar 1,50 Dollar. Sie kauft ihre Papayas ausschließlich in Chinatown, eine Papaya pro Woche.

War es die richtige Entscheidung, George zu heiraten? »Ich habe nicht viel gesagt, darum haben wir nicht gestritten«, sagt sie, »ich habe ihn machen lassen, was auch immer er machen wollte.« George beschloss, ihre beiden Kinder ebenfalls Gladys und George zu nennen. So geschah es, Gladys fragte ihn nicht nach dem Grund.

Sie überließ ihrem Mann die Führung, dabei dürfte sie die Stärkere gewesen sein. Er wurde krank, »eine Art Nervenzusammenbruch«, sagt sie. »Ich musste seinen Laden schließen und einen Job suchen.« Sie fand einen, wieder in einem Kaufhaus. »McInerny war eines der besten Kaufhäuser«, sagt sie – und sie war eine der besten Verkäuferinnen. »Wir bekamen nicht viel Gehalt, aber Umsatzbeteiligung«, sagt sie, »ich hatte Gelegenheit, gutes Geld zu verdienen. Ich liebte es, Dinge zu verkaufen, ich liebte den Umgang mit meinen Kunden. Auch an meinen freien Tagen kamen meine Stammkunden ins Geschäft und fragten nach mir.«

Sie arbeitete in dem Kaufhaus, bis sie 70 Jahre alt war. Dann bekam George Darmkrebs. »Ich pflegte ihn, neun Jahre und 18 Tage lang.«

Nach seinem Tod schob sie das Bett vom Schlafzimmer ins Wohnzimmer. »Ich wollte nicht allein im hinteren Raum schlafen«, sagt sie. »Wenn ein Feuer ausbräche, könnte ich von dort aus nicht schnell genug den Ausgang finden.« Vom Wohnzimmer aus kann sie in drei Schritten bei der Tür sein. Zur Sicherheit hat sie außerdem einen Alarmknopf, mit dem sie Hilfe rufen kann.

Einsam fühle sie sich nicht: »Ich habe nie Hilfe beansprucht«, sagt sie, »ich mag es, allein zu sein.« Eine nette Nachbarin gebe es, die ihr Essen vorbeibringe. »Meine Töpfe und Pfannen sind so schwer, ich kann sie kaum noch heben.« Aber sie werde bestimmt keine neuen mehr kaufen, das wäre ja Geldverschwendung, »denn meine Tage sind gezählt«. Die nette Nachbarin wollte kein Geld für das Essen haben. »Ich gebe ihr trotzdem Geld«, sagt Gladys, »nichts auf der Welt ist umsonst!« Wasser trinkt sie aus der Leitung. Keinen Alkohol. Sie hat ein paar Dosen *Seven-up* im Haus, aber sie öffnet nur eine, wenn sie sehr müde oder krank ist. Morgens isst sie ein Stück Papaya mit Toast, dazu trinkt sie eine Tasse Tee. Dreimal pro Woche gönnt sie sich dazu ein weichgekochtes Ei, immer montags, mittwochs und freitags.

Jeden Montag geht sie mit ihrem Rollator zur nächsten Bushaltestelle und fährt mit dem Bus in ein Seniorenzentrum. Dort gibt es manchmal Kurse, die sie interessieren, neulich kam ein Polizist vorbei, der den Senioren erklärte, was in Notfällen zu tun sei. Einmal im Monat feiern sie Geburtstage. Auch ihren 100. Geburtstag haben sie dort gefeiert: »Ich habe mein Geld ausgegeben und alle eingeladen«, erzählt Gladys, »ich habe Kuchen für 75 Leute oder so gekauft.« Freunde habe sie dort nicht, »aber ich treffe Menschen«.

Auf dem Heimweg vom Seniorenzentrum steigt sie jeweils in Chinatown aus, um ihre Papaya zu kaufen, für 97 Cent.

Das Telefon klingelt. Gladys lässt den Anrufbeantworter anspringen, hört die Stimme ihres Sohnes aus Kalifornien und sprintet erstaunlich behände zum Telefon. George Junior wollte sichergehen, dass alles in Ordnung ist mit den Besuchern aus Deutschland.

»Ich kann selbst nicht glauben, dass ich hundert geworden bin«, sagt Gladys, als sie sich, langsamer nun, zu ihrem Sessel zurückgehangelt hat. »Es ist ein Wunder. Ich habe kein Hörgerät, ich kann ohne Brille die Zeitung lesen.« Nur die Nieren machten ihr zu schaffen, sie müsse häufiger als früher zur Toilette. »Der Arzt sagt, ich werde wohl an Nierenversagen sterben. Vorher werden meine Beine anschwellen.«

Sie sagt das ganz sachlich, als beträfe es jemand anderen. Ihre Beerdigung hat sie bis ins kleinste Detail geplant: Klein und bescheiden soll sie sein, nur ihre Kinder und ihre eine noch lebende Schwester sollen daran teilnehmen. Sie hat alles aufgeschrieben, sogar die Kleidung, die sie dann tragen will. »Es ist ein schönes Ensemble. Ich habe 500 Dollar dafür bezahlt«, sagt sie. Sie hat auch notiert, dass man sie nicht in den schönen Kleidern begraben, sondern ihr diese nur für den Gottesdienst anlegen und sie danach ihrer Familie zurückgeben solle: »Dann kann noch jemand anderes die hübschen Sachen tragen.«

Ja, Gladys Goka bleibt diszipliniert und ernsthaft, bis zuletzt. Fünf Monate nach unserem Besuch informiert uns ihre Tochter, Gladys Goka Aanerud, dass ihre Mutter am 18. August 2016 in Honolulu gestorben sei.

»Oh, ich werde noch viel älter werden«, sagt Joseph Lee, Jahrgang 1916, »lasst uns in zehn Jahren nochmals sprechen.« Er strahlt uns an. Hundert zu sein habe nur Vorteile, versichert er, keine Nachteile: »Jeder Tag ist ein glücklicher Tag. Jeder Tag ist ein Tag mehr.«

Allerdings sei er, genau genommen, erst 25 Jahre alt: »Ich habe nämlich am 29. Februar Geburtstag.« Seine Augen funkeln, es ist ein entwaffnendes Lächeln, das selten von seinem Gesicht verschwindet. »Im Ernst, die meisten Leute denken, ich sei 80.«

Joseph Lee ist ein schmaler Mann mit raspelkurzen Haaren und hellen, freundlichen Augen, er sieht tatsächlich viel jünger aus und wohnt in einem hübschen Haus auf einem Hügel. Von seinem Esszimmerfenster aus können wir den Pazifik sehen. Seine Tochter Lanette und Schwiegersohn Gary sind gerade abgereist, sie waren aus Madison, Wisconsin, zu Besuch. Nun ist wieder Mona hier, seine Pflegerin, sie stammt aus Tonga und arbeitet seit sieben Jahren für ihn, eine patente, kräftige Frau mit schwarzen Locken und weiß-blauem Kleid. Während des Gesprächs hält Joseph ihre Hand, blinzelt ihr zu, flirtet: »Mona kümmert sich so gut um mich, fast als wäre sie meine Frau«, sagt er. »Ich habe dir gesagt, dass du dich benehmen sollst«, antwortet sie, gespielt empört.

Joseph Lee heißt eigentlich Koon Chew Lee, zumindest hieß er so, bis sein Lehrer an der katholischen St. Louis School in Honolulu ihm

Joseph Lee: »Das Geheimnis ist Liebe.«

mitteilte, dass er ihn und ein paar andere chinesischstämmige Schüler taufen müsse und dass sein Name künftig Joseph sei. Kun-Chu wollte nicht getauft werden, seine Mutter war gläubige Buddhistin. Anderseits: Getaufte Kinder zahlten weniger Schulgebühren. Und der Lehrer ließ sich sowieso nicht umstimmen. »Joseph war ein guter Name«, sagt Joseph heute.

Sein Vater war Metzger, er kam als junger Mann nach Honolulu, arbeitete ein paar Jahre lang hier und reiste zurück nach China, um eine Frau zu finden. Die Familie präsentierte ihm ein halbes Dutzend Mädchen im heiratsfähigen Alter. »Er wählte meine Mutter«, sagt Joseph, »und nahm sie mit.« Die Reise des jungen Paares nach Hawaii war beschwerlich: 30 Tage auf hoher See, und nur wenig zu essen. »Ich bin wirklich froh, dass sie es geschafft haben«, sagt Joseph und guckt treuherzig.

Das Gute am Beruf seines Vaters war: Es gab immer viel Fleisch für

Joseph und seine sechs Geschwister. Die Mutter sei eine gute Köchin gewesen, sagt er, sie kochte gesundes, chinesisches Essen: eine Schüssel Reis, dazu Gemüse, Fleisch und auch Fisch. Zum Frühstück gab es jeden Tag gekochte Eier.

»Ich hatte Glück mit meinen Eltern«, sagt Joseph, »sie waren immer gut zu uns. Sie haben uns beigebracht, ehrlich zu sein, hart zu arbeiten und unseren Mitmenschen mit Liebe zu begegnen. Das habe ich versucht.«

Er war ein geselliges Kind. Mit Freunden schleppte er ein Surfbrett zum Strand, es war aus Holz, viel zu schwer und zu lang. Gemeinsam wuchteten sie es ins Wasser und versuchten, die Wellen zu erwischen. »Es war gar nicht so schwer, surfen zu lernen«, sagt er vergnügt, »wenn du nicht auf dem Brett warst, warst du eben woanders.«

Manchmal spielten sie auch Tennis. In der Nähe seines Elternhauses gab es einen Tennisclub für Japaner. Chinesischstämmige Jungs hatten keinen Zutritt, aber wenn es regnete, gingen die Japaner weg, und Joseph – Joe, wie ihn seine Kumpels jetzt nannten – schlich mit den anderen Jungs auf den Platz. Tennisschläger hatten sie sich selbst gebastelt, aus hölzernen Apfelkisten.

Joe hatte zwei Ziele im Leben: Er wollte heiraten, eine Familie haben. Und er wollte in einem Büro mit vielen Menschen arbeiten, denn er mochte es, unter Menschen zu sein.

Die Menschen – die Mädchen vor allem – mochten ihn auch. Als junger Mann hatte er eine Freundin, »ein sehr hübsches Mädchen«, sagt er, und eines Tages machten sie eine Wanderung. Sie überquerten einen Fluss, bestiegen einen Berg, wanderten bis zum Gipfel, wo ein Wasserfall sprudelte. Aus einem frischen Teeblatt formte Joe einen Becher, füllte ihn mit dem klaren Wasser und reichte ihn seiner Freundin. Hinter ihr stand eine andere junge Frau und fragte: »Was ist mit einem Becher für mich?« Joe lacht glucksend. »Sie war noch hübscher und größer als meine Freundin. Also habe ich gewechselt.«

Braucht man, um freudvoll die magischen Hundert zu erreichen, folglich eine gewisse Skrupellosigkeit?

Das hübsche Mädchen vom Wasserfall, Siu Moon Dorothy Lai,

wurde seine neue Freundin, gemeinsam überstanden sie die Kriegs-jahre. Joe sollte eingezogen werden, aber er hatte ein paar Pfund Un-tergewicht. »Iss lieber nichts«, sagte seine Mutter, er aß nur wenig und musste nicht in den Krieg ziehen. Viele seiner Freunde wurden nach Iwo Jima geschickt. Keiner kam zurück.

Joe heiratete das Mädchen vom Wasserfall. »Wir hatten eine lange, glückliche Ehe«, sagt er. »Das Geheimnis ist Liebe. Viel, viel Liebe.«

Seine Karriere war ihm weniger wichtig. Er fing als Buchhalter an, später leitete er bei einer Telefonfirma eine Abteilung mit zehn Mit-arbeitern. Mit 58 Jahren ging er in den Ruhestand: »Ich hatte genug gearbeitet.«

Joe und Dorothy bekamen zwei Kinder: Lanette, die Tochter, und Leigh. »Mein Sohn starb mit 58 Jahren an Leukämie«, sagt Joe. »Zwei Wochen vor seinem Tod bekam er die Diagnose.« Das ist zehn Jahre her. Joe blickt einen Moment lang auf seine Hände, die verschränkt vor ihm auf dem Tisch ruhen. Dann blickt er wieder auf und spricht weiter: »Die zwei Söhne meines Sohnes leben hier in Hawaii. Ich habe sechs Urenkel hier und drei Urenkel auf dem Festland.«

Das sei das Schönste am hohen Alter: Seine Tochter rufe ihn jeden Tag aus Wisconsin an. Ständig kommen Nachrichten von Enkeln und Urenkeln.

Das Schlimmste hingegen: Seine Frau fehlt so sehr. Auch sie hatte ein langes Leben, mutmaßlich ein gutes: Sie hatte Joe an ihrer Seite, der sie liebte, zwei Kinder, einen Job bei einer Immobilienfirma, den sie mochte. Aber Lebenszeit verstreicht, irgendwann war alles vorbei. Sie war 93 Jahre alt, bekam einen Schlaganfall und starb.

»Es ist sehr schwer, das zu überwinden«, sagt Joe, leise.

Er blickt Klaus ins Gesicht: »Ich hoffe, dass du sie nicht vor dir ge-hen lassen musst.« Sein Blick wandert zu Samiha herüber: »Du bist sehr hübsch. Das habe ich schon zweimal gesagt, nicht wahr?«

Und wieder zu Klaus: »Was für ein Glück du hast.«

Das Gespräch ist zu Ende. Zum Abschied wünscht sich Joe von Samiha eine Umarmung. Klaus reicht er nur die Hand, immerhin lä-chelnd.

Dies soll ein Buch über das Leben sein, und auch der Tod gehört zum Leben, weshalb der Tod natürlich zu dieser Recherche gehört. Ein Nachtrag, per Mail:

Liebe Samiha, lieber Klaus,
Joseph Koon Chew Lee (1916–2018), den ihr am 5. März 2016 über FaceTime interviewt und am 10. März 2016 persönlich besucht habt, verstarb am 2. Januar 2018. Typischerweise saß er noch wenige Stunden vor seinem Tod aufrecht da, plaudernd und scherzend.
Am Rand möchte ich meinen tiefempfundenen Dank ausdrücken für eure Anstrengungen, mit der Kraft des Stiftes den weltweiten Schaden einzudämmen, den Donald Trump anrichtet.
Allerherzlichst,
Gary Glen Price
(Schwiegersohn von Joseph Lee)

Die Weisheit des Alters, VII.

»Wenn ich nochmals jung wäre und das Geld hätte,
würde ich viel lernen. Meine Eltern hatten damals kein Geld,
darum konnte ich keine Ausbildung machen. Ich würde gern lernen,
wie Computer funktionieren. Mit Computern
kann man alles machen.«

Gladys Goka

»Das Schönste am hundert Werden: dass man sich
an der Familie, an Kindern und Enkeln und Urenkeln erfreuen kann.
Das Schlimmste: wie sehr ich meine Frau vermisse.«

Joseph Lee

Ein Interview im Schlaf

Und dann besuchen wir in Honolulu noch Irene Lai, geboren am 26. Januar 1913. Die Tür zu ihrem einstöckigen Häuschen steht offen, ihre Tochter und ihre Pflegerin begrüßen uns. Irene Lai aber, kurzes Haar und Drahtbrille, im roten Blümchenkleid, sitzt im Wohnzimmer in einem Stoffsessel und schläft.

Tief und fest.

Sie döst, den Kopf zur Seite geneigt, als wir uns zu ihr setzen.

Sie schlummert weiter, während Sylvia Sugimoto, ihre Tochter, Saft einschenkt und zu erzählen beginnt.

Vorher unternimmt Sylvia noch einen letzten Versuch, ihre Mutter zu wecken. Sie legt ihr die Hand auf die Schulter und rüttelt sie sanft. »Mom. Mooom?«

Es hilft nichts. Sylvia seufzt und schüttelt den Kopf. »Seit sie hundert geworden ist«, sagt sie, »lässt sie sich irgendwie gehen.«

Ihr Ton ist tadelnd, als finde sie allen Ernstes, ihre 103-jährige Mutter könnte sich ein bisschen mehr anstrengen. Aber vielleicht ist es eher Trauer, Angst vor dem Verlust, die sie so barsch klingen lässt. »Seit sie hundert wurde, geht sie nicht mehr selber einkaufen«, klagt Sylvia, »sie kocht nicht mehr, sie beantwortet keine Briefe.«

Bis zu Irenes 100. Geburtstag sei das alles ganz anders gewesen, sagt Sylvia. Jeden Morgen um halb sechs stand Irene auf und ging spazieren, dabei hob sie Müll von der Straße auf und entsorgte ihn. Die Oahu Avenue, die Straße, in der sie seit 1967 wohnt, sollte hübsch aussehen. Einmal, da war sie schon Ende 90, stieg sie aufs Bett, um eine Glühbirne auszutauschen, verlor das Gleichgewicht und fiel zu Boden. Aber sie brach sich nichts, klagte nicht, nein, sie stand einfach auf und machte weiter. Wenn sie mit Sylvia in den Supermarkt ging, nahm sie ihr die Tüten ab: »Lass mich sie tragen, meine Liebe«, sagte sie dann, »die sind zu schwer für dich.« Und vor jeder Mahlzeit sprach Irene ein Tischgebet: »Danke, lieber Gott, dass ich in der Lage bin zu arbeiten.«

Sylvia blickt zu ihrer schlafenden Mutter herüber, als sie das erzählt, zärtlich nun. »Ja, so ein Mensch war sie. Immer in Bewegung, immer voller Energie. Oft schimpfte sie mit mir: Du musst schneller gehen! Wenn ich so langsam gehe wie du, verliere ich die Geduld, bevor ich ans Ziel komme.«

Was ist das Geheimnis ihrer Langlebigkeit?

Irene öffnet plötzlich die Augen. Offenbar hat sie uns zugehört – aber wie lange schon? Die ganze Zeit? Wie auch immer, diese eine Frage will sie selbst beantworten: »Immer eins nach dem anderen machen«, sagt sie. Dann schließt sie die Augen, zufrieden, und döst weiter.

Erstaunlich ist ja nicht, dass eine 103-Jährige ihr eigenes Interview verschläft. Erstaunlich ist eher, dass uns das nicht öfter passiert. Die meisten Hundertjährigen, die wir in verschiedensten Winkeln der Erde treffen, sind beneidenswert wach und schlagfertig, und es kommt vor, dass sie, wenn sie zwei oder drei oder auch vier Stunden lang erzählt haben, deutlich weniger ermattet wirken als wir.

Der Besuch bei Irene Lai könnte daher eine Enttäuschung sein, aber das ist er nicht – dank Sylvia, die ausführlich und liebevoll von ihrer Mutter erzählt.

Irene kam auf Big Island zur Welt, der größten Insel Hawaiis. Big Island ist berühmt für einen Vulkan, der mächtig raucht und Feuer speit, und für ein dramatisches, vielfältiges Klima. Darüber hinaus gab es dort allerdings nicht viel, als Irenes Großeltern gegen Ende des 19. Jahrhunderts aus China einwanderten – keine Industrie, kaum Arbeit. Auch ihre Eltern mussten kämpfen; sie hatten zehn Kinder zu ernähren. Sie bauten Erdnusspflanzen an und betrieben einen »traurigen, kleinen Laden«, so erinnert sich Sylvia.

Irene wurde Krankenschwester und fand einen Job im Krankenhaus von Hilo, dem überschaubaren Hauptstädtchen von Big Island. Doch etwas fehlte in ihrem Leben: Sie war Ende 20 und Single. Oder wie es damals hieß: eine alte Jungfer.

George, der Metzger, machte aus Irene doch noch eine respektable Gattin. Er hatte einen eigenen Metzgerladen – bis zu jenem verhängnisvollen 1. April 1946, als ein Tsunami Big Island überrollte und Menschen und Häuser wegspülte. Sie hatten Glück, sie überlebten. Aber ihr Laden war fort.

Und Irene dankte nun vor jeder Mahlzeit dem lieben Gott dafür, dass sie arbeiten konnte. Sie und George hatten drei Kinder: zwei Söhne und Sylvia, das Mädchen in der Mitte. Ihnen zuliebe zogen sie auf die Hauptinsel Oahu, nach Honolulu, wo es bessere Schulen gab, sie sparten, um ein Haus zu kaufen, den Kindern eine gute Ausbildung zu ermöglichen. »Das ganze Leben meiner Mutter bestand aus Arbeit, sie konnte nicht einfach mal herumsitzen und ein Bier trinken«, sagt Sylvia. »Sie hat uns alle drei auch zu Workaholics erzogen.«

Als Irene 60 Jahre alt war, starb George an Krebs. Eine lange, gute Ehe lag hinter ihr. Sie war nun eine ältere Dame, oder, wie man es damals sah: eine alte Witwe.

Zwölf Jahre vergingen. Dann, bei einer Beerdigung, sah sie Lawrence wieder, ihren Jugendschwarm. Sie waren sehr verliebt ineinander gewesen, 55 Jahre zuvor, aber Lawrence hatte sich damals nicht getraut, um Irenes Hand anzuhalten. Sein Vater war gerade gestorben, er war jung und arm und konnte ihr, der angehenden Krankenschwester, nichts bieten.

Nun waren sie zu alt, eigentlich. Lawrence war seit zwei Jahrzehnten geschieden. Eine zweite Ehe schickte sich nicht, erst recht nicht mit über 70. Sie heirateten trotzdem – und waren glücklich, fast 20 Jahre lang. Dann starb auch Lawrence.

Das ist nun auch wieder lange her. Zehn Jahre? Ungefähr, ja.

»Ich denke nicht, dass Mutter damit gerechnet hat, so alt zu werden«, sagt Sylvia. Besonders gesundheitsbewusst sei Irene nie gewesen, sie aß alles, besonders gern fettige, knusprige Entenhaut. Sport trieb sie nicht, das war etwas für reiche Leute, aber sie war ständig zu Fuß unterwegs. Geraucht hat sie nie, kaum Alkohol getrunken, nur ab und zu ein Gläschen Sake.

Nachmittags ist Irene nun oft so schläfrig wie jetzt. Sie bekommt ein Medikament gegen hohen Blutdruck, dazu eine Pille, die gut fürs Gedächtnis sein soll, und eine Tablette gegen Kaliummangel. Alle sechs Monate gehe sie zum Arzt, und jedes Mal, so erzählt es Sylvia, verneige sich der Arzt vor ihr und sage: »Glückwunsch, Irene!«

Die Tochter sagt, sie wolle nicht hundert werden, »nein, nein, nein, bloß nicht«. Sie würde nicht wollen, dass sich ihre Kinder um sie kümmern müssten. Vor allem aber sei sie nicht stark genug. »Wissen Sie, meine Mutter ist sehr stark.«

Irene sitzt in ihrem Sessel, ihre Augen sind geschlossen; schwer zu sagen, ob sie schläft oder immer noch lauscht. Ihre Miene jedenfalls wirkt entspannt, geradezu fröhlich.

Die Weisheit des Alters, VIII.

»Immer eins nach dem anderen machen.«

Irene Lai

DES RÄTSELS LÖSUNG, V.

Lachse wären ziemlich aufgeschmissen ohne Astaxanthin. Fehlt es ihnen, sind sie nämlich schwach und kränklich. Sie schaffen es dann kaum noch, stromaufwärts zu schwimmen. Für einen Lachs, der sich fortpflanzen will, ist das ganz schön blöd.

Im Jahr 2000 hörte David Watumull, ein Broker an der Wall Street, zum ersten Mal von diesem Wundermolekül namens Astaxanthin. »Da war diese Firma, die nach Hawaii gezogen war, um Astaxanthin aus Mikroalgen zu produzieren«, erzählt er. »Sie dachten, dass Lachsfarmen sich für ihr Produkt interessieren würden. Aber es gelang ihnen nicht, Astaxanthin im großen Stil herzustellen. Sie suchten Investoren, aber sie produzierten zu wenig, und es war zu teuer.«

Watumull, der Wall Street-Mann, teilte der Firma mit, dass er keinen Markt für ihr Produkt sehe. Doch die Firmenvertreter widersprachen vehement: Astaxanthin sei für Lachsfarmen geradezu unverzichtbar, sagten sie, denn ohne Astaxanthin wäre Lachsfilet grau. Und übrigens: Ein Hummer wäre ohne Astaxanthin auch nicht rot.

»In diesem Moment«, so erzählt es Watumull, »ging in meinem Kopf ein Licht an: Ich sah ein Nahrungsergänzungsmittel – aber nicht für Lachse, sondern für Menschen!«

Im März 2016 sitzt David Watumull in seinem Büro in Honolulu, er trägt ein verwaschenes Kurzarmhemd mit Surfbrettern darauf, das Gesicht ist von Sonne und Salzwasser gegerbt. Er ist jetzt CEO einer Firma namens Cardax und steht kurz davor, sein erstes Astaxanthin-Präparat

für Menschen auf den Markt zu bringen. Ein Nahrungsergänzungsmittel, für den Anfang, weil Nahrungsergänzungsmittel schneller und
unbürokratischer zugelassen werden als Medikamente. Das Ziel bleibe
aber, Astaxanthin bald auch als Medikament zu verkaufen.

Er selbst nehme jetzt schon täglich eine Portion Astaxanthin, sagt
Watumull, er habe nämlich vor, hundert Jahre alt zu werden. Und
er will auch anderen Menschen, am liebsten allen Menschen auf der
Welt dabei helfen, länger und gesünder zu leben. In aller Selbstlosigkeit.

Dazu, sagt er, brauchten die Menschen sein Wundermittel. Denn
Astaxanthin sei ein natürlicher Entzündungshemmer. Und Entzündungen seien eine Begleiterscheinung des Alterns, der Ausgangspunkt
vieler Krankheiten, die mit fortschreitendem Alter aufträten. Wenn
Entzündungsprozesse also durch Astaxanthin verhindert würden –
dann, so Watumulls Logik, träten auch die Krankheiten gar nicht erst
auf. Astaxanthin könne gegen Knochenschwund helfen, sagt er, gegen
Stoffwechselstörungen, Gefäßverkalkungen, Altersdiabetes, Leber-
krankheiten, Thrombosen, zu hohe Blutfettwerte, auch gegen geistigen
Abbau im Alter.

Er beugt sich vor, aufgeregt: »Der Markt für dieses Produkt ist ein
Viele-Milliarden-Dollar-Markt«, sagt er. »Man muss nicht einmal viel
Geld dafür verlangen, ein Dollar für eine Kapsel pro Tag wäre schon
großartig.« Es ist schließlich ein Produkt, das Rettung vor etwas bislang
Unausweichlichem verspricht – dem Altern: »Jeder sollte es nehmen«,
sagt Watumull, Euphorie in der Stimme, »aber selbst wenn 50 Millionen von sieben Milliarden Menschen täglich eine Kapsel schlucken,
sind das schon 50 Millionen Dollar pro Tag!«

Seine Firma, Cardax, habe einen Weg gefunden, Astaxanthin nicht
mehr aus Mikroalgen zu gewinnen, sondern synthetisch herzustellen.
Das sei einfacher und koste weniger Geld, sagt Watumull, die Wirkung
aber sei identisch.

Bemerkt er unsere Skepsis? Vermutlich blicken wir recht sparsam
drein, manchmal müssen wir uns auch mühen, nicht zu lachen; es gibt
ja nun sehr, sehr viele sehr, sehr teure Nahrungsergänzungsmittel auf

dieser Welt, und noch ist nicht nachgewiesen worden, dass eines davon wirklich das Leben verlängere.

Watumull holt nun ein Modell, einen langen Plastikwurm mit weißen und roten Noppen, und legt ihn feierlich vor uns auf den Tisch. »Das ist es«, sagt er, »das ist Astaxanthin.« Man könne sich das Ganze so vorstellen: Das Molekül wandere im Körper zu den Mitochondrien, jenen Zellbestandteilen, welche Nährstoffe in Energie umwandeln. »Dort sitzt Astaxanthin herum und tut nichts«, sagt Watumull, »es sei denn, es treten zu viele freie Radikale auf, mit denen der Körper nicht selbst fertig wird. Dann greift Astaxanthin ein und hilft.« Ohne diese Hilfe, sagt er, »treten Entzündungsprozesse und Alterung auf«. Er blickt uns an, triumphierend: »Ein Dollar pro Tag ist die Lösung für dieses Problem!«

Man könnte David Watumull als mehr oder weniger begnadeten Verkäufer abtun, als Wall-Street-geschulten Geschäftsmann eben, der das große Geld wittert. Allerdings hat er einen Mitstreiter, dessen fachliche Qualifikationen nicht zu bestreiten sind: Bradley Willcox ist Gerontologe, Internist und Altersforscher, er hat seine medizinische Ausbildung an renommierten Institutionen wie der Harvard Medical School und der Mayo Clinic absolviert und lehrt neben seiner klinischen Tätigkeit an der University of Hawaii. Auch sein Bruder Craig Willcox ist Altersforscher; gemeinsam mit Makoto Suzuki leiten die Willcox-Brüder in Japan die »Okinawa Centenarian Study«, jene Studie über japanische Hundertjährige, auf die wir im ersten Kapitel bereits stießen.

Ein gemeinsamer Freund in Honolulu, Rob Kay, hatte Bradley Willcox und David Watumull miteinander bekannt gemacht. Nun sitzt Bradley Willcox im wissenschaftlichen Beirat von Cardax. Auch er nimmt täglich eine Dosis Astaxanthin zu sich. »*Full disclosure*«, sagt er und lacht, »ich habe sogar Cardax-Aktien gekauft.«

Es wird Abend in Hawaii, wir sitzen jetzt draußen auf Rob Kays Balkon, unter uns funkeln die Lichter Honolulus. Wo die Stadt endet, beginnt der Pazifik, dunkel und weit. Windig ist es hier oben, und still. Willcox trägt eine runde Brille und das obligatorische Hawaii-Hemd, er trinkt ein Bier – er glaubt nicht, dass Alkohol in Maßen ein Hindernis auf dem Weg zum 100. Geburtstag ist:»Die Männer in unserer Studie, die am längsten gelebt haben, hatten täglich ein bis drei Drinks.«

Er achte aber definitiv auf gesunde Ernährung, sagt er, außerdem gehe er viel wandern und rauche nicht. Seine Frau, eine Japanerin, ist Ernährungsberaterin.»Kaffee zum Beispiel ist super gegen Alzheimer und Parkinson, wussten Sie das?«, fragt Willcox. Er selbst bevorzuge ein konzentriertes Pulver aus grünem Tee, das nehme er jeden Morgen. Und, wie gesagt, Astaxanthin.

»Ich will die Krankheit Altern besiegen«, sagt Willcox, auch er hat keine Scheu vor großen Worten. Er glaubt, dass Astaxanthin in diesem Kampf eine schlagkräftige Waffe sein könne. Seine Theorie: Der Stoff aktiviere ein bestimmtes Gen namens FOXO3 – wir erinnern uns: jenes Gen, das auch die Kieler Wissenschaftler untersuchen –, und dieses Gen wiederum beeinflusse, wie Studien gezeigt hätten, die Langlebigkeit.»Wird das FOXO3-Gen mit den richtigen Nahrungsmitteln stimuliert«, sagt Willcox,»steigt die Wahrscheinlichkeit, dass man länger und gesünder lebt.« Weil man aber so viel Lachs und Hummer und Algen, wie man brauche, gar nicht essen könne, sei es sinnvoll, Astaxanthin täglich in Form einer Kapsel zu sich zu nehmen.

Rogers Reise, V.

Väter sind ein episches Thema, besonders natürlich für Söhne, die selbst Vater geworden sind. Diese Männer blicken stets in beide Richtungen und hinterfragen, deuten, bereuen und haben eine Menge zu erzählen.

Wir sitzen in Brooklin, Maine, beim Abendessen, als Roger erneut auf seinen Vater zu sprechen kommt, Ernest Angell, diesen ernsthaften Mann, der in Cleveland aufwuchs und in Paris und München studierte, ehe er 1907 nach Harvard kam. Griechisch, Latein, Deutsch und Physik studierte er, bevor er sich auf Jura konzentrierte. Ins Football-Team schaffte er es nicht, aber »das konnte er wegstecken«, sagt Roger. Mit einem Mädchen aus Cambridge, Evelyn, flirtete er, aber »außerhalb meiner regulären Arbeit habe ich nichts vollbracht, das erwähnenswert wäre«, das notierte Rogers Vater am 23. Mai 1908 in seinem Tagebuch.

Er angelte gern. Er wanderte gern. In Chocorua in den White Mountains von New Hampshire begegnete er Katharine Sergeant, die Roger Angells Mama werden sollte. Die Hochzeit. Die Geburt der beiden Kinder. Die ersten Jahre. Sie gingen klettern, sie machten Ausflüge nach Staten Island, trainierten raffinierte Baseball-Würfe in den Parks von New York City, und der Papa nähte Kostüme für Rogers Marionetten. Und einmal, als zwei Mädchen von einem Kanu-Ausflug nicht zurückgekehrt waren, da war es Ernest, der hinabtauchte und die Leichen an die Wasseroberfläche brachte. Schildkröten hätten schon an den Körpern geknabbert, das erzählte Ernest dem kleinen Roger, den alle

Schlangen und Käfer dieser Welt interessierten und der darum bald Schildkröten, Fische, Mäuse, Katzen und eben Schlangen besaß und unbedingt Forscher werden wollte. Jedes Buch über die Wunder dieser Welt, das er las, schien auch den Vater zu begeistern.

»Aha, lass mal sehen«, sagte der Vater, und dann heckten sie irgendein Experiment aus. Humphrey, Rogers Lieblingsschlange, sah interessiert zu.

Urlaube gab es auch. In Montana waren sie immer wieder, auch in den Wäldern New Mexicos, in den Wüsten Arizonas, an den Stränden von Nantucket und auf einer Rinderfarm in Missouri.

Diesen starken Vater, den Alleskönnerpapa, möchte Roger sich heute noch gern erhalten, dieser Mann sollte seine Erinnerung prägen; aber da ist noch ein anderer Vater. Der spätere.

Denn das muss der Vater, das muss aber auch der achtjährige Sohn erst einmal aushalten und anschließend verarbeiten: dass die Ehefrau und Mutter die Ehe und die Familie verlässt und einen anderen, einen strahlenden Mann und damit eine neue Familie wählt.

Die Scheidung ist bitter und verbittert: bitterlich grausam. Katharine und der junge Starautor E. B. White haben sich in Reno vergnügt, weshalb Ernest vor Eifersucht glüht – und beschließt, Katharine vor Gericht fertig zu machen. Er erstreitet das geteilte Sorgerecht, vor allem aber, dass die Kinder bei ihm wohnen. Niemand erklärt den Kindern etwas, niemand in ihrer Welt lacht mehr. Der Vater führt beim Rasieren Selbstgespräche: »Warum kann sie nicht …? Nein, ich werde nicht …« Und Mutter und Sohn gehen spazieren, zum Wasserfall im Park, und dort erzählt die Mama ihrem Jungen von der endgültigen Trennung. Roger sagt heute, er sei tapfer geblieben, so lange, bis sie ihm sagte, er müsse beim Vater bleiben. »Nein«, habe er da geschrien, »ich will bei dir sein.«

Morgens sehnt Roger den Moment herbei, wenn er den Doppeldecker-Bus zur Lincoln-Schule nehmen kann; gut aber ist er in der Schule nicht mehr. Er schmeißt Kakerlaken aus dem Fenster im 16. Stock und wird zum Direktor zitiert, er wirft Fensterscheiben kaputt und schwänzt. Der Vater brüllt nicht, schlägt nicht, aber er hält Plädoyers wie ein Anwalt: »Was ist mit deinem Sinn für Verantwortung?« Roger schweigt und schweigt, so lange, bis er nicht mehr schweigt und brüllt: »Du machst, dass ich tot sein will.« Der Vater erblasst und schweigt nun selbst.

»Er war nicht grausam, er hatte selbst furchtbare Angst«, sagt Roger.

Und darum sehnt Roger in jeder Woche das Wochenende herbei, das er bei seiner Mama und E. B. White in der achten Straße verbringen darf. Wo gelacht wird. Wo Tischtennis gespielt wird. Wo es einen Hund gibt, Daisy. Und einen kleinen Bruder, Joel. Und Kette rauchende Autoren des »New Yorker«.

Es geht jahrelang hin und her, oder, eher rauf und runter: in den Süden Manhattans zur Mama und dann wieder nach Norden zum Vater. Immer wieder verstörend: Weihnachten. Es beginnt in dem *Brownstone*-Haus des Papas, mit den weinroten und den grünen Kugeln am Christbaum, mit Gesang, mit Geschenken, mit einer einsamen Tante und seltsamen Cousins. Bruder und Schwester warten auf den Moment. Blicken einander fragend an. Nicken. Stehen auf. Wünschen allseits frohe Weihnachten, danke für die Geschenke, ziehen die Mäntel an und rennen hinaus. Taxi! Da ist eines. Und sie rauschen die Fifth Avenue hinab, wo es damals noch keinen Weihnachtsbaum vor dem Rockefeller Center gibt, weil es noch kein Rockefeller Center gibt, und biegen bald links ab in die achte Straße.

Dort gibt es keine Kerzen am Baum, sondern elektrische Lichter. Es gibt ein zweites Mal Geschenke, hier sind es mehr als beim Vater. E. B. White mixt die Drinks für die Großen. O ja, es wird gelacht. Es gibt ein zweites Abendessen. Und dann wieder zurück, hinauf in die 93. Straße, und dort fragt der nervöse Vater, wie es bei der Mutter war.

Sollen sie »wunderbar« sagen?

Oder »geht so«?

Der kleine Roger schwört sich, dass er seinen eigenen Kindern so etwas niemals antun werde. (Und Jahrzehnte später wird er sich scheiden lassen.)

Es sind die späten zwanziger, dann die frühen dreißiger Jahre. Man geht viel aus, natürlich kommen Frauen zu Besuch, und hin und wie-

Nancy und Roger: »Mama hatte ein enorm schlechtes Gewissen.«

der marschiert eine in Rogers Kinderzimmer und gibt Roger einen Gutenachtkuss, doch keine dieser Frauen bleibt. »Ich bin so unsagbar müde«, schreibt der Vater an seine Schwester Hildegard, »da sind die Schwierigkeiten mit K« (er meint Katharine). Es sind auch die Jahre der Großen Depression. »Habe meinen großen Fall verloren … Sorgen wegen der Finanzen«, schreibt der Vater an Hildegard. Immer mehr Freunde kommen zu Besuch zu den Angells und erzählen, dass sie ihre Arbeit verloren haben, schließlich die Wohnung. Ernest und seine Kinder Nancy und Roger leben in einem schmalen Haus in der 93. Straße auf der Upper East Side. Im Obergeschoss wohnt das großherzige französische Ehepaar Edmonde und Joseph, das für Roger und Nancy kocht und auf die zwei Kinder aufpasst; aber die Kredite sind nicht getilgt, und Ernest muss Edmonde und Joseph sagen, dass er ihnen kein Gehalt mehr zahlen kann.

»Das Leben nimmt Wendungen«, sagt Roger. »Und es lässt sich nicht anhalten in den Momenten des Glücks.«

Alles Vergängliche ist nur ein Gleichnis, so heißt es im »Faust«, doch ein Gleichnis wofür?

Und wenn es dann vergangen ist, sind wir uns dann eigentlich sicher, was tatsächlich geschehen ist? Was also wirklich und wahr ist?

Worüber können wir uns später verständigen?

Mit dieser Geschichte vom verlassenen Vater und von der Mutter, die aus- und aufbrach, die Freiheit zu finden, wuchs Roger auf. Sie hat sich eingebrannt. Viele Jahre später aber, er war längst ein erwachsener Mann, nahm ihn seine Mutter zur Seite und erzählte ihm ihre Wahrheit.

Der Vater, Ernest, habe durch seine ständigen Affären die Ehe und die Familie zerstört, sagte Katharine. Während des Ersten Weltkriegs war er für den Geheimdienst in Frankreich, und nach drei Jahren in Übersee sei er mit der Idee der freien Liebe und der Folgerung, dass es für freie Liebe natürlich eine offene Ehe brauche, nach New York zurückgekehrt. Ob Katharine nicht selbst Affären beginnen wolle? Doch, doch, die freie Liebe mache Freude!

Aber nein, Katharine habe eine ernsthafte, treue Ehe gewollt, doch die sei mit Ernest nicht mehr zu haben gewesen, und darum, so berichtete es die Mutter dem staunenden Roger, nur darum sei sie zu Andy White gegangen. Roger erinnert sich nun: »Mama hatte ein enorm schlechtes Gewissen nach der Scheidung. Schuldgefühle. Sie machte sich noch wegen des winzigsten Details garantiert Sorgen. Ich wiederum machte beiden Eltern Vorwürfe. Dann machte ich später eine Therapie. Heute verstehe ich hoffentlich etwas mehr und mache niemandem mehr Vorwürfe.«

»Was für eine Ehe muss das gewesen sein – vollgestopft mit Sex und Brillanz und psychologischem Mord«, so schreibt es Roger in einem Text über seinen Vater (»The King of the Forest«).

Damals hatte der Vater dann eine rettende Idee. Er heuerte einen Columbia-Studenten an, Arthur, genannt »Tex«; und »Tex rettete mich«, sagt Roger. Mit Tex konnte er über Mädchen reden, auch über das Lesen, das Schreiben, die Welt und überhaupt dieses ganze verwirrende Leben. Tex führte Streiks an der Uni an, und er politisierte Roger, brachte ihm auch konservative Blätter mit, brachte ihm das Diskutieren, das Streiten bei; Roger probierte dann beim Abendessen am Familientisch aus, was er von Tex gelernt hatte.

Später, 1956, schrieb Roger eine Kurzgeschichte: »Tennis«. Fiktion, natürlich. Ein Sohn und ein Vater spielen, der ehrgeizige Sohn kann den eleganten Vater nicht schlagen. Der Vater allerdings wankt und fällt, es ist ein Herzinfarkt, doch er stirbt nicht.

Fünf Jahre später standen Roger und Ernest auf dem Tennisplatz, zusammen mit Freunden, sie spielten Doppel in Redding. Der Vater sackte zu Boden, es war ein verstopftes Blutgefäß, ein Infarkt.

»Seltsam, hm?«, sagte der Sohn.

»Das dachte ich auch gerade«, sagte der Vater.

»Denk an das Drehbuch«, sagte der Sohn, »wenn du jetzt stirbst, verzeihe ich dir nie.«

»Okay, ich sterbe nicht«, sagte der Vater.

Und er lebte, noch viele Jahre lang. Und heiratete ein zweites Mal und wurde, mit 55 Jahren, Vater von Zwillingen.

Keines seiner Geschwister, sagt Roger am Ende, habe seinen Vater so gedeutet wie er. Nancy habe ihm die Scheidung nicht verziehen, und die Kleinen aus zweiter Ehe, Abby und Christopher, fänden, der Vater sei zu alt für sie gewesen, nicht mehr wirklich anwesend.

Roger sagt nun, seine Mutter habe Unglaubliches geleistet. »Der ›New Yorker‹ war selbstverständlich ein Männerblatt. Sie war die einzige Frau auf dem obersten Level. Allerdings ...« Er denkt nach, »... allerdings war das Blatt natürlich auch liberal.«

»Nein«, sagt nun Rogers Ehefrau Peggy, »alle Redaktionen waren damals gleich. Die Männer legten ihre Hände auf die Körper der Frauen, und die durften sich nicht beschweren. Nur jemand mit dem Selbstvertrauen, der Kraft, der Moral, der Intelligenz und dem Können deiner Mutter konnte es dort schaffen.«

Peggy war einst bei »Newsweek« und erzählt, dass ein Chef nach ihrer Telefonnummer gefragt habe; und als er mitten in der Nacht angerufen habe, habe er stöhnend onaniert. Roger öffnet den Mund und sieht aus, als wolle er widersprechen, aber er schweigt.

Und dann sagt Roger, sein Vater Ernest sei als neunjähriger Junge, nach jener Schiffskatastrophe, bei der sein eigener Vater ertrank, allein gewesen, und Ernest habe es dennoch geschafft, all die Niederlagen, die ein Leben mit sich bringe, zu verarbeiten und in Gutes, in Siege umzuwandeln.

Ein starker Mann also, ein Vorbild.

»Ich bin ihm dankbar«, sagt Roger, »er war der beste Vater, den ich je hatte.«

Die Väter, die Mütter, die Kinder

HILTRUP, SOLOTHURN, HAMBURG
UND NEW YORK

Solche Sätze von Roger, solche Recherchen führen zu Gedanken wie diesen: Und wie ist es bei uns? Wie leben wir?

Wenn wir über unsere alternden Eltern nachdenken, ist da zunächst Dankbarkeit: dafür, dass wir die Zeit hatten, mit allem, was war, ins Reine zu kommen. Mit all den unterschiedlichen Gefühlen, all den Phasen.

Die Eltern waren mit uns gereist, als wir Kinder waren (aus Deutschland fuhr man damals mit dem Auto über den Brenner nach Italien), hatten uns vorgelesen, hatten uns Bildung und Sport ermöglicht. Dann fand Samiha ihren gestrengen Vater nur noch einengend und arabisch autoritär; Klaus zog sich zurück, erzählte nichts mehr, denn er fand seine Eltern spießig. Alles so winzig in Hiltrup, so gar nicht glamourös. Die Teenager-Jahre eben.

Aber wir wurden erwachsen, die Jahre der Distanz vergingen, und irgendwann kam die Nähe zurück, eine andere Nähe als die Nähe der Kindheit natürlich, jene erwachsene Nähe, die tiefer Freundschaft ähnelte – denn unsere Eltern lebten und waren offen für alle Gespräche, was für ein Geschenk.

Viele unserer Freunde haben ihre Eltern viel zu früh verloren, konnten deshalb nie mit ihnen über die Missverständnisse, Sehnsüchte, Fehler sprechen, über dieses ganze komplizierte Leben. Wolfgang Niedecken hat eines der schönsten Lieder über Väter geschrieben, die je gesungen wurden (»Verdamp lang her«), eben gerade weil

209

sein Vater längst tot war, als ein Gespräch endlich möglich gewesen wäre.

Klaus erlebte seinen Vater Bernard, den Latein- und Griechisch-Lehrer und Hobby-Fußballer, jahrelang als allzu kriegsgeprägt: so sparsam, so vorsichtig. Die Mutter dagegen spielte Tennis und verreiste mit ihren Freundinnen, und die Mutter hatte viele Freundinnen. Früher also: ein gebremster Vater und eine freie Mutter, so schien es.

Wenn wir unsere Eltern aber heute fragen, wie sie auf ihr Leben zurückblicken, ist der Vater, Jahrgang 1934, zufrieden; er hat getan, was er tun wollte, er ist einen weiten Weg gegangen, und nichts daran war spießig. Er befreite sich in schwierigen Zeiten von seiner Heimat, dem Bauernhof, obwohl er der älteste Sohn war (und blieb dieser Heimat dennoch treu); er fand jenes Leben, das er gesucht hatte. Er lächelt, ist warmherzig, wenn er darüber spricht, die Verkrampfungen von früher sind fort.

Die Mutter dagegen, Anne, Jahrgang 1939, wirkt trauriger. Die Mutter lebte in einer Welt der »kleindörflichen Ansichten«, wie sie sagt, durfte einst nicht das Abitur machen, durfte darum auch nicht studieren, denn ihr Vater wollte all das nicht – aber wann wurde aus der Strenge ihres Vaters eine Ausrede? Hätte sie nicht selbst etwas tun können, schon damals oder zumindest später? »Ich hätte viel mehr kämpfen müssen. Ich war eine zu brave Tochter«, das sagt die Mutter, die so gern Bibliothekarin geworden wäre und heute mitunter so klingt, leider, als habe sie ihr eigenes Leben verpasst. Was uns zu Tränen rührt, während wir diese Worte schreiben.

Sie sagt, sie habe immer gedacht, da sei noch endlos viel Zeit. »Über das Altwerden habe ich nicht nachgedacht, bis ich 70 war. Und plötzlich rast die Zeit, und das Leben geht ja tatsächlich zu Ende.« Allerdings, dies sagt sie auch: »Die Jahre mit euch waren so reich. Meine Kinder und Enkel waren und sind das Kostbarste. Ihr wart es wert.«

Samihas Mutter war schon 44 Jahre alt, als sie Samiha bekam, ihr erstes und einziges Kind, was damals unerhört, geradezu skandalös war: so eine alte Mutter? Aber Dora, 1935 als Tochter einer Schweizerin und eines Niederländers in Indonesien geboren, war immer schon das Gegenteil von gewöhnlich gewesen, eine Rebellin, eine Künstlerin. Bevor sie Mutter wurde, war sie Pianistin und Klavierlehrerin, und weil das nicht genügte, hatte sie auch noch Wirtschaft studiert. An der Universität in Basel hatte sie Samir getroffen, Samihas Vater, der ebenfalls Wirtschaft studierte und schon deshalb aus der Menge stach, weil er aus Ägypten stammte. Was die beiden von Anfang an verband, war ihre politische Haltung: im Zweifel links.

Samiha wuchs in einer Schweizer Kleinstadt namens Solothurn auf, mit dem Gefühl, dass ihre Eltern anders waren als andere Eltern, und manchmal fand sie das blöd. Nie gab es mittags eine warme Mahlzeit daheim, wie bei den anderen Kindern, denn die Mutter arbeitete (und der Vater auch). Und abends, wenn es bei den Schulfreundinnen eine gutschweizerische Brotzeit gab, kochten die Eltern gemeinsam ambitionierte Gerichte, so dass das Abendessen erst auf den Tisch kam, wenn die Schulfreundinnen längst im Bett lagen.

Anderseits: Die Schulfreundinnen sahen weniger von der Welt. Die Eltern liebten das Reisen, schleppten die Tochter ins Theater, in die Oper, in Museen und exotische Restaurants.

Schwierig wurde der Vater erst, als Samiha in die Pubertät kam. Dann nämlich entdeckte er den ägyptischen Patriarchen in sich und verbot alles, was Spaß machte: Miniröcke, Partys, Flirten mit Jungs. Die Mutter war anderer Meinung, aber sie riet, Konflikten aus dem Weg zu gehen. Wie trostlos, wenn dies das Ende der Geschichte wäre – aber die Jahre des Streitens, Verstehens und Versöhnens folgten. Sechs Geschwister hatte der Vater, und er war der einzige, der Kairo verlassen und im Westen ein neues Leben gesucht hatte.

Und die Mutter war tatsächlich freier als die meisten Frauen ihrer Generation, doch diese Freiheit war hart erkämpft, und darum war da, nach all den Kämpfen gegen die eigene Familie, eine große Sehnsucht nach Frieden und Harmonie.

Als sie 70 Jahre alt war, wurde bei Dora Parkinson diagnostiziert, und das veränderte noch einmal alles. Samir pflegte sie, war bis zuletzt jeden Tag an ihrer Seite, und Samiha lernte von ihren alt werdenden Eltern, was Liebe bedeuten kann.

Nun sind wir selbst in der Mitte des Lebens angekommen (hoffentlich ist es erst die Mitte) und haben eines gewiss verstanden: Zeit vergeht. Die Zeit, die wir haben, sollten wir nutzen.

Cora, Klaus' erwachsene Tochter, sagt heute, Klaus sei mitunter zu wenig für sie da gewesen, stets sei der »Spiegel« wichtiger gewesen als sie. Was wird sie in 20 oder 30 Jahren denken?

Und was wird dereinst Alexej über seine Eltern sagen, Coras kleiner Bruder? Und wie wird sich seine Meinung entwickeln und verändern?

Spielend hundert werden

Der Pianomann nähert sich zaghaft, und er braucht ein bisschen, bis er uns erreicht hat. Den Rollator schiebt er vor sich her, stöhnt, sagt »*who are you again?*«; und zunächst will er nur hier unten in der Lobby mit uns reden, aufmerksam bewacht vom *Doorman*. Irving Fields, 100 Jahre alt und einstmals und inzwischen wieder ein New Yorker Star, hört hier unten nicht gut, der Lärm dieser Stadt dringt herein, er antwortet in den ersten 45 Minuten darum immer das Gleiche, ganz egal auf welche Frage.

»Ich spiele wie ein zwanzigjähriger Junge«, das ist seine Antwort, »ich bin damals in der Carnegie Hall aufgetreten, im Imperial Hotel in Tokio, in Las Vegas, in der *Ed Sullivan Show*. Ich mache weiter und weiter und weiter, und wenn ich irgendwann ein zweites Leben haben sollte, muss es bitte wie dieses erste sein. Ich konnte reisen, die ganze Welt sehen, ich hatte viele Romanzen und eine wunderbare Ehefrau. Ich habe in jedem Hotel von New York City gespielt. Woody Allen hat drei meiner Songs in seine Filme eingebaut. Gerade wird ein Dokumentarfilm über mich gedreht, wir sind mittendrin. Ich bin der älteste Amerikaner, der noch auftritt.«

Dann Ruhe.

Wir fragen nach den Eltern, den Frauen, nach New York City.

Der Pianomann erzählt das Gleiche noch einmal.

Wir fragen nach seiner Musik, seinen Songs.

Und hören die gleiche Geschichte erneut.

Wie schade. Ein gescheitertes Interview. Was für ein Gespräch soll das hier noch werden?

Irving Fields, an diesem 4. Januar 2016 hundert Jahre alt, redet mit geschlossenen Augen. Wenn er sie öffnet, sind sie blau, diese Augen, und die weißen Haare sind seitengescheitelt, und er trägt eine goldene Uhr und einen schmalen, goldenen Ehering. Irving, man sieht das auf den alten Plattencovern, war einst ein hübscher Kerl. Aber wir verstehen ihn kaum, er versteht uns kaum, und beides hat Gründe: Er hat seine Zähne nicht eingesetzt, und auch das Hörgerät liegt einsam dort oben in Apartment 4G. Aber manchmal beginnen Begegnungen ja auch nur verkorkst und gelingen dann doch noch und werden sogar ein Ereignis.

»Sollen wir vielleicht zu mir gehen?«, fragt nun Irving Fields. Und ja, sehr gern, sagen wir, es geht also hinauf in seine Wohnung, so viel Vertrauen hat er jetzt. Also fangen wir noch einmal von vorne an, wir stellen uns vor, er fragt, was wir trinken wollen, und es beginnt.

Siebenmal in der Woche tritt Fields noch auf: mittwochs, donnerstags, freitags und samstags, immer abends, in »*Nino's Tuscany*«, einem italienischen Restaurant nicht weit von hier, *Midtown* Manhattan; und von Freitag bis Sonntag, jeweils von 12 Uhr mittags bis 15 Uhr, spielt er im *Park Lane Hotel*. »Mit 99 wurde ich erneut engagiert, und ich hätte nicht glücklicher sein können – solche Dauer-Engagements waren früher normal und sind ja heute eine echte Seltenheit gewerden.«

Dort übrigens, im Park Lane, lernte er einst einen Hund namens *Trouble* kennen, einen Malteser, der dann der reichste Hund New Yorks wurde, auch solche Geschichten kann ein hundertjähriger Pianomann erzählen:

Harry Helmsley nämlich, Immobilienmogul, war der Ehemann von Leona Helmsley, und die liebte ihren Harry sehr. Leona besaß jenes Hotel Park Lane, und dort spielte Irving Fields eines Abends »*I'm just wild about Harry*«. »Ich werde Ihnen die Finger brechen, wenn Sie nicht mein Pianist werden«, sagte daraufhin die verzückte Leona. Irving war auch verzückt und gab ihr seine Karte. Da biss Trouble zu. In den Zeigefinger des Pianisten. Ein Kellner eilte mit einem Verband herbei und sagte: »Dieser Köter beißt jeden.« Jedenfalls ... dies ist die Pointe: Als die elegante Leona starb, hinterließ sie Trouble, dem Malteser, 12 Millionen Dollar.

Die Familie Fields war weniger reich.

Seine Eltern schenkten Irving einst Klavierstunden, aber er wollte nicht üben und ging nicht mehr hin. Dann vermisste er das Klavier aber doch und begann zu üben, wo auch immer er ein Instrument stehen sah. Acht Jahre alt war er, als seine Eltern ihm ein Klavier für 50 Dollar kauften. Und Irving begann wieder mit dem Unterricht, »wo so viele wunderschöne Mädchen meine Hand führten, dass ich mich nicht konzentrieren konnte«.

Sechs Kinder waren sie, zwei Jungs und vier Mädchen; Irving, geboren am 4. August 1915 als Yitzhak Schwartz, war der Jüngste. »Eine jüdische Familie«, sagt er, »aber das ist nicht wichtig.« Die Eltern Max und Eva waren aus Weißrussland eingewandert, der Vater ein Tischler mit zarter Stimme, immer sang er, und alle in der Familie spielten ein Instrument. Irving sang auch im Chor beim großen Yossele Rosenblatt. Als er 14 war, in den zwanziger Jahren also, verdiente er sich sein erstes Geld auf Partys; die anderen feierten, er spielte Klavier. Viel konnte er noch nicht, »aber nach und waren sowieso alle betrunken, da konnte man auch denselben Song fünfmal nacheinander spielen«, sagt er, kichernd.

Er wuchs an der Madison Street auf der Lower East Side auf, dann zogen die Fields nach Coney Island, wo so viele Russen und Ukrainer lebten, und weiter nach Brooklyn; er lebte auch in Forest Hills, Kings Point, und seit fünf Jahrzehnten wohnt er hier, an der Südseite des Central Park, »im Zentrum von allem«, wie Irving sagt, im Mittelpunkt der Welt, wie ungefähr sämtliche New Yorker glauben.

»Ich habe großes Glück«, sagt Irving, »auf der anderen Straßenseite ist ein wunderschöner Park.« An keinem anderen Ort würde er lieber wohnen als hier: »New York hat all diese Theater, all die Restaurants, man kann sich in dieser Stadt verlieren.«

Ein Zimmer nur hat er hier, aber das ist normal im engen Manhattan. Es gibt einen Tisch und fünf Stühle und ein Klappbett, das tags-

Irving Fields: »Üben muss ich nicht mehr.«

über hinter einer Schranktür verschwindet. Musik-Kassetten und einen Rekorder gibt es auch, zudem einen Fernseher, einen Sessel und einen bunten Teppich, viele Fotos natürlich, aber keinen Computer und kein Klavier. »Üben muss ich nicht mehr«, sagt er. Montags kommt die Putzfrau.

Es wird Abend. Wir gehen ins Nino's Tuscany, bestellen Wein, Pasta, Fisch, lauschen dem Pianomann. Irving, im Anzug mit Einstecktuch und passender Krawatte, setzt das Hörgerät ein, parkt den Rollator, legt seine CDs auf den Flügel, um sie in den Pausen zu verkaufen, setzt sich hin, spielt das, worauf er Lust hat, jenes auch, was halt gewünscht wird. Er kann's, das ist offensichtlich, seine Finger kennen die Melodien. Er spielt wahrscheinlich ein wenig vorsichtiger als früher, als staunte er selbst manchmal über die Klänge, die er dem Flügel noch entlockt. Ein Martini mit zwei Oliven wird ihm gebracht, mehr trinkt er nicht mehr.

Viele der Gäste nehmen ihn nicht wahr, sie essen halt ihr Steak, doch die anderen staunen.

»He's a hundred years old, are you serious? Amazing!«

Irving lächelt, wenn er erkannt wird, er schreibt Autogramme, er fragt, was wir hören möchten. Noten braucht er nicht, hat er gar nicht mehr, er spielt und spielt und spielt einfach.

Er achte darauf, seinen eigenen Tagesrhythmus einzuhalten, sagt Irving: »Abends esse ich Suppe, manchmal auch Fisch, Shrimps oder ein Steak – das aber nicht jeden Tag, höchstens alle drei Wochen, denn ein Steak ist schwer verdaulich und nicht besonders gesund. Ich esse so viel Gemüse, wie ich kann. Nach dem Dinner gebe ich mir vier Stunden Zeit, ehe ich ins Bett gehe, so kann ich besser schlafen. Um 21 oder 22 Uhr komme ich nach Hause und bleibe wach bis 1 Uhr früh. Morgens stehe ich gegen 9 Uhr auf und überprüfe, ob mein Name in den Todesanzeigen steht, und wenn er da nicht steht, schlafe ich nochmals ein. Es ist etwas kompliziert geworden, meine Kleider anzuziehen, aber ich kriege es hin. Dann frühstücke ich, meistens Cornflakes mit Sojamilch, das ist sehr gesund. Heute hatte ich Blaubeeren mit *Sour Cream* zum Frühstück. Ich habe gelesen, dass Blaubeeren sehr gesund sind, Walnüsse auch. Ich achte sehr genau auf meine Ernährung.«

Und zwischen den Mahlzeiten? »Geht es den ganzen Tag lang nur darum, mich auf den Auftritt am Abend vorzubereiten.«

Früh begann Irving Fields zu komponieren, Kinderlieder, Songs, Jazz, Tanzmusik. Er spielte auf Kreuzfahrtschiffen, die nach Kuba fuhren. 1937 nahm er seine erste Platte auf: *»I've got my love to keep me warm«*, von Irving Berlin, der *Liberty Music Shop* in Manhattan zahlte ihm 25 Dollar Honorar. Einmal, zu Kriegsbeginn, warteten 1000 Soldaten auf einen General, der nicht kam; »ist hier jemand, der uns unterhalten kann?«, fragte ein Offizier, und Irving hob die Hand. Also spielte er, und bald sangen alle Soldaten, und von da an hatte er Glück: Er musste nur noch Musik für die Truppen machen, niemals kämpfen, den Zweiten Weltkrieg überstand er ohne Schlacht, ohne einen einzigen Schuss, in Alabama. »Sie sagten mir, ich solle eine Band zusammenstellen, aber ich fand nur einen Bassisten und einen Schlagzeuger, also formte ich ein Trio. Viel später hörte ich, dass aus dieser Art Trio ein Trend des Jazz geworden war.« Bass, Schlagzeug, Klavier, pure Musik eben, kein Gedöns.

Nach dem Krieg reiste er wieder nach Kuba, und von dort brachte er die Rumba in die USA, und aus diesem Mix aller denkbaren Stile wurde der Stil des Irving Fields. »*Miami Beach Rumba*« war sein größter Hit, 1946, ein Lied über einen Reisenden, der nach Havanna strebt, aber an der sogenannten jüdischen Riviera von Miami Beach strandet. Albert Gamse hatte die Verse beigesteuert: »*I'll save Havanna for mañana*«, ganz New York konnte mitsingen. In den fünfziger und sechziger Jahren dürfte es keine *Bar-Mizwa* ohne dieses Lied gegeben haben, fünf Jahrzehnte später setzte Woody Allen den Song bei »*Deconstructing Harry*« ein. Man hört Kuba, aber man hört auch Osteuropa, vielleicht hört man sogar jüdische Einflüsse, Irving jedenfalls behauptet das.

»Ava Gardner zog ihre Schuhe aus und tanzte zu meiner Musik«, sagt er, »später habe ich sie in Vegas wiedergesehen, und wisst ihr, wer an ihrer Seite war?«

Wer wohl?

»Sinatra.«

Sein nächstes Trio formte sich, es waren goldene Jahre für Jazz und alle Arten von Live-Musik, und das Zentrum der Welt des Irving Fields waren der Pianist Irving Fields und sein Schlagzeuger Mike Bruno und der Bassist Henry Senick. »Der Mike und der Henry sind auch längst im Himmel«, so Fields. Damals aber spielte das Irving Fields Trio im »*Mermaid Room*« und im »*Copacabana*«, und Irving war im Fernsehen, und Irving nahm 90 Alben auf. Mit »*Bagels and Bongos*«, bei Decca Records, ging es so richtig los: Melancholisch jiddische Lieder wie »*My Yiddische Momme*« wurden zum Mambo umfunktioniert, mehrere zehntausend Platten wurden verkauft. Kompositionen für die ganz Großen machten Irving wohlhabend: Guy Lombardo sang sein »*Managua, Nicaragua*«, Dinah Shore nahm »*Chantez, Chantez*« auf und Louis Armstrong einen Song namens »*Cheesecake*«.

Wenn Irving mal keine Musik machte, ausnahmsweise, spielte er Golf.

Ach, und wie das Leben so spielt: Man ist jung und denkt, man habe ewig Zeit – und dann hat man ja auch noch tatsächlich ewig Zeit, wird also allen Ernstes 100, und trotzdem rauscht das alles nur so vorbei.

Die erste Ehe beispielsweise, ein Fehler. 1952 heiratete er Jane, die Hochzeitsreise führte sie ins Royal Hawaiian Hotel in Honolulu, aber schon nach sechs Monaten wollte Irving eigentlich nur noch die Scheidung. »Das erste Kind war unterwegs, darum hatten wir geheiratet, zu schnell. Wir hatten uns gar nicht viel zu sagen, und dann stritten wir nur.« Dann kam die Scheidung doch, nach zwölf Jahren, und wenn er überlegt, was er bedauert, dann sagt Irving Fields: »Ich bedauere, meine erste Frau geheiratet zu haben.«

Es gab dann eine zweite Frau, glücklicherweise. Blond, blauäugig, Ruth ist jetzt auch schon 85, »aber sie sieht wie 65 aus«, sagt Irving.

Seit 36 Jahren sind Irving und Ruth verheiratet, sie trafen sich in einem Hotel, in dem er zunächst wie immer für alle spielte und schon bald nur noch für Ruth. »Sie ist so eine wundervolle, wundervolle Person.« Und sie hört ihn noch immer spielen, so oft es geht, sitzt dann in der Nähe seines Flügels und lauscht.

Wenn er über seine Musik redet, schließt Fields die Augen. Er weiß, dass er nicht mehr so gut ist wie früher. Langsamer. Und die Arthritis quält ihn, sie ist inzwischen überall. Aber dieses Talent ist das Geschenk, das Gott ihm gemacht hat, und wenn er spielt, dann fühlt Irving sich jung, dann möchte er stundenlang weitermachen, mit Gershwin beginnen, seinem Lieblingskomponisten, und improvisieren, einfach sehen, wohin es ihn in dieser Nacht führt. Er komponiert auch noch, notiert und sammelt Ideen. Was für ein vielseitiges Instrument so ein Klavier doch ist, in Wahrheit ist ein ganzes Symphonieorchester in diesem einen Instrument versteckt – und ein Pianist, der weiß, was er tut, dirigiert eben dieses Orchester.

Wenn er heute spielt, sagt er, dann ist das wie »ein Carnegie-Hall-Konzert in einem Restaurant. Die Menschen stehen auf und applaudieren. Und ich frage sie: Möchten Sie Ihren Chopin roh, *medium* oder *well-done*?«

Ja, schon klar, manche würden das trostlos finden: Hin und wieder sind die Restaurants leer, manche Gäste lästern und haben keine Ahnung. Doch Irving spielt immer weiter für alle, die ihn bezahlen; er hat auch für Donald Trump gespielt, acht Jahre lang und gern in dessen »Plaza«, und natürlich wollte Mister Trump von ihm bald Donald genannt werden.

»Ich werde ihn wählen«, sagt Irving in diesem Januar 2016.

Spürt er denn eigentlich, dass das Leben zu Ende geht, wie langsam auch immer?

»Manches wird sogar besser: Ich konnte jahrzehntelang eine schwierige Passage in Chopins Minutenwalzer nicht spielen, aber letztes Jahr ging es plötzlich. Trotzdem, ja, natürlich, dass ich schwächer werde, das spüre ich. Ruth ist neulich von einem Bus angefahren worden und wird deswegen behandelt. Vor einem Jahr bin ich in der Dusche gestürzt. Meine wirklich großen Erfolge liegen weit zurück, in den Vierzigern, Fünfzigern, Sechzigern. Ich bin ein Mann des Telefons, kein Mann des Faxes oder des Computers.«

So ist das. Und ist das nun traurig? Oder ist es einfach nur das Leben, wie es halt kommt?

»Es geht in meiner Musik um den einen Mann, der immer weitermacht«, sagt Irving Fields, »so lange, bis er nicht mehr weitermachen kann.«

Sieben Monate lang konnte Irving Fields nach unserer Begegnung noch weitermachen. Er starb am 20. August 2016 in seiner Wohnung in Manhattan.

Die Weisheit des Alters, IX.

1. Ein Sinn für Humor ... und du bekommst
   niemals Magengeschwüre.
2. Denk nach, ehe du dich entscheidest.
   Sieh hin, denke, handle.
3. Sei der erste, der Hallo sagt ...
   mit einem Lächeln und einem Leuchten.
4. Wenn ihr euch streitet, wechsle das Thema.
5. Um erfolgreich zu sein ... verkaufe dich gut.
   Die Menschen bemerken es.
6. Wenn du am Morgen aufstehst:
   Sei freundlich zu allen.
7. Sei dankbar für all die Geschenke,
   die dir gemacht wurden.
8. Freu dich über den Erfolg der anderen.
9. Beneide niemanden ...
   so vielen geht es schlechter als dir.
10. Reisen sind wichtig, machen Freude, sind lehrreich.
11. Genieße jeden Tag voll und ganz.
12. Sei ein guter Zuhörer.
13. Iss vier Stunden bevor du zu Bett gehst.
    Dann verdaust du besser.
14. Bleib beschäftigt.
    Falls du in Rente gehst ... finde ein Hobby.
15. Triff keine Entscheidung im Rauschzustand.
16. Es ist ein Geschenk, wenn du deine Arbeit magst ...
    erledige sie jetzt und sofort.
17. Vergleiche Menschen nicht mit Dingen,
    die du kaufen kannst.
18. Tue täglich für irgendjemanden eine gute Tat.

Irving Fields

Der Menschenliebhaber

Was für eine Stimme! Tief, voll und ein bisschen heiser klingt sie, wir denken spontan an Leonard Cohen und dessen späte Aufnahmen. Aber dann ertönt plötzlich dieses Lachen, so herrlich dreckig und lebensvergnügt, ein ganz und gar unnachahmliches Gurgelgrollen. Um so lachen zu können, muss man wohl erst einmal 107 Jahre lang gelebt haben.

Joe Binder, geboren am 8. April 1910 in Brooklyn, New York, lacht viel an diesem Nachmittag im April 2017, er ist offen, herzlich und humorvoll, und es ist schlicht unmöglich, ihn nicht zu mögen. Listige, runde Äuglein blicken unter buschigen Brauen hervor, die Haare sind glatt zurückgekämmt, viele dunkle Flecken auf seinem Gesicht zeugen von nahezu elf gelebten Jahrzehnten. Joe sitzt an einem kleinen Tisch neben dem Bett in seinem Zimmer im *Providence Rest Care Center*, einem Seniorenheim in der Bronx. Seine Nichte Linda, 64, ist bei ihm, um seine Geschichte mit ihren Erinnerungen zu ergänzen, aber das ist dann kaum nötig.

»*Uncle Joe*«, sagt Linda, »wie bist du bis eins-null-sieben gekommen?«

Joe lässt sein Gurgellachen erklingen: »Ich vermute, alle anderen sind müde geworden, nur ich nicht.«

Mit einem gesunden Lebenswandel, so viel kann man sagen, hat Joes Langlebigkeit nichts zu tun. Er fing an zu rauchen, als er 13 war, und rauchte mehr als 30 Jahre lang. Als er aufhörte, war er immer noch von Rauch und von Rauchern umgeben, und seine Lungen nahmen Scha-

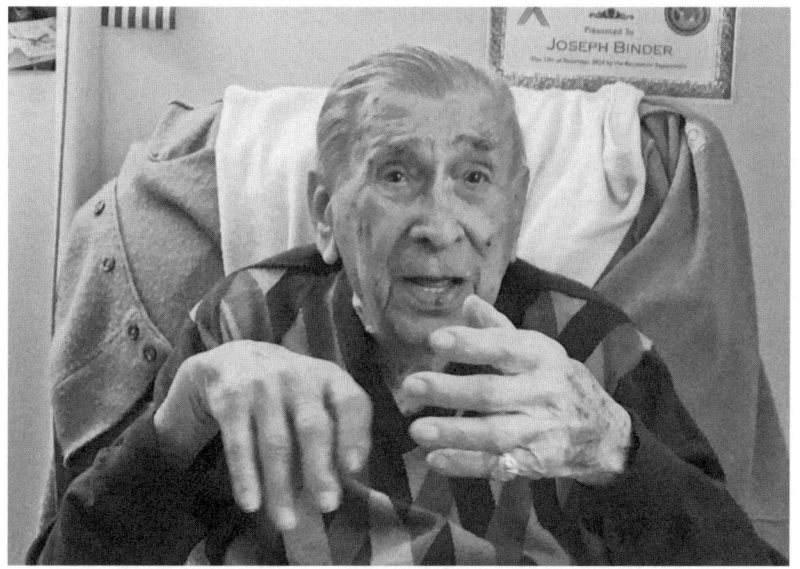

Joe Binder: »Bei einer Party kann man auch drei Gläser trinken.«

den; deshalb steht heute ein Sauerstoffgerät neben seinem Bett. Er liebt den Rotwein, ganz besonders den Chianti, ein bis zwei Gläser pro Tag trinkt er, »bei einer Party kann man auch drei Gläser trinken«, sagt er und gurgellacht.

»Und ein bisschen Hennessy hin und wieder schadet auch nicht.«

Er esse alles, sagt er, habe sein ganzes Leben lang alles gegessen, am liebsten Kutteln: »Wissen Sie, was das ist, Kutteln? Der Magen der Kuh. Sehr, sehr lecker.« Er liebt auch Pasta und Fisch. Steak sei ein bisschen schwierig zu kauen, mit 107, aber er esse es trotzdem.

Joe Binder hat so ziemlich alle Regeln missachtet, die Altersforschern zufolge ein langes Leben begünstigen. Er konnte sich das deshalb erlauben, weil er wohl besondere Langlebigkeitsgene hat. Wie alt genau seine Eltern, jüdische Einwanderer aus Russland, wurden, das weiß er nicht mehr, aber er vermutet, dass beide weit über 80 waren, als sie starben. Seine ältere Schwester Ada starb mit 99, Faye, die jüngere, ist inzwischen fast 103, leidet allerdings an Demenz. Eine dritte

Schwester, Sue, starb kurz vor ihrem 97. Geburtstag, und Max, der kleine Bruder, wurde immerhin 90.

Wissenschaftler brennen darauf, Joes Gene zu durchleuchten – immer wieder bitten ihn Universitäten und Forschungseinrichtungen, dass er an ihren Studien teilnehme. Er lehnt jedes Mal ab, höflich und bestimmt: »Ich möchte nicht, dass sie Nadeln in mich stecken und so was.«

Joe hatte, von außen betrachtet, eine schwere Kindheit. Mit acht Jahren musste er arbeiten gehen; so arm waren seine Eltern. Sein Vater war tagsüber Schneider. Abends, wenn er zu seinem zweiten Job in einem jüdischen Theater ging, musste der kleine Joe mitkommen und helfen. Manchmal durfte Joe als Statist auf der Bühne stehen, ohne etwas zu sagen.

Seine Mutter war Hausfrau, aber sie ging putzen, um ein paar Groschen zu verdienen. »Sie kannte einen Hufschmied in der Nachbarschaft«, erinnert sich Joe, »zu dem schleppte sie mich, wenn ich einen Haarschnitt brauchte, denn er verlangte kein Geld dafür. Ich wollte nicht dorthin gehen. Er setzte mich auf einen Hocker und rückte mir mit diesen riesigen Scheren zu Leibe, die er für die Pferde benutzte.«

Joe und seine Geschwister mussten auch der Mutter bei der Arbeit helfen: Sie schnitten kiloweise Erdbeeren klein, kochten sie zu Marmelade ein und verkauften die Marmelade. Ganze Nächte verbrachten sie damit, Zitronen und Orangen zu schälen, die anschließend in einer Sirupfabrik verarbeitet wurden. »Es kam einfach nicht genug Geld herein«, sagt Joe. »Meine Eltern wollten, dass ich zur Schule ging, aber mit 14 brach ich die Schule ab, um ihnen zu helfen.« Er bekam einen Job in der Sirupfabrik: Flaschen auswaschen.

Er sagt dennoch, seine Kindheit sei glücklich gewesen. Und fährt fort, als sei das kein Widerspruch: »Wir haben hart gearbeitet. Wir lebten in Ghettos. Es gab eine italienische Nachbarschaft, eine polnische, eine jüdische, alle nebeneinander. Ich mochte Baseball, aber ich hatte nie die Gelegenheit, zu einem Spiel zu gehen.«

Einmal fragte er seine Mutter, warum er nicht, wie die anderen Kinder, eine Großmutter habe. »Du hast auch eine«, antwortete die Mutter,

»aber als deine Großmutter nach Ellis Island kam, hatte sie Probleme mit ihren Augen und wurde zurück nach Russland geschickt.«

»Oh, wirklich?«, ruft Linda, die Nichte, »das hast du mir nie erzählt!«

»Wie grausam«, sagen wir.

»Ja, ja«, sagt Joe, versonnen, »das erinnert mich an einen Witz.« Er kichert.

»Ein jüdisches Paar spaziert durch Chinatown. In einem Schaufenster sehen sie ein Schild: Max Platnik, Wäscherei. Sie sind neugierig, gehen hinein und verlangen nach dem Besitzer, Max Platnik. Sind Sie jüdisch?, fragen sie ihn. Nein, sagt Max Platnik, ich bin Chinese. Aber wie kommt es dann, dass Sie Max Platnik heißen? Er sagt, oh, als ich nach Ellis Island kam, fragte der Offizier den Mann vor mir nach seinem Namen. Max Platnik, sagte der Mann. Dann fragte der Offizier mich, und ich sagte: Sam Sing.«

»Sam Sing«, das müssen deutschsprachige Leser wissen, klingt auf Englisch wie »same thing«, »das Gleiche«. Joe fährt fort:

»Also notierte der Offizier ›Max Platnik‹, und seither heißt der Chinese Max Platnik.«

Joe lacht, und die traurige Geschichte der Großmutter ist hiermit vergessen.

»So war er schon immer«, sagt Linda, »seit ich denken kann. Es gibt ein Foto von ihm, da ist er 13 und hat den gleichen fröhlichen Gesichtsausdruck wie jetzt.«

»Ich mochte die zwanziger Jahre«, sagt nun Joe ein klein wenig abrupt, »denn in der Sirupfabrik verdiente ich drei Dollar pro Woche.« Zwei davon gab er den Eltern, der dritte war für ihn: »An den Sonntagen verabredete ich mich immer mit einem Mädchen, und wir machten Ausflüge nach Coney Island«, erzählt er. »Wir fuhren mit der Bahn, für 5 Cent pro Person, gingen zu *Nathan's* und kauften Würstchen und Malzbier, 15 Cent pro Person, später eine Cola für 5 Cent, noch etwas Schönes für 10 Cent, und nach der Rückfahrt hatte ich immer noch 20 Cent übrig!«

In den dreißiger Jahren entdeckte er ein weiteres Vergnügen: tanzen gehen, mehrmals pro Woche. Und da, in einem Tanzsaal, traf er Angelina, ein hübsches, dunkelhaariges Mädchen, Tochter italienischer Einwanderer, katholisch, sieben Jahre jünger als er. Sie tanzten, wieder und wieder. Später begleitete er sie nach Hause, zu Fuß, danach wanderte er zurück zum Tanzsaal, zu seinen Freunden.

Das wiederholte sich einige Male, bis Angelina ihn eines Abends fragte: Stimmt etwas nicht mit mir?

Joe, verwirrt, fragte zurück: wieso?

Und Angelina sagte: Du hast mich jetzt schon so oft nach Hause gebracht, aber du wolltest mich nie küssen. Stimmt etwas nicht mit mir?

Joe beruhigte sie: Mit dir ist alles in Ordnung, ich war nur respektvoll.

»Das war lustig«, sagt Joe jetzt. Und ja, er hat sie dann wohl doch geküsst. Und vier Jahre später geheiratet.

Die Hochzeit war 1940. »Wir hatten unsere Aufs und Abs«, sagt Joe, »aber im Großen und Ganzen ging alles gut. Was Kinder betraf, entschieden wir uns dagegen. Ich ging zur Navy und wollte nicht, dass sie einen Mühlstein um den Hals hatte, für den Fall, dass ich nicht zurückkäme. Und als ich zurückkam, war es zu spät, wir konnten keine Familie mehr gründen. Aber es war gut, wie es eben war.«

»Und du hattest uns, Onkel Joe«, wirft Linda ein, »deine Nichte und deine Neffen.«

Während der Kriegsjahre war Joe in Little Creek, Virginia, stationiert, als Koch bei der Navy. Er rechnete damit, irgendwohin geschickt zu werden, nach Europa oder nach Asien. »Aber gerade als wir in See stechen sollten, endete der Krieg«, sagt er.

Er zog mit Angelina in die Bronx und heuerte wieder in der Sirupfabrik in Brooklyn an. Er war nun für den Schokoladensirup verantwortlich. Angelina arbeitete als Kellnerin in Manhattan. Sie hatten nicht viel, aber sie führten ein Leben, das sich wohl »gesellig« nennen lässt, scharten Freunde und Verwandte um sich. Joe liebte es, Gäste zu unterhalten, mit Witzen und mit Musik: Er spielte Trompete, Banjo, Ukulele und Gitarre. Ukulele spielt er bis heute, auch wenn es, so sagt er, mit alterskrummen Fingern nicht mehr so leicht gehe wie früher.

»Eine gute Ehe ist eine zweiseitige Angelegenheit«, sagt Joe, »manchmal geht man einander auf die Nerven, aber wenn man das überwinden kann, hat man eine glückliche Ehe. Man muss vergeben und vergessen können.«

47 Jahre lang waren sie verheiratet. Angelina starb mit 70 Jahren an den Folgen von Diabetes. Nach ihrem Tod zog sich Joe zurück, ging jahrelang nicht mehr aus. »Aber ein Freund von mir hatte ein Orchester und fragte mich irgendwann, ob ich mitmachen würde«, erzählt er. Er gab sich einen Ruck, ging hin und stellte fest, dass es ihn freute, unter Menschen zu sein.

Heute gibt es eine, nun ja, ziemlich junge Frau in seinem Leben. Annette ist nicht einmal halb so alt wie er, 53, und die »New York Times« enthüllte, dass Annette gern mit Joe tanzen gehe. »Ich nenne sie *my lady friend*«, sagt Joe und lacht. Er zeigt auf ein Foto, das neben anderen hinter seinem Bett hängt, eine lachende Frau mit roten Haaren.

Inzwischen besucht Annette ihn hier im Heim, einmal pro Woche. Manchmal begleitet sie ihn auch – Joe jedenfalls geht noch immer zweimal pro Woche aus, mittwochs zu Mario, samstags ins »Rigoletto«. Das sind seine Stammlokale, er ist mit den Wirten und mit vielen Gästen befreundet. Bei Mario arbeitete er 17 Jahre lang als Parkplatzwächter, von 85 bis 102 – weil es so nett war, mit den Gästen zu plaudern. Auch mit 102 hätte er gerne noch weitergearbeitet, aber seine Lungen machten nicht mehr mit: Er bekam schlecht Luft, fühlte sich manchmal wackelig und fürchtete, dass er hinfallen und nicht mehr aufstehen könnte. Darum kündigte er, schweren Herzens, und zog ins Seniorenheim.

Er will sich nicht beschweren, nur … all diese alten Bewohner, 20 oder 30 Jahre jünger als er, die hier bloß herumsitzen und kaum noch sprechen können, und dann stirbt einer nach dem anderen – das deprimiert ihn manchmal. Umso wichtiger ist es ihm, regelmäßig rauszukommen, unter Leuten zu sein, die mit ihm lachen und Kutteln essen und Wein und Whisky trinken und sich des Lebens freuen, so wie er, Joe Binder, 107, der unverbesserliche Liebhaber der Menschen und des Lebens.

Die Weisheit des Alters, X.

»Ich bin gut zu den Menschen, ich trage ihnen nichts nach.
Wenn du geschlagen wirst, hältst du die andere Wange hin.
Du hältst sie immer wieder hin, und auf lange Sicht
wird dir alles vergolten werden.
Ich mag es, die Menschen zu unterhalten. Das ist alles, was ich tue:
Ich helfe, auch wenn ich getreten werde. Ich helfe.
Meine Wangen sind immer noch in Ordnung.«

Joe Binder

Arbeiten, weiter und immer weiter arbeiten

Es ist noch kalt an der amerikanischen Ostküste. Wir stehen vor dem *Emerson Senior Center* und treten von einem Bein aufs andere, warten, warten, warten, aber die Krankenschwester Kathryn Hodges hat uns vergessen. Das Emerson Senior Center ist ein schmuckloses Gebäude aus rotem Backstein, plump auf einen Parkplatz gebaut, vor der Tür steht eine amerikanische Flagge.

Es wird nicht wärmer.

Nebenan ist die *Emerson Public Library*, alle dort kennen die Krankenschwester Kathryn Hodges, gesehen allerdings hat sie heute noch niemand. Wir suchen sie telefonisch. Erreichen sie nicht. Erreichen aber eine Kollegin. Stunden vergehen.

Dann: welche Erscheinung.

Ein braun-schwarzer Kasten von einem Auto, ein 25 Jahre alter *Buick Roadmaster*, rast auf den Parkplatz, kommt quietschend zum Stehen, hinter der Windschutzscheibe klemmt ein Behindertenausweis, auf dem Nummernschild steht »Grampie«. Und da ist sie nun: weiße Löckchen, blaue Augen, blauer Lidschatten, schwarzer Faltenrock, schwarzer Rolli, schwarzes Jäckchen, rote Handtasche, schwarze Stiefel. 97 Jahre alt in jenem April 2017. Gestatten: Kathryn Hodges, Krankenschwester in Emerson seit 1967 und bis zum heutigen Tag.

Und ja, sie hatte uns vergessen. Tut ihr leid. Denn ja, das Leben ist ja so hektisch. Und ja, das hat nämlich nicht aufgehört, das soll auch gar nicht aufhören, der ganze Trubel hält schließlich jung.

Kathryn Hodges: »Jetzt bin ich einsam.«

Kathryn, genannt Kay, stammt aus Union City, New Jersey, aber seit vielen Jahrzehnten wohnt sie hier, in Emerson, in ihrem Häuschen. Sie hat gleich zwei Söhne namens James, James Bradford und James Donald Bradford, 65 und 60 Jahre alt, Klempner ist der eine, Angestellter bei einem Bestattungsunternehmen der andere. Sie hatte auch einen Ehemann, Donald Bradford, doch der ist seit vier Jahren tot.

Und ja: Auch wenn das Leben hektisch und voll bleibt, auch wenn Kay noch immer Blutdruck und Fieber misst, als würde sie niemals altern, auch wenn sie darum kämpft, ihre Form und ihre Fassung zu erhalten – nichts ist wie früher, seit Donald tot ist. Es war ein gemeinsames Leben gewesen, und nichts anderes als diese Gemeinsamkeit war mehr vorstellbar – was aber macht die eine dann, wenn der andere gegangen ist?

Sechzehn Jahre alt war sie, als sie einander in der Highschool trafen. *Sweethearts ever since.* Bis dahin war das Leben eher dunkel gewesen, geprägt von Armut und Konventionen. Emerson hieß damals *Frogtown* und war italienisch-katholisch geprägt, »nichts von alldem war hier«, sagt Kay und zeigt auf die Straßen und Gebäude ringsum. Der Vater hatte die Schule nach der fünften Klasse verlassen, um sich um seine kranke Mutter zu kümmern, wurde deshalb nur Elektriker, und das Amerika der Großen Depression belohnte solchen Familiensinn nicht. Der Vater war viele Jahre lang arbeitslos, nahm dann jeden Job an, den er kriegen konnte. Meist hatten sie irgendetwas zu essen, aber ein ständiger Behelf war es doch.

Kay, die damals noch Kathryn Apply hieß, schloss die Westwood Highschool 1937 ab. Sie musste noch ein Jahr lang warten, bis sie nämlich 18 Jahre alt war, erst dann durfte sie im Hackensack Hospital ihre Ausbildung zur Krankenschwester beginnen; 1941, kurz vor den Angriffen auf Pearl Harbor, war sie damit fertig.

Und dann, 1942, kam die Heirat mit Donald. Sie waren 22 und 23 Jahre alt. Bei der Hochzeit trug er einen blauen Matrosenanzug, und er blieb die folgenden 20 Jahre lang in der Navy. Später in jenem Jahr 1942 war er auf einem Zerstörer im Atlantik unterwegs, als ein deutsches U-Boot sie fand. Ein Torpedo. Viele Tote. Viele Rettungsboote sanken. Noch mehr Tote. Donald überlebte. »In den Jahren danach war er der Privatsekretär von elf Admiralen«, sagt Kay. Sie sagt das in diesen Stunden mehrfach, es ist auch ihr Erfolg, auch ihr Stolz.

Und sie stöhnt viel, sagt mehrfach, es reiche ihr nun eigentlich.

Wollen Sie 100 Jahre alt werden, liebe Kay?

»Ach«, sagt sie, »was auch immer der gute Herrgott entscheidet. Ich vermisse meinen Don. Er war ein guter Mann. Jetzt bin ich einsam. Ich wache am Morgen auf, und er ist nicht da, ich gehe am Abend ins Bett, und er ist nicht da, und die Zeit dazwischen muss ich irgendwie ausfüllen. Es ist nun ein Leben des Gebens und nicht mehr des Nehmens.«

Also arbeitet sie und arbeitet, und sie gibt Interviews. Fototermine hat sie auch. Was für eine schöne amerikanische Geschichte dies aber auch ist: die 97-jährige Krankenschwester von Emerson.

Oder der 104-jährige Friseur von New Windsor im Bundesstaat New York, eine Stunde nördlich von New York City und nicht weit entfernt von Schwester Kay, 60 Autominuten nur.

Anthony Mancinelli geht an jedem Morgen zunächst zum Grab seiner Ehefrau Carmella, und dann steht er Tag für Tag, fünfmal die Woche, von zwölf Uhr mittags bis 20 Uhr abends, mit seinem Handtuch über der Schulter und dem Handwerkszeug am Gürtel in jenem Salon, der aussieht wie Tausende *barber shops* in den USA. »*Fantastic Cuts*« heißt der Laden, er liegt in einem Einkaufszentrum.

Anthony schneidet seit 93 Jahren Haare und stutzt seit 93 Jahren Bärte: Er begann als Elfjähriger in einem Laden um die Ecke – damals, das hat die »New York Times« nachgerechnet, die Anthony zum nationalen Helden machte und der er erstmals seine Geschichte erzählte, hieß der Präsident der USA Warren Harding. Anthony sagt, er habe seine Arbeit stets gemocht und sei nie gedrängt worden; aus angeblich ganz und gar eigenem Willen brach er die Highschool ab, um (damals für 25 Cent pro Kunde) Haare zu schneiden. Das brachte ihn schon 2007 ins Guinness-Buch der Rekorde, da war er erst 96 Jahre alt – und selbstverständlich hält er den Rekord auch weiterhin, er baut ihn ja täglich aus.

Er redet allerdings nicht so gern. Reporter müssen sich schon für 19 Dollar die Haare von ihm schneiden lassen, um ein paar Fragen loszuwerden. Und da steht er dann, leicht gebeugt, in Jeans, Hemd und ausgetretenen Schuhen, mit vollem, weißem Haar und schnippelt mit sicherer Hand und murmelt seine Antworten.

No, Sir, er hat nichts Besonderes dafür getan, so alt zu werden, kein Sport, nichts Verrücktes. Anthony hat einfach immer gearbeitet und Freude daran gehabt. Nie getrunken, nie geraucht.

No, Sir, die Eltern und die sieben Geschwister sind viel früher gestorben. Dünne Spaghetti hat Anthony in all den Jahrzehnten gegessen, damit er nicht dick wurde.

No, Sir, er nimmt keine Medikamente, trägt keine Brille, hat noch alle Zähne und keine Krankheiten. Zum Arzt gehe er nur, weil ihm seine Freunde sagten, er solle zum Arzt gehen, aber dann sage er dem

Arzt, er habe keine Schmerzen, keine Sorgen, keine Probleme. Verstehen könne das dann auch der Arzt nicht.

Und Anthonys Chefin, Jane Dinezza, sagt: »Er meldet sich niemals krank. Ich habe hier junge Angestellte mit Rücken- oder Knieproblemen, doch er macht einfach weiter. Er schafft mehr Haarschnitte als ein 20-jähriger Jungspund. Die sitzen da und gucken auf ihre Telefone, schreiben Textnachrichten oder was auch immer, während er arbeitet.« Anthony, so lässt sich das alles zusammenfassen, »hat ganz sicher die richtige Einstellung«, das sagt wiederum Jane, die Chefin.

Manches verbindet die beiden Helden der Arbeit, Kay und Anthony. Auch dieser nämlich arbeitet weiter, damit sein Leben noch einen Sinn hat – trotz der Einsamkeit. 70 Jahre lang war er mit Carmella verheiratet, aber nun ist Carmella seit 14 Jahren tot.

Und was tut man, wenn alles plötzlich so still und leer ist?

Wie kann es weitergehen?

Anthony hat sich damals ein Ziel gesetzt. Ganz bewusst. Er hat sich geschworen, das war kurz nach Carmellas Tod, dass er keine Hilfe in Anspruch nehmen, niemandem zur Last fallen wolle. Und seither kocht er sein eigenes Essen, und er macht die Gartenarbeit selbst und kümmert sich um das Häuschen, er kauft ein, macht auch die Wäsche, fährt noch immer selbst zum Friedhof und dann zum Friseursalon, und er frisiert sich sogar selbst. Wenn er findet, dass es gerade nichts zu tun gebe, was selten genug vorkommt, dann sieht er fern, am liebsten *Wrestling*, die amerikanische Art des Ringkampfs.

Manche Kunden kommen seit 60 Jahren zu ihm, sind etwas wackelig unterwegs, und dann hilft Anthony ihnen in den Stuhl und sagt: »Warte nur, bis du in mein Alter kommst.« Alle im Salon lachen.

Manche Kunden sind inzwischen natürlich auch die Enkel jener Kunden, die einst zu ihm kamen. Anthony sagt, er sei mit allen Moden des vergangenen Jahrhunderts klar gekommen, auch wenn er sie nicht alle gleichermaßen gemocht habe. »Er lässt nicht mal irgendjemanden die Haare zusammenfegen, die er geschnitten hat«, das sagte Bob Mancinelli, 81, der auch nicht mehr ganz junge Sohn Anthonys, der »New York Times«.

Selbstverständlich fragen all die Kunden, all die Journalisten Anthony nach Ratschlägen. Welche Creme, welches Essen, welcher Sport, welche Pillen, wie viel Schlaf? Er lacht dann und sagt: »Lebt einfach und tut, was ihr gerne tut.«

Als Anthony acht Jahre alt war, 1919, verließen seine Eltern Neapel und zogen mit der Familie nach Amerika. Sie landeten in Newburgh, New York, Anthony fing drei Jahre später mit dem Schneiden und Rasieren an. Er ist Veteran, war im Zweiten Weltkrieg, aber darüber ist leider nicht viel zu erfahren, denn der nächste Kunde wartet, und Anthony arbeitet lieber und hat keine Zeit für Gequatsche.

Die Modeberaterin von New York City wiederum tut beides gern. Sie fragt uns, und sie fragt sich selbst, warum sie noch immer arbeitet. Nach all den Jahren. Jahrzehnten eher. Nach all den Niederlagen, vor allem den Siegen, dem Triumph. Warum also arbeitet Betty Halbreich auch heute noch, zwölf Jahre vor ihrem 100. Geburtstag?

Sie sagt: »For sanity.« Und manchmal ist Englisch ja schlicht schöner als Deutsch. »Sanity« sagt alles, »sanity« klingt leuchtend wie der Titel eines Gedichts, doch wie übersetzt man es?

Für die geistige Gesundheit?

Für das innere Wohlergehen?

So vielleicht: Um nicht verrückt zu werden.

Eigentlich ist sie zu jung für uns, gerade mal 88 Jahre alt, wir wollen auf unserer Reise ja keine jungen Hüpfer befragen. Aber ihre spektakuläre Geschichte, das jedenfalls hofften wir nach der Vorrecherche, würde Betty Halbreich dennoch für dieses Buch qualifizieren.

Würde sie nicht mehr arbeiten, sagt nun Betty, dann würde sie zu Hause hocken und aus dem Fenster gucken und lesen, na ja, das immerhin schon, sie liest Franzen und alles andere, was gut ist, sogar die Deutsche Judith Hermann, sie liest, seit ihre Mutter in Chicago einen Buchladen führte, aber nur mit Büchern kann der Mensch auch nicht glücklich werden. Wenn sie nicht mehr arbeiten würde, sagt Betty, dann würde sie zu den Stimmen des National Public Radio irgendwann einschlafen und nicht mehr aufwachen, und kein Mensch würde es bemerken.

Betty Halbreich (l.): »Die meisten Menschen können sich selbst nicht sehen.«

Darum zieht Betty Halbreich weiterhin diese Stadt an.

»*Bergdorf Goodman*«, Ecke Fifth Avenue und 58. Straße, ist seit über einem Jahrhundert das teuerste, das edelste Kaufhaus von New York City. Es gibt keine Filialen in Brooklyn oder Harlem, keine Dependancen in Los Angeles oder Paris, geschweige denn Bielefeld oder Würzburg, es gibt auf der ganzen Welt nur diese acht Etagen des Originals. Und hier, im dritten Stock, in einem Eckbüro mit Blick auf den Central Park, zwei private Umkleidekabinen inklusive, residiert seit 40 Jahren Betty Halbreich; hierhin kommen die Schönen und Verzweifelten, all die Frauen dieser Stadt, die einerseits zu jenem einen Prozent gehören, das sich den Einkauf bei Bergdorf Goodman leisten kann, die andererseits aber trotzdem nicht wissen, was sie anziehen sollen. Wenn eine Dame also vor dem Date ihres Lebens nicht weiter weiß, dann gilt: *just ask Betty.*

Eine zierliche Person mit kurzen, silbergrauen, leicht gewellten

Haaren. Mit hellen, graublauen, weit geöffneten Augen. Mit kräftig-rotem, aber doch nicht grellem Lippenstift, feinem Lidstrich, reichlich Schmuck: runden Ohrclips, schweren Ringen und Armbändern, einer eher männlichen Uhr am rechten Handgelenk. Mit Ballerinas. Mit schwarzem Rollkragenpulli von Donna Karan und grauer Filzweste mit silbernen Knöpfen. Dies ist ihr Stil: Betty zieht sich klassisch an, man kann es auch klar oder eindeutig nennen, und all die Accessoires geben ihr dann das bunte Eigenwillige. Dem Alter, sagt sie, gebe sie nur ganz unten nach, an den Füßen: Bequemere Schuhe als früher dürfen es inzwischen sein.

»Ich bin nicht angetreten, um einzigartig zu sein«, sagt Betty uns in diesem Januar 2016, »und jetzt bin ich es, in diesem Alter. Es geht mir nicht mehr ums Verkaufen, denn wie viele Sachen brauchen wir schon wirklich in einem Kleiderschrank? Es geht mir um Stil. Ich bin sehr konservativ, doch mein Geschmack ist flexibel, ich kann Viele sein. Mein persönlicher Geschmack hat hier ja sowieso nichts zu suchen, es geht nur um die Kundinnen, die ich aus ihren Gewohnheiten her-ausführe. Ach, mir wurden hier acht Etagen geschenkt, mit denen ich spielen kann. Und mir werden sehr viele Frauen mit sehr seltsamen Körpern geschenkt.«

Ihr Büro ist nicht groß. Auf dem weißen Marmortisch liegen Bild-bände und Modezeitschriften, Fotos stehen da. Hell sind die Wände, hell ist der Teppich, einen Computer hat Betty nicht, der Computer steht auf dem Tisch ihrer Assistentin Denise, auch hier, im selben Zimmer. Und wenn eine Kundin anruft, gibt es einen Termin, dann die Beratung, den Gang durch die Etagen. Und Betty wird zur besten Freundin oder zur großen Schwester. Oder auch zur Therapeutin, An-wältin, Scheidungsberaterin. »Oder ich bin eine Ersatzfriseurin«, sagt sie, »ich höre zu, ich verschreibe, denn Kleidung ist ja auch Medizin, und ich halte ganz einfach den Spiegel. Die meisten Menschen können sich selbst nicht sehen.«

Aber es werden weniger Kundinnen, leider. Viele der Stammkundin-nen sind einfach nicht mehr da, »*long gone*«, wie es in Bettys Englisch heißt, »ich erinnere mich an die, an die ich mich gerne erinnere«, sagt

Betty, und selbst die Töchter der einstigen Kundinnen sind nun schon in den Fünfzigern. Betty hat Regeln: Die zweite Ehefrau eines spendablen Mannes kleidet sie dann nicht ein, wenn sie bereits die erste Ehefrau eingekleidet hat. Und auch die Geliebten bedient sie nicht. Frauen wie die Kunstsammlerin Jo Carole Lauder kommen vorbei, die sagt, sie möge es einfach nicht einzukaufen. Andere, die Geschäftsfrauen, haben nicht genug Zeit. Sie alle fragen Betty.

Das Wichtigste natürlich: ihr Ruf.

Betty Halbreich gilt als ehrlich, aber nicht als grausam. Sie hat einen warmen Blick, aber sie spielt ihren Kundinnen nichts vor. »Ich möchte, dass sie mir vertrauen, aber sie müssen mir nicht blind glauben. Wir haben Spiegel.« Der »New Yorker« beobachtete, wie Betty einer Kundin ein Kleid zunächst ausreden wollte, dann nachdachte, dann doch sagte: »Ach was, kauf es. Es ist nicht so schrecklich wie das, mit dem du hergekommen bist.« Sie lasse sich, so heißt es, von Marken nicht blenden und nennt durchaus auch Prada-Kollektionen »Luxusgefängnismüll«. Sie prüft das, worum es ihr geht: Wie sieht das Kleidungsstück im Sitzen aus, wie im Gehen, wie ist es verarbeitet, wo wurde es produziert. »*Made in the U.S.A.*« hat Vorrang bei ihr. Sie sagt, der größte Fehler aller Frauen sei, zu viel zu kaufen, dabei gehe es doch darum, das Richtige zu finden; und natürlich erhöht gerade in einem Kaufhaus solch eine Einstellung die Glaubwürdigkeit. Ein bisschen sarkastisch, sehr humorvoll, kein bisschen zynisch sei Betty, das erzählen die Verkäuferinnen bei Bergdorf. Und, natürlich, fleißig.

Jeden Morgen um 8.30 Uhr ist sie hier, und dann streift sie durch alle acht Etagen, beginnt unten bei dem Schmuck und all dem Glitzerzeug, lässt auch den ganzen optischen Lärm der fünften Etage, jener für die Jugend, nicht aus, durchstreift die Schuhabteilung, die sie »den Süßigkeitenladen meiner Kundinnen« nennt, und endet oben bei Chanel und Lanvin. Täglich macht sie das deshalb, weil sie wissen will, was neu und was heute reduziert ist, was beliebt ist und was warum wie gehängt wurde. Modemagazine liest sie nicht, ihre Welt ist diese hier, und diese Welt ist groß genug.

Und so wurde Betty Halbreich zur Stylistin und damit selbst zum

Star. Sie zieht oder zog Candice Bergen, Meryl Streep und Joan Rivers an, suchte die Kleidung für Woody Allens Filme, für »*Gossip Girl*« oder »*All my Children*« aus. Und die Stylistin Patricia Field, die die vier Damen von »*Sex and the City*« ausstattete, ließ sich von Betty beraten. Honorare zahlen die Kunden Betty nicht, sie wird vom Kaufhaus bezahlt.

Betty Halbreich kam als junge Frau erstmals nach Manhattan, 65 Jahre ist das her. Schüchtern sei sie gewesen, ganz und gar unglamourös, sagt sie, »meine Mama funkelte und glitzerte deutlich mehr als ich«. Das New York jener Jahre sei ein wenig zivilisierter gewesen und ein wenig mehr insular als das moderne: Die Leute reisten zwar nach Paris und London, waren aber doch meistens hier und nicht auch noch ständig in South Carolina oder Colorado und sowieso nicht jederzeit in ihre Smartphones abgetaucht. Oh, wie sie das hasst, all die über Smartphones gebeugten Körper in den Straßen, es sei so würdelos, sagt sie, und »roh, roh, roh«.

Betty Stoll wuchs in Chicago auf, ihr Vater führte ein Kaufhaus und starb früh. Die Mutter, Carol, eröffnete den Buchladen, der eher ein Salon wurde, ein Treffpunkt. Mutter und Tochter rauchten; Betty raucht seit vielen Jahren nicht mehr, seit dem Krebs. Malerin oder Zeichnerin wollte Betty werden, aber dann verliebte sie sich oder wurde erwählt, es war wohl eher Letzteres. Ein erfolgreicher, älterer Mann und das Mädchen, das mit großen Augen in die große Welt zog.

Sie begegneten sich in Miami Beach, wo Betty mit ihrer Mama Ferien machte, weil die Mama die Tochter von dem aufdringlichen Nachbarsjungen daheim in Chicago fortreißen wollte. Sonny Halbreich, Sohn des Hoteldirektors, ließ einen Boten zu Betty marschieren: »Der Sohn des Chefs würde Sie gern sehen.« Sie war 18, er war 27.

Sonny Halbreich führte eine Firma, die Bademäntel, Schlafanzüge, Hausmäntel produzierte. Sie heirateten, er arbeitete, sie blieb zu Hause. Er fragte seine Frau nach ihrer Meinung, weil er merkte, dass sie Gespür hatte, aber der Chef der Familie war der Mann. Zwei Kinder kamen zur Welt, Kathy und John, beide heute über sechzig, Kathy wurde Direktorin des *Museum of Modern Art* in New York.

Betty hatte alles und wollte doch mehr, so beschreibt sie es, und auf den Cocktail-Partys hörte sie die Frage: »Was machst du?« Dann auch diese Frage: »Hättest du nicht Lust auf ...?« Und ja, Betty wollte mehr als nur Hausfrau sein, sie hatte Lust auf so vieles, und dann traf sie Geoffrey Beene, den Designer, das war der Anfang. In seiner Boutique. Die neue Mode von Geoffrey Beene zu verkaufen, das wurde ihr Job, sie liebte die Kleider.

Die Arbeit wurde wichtiger, die Ehe schwieriger.

Am Anfang hatte ihr Mann sie noch zur Arbeit gefahren und abends wieder abgeholt, aber, ja nun, wie soll sie es sagen? Sie sagt es so: »Er war ein sehr, sehr schöner Mann, den die Frauen liebten. Und er liebte die Frauen. Ich habe ihm viel verziehen. Nein, wir konnten nicht zusammenleben.« Sehr viel später fand sie einen Gefährten für die späten Jahre, aber das Hochzeitsfoto, Sonny und Betty Halbreich, steht noch immer in ihrer Wohnung in der Park Avenue. Vor zwölf Jahren starb Sonny an Parkinson.

Tee, Kaffee, Obst und Gebäck werden nun gereicht. Altes Porzellan. Silber.

Es ist 40 Jahre her, dass eine Freundin von einer neuen Führungsmannschaft bei Bergdorf Goodman hörte und Betty den Tipp gab. Sie ging zum Vorstellungsgespräch. Der alte Mr. Goodman befragte sie, und dann gaben sie ihr die neue Geoffrey-Beene-Abteilung. 200 Dollar pro Woche. Sie muss gut gewesen sein, denn nach nur einem Jahr schlug sie der Geschäftsführung vor: »Ich kann euch von größerem Nutzen sein. Lasst uns eine persönliche Einkaufsberatung starten.« Die Geschäftsführung sah den Nutzen, der gewünschte Spezialauftrag kam: »*Betty Halbreich's Solutions*« wurde gegründet.

Ihr Neuanfang.

Ihr zweites Leben, das wahre.

»Es war ein Spiel«, sagt sie, »ein lustiges Spiel. Heute frisst leider das Fernsehen die Mode auf, alle Menschen wollen gleich aussehen. Lässig, jung. Früher musstest du nach Hause gehen und dir Zeit nehmen: dich schminken, dich ankleiden, du hattest Abendkleider, heute gilt das alles als Zeitverschwendung. Dann soll es eben so sein, und wenn die Menschen damit wirklich mehr Freude haben, dann ist es sogar richtig so.«

Algorithmen schlagen den Menschen heute vor, was sie kaufen sollen, so funktionieren Amazon, Net-a-Porter oder Stylebop. Betty Halbreich versteht das nicht: »Und dann werden Lkw-Ladungen voller Kleidung zurückgeschickt. Wie soll das gehen? Einzukaufen, ohne etwas zu fühlen, ohne es anzufassen, anzuziehen? Ich muss doch die Nähte spüren.«

Manchmal, im Park, sitzt Betty eine Stunde lang neben einem Fremden, und erst nach dieser einen Stunde bemerkt sie, wie die Welt sich verändert hat: »Mein Nachbar trägt kurze Hosen. Können Sie sich das vorstellen? Ein erwachsener Mann in Shorts!«

Und an all die Schönheitsoperierten kann sie sich nicht gewöhnen, das sei beängstigend, »es ist doch unbeschreiblich nett, in Würde zu altern«, sagt sie.

Und nein, das sagt sie gleich danach, ans Aufhören denke sie nicht, wieso denn auch. Das hier ist das, was sie tut, und es ist das, was sie ist: Es ist der Sinn ihres Lebens.

Ihre Aufgabe, ihr ikigai: Es macht sie stolz. Es erfüllt sie.

Die Kultur bei Bergdorf Goodman ist zwar längst eine andere geworden, *Corporate America*. Zahlen zählen. Aber Betty liefert Zahlen, zwei bis drei Millionen Dollar spielt sie Jahr für Jahr ein. Sie hat keine Pläne, irgendetwas anderes mit den ihr verbleibenden Jahren anzufangen.

Eine Augenoperation hat sie hinter sich, fünf Jahre ist das her; und den Brustkrebs. Sie passt auf sich auf, aber nicht manisch: Hier und dort ein Wodka, hin und wieder eine Süßigkeit seien schon okay. Ansonsten: viel Gemüse und wenig Fleisch, selbst gut kochen und Essen beim Lieferservice bestellen; wichtig: das beste und nicht das billigste. Und Bewegung natürlich. Betty nimmt bei Bergdorf Goodman die Treppen, nie die Fahrstühle, und sie trägt all die Kleider persönlich durchs Kaufhaus.

Wollen Sie 100 werden, Betty? »O Gott, nein. Aber die Zeit fliegt. Die Tage, die Wochen, sie rauschen dahin. Der eine Tag wird kommen, und ich hoffe, es wird auszuhalten sein, ich hoffe, es wird freundlich sein.«

Sind Sie religiös? »Nein, bin ich nicht.«
Sind Sie einsam? »Nie, keine Sekunde.«
Und glücklich? »Im Kontext meines Lebens, ja. Zufrieden. Ich wurde nicht dazu geboren, glücklich zu sein. Ich habe mich glücklich gearbeitet.«

Die Weisheit des Alters, XI.

»Sei mehrdimensional.
Verschaffe dir viele Möglichkeiten.
Tue das, was dich begeistert. Arbeite einfach weiter.
Strebe Bildung an, lasse dir Zeit, habe Geduld für deine Ausbildung.
Sei immer so frei, dass du dich bewegen kannst.«

Betty Halbreich

DES RÄTSELS LÖSUNG, VI.

Wer nicht altern will, muss rechtzeitig aus dem Leben scheiden; eine Alternative gibt es nicht.

Noch nicht, sagt Nir Barzilai.

Der israelische Mediziner Barzilai ist davon überzeugt, dass er und seine Mitstreiter in nicht allzu ferner Zukunft die Alternative finden werden, in Form eines Medikaments – eine Zauberpille gegen das Altern. Barzilai sieht das so ähnlich wie jene Forscher in Hawaii, die das Zaubermolekül Astaxanthin produzieren möchten. Er glaubt: Der menschliche Alterungsprozess lässt sich verlangsamen. Und Krebs, Herz-Kreislauf-Erkrankungen, Alzheimer und Parkinson, all diese Leiden, die das Altern zur Qual machen können – und die längst Volkskrankheiten sind, weil die Lebenserwartung der Menschen ja weiter und immer noch weiter steigt –, ließen sich dann um Jahre oder Jahrzehnte nach hinten schieben, vielleicht sogar ganz vermeiden.

Quacksalberei?

Anti-Aging-Gedöns?

Nir Barzilai, geboren 1955 in Haifa, ist ein durchaus seriöser Wissenschaftler, er leitet das Institut für Altersforschung des Albert Einstein College in der Bronx, New York City. Die erste Begegnung mit ihm fand dort in seinem Büro statt, im Sommer 2010, als Samiha ihn für die »Spiegel«-Geschichte über die drei uralten Geschwister Kahn befragte. Barzilai, klein und rundlich, mit vollem Haarschopf und Drahtbrille, hat einen erfrischenden Sinn für die gelegentliche Komik des Forscherlebens. Die meisten seiner Patienten gehören zu einer Gruppe, die in New York besonders zahlreich vertreten ist: sehr langlebige aschkenasische Juden.

Dass Barzilai die aschkenasischen Juden entdeckte, war Zufall, damals im Jahr 1993. Nach einer schillernden Karriere als Chefmediziner des israelischen Militärs und Forschungsaufenthalten an der Yale University wurde er ans Albert Einstein College berufen. Eigentlich waren Endokrinologie und Stoffwechselstörungen sein Fachgebiet, er beschäftigte sich mit den Wirkmechanismen von Medikamenten, die den Blutzuckerspiegel senken. Auch aus persönlichem Interesse: Eines dieser Medikamente, Metformin, nimmt er selbst, seit sein Arzt erhöhte Zuckerwerte bei ihm festgestellt hat. »Meine Mutter hatte Diabetes«, sagte Barzilai, »und ich habe vier von sieben Genen, die mit Diabetes assoziiert sind.« Metformin interessiert ihn heute noch mehr als damals, nun allerdings aus einem anderen Grund – doch dazu gleich mehr.

In New York also sah Barzilai all diese Uralten um sich herum; so faszinierend fidel wirkten sie, dass er beschloss, sie zu erforschen. Hunderte aschkenasische Juden im Alter von 95 bis 112 Jahren spürten er und seine Mitarbeiter auf, Hunderte Fragen stellten sie ihnen: zu Lebensumständen, Ernährung, Alkoholkonsum, Rauchen, körperlicher Aktivität, Schlaf, Bildung, Status und Spiritualität – in der Hoffnung, auf ein Rezept für Langlebigkeit zu stoßen.

Das Resultat war ernüchternd: »Es gibt keine Muster«, so sagte Barzilai bei jenem ersten Interview, »die üblichen Empfehlungen für ein gesundes Leben – nicht rauchen, nicht trinken, viel Sport, ausgewogene Ernährung, kein Übergewicht –, die gelten für uns Durchschnittsmenschen, aber nicht für sie.« Denn diese Hundertjährigen seien eine Klasse für sich. Barzilai holte Tabellen aus einer Schublade, rückte seine Brille zurecht und las vor: »Mit 70 Jahren waren 37 Prozent unserer Probanden nach eigener Aussage übergewichtig, 8 Prozent fettleibig. 37 Prozent waren Raucher, im Schnitt 31 Jahre lang. 44 Prozent sagen, sie hätten sich in Maßen bewegt. 20 Prozent haben null Sport getrieben.«

Dem Wissenschaftler war es wichtig, nicht missverstanden zu werden: »Der Lebenswandel trägt dazu bei, ob jemand mit 85 stirbt oder bereits mit 75.« Aber um hundert zu werden, brauche man offensichtlich noch etwas anderes: »Diese Menschen altern anders, langsamer. Am Ende sterben sie zwar an denselben Krankheiten wie wir – aber 30 Jahre später und meist schneller, ohne langes Dahinsiechen.«

Barzilai wollte entschlüsseln, wie die Hundertjährigen altern – und was Normalsterbliche von ihnen lernen können. Gibt es so etwas wie eine Hundertjährigen-Persönlichkeit?

Es ist eine naheliegende Frage, und natürlich hat sie Barzilai beschäftigt. »Ich weiß nicht, ob ich Ihnen 2010 davon erzählt habe«, sagt er sieben Jahre später, nun am Telefon, »aber wir haben seinerzeit auch mehrere Studien über Persönlichkeitsmerkmale von Hundertjährigen publiziert. Wir haben postuliert, dass es bestimmte Charaktereigenschaften geben müsse, und dass Hundertjährige besonders fröhlich, freundlich und offen seien.« Doch das, sagt Barzilai nun im Sommer 2017, sei leider bloß eine Hypothese und kaum zu belegen. Er hat seinen Humor nicht verloren, er erzählt, durchaus selbstironisch, von den Irrwegen der vergangenen Jahre: »Sehen Sie, eines Tages treffe ich diesen wirklich liebenswürdigen Kerl, 104 Jahre alt. Er hat die bestmögliche Persönlichkeit, verliert kein böses Wort über irgendwen, ist warmherzig und liebevoll. Er ist einfach der Beste, okay? Und dann gehe ich nach dem Interview aus seinem Zimmer und treffe auf seinen Sohn, der 82 ist, und plappere so etwas wie: ›Ihr Vater ist der wunderbarste Mensch, den ich je getroffen habe.‹ Und der Sohn schaut mich an und sagt: ›Sie hätten den Hurensohn sehen sollen, als er in meinem Alter war.‹«

Es ist schwer vorstellbar, wenn man einem weisen Hundertjährigen gegenübersitzt und von ihm lernen möchte, wie das Leben gelingt – aber natürlich ist es nicht ganz und gar ausgeschlossen: dass genau dieser milde, charmante Greis mit 20 ein Egomane war, mit 40 ein Lügner und Fremdgänger, mit 55 ein sarkastischer Chef, sogar mit 80 noch gehässig und abschätzig seiner Frau gegenüber.

Barzilai lacht. Er und sein Team hätten dennoch eine Menge aus ihren Persönlichkeitsstudien gelernt, sagt er, und zwar: Die Persönlichkeit sei nicht festgelegt, sie wandle sich bis ins hohe Alter – sogar noch zwischen 80 und hundert. »Es gibt Hinweise darauf, dass das Gehirn sich im hohen Alter verändert, auch wenn die mentalen Fähigkeiten erhalten bleiben«, sagt der Forscher. Er zitiert Untersuchungen, bei denen jungen und alten Menschen schöne und hässliche Fotos gezeigt werden, an die sie sich anschließend erinnern sollen. »Die jungen Leute«, sagt er, »erinnern sich tendentiell gleichermaßen an Gutes und Schlechtes. Die Alten erinnern sich hauptsächlich an die positiven Bilder.« In ihrem Gehirn müsse irgendetwas geschehen, das es ihnen erleichtere, ihren eigenen Verfall und die Verluste, die sie erlitten, zu ertragen. »Dass ihre Ehepartner sterben, zum Beispiel, oder dass sie von einem großen in ein kleines Haus umziehen müssen und dann in ein Heim.«

Was also können wir von den hundertjährigen Aschkenasim lernen?

Das Geheimnis ihrer Langlebigkeit, sagt Barzilai, liege in ihren Genen. Das gelte seiner Meinung nach auch für jene sagenumwobenen Weltregionen, wo die Menschen besonders alt würden, für *»longevity hot spots«* wie Sardinien oder Okinawa – auch in jenen Fällen gehe er davon aus, dass die Menschen besondere Gene hätten, die ihnen ein langes Leben ermöglichten.

»In Sardinien essen sie ja das gleiche Olivenöl wie anderswo in Italien, dieselbe Sonne scheint vom Himmel«, sagt Barzilai, »der einzige Unterschied ist: Die Leute heiraten untereinander und vererben ihre Langlebigkeitsgene. So entstehen Ansammlungen von Hundertjährigen.«

Bei den aschkenasischen Juden in New York haben Barzilai und seine Kollegen zwei Gen-Varianten entdeckt, die mit erhöhten Konzentrationen bestimmter Proteine einhergehen, die vor Herzkrankheiten schützen. Eine weitere Gen-Variante, die viele der hundertjährigen Probanden haben, sorgt dafür, dass die Aktivität eines bestimmten Wachstumshormons gebremst wird, das nicht nur Wachstumsprozesse beeinflusst, sondern auch das Altern. Insgesamt, so Barzilai, hätten Altersforscher in den vergangenen Jahren gut ein halbes Dutzend zelluläre Mechanismen gefunden, die auf unterschiedliche Weise das Altern beeinflussten.

Die Entdeckungen haben eine kühne Hoffnung geweckt: dass es möglich sei, diese Prozesse mit Wirkstoffen gezielt zu manipulieren – und somit auch bei Menschen ohne besondere Langlebigkeitsgene den Alterungsprozess zu bremsen.

Es wäre eine wissenschaftliche Sensation und noch viel mehr: Man stelle sich vor, alternde Gesellschaften wie die deutsche müssten nicht mehr fürchten, dass es mehr und mehr kranke, alte Menschen gebe und der Pflegenotstand sich darum stetig verschlimmere – weil die Menschen zwar weiterhin alt, aber viel seltener krank würden.

»Das Alter ist der größte Risikofaktor für alle altersbedingten Krankheiten«, so sagt es Barzilai, »und wir glauben, dass wir den Ausbruch all dieser Krankheiten verzögern können – mit einem Medikament, welches das Altern als solches bremst.«

Hier kommt nun wieder Metformin ins Spiel: »Es ist das Mittel der Wahl für Typ 2-Diabetes«, sagt Barzilai, »aber jüngere Studien zeigen, dass es all diese phantastischen Nebenwirkungen hat. Wenn man es nimmt und noch kein Diabetiker ist, beugt es Diabetes vor. Es schützt aber auch vor Herzkreislauf-Störungen. Und Patienten, die regelmäßig Metformin nehmen, erkranken seltener an Krebs und Alzheimer.«

Metformin sei bei weitem nicht der einzige Kandidat für ein Medikament, das die Zellen verjüngen könne, so Barzilai, aber es sei besonders günstig und gut verträglich. Deshalb planen er und sein Team nun eine weitere Studie: 3000 Probanden zwischen 65 und 80 Jahren sollen fünf Jahre lang Metformin oder ein Placebo bekommen – und am Ende, so die Hypothese, wird die eine Gruppe deutlich gesünder sein als die andere. »Eigentlich brauchen wir diese Studie gar nicht«, sagt Barzilai – nach all den früheren Studien, die zu Enttäuschungen führten, ist er sich diesmal ganz sicher, recht zu haben. »Wir machen sie nur, damit die Arzneimittelbehörde offiziell anerkennt, dass man das Altern medikamentös steuern kann.«

Etwa 70 Millionen Dollar werde die Studie kosten, schätzt Barzilai, das Geld hat er in jenem Sommer 2017 noch nicht beisammen, aber er klingt vergnügt. Eine Revolution wie diese geschehe eben nicht von einem Tag auf den anderen, sagt er, die Menschen müssten erst einmal verstehen, worum es gehe, und dann müssten sie lernen, das Altern ganz neu zu betrachten: als vermeidbare Mühsal.

Wird es so kommen?

Womöglich werden wir es erleben, sicher aber ist diese Zukunft gewiss nicht. Sicher ist nur die Gegenwart, auch die Gegenwart einiger sehr eigenwilliger alter Menschen in Deutschland – einer stolzen Dame in Lübeck, einer intellektuellen Dame in Salzwedel und zweier gläubiger Frauen in Ludwigsburg.

»Gott, wo willst du mich haben?«

LUDWIGSBURG

Durch das Fensterglas der Kapelle schimmert noch die schwarze Nacht. Es ist kurz nach sechs, Zeit für die Meditation. Noch vor dem täglichen Gottesdienst kommen die Nonnen in die Kirche, um gemeinsam zu schweigen. Wie müde Eulen hocken sie auf den vorderen Bänken, die Häupter geneigt, die Hände im Schoß gefaltet. Schwester Clara, 104, die schmalste von allen, hat in der zweiten Reihe Platz genommen. Sie hat den Kopf so tief in der Brust versenkt, dass es aussieht, als bohre sie sich in sich selbst hinein.

Ob sie wohl den Regen noch hört, der über das Dach rasselt?

Er wird lauter und lauter, unaufhörliches Grollen. Zehn Minuten lang? Zwanzig? Schwester Clara regt sich nicht. Ein Vogel zwitschert durch den Regen, dann werden die schwarzen Fenster blau. Die ersten Gottesdienstbesucher betreten die Kirche, ein Pastor den Altarraum. Erst eine Stunde später, als er die Kirche verlässt, dreht Schwester Clara sich um, ballt eine Faust, legt sie unters Kinn und drückt mit der Faust den eigenen Kopf hoch. Als sie lächelt, verschiebt sich alles in ihrem Gesicht, fast so, als würde die Rinde eines Baumes zum Leben erweckt. Fröhlich winkt sie einigen Besuchern zu. Dann wendet sie sich um und eilt zur Seitentür hinaus.

Wer an ein Kloster denkt, mag an prachtvolle Mittelalterbauten denken, mit hohen Türmen und weiten Bögen. Doch das Kloster in Ludwigsburg, in dem Schwester Clara lebt, erinnert eher an eine Jugendherberge. Ockergelb verputzt sind die Fassaden, im Speisesaal wird

Kräutertee aus Warmhaltekannen serviert. Idyllisch immerhin ist die Lage auf einem Hügel, zwischen Kiefern und Fachwerkhäusern, unten fließt der Neckar vorbei. Jetzt, im Winter, blühen auf den Wiesen die Schneeglöckchen, und im Sommer wächst auf den Hügeln der Wein. Ein sattes, süddeutsches Leben.

Die Sonne steigt über die Hügel und strahlt in den Gemeinschaftsraum. Hier sitzt nun Schwester Clara an einem Tisch, in der Hand hält sie einen Stickrahmen, weiße Blumen auf blauem Grund. »Edelweiß«, sagt sie, »wie daheim.« Die Stiche sind so präzise wie von einer Nähmaschine gestochen.

Schwester Clara wurde 1914 als Clara Friedmann in Basel geboren. Sie war erst 15 Jahre alt, als sie beschloss, Nonne zu werden. Ihre Eltern hatten sie zum Französischunterricht nach Le Havre geschickt, dort sank sie in einer Kirche auf die Knie, betete und fragte: »Gott, wo willst du mich haben?« Im Karmeliterorden, antwortete Gott, so erzählt es Schwester Clara heute. »Schwester zu werden, das sucht man sich nicht aus», sagt sie, »es zieht einen.«

Doch Clara Friedmann musste lange warten, bis sie ihren Dienst antreten konnte. Zuerst war sie noch zu jung, dann kam der Zweite Weltkrieg dazwischen. Zwar fielen keine Bomben auf Basel, aber die Angst und der Hunger krochen über die Grenze bis in das Haus ihrer Familie. »Die Hitlerzeit war schlimm«, sagt Schwester Clara und versenkt die Hände in ihrem Rock. »Wir hörten von der Judenverfolgung, von den Erschießungen. Und wenn ich mich in Basel auf die Anhöhe stellte, konnte ich sehen, was auf der anderen Seite der Grenze vor sich ging.« So blieb sie erst einmal das Fräulein Friedmann und verkaufte Waren in einem Lebensmittelgeschäft, um ihre Eltern zu unterstützen. Die Lebensmittelmarken verteilte sie an ihre sieben jüngeren Geschwister.

16 Jahre lang wartete sie darauf, ihr Leben als Nonne zu beginnen. »Geduld ist Gnade«, sagt sie und lächelt sanft. Als sie endlich den Zug ins holländische Sittard bestieg, um dort ins Karmeliterinnenkloster einzutreten, war sie 31 Jahre alt; es war der 13. November 1945, »ein Montag«. Vier Tage später kam sie in ihrem neuen Leben an.

»Bereut habe ich es nie«, sagt sie.

Warum tun Menschen so etwas? Warum entscheiden sie sich für ein Leben, das sie, von außen betrachtet, doch nur einengen kann? Warum unterwerfen sie sich freiwillig einem Alltag voller strikter Regeln und Gebote, warum ziehen sie sich in eine Umgebung zurück, die so viel kleiner und eintöniger erscheint als die weite, wilde, wunderbare Welt jenseits der Klostermauern?

Letztlich ist der Eintritt in ein Kloster ja nur der konsequenteste, wenn auch radikalste Schritt für einen wirklich gläubigen Menschen. Man könnte darum auch fragen: Wozu braucht der Mensch Religion? Warum glauben so viele, gerade die älteren, an einen Gott?

Der französische Philosophieprofessor Luc Ferry versucht in seinem Buch »*A Brief History of Thought*« zu erklären, wie das Christentum einst die Weisheit der – von ihm so geschätzten – alten Griechen verdrängen und seinen beispiellosen, mindestens fünfzehn Jahrhunderte währenden Triumphzug durch Europa antreten konnte. Der Hauptgrund sei, schreibt Ferry, dass das Christentum Antworten auf die große, existentielle Frage des Menschen nach seiner eigenen Sterblichkeit biete; Antworten, welche die alten Griechen schuldig geblieben seien. Und die so »attraktiv« und so »unverzichtbar« seien, »dass sie einen großen Teil der Menschheit überzeugt haben«.

Folgt man Ferrys Argumentation, war die christliche Lehre für viele Menschen der Antike zunächst einmal eine Aufwertung ihrer selbst. Denn mit dem Christentum etablierte sich der Gedanke, dass alle Menschen gleichermaßen Würde besitzen – eine fundamental demokratische Idee und ein maximal scharfer Kontrast zur aristokratisch-hierarchischen Gesellschaftsordnung der Griechen.

Neu und mutmaßlich eine Erleichterung für viele war auch dies: überzeugt glauben zu dürfen, statt ewig zu grübeln und nach Erklärungen zu suchen. »Selig sind, die da geistlich arm sind; denn ihrer ist das Himmelreich«, so sprach Jesus Christus. Wer nicht zweifelt und hadert und hinterfragt, der findet leichter zu Gott. Und dieser Gott der Christen ist nun weder abstrakt und abgehoben, noch zürnend und furchteinflößend, sondern milde und demütig – er steht für die Schwachen, die Elenden, die Ausgegrenzten. Hunderte Millionen Menschen erkannten und erkennen sich in ihm. Zumal der Glaube mit diesem überaus tröstlichen Versprechen einhergeht: Der Mensch muss, wenn er glaubt – auf ähnliche Weise verheißen dies auch Judentum und Islam –, nicht ganz und gar endgültig sterben. Er muss auch nicht verzweifeln, wenn seine Nächsten von ihm gehen, denn auch sie sind ja nicht auf ewig verloren: Wer nur von ganzem Herzen daran glauben kann, für den ist das Ende des irdischen Lebens nichts weiter als ein Übergang, in die Unsterblichkeit.

Ein verlockender Gedanke, gewiss. Und doch scheint er in unserer Zeit an Strahlkraft zu verlieren, weshalb das Leben, das Schwester Clara und die anderen Nonnen in Ludwigsburg führen, ein seltenes geworden ist.

Schwester Clara hat den Stickrahmen auf dem Tisch abgelegt. Sie hat wieder die Faust unter das Kinn geschoben, um den Kopf zu stützen. Immer schaut sie einen von unten an, wenn sie spricht. Es geht kaum anders, weil sie so klein ist, aber es erweckt den Eindruck, als sei sie ihren Gesprächspartnern ganz besonders zugewandt.

Bevor sie Provinzoberin wurde, war sie Gruppenleiterin in einem Kinderheim der Karmeliterinnen im schweizerischen Dietikon. Sie kümmerte sich jeweils um 16 Jungen gleichzeitig. »Ich war die Bubenschwester«, sagt sie, »Jungen sind nicht so selbständig wie Mädchen, sie brauchen eine Mutter.« Nachmittags half sie bei den Hausaufgaben, und am Abend erzählte sie den Jungen Indianergeschichten. »Wenn man lieb mit Kindern umgeht«, sagt sie, »befreit man sie von Kummer.« Wie viele Kinder hat sie aufgezogen? Sie lacht und wirft die Hände in die Luft. »Das weiß ich doch nicht mehr.« Es müssen weit über hundert gewesen sein.

Für sich selbst tat sie nicht viel. Wenn sie reiste, dann nur zurück nach Sittard, ins Mutterhaus. Ein einziges Mal war sie im Vatikan. Ins Kino ging sie nie, auch nicht in Konzerte. »Ich singe in der Kirche«, sagt sie, »Musik höre ich nicht.« Außer der Bibel liegt nur ein einziges Buch auf ihrem Schreibtisch, über die Berge ihrer Heimat. »Unsere Tage sind voll«, sagt Schwester Clara, »ich komme nicht zum Lesen.« Einsam hat sie sich so nie gefühlt. Auch jetzt haben sich ihre Mitschwestern um sie versammelt, sie lauschen und nicken. »Wir sind keine Freundinnen«, sagt Clara, »wir sind eine Gemeinschaft.«

Gemeinschaft bedeutet im Orden vor allem, sich um die anderen zu kümmern. Die Oberin, Schwester Edith, ist mit 61 Jahren die jüngste Bewohnerin. Fast alle anderen Schwestern sind über 70, zwei über 90 Jahre alt. Doch die Schwestern werden nicht gepflegt, sie pflegen sich gegenseitig.

Die meiste Hilfe braucht Schwester Bartholda, mit 107 Jahren nicht nur die älteste Hausbewohnerin, sondern die älteste Karmeliterin überhaupt.

Als sich die Nonnen zum Mittagsgebet wieder in der Kapelle versammeln, schiebt die Oberin Schwester Bartholda in einem Rollstuhl durch die Seitentür, hält für einen Knicks vor dem Altar, und parkt Bartholda neben sich, am Rand der Sitzbank. Konzentriert blickt die 107-Jährige durch ihre Hornbrille auf den Altar. Schwester Edith legt ein Gebetbuch auf ihren Schoß. Gemeinsam lesen sie die ersten Zeilen: »Nun ist die Welt nicht mehr so leer / nicht mehr die Last so drückend schwer / der Weg zum Vater steht uns offen.« Obwohl Schwester Bartholda ansonsten kaum noch etwas sagt … diese Worte spricht sie mit.

Später sitzt sie im Büro der Oberin, auf dem Schoß einen Schuhkarton. Zwischen den Lippen klemmt ein Streifen Papier, einen anderen hat sie in der Hand und schneidet ihn mit der Schere in kleine Schnipsel. Alle Schnipsel haben exakt die gleiche Größe. Zwei Zentimeter lang, knapp zwei Millimeter breit. Vor drei Jahren habe es angefangen, erzählt Schwester Edith, dass Schwester Bartholdas Bewusstsein allmählich verschwunden sei. Sie habe angefangen, ihre Kleidung zu zerschneiden. »Immerzu griff sie nach ihren Scheren. Da hatte ich die Idee mit dem Papier«, sagt die Oberin. Seitdem zerschnippelt Schwester Bartholda Tageszeitungen, Werbebroschüren, alte Briefe, manchmal stundenlang.

Als junge Frau war sie Schneiderin, da hieß sie noch Helma Beinlich. Helma war die Jüngste von zwölf Kindern, geboren in Breslau. Als

Schwester Edith sich ganz nahe an Schwester Bartholdas Ohr beugt und fragt, was ihr Vater beruflich gemacht habe, blickt diese auf und sagt laut und deutlich: »Post!« Die Arbeit des Vaters führte die Familie von Breslau ins Münsterland. Hier wuchs Helma auf, bis sie sich mit 20 Jahren entschloss, in Berlin ins Kloster zu gehen. In Kinderheimen der Karmeliterinnen verrichtete sie Hausarbeiten, flickte Hosen, nähte Kleider, viele Jahrzehnte lang.

Schwester Bartholda sei immer schon eine energische Frau gewesen, sagt Schwester Edith. Auf ihrem Schoß liegt ein Ordner mit Unterlagen aus dem Leben der Älteren. Schwester Edith liest einen Eintrag vor: Als junge Frau habe Bartholda einmal mit so viel Kraft an der Glockenstrippe der Kapelle gezogen, dass die Glocke abriss und durch den gesamten Vorraum flog.

Nach Ludwigsburg kam sie erst, als sie für die Arbeit in Berlin zu schwach wurde; da war sie 94 Jahre alt, und Ludwigsburg sollte ihr Ruhesitz werden. Aber ruhig zu sein, das hat sie nie gelernt. Sie braucht eine Aufgabe. Auch wenn ihr Kopf nicht mehr gut funktioniert, ein Gedanke scheint sie anzutreiben: Wer schneidet, wird gebraucht. »Der Glaube gibt Halt, die Gemeinschaft schenkt Geborgenheit«, sagt Schwester Edith, »doch erst die Arbeit gibt dem Leben Struktur.«

Die Oberin zählt sich selbst zu der letzten Generation von Nonnen, die auch deshalb ins Kloster eintraten, weil sie dort wichtige Aufgaben übernehmen konnten – und zwar, obwohl sie Frauen sind.

Clara und Bartholda stammen beide aus kinderreichen Familien, und in ihrer Jugend war es nicht üblich, dass Mädchen eine Ausbildung machen durften. Nonne zu werden bedeutete darum auch: Selbständigkeit.

Wie sich die Zeiten ändern. Und die Perspektiven.

Heute jedenfalls findet kaum noch eine junge Frau auf der Suche nach Selbstverwirklichung den Weg ins Kloster. »Es gehen nicht nur weniger Leute in den Gottesdienst«, sagt Schwester Edith, »auch der Orden hat Nachwuchsprobleme.« In Ludwigsburg wohnt eine Art Austauschschwester aus Nicaragua, die vergleichsweise jugendliche

49 Jahre alt ist. Aber wie lange sie hierbleiben möchte, weiß sie noch nicht.

»Ich weiß nicht, ob ich auch 100 werden möchte«, sagt Schwester Edith, »wer soll mich pflegen?«

Der Sinn von allem

Die Zeit ist so schnell vergangen – wenn ich dies geahnt hätte, also nicht nur theoretisch, sondern ganz bewusst verstanden hätte, hätte ich nicht so viel Zeit vergeudet, dann hätte ich meine Lebenszeit ganz anders gefüllt. Viele der ältesten Alten sagen uns dies: Wenn ich gewusst hätte, wie rasant selbst das lange Leben vorbeizieht, hätte ich es noch sinnvoller genutzt.

Was aber heißt das: »sinnvoll«?

Das ist nun, fraglos, die größte aller Fragen: Was ist der Sinn des Lebens?

Als Tragödie wurde das Leben einst gedeutet, von griechischen Autoren ebenso wie von Shakespeare, dessen Macbeth am Ende aller Morde und Intrigen seufzend aufgibt: Das Leben sei ja doch nur ein »wandelnder Schatten«, ein »armer Spieler«, eine Fabel, »erzählt von einem Idioten, voll von Lärm und Wut und nichts bedeutend«. Eine Absurdität war das Leben für dunkle Denker wie Samuel Beckett (dessen liebstes Wort »vielleicht« lautete), Jean-Paul Sartre (der menschliches Streben »nutzlose Leidenschaft« nannte) oder Albert Camus (der jahrzehntelang, ungefähr so effektiv wie Sisyphos, über den Mythos des Sisyphos nachdachte). Für diese drei Herren gab es weder Ziel noch Richtung noch Sinn; unsere Existenz auf dem Planeten Erde war sowieso Zufall und würde genauso zufällig irgendwann enden – Ende der Geschichte. Möglich ist, so schreibt es der britische Literaturtheoretiker Terry Eagleton, dass diese nihilistisch-dunkle Haltung mit den Völkermorden und Kriegen des 20. Jahrhunderts zusammenhänge – wenn, wie im Ersten Weltkrieg, Soldaten ohne Stahlhelme in Schlachten gegen Panzer geschickt werden, wird menschliches Leben verschwendet, dann ist es nichts mehr wert.

Das glatte Gegenteil des Absurden, nämlich vollendete Sinnhaftigkeit aufgrund ewigen Lebens in den unterschiedlich ausgestatteten Himmelreichen (oder durch fortwährende Weiterentwicklung mittels Wiedergeburt), predigen hingegen die Religionen. Der Kosmos und diese ganze überwältigende Schönheit der Welt müssen zweifellos einen höheren Grund und folglich einen Schöpfer haben; sonst könnte es sie ja nicht geben. Gott, so steht es schließlich in der Bibel, hat den Menschen aus reiner Liebe erschaffen, weshalb die Liebe zu Gott nun der Zweck unseres Lebens sei.

Dagegen steht das wahre Leben in unseren modernen oder auch postmodernen Zeiten: Gott mischt darin nur noch für die wenigsten mit. Fraglos sorgt die kapitalistische Moderne für einen Kälteschub und kaum mehr für Sinnhaftigkeit, nicht einmal für Solidarität. Gibt es heute also keinen Sinn mehr?

Oder sind Begriffe wie Natur, Selbstverwirklichung, Vernunft, Wissen, Status oder Macht, womöglich auch Kunst, Sex, Yoga oder Fußball an Gottes Stelle getreten?

Kann der Sinn des Lebens individualisiert, also von mir persönlich nur für mich ausgewählt werden, oder liegt es im Wesen des Begriffs, dass uns allen dieser Sinn vorgegeben sein muss, wenn es denn einen gibt?

Und kann es eigentlich nur einen Sinn geben? Oder gleich mehrere … nun ja, der Plural ist in diesem Sinne leider schief, eben: Sinne?

Machen wir also an dieser Stelle einen kurzen Exkurs in die Philosophie, in die Gedankenwelt kluger Männer (womöglich ja ebenfalls vorhanden gewesene kluge Frauen haben über die Jahrhunderte hinweg offenbar leider seltener ihre Gedanken notiert).

Für Sokrates (469 bis 399 v. Chr.) geht es im menschlichen Leben um das Streben nach Erkenntnis (»philos« heißt Freund, »sophia« ist die Weisheit). Er hält es mit seiner ewig schlecht gelaunten Xanthippe deshalb aus, weil ihn der eigene Humor und das Hinterfragen von allem, was auf den Plätzen Athens so üblich ist, vollkommen ausfüllen. Ein Leben ohne logisches Denken wäre für Sokrates kein Leben; und während in Athen der Wille der Mehrheit als Wahrheit gilt, denkt Sokrates, dass sich natürlich auch die Mehrheit irren kann; sie irrt sich sogar meistens und vor allem ganz am Ende, als sie nämlich Sokrates mit 280 zu 220 Stimmen wegen Gottlosigkeit und Verführung der Jugend zum Tode verurteilt. Der Philosoph könnte seine eigenen Thesen widerrufen, leert aber den Giftbecher und stirbt, so dürfen wir vermuten, als glücklicher Mann nach einem langen, erfüllten Leben. Und lernen können wir aus dieser Geschichte, dass der Sinn des Lebens gewiss nicht in Popularität liegen kann – denn die ist hohl, die ist nichts wert.

Aristoteles (384 bis 322 v. Chr.) verwebt Ethik und Politik und argumentiert, dass Glück in wahrhaft reifem Menschsein liege, doch großherzig, mutig und nobel kann nur jener Mensch sein, der auch frei leben und denken darf. »Alles, was auf der Welt ist, hat die Tendenz, nach einem Ziel zu streben«, schreibt Aristoteles und meint damit Perfektion, den bestmöglichen Endzustand, den Aristoteles »das gute Leben« nennt. Er überlegt dann, was uns von Pflanzen und Tieren unterscheidet, und folgert, dies sei unser Geist, unsere Vernunft.

Der Kollege Epikur (341 bis ca. 270 v. Chr.) hat ebenfalls nichts gegen das Nachdenken, aber den Sinn von allem sieht er doch anderswo: »Vergnügen ist der Anfang und das Ziel eines glücklichen Lebens«, sagt er und meint zuerst das Vergnügen guten Essens, denn damit fangen für ihn der Spaß des Daseins und alle Weisheit und Kultur an.

Auch Epikur hat Gegner, und diese unterstellen ihm, dass er Geld verschwende und Orgien feiere; über jenes Häuschen, in dem Epikur seine Freunde versammelt, wo sie sodann einen Garten anlegen, essen und fröhlichst philosophieren, werden wüsteste Geschichten erzählt. Die Intrigen stören die großen Geister nicht, und wahr ist eher, dass Sex und Völlerei in Epikurs Kommune keine wesentliche Rolle spielen. Schon ein Stück guten Käses macht den Meister glücklich. Und vor allem ist ja eben die Freundschaft »das größte aller Dinge«; die Freundschaft wird durch »die Weisheit herbeiführt«, damit wir das »Leben glücklich verbringen« – ohne echte und tiefe Freundschaft ist alles andere nichts.

Gleich nach der Freundschaft folgt die Freiheit. Epikur und seine Freunde halten sich von Aufträgen und Festanstellungen fern, weshalb sie zwar nicht reich werden, aber selbstbestimmt leben und denken können. Epikur denkt: »Es existiert im Leben nichts Quälendes für jenen Mann, der wahrlich verstanden hat, dass nichts Schreckliches darin läge, gar nicht zu leben.«

In Rom lebt dann Seneca (ca. 1 bis 65 n. Chr.), der ähnlich wie Epikur durchaus den Wohlstand und den Genuss schätzt, aber davor warnt, von Materiellem abhängig zu werden. Ganz generell rät Seneca zu Gelassenheit, denn die Zeiten sind wild genug: Erdbeben haben Pompeji zerstört, Rom ist niedergebrannt, auf den Wüstling Caligula ist der gleichfalls inkompetente Nero gefolgt. Auch für den Denker persönlich ist das Leben hart: Eine Tuberkulose, eine Depression und eine Verbannung nach Korsika plagen Seneca, doch dieser hält sich an die eigene Lehre: Der Mensch soll gestalten, was innerhalb seines Gestaltungsspielraums liegt, und sich ansonsten unabhängig machen von Geld und Ruhm und all dem, was ihm andere Menschen wieder rauben können. Seneca und seine Schüler werden »Stoiker« genannt, weil sie Strategien gegen all das erdenken, was wir heute Verbitterung, Paranoia, Selbstgerechtigkeit, Narzissmus und Egozentrik nennen. »Es gibt keinen direkteren Weg in den Wahnsinn« als Wut, schreibt Seneca: Denn die Wütenden »beschwören den Tod der eigenen Kinder, die eigene Armut, die Zerstörung ihres Zuhauses« herauf, da sie die eigene Wut ebenso wenig zur Kenntnis nähmen »wie die Geisteskranken den eigenen Wahnsinn«.

Keine schlechten Tipps: Wir sollten uns nicht reizen lassen.

Nicht im Affekt handeln.

Erkennen sollten wir, was wir durch unser Handeln prägen können – und in das Übrige sollten wir uns fügen.

Schließlich: Wir sollten nachdenken, ehe wir handeln. Vor allem die großen, die wegweisenden, die nicht revidierbaren Entscheidungen müssen wohlüberlegte Entscheidungen sein.

Zwei Jahrtausende später schreibt der amerikanische Psychologe Daniel Kahnemann ein schlaues Buch über »die zwei Systeme« unseres Gehirns: »*Thinking fast and slow*«. System 1, so Kahnemann, reagiere allzeit blitzschnell auf alles, was wir in unserer reizüberfluteten Welt den ganzen Tag lang wahrnehmen: Die Ampel ist grün, also gehen wir; die Herdplatte ist heiß, also entscheidet System 1, dass wir unsere Hand flink von der Platte nehmen. System 1 lernt durchaus aus Erfahrungen, arbeitet aber auch mit Klischees und Vorurteilen, und darum ist System 1 allzu oft unfähig, Fallen und Täuschungen zu erkennen oder Statistiken einzubeziehen – während System 2 Letzteres gewissenhaft leistet und den Dingen auf den Grund geht, ehe es zu Beschlüssen kommt. System 1 ist hektisch und triebgesteuert und glaubt bisweilen nur, das Problem zu lösen, während es frei von Fleiß und Sachkenntnis in Wahrheit irgendetwas ganz anderes tut; System 2 ist die intelligente Vernunft. Deshalb kann das denkende System 2 das fühlende System 1 kontrollieren und lenken und folglich im gewichtigen Augenblick überstimmen – falls wir dieses Zusammenspiel denn verstehen, was viele Menschen aber lieber vermeiden, da sie etwas denkfaul sind und System 1 das Leben schon irgendwie schaukelt.

Noch einmal kurz zurück zu Seneca: »Nichts, weder das Öffentliche noch das Private, ist stabil«, schreibt er, »wir leben inmitten von Dingen, die allesamt dazu bestimmt sind zu sterben. Als Sterblicher bist du geboren, Sterbliche gebierst du. Rechne mit allem, erwarte alles.« Seneca bringt uns also bei, alles einzukalkulieren, was geschehen kann – und wenn es dann tatsächlich geschieht, ist es nur halb so schlimm wie in unseren Ängsten. Weshalb wir uns durch Vorbereitung die eigene Angst abtrainieren können. Weshalb wir am Ende frei und leicht leben können. »Der weise Mann kann nichts verlieren«, so Seneca, »er ist sich selbst genug.«

Und wer sich nun selbst ein Freund sei, der werde bald darauf zum Freund der Menschheit, schreibt er. Als der so wütende wie paranoide wie narzisstische Nero sämtliche Senatoren und sonstwie Gefährlichen umbringen lässt und sodann seine Todesboten auch zu seinem einstigen Lehrer Seneca schickt, da entscheidet sich dieser ganz bewusst gegen die Lügen und den Opportunismus und für den Suizid – ein freier Mann.

Der Franzose Michel de Montaigne (1533 bis 1592) folgt viele Jahrhunderte später Senecas Gedanken und kämpft für die Freiheit. Er meint damit die Freiheit des eigenen Körpers, und das ist neu: Montaigne philosophiert über Sex und Liebe ebenso wie über Verdauung und Stuhlgang. »Könige und Philosophen scheißen, und auch die Damen«, schreibt er.

Montaigne meint aber auch die Freiheit von jenen Vorurteilen, die er auf seinen Reisen durch Europa überall erspürt: »Jeder Mensch nennt alles barbarisch, woran er nicht gewöhnt ist; wir haben kein anderes Kriterium für die Wahrheit oder die Vernunft als die Meinungen und Bräuche unserer eigenen Länder.« Es spricht sich herum, dass Kolumbus 1492 eine neue Welt entdeckt hat – und dass alle Menschen, die dort so ganz anders leben als die Spanier in Spanien, als Untermenschen gesehen und versklavt und ermordet werden. »Der weiseste Mann, der jemals lebte«, das schreibt Montaigne, »war jener, der, als er gefragt wurde, was er wisse, dies sagte: Die eine Sache, die er wisse, sei, dass er nichts wisse.« Sokrates also.

Zwischen zwei Kategorien des Wissens unterscheidet nun Montaigne: Lernen und Weisheit. Lernen, das meint Logik, Latein, Griechisch, Etymologie und Grammatik; Weisheit ist all das, was zu einem glücklichen und moralisch erfüllten Leben führt. Und damit rät er uns, niemals stehen zu bleiben, sondern denen zu lauschen, die klüger sind als wir – und irgendwo ist immer irgendjemand, auf den dies zutrifft.

Doch lohnt sich das wirklich, dieses Streben nach Wissen und Glück?

Alles vergeblich, alles nutzloser Stuss. »Ein guter Vorrat an Resignation ist überaus wichtig als Wegzehrung für die Lebensreise«, schreibt Arthur Schopenhauer (1788 bis 1860). Die menschliche Existenz müsse ein Fehler sein, von dem gesagt werden könne: »Es ist heute schlimm und wird morgen schlimmer sein, solange bis das Schlimmste von allem passiert.« Der Tod.

Schopenhauer leidet an allem. Die Mädchen weisen ihn ab. Die Mitmenschen sind so fürchterlich dumm. Schopenhauer ist 17, als sein Vater daheim in Danzig in den Kanal geht und sich das Leben nimmt. Es gibt im Grunde niemanden, mit dem ein Gespräch möglich ist: Wie eigentlich, das schreibt er wirklich, könnte für das wahre Genie ein Dialog jemals so ergiebig sein wie ein Monolog?

Und so geht es weiter: »Jede Lebensgeschichte ist eine Geschichte des Leidens.« Und weiter: »Einsamkeit ist das Los aller hervorragenden Geister.« Und, sowieso: »Zum Denken sind wenige Menschen geneigt, obwohl alle zum Rechthaben.«

Er wandert nach Göttingen, nach Frankfurt, legt sich den Pudel Atma zu, da die Menschen dumm sind und dumm bleiben. Sie kaufen ja nicht mal Schopenhauers Meisterwerk, »Die Welt als Wille und Vorstellung«, es ist ihnen nicht zu helfen. Aber dann kaufen sie plötzlich seine Aphorismen (und noch spottet er über die »Komödie des Ruhms«). Danach kaufen sie doch noch »Die Welt als Wille und Vorstellung«. Die Frauen werden neugierig auf den Autor. Und Schopenhauer spottet nicht mehr und findet das Leben nunmehr ganz sinnvoll.

Der Grund, warum er seinen Platz in diesem Buch bekommt, besteht in einer Folgerung, zu der er recht spät gelangt: Der Sinn unseres Daseins sei nämlich die Liebe. Und ganz und gar gerechtfertigt sei die ganze, verdammte Anstrengung, die in diese Liebe fließt: Es geht schließlich um nicht weniger »als die Komposition der nächsten Generation«, damit um »die Existenz und spezielle Konstitution der menschlichen Rasse in künftigen Zeiten«. Der Sinn des Lebens also: die Kopulation, ganz genau, und die Erhaltung des menschlichen Lebens.

Und dann kommt Nietzsche. Der studiert seinen Schopenhauer und ist zunächst glühender Parteigänger und bald darauf schärfste Opposition. Friedrich Nietzsche (1844 bis 1900) sieht zu Beginn nur Düsterstes; Zufriedenheit ist für ihn die Abwesenheit von Kopfschmerzen, Hunger, Wut, Angst. Der glücklichste Mensch, schreibt der junge Nietzsche, sei am Ende jener, der »ohne große Schmerzen, körperlich oder geistig«, durch das Leben gekommen ist.

Dann aber interessiert Nietzsche sich für Größe, für das Besondere, für den »Übermenschen« und erklärt Gott für tot. Die Menschheit, so schreibt er in »Also sprach Zarathustra«, sei zunächst abhängig von Meistern und Autoritäten, also diesen aus reiner Hilflosigkeit erfundenen Göttern; aber dann reiße sich die Menschheit los und befreie sich; und nun könne sie sich wahre Ziele und »neue Werte auf neue Tafeln schreiben«. Der »Wille zur Macht« könne zu »höchster Wohlgeratenheit« führen.

Darum plädiert Nietzsche für extremes Gefühl, für das Wagnis, für Scheitern und Neubeginn, denn kein wahres Kunstwerk entsteht ohne Leid oder Scheitern, kein »Rot und Schwarz« (Stendhals Jahrtausendbuch) ohne endlose Schreibstunden, keine Liebeskunst gleich beim ersten Versuch, und ohne die Kenntnis des Schmerzes ist keine Erfüllung zu haben.

Das Geheimnis einer reichen Ernte unserer menschlichen Existenz ist darum volles Risiko: ein »gefährliches Leben«.

Die Sinnsuche endet naturgemäß nie. Sigmund Freud (1856 bis 1939) glaubte zunächst, dass unsere unbewussten Sehnsüchte, die Triebe auch, der Sinn des Seins seien; dann glaubte er, der Sinn des Lebens sei der Tod; dann starb er, kam aus der Mode und mit ihm sein Denken.

Heutige Philosophen und Psychologen denken eher, dass unser Wissen um die eigene Sterblichkeit zu Wahrhaftigkeit, Ernsthaftigkeit und Humor führe; andersherum verführe der mitunter immer noch existierende Glaube an die eigene Unsterblichkeit den Menschen zu Unvernunft und Destruktion.

Alles entwickelt sich, auch der Sinn von allem. Was gestern sinnhaft erschien, wird in der Welt, in der wir leben, schon heute durchkommerzialisiert und verliert bisweilen just dadurch das Edle und Reine:

Der Kunst und der restlichen Kultur erging es so, der Erotik, natürlich auch dem Fußball, der mit seinem Heldenkult, den scheinbar epischen Dramen, dem Stammesdenken, den Rivalitäten und all den Ritualen für viele Menschen ein ansonsten mutmaßlich recht leeres Leben füllt.

Das Leben selbst sei der Sinn des Lebens, diesen Satz hörten wir während unserer Reise oft; und eine echte, tiefe Nähe zu Ehepartnern, Kindern und Freunden. Ist's am Ende also tatsächlich die Liebe, wie der endlich geliebte späte Schopenhauer zu erkennen glaubte?

Die Suche nach dem Sinn sei der eigentliche Sinn, diesen Satz schreiben manche modernen Denker – der Weg ist das Ziel, was wiederum dem Streben nach Erkenntnis und Weisheit im Geiste Sokrates' ähnelt. Gedichte und Gemälde haben ja auch nur selten eine von Dichterin oder Maler diktierte Botschaft: Wir fühlen, werten und deuten, was wir sehen und lesen; Sinn entsteht gleichermaßen durch eine Transaktion zwischen uns und der Wirklichkeit.

Und was das Alter angeht: Der Sinn eines Lebens formt sich gewiss mit den Jahren. Zwar ist nicht alles, nicht jedes Detail gleichermaßen gewichtig; der Sinn ergibt sich also nicht durch bloße Addition am Ende – doch wenn wir achtsam und wach sind, entsteht eine Erzählung, eine Geschichte unseres Lebens.

Ludwig Wittgenstein (1889 bis 1951) vermutet, dass selbst dann, wenn alle anderen Fragen beantwortet seien, jene nach dem Sinn des Lebens offen bleibe: Vielleicht kann sie nicht beantwortet werden, vielleicht endet Sprache genau hier, vielleicht gibt es für dieses eine Problem keine Lösung, weil es kein metaphysisches, sondern ein ethisches Problem ist: Wir müssen halt den richtigen Lebensweg finden. Wenn es ewiges Leben gebe, schreibt Wittgenstein, sei es hier und jetzt.

Terry Eagleton rät, eine grandiose Jazzband als Ideal zu begreifen: Jeder Musiker hat seine Rolle und seinen Platz und trägt zu etwas Größerem bei; und jeder ist zugleich frei, ja seine Freiheit ist die Bedingung dafür, dass das Größere entstehen kann. Ist es nicht eine herrliche Utopie: Jenseits des gegenwärtigen Augenblicks, jenseits der eigenen Existenz folgt keine weitere Begründung – das ist genug, denn so ist es perfekt?

Wenn nun, in einer Welt ohne Gott, der Sinn von allem in einem sinnvoll geführten Leben liegt, dann geht es logischerweise um unser Denken und Tun. Dann geht es um das, was wir aus dem Leben machen. Um die Ziele, die wir haben, um Ehrlichkeit, Wahrhaftigkeit, auch darum, ob wir alle die Welt ein klein wenig besser machen. Dann ist es zwingend, dass dieser Sinn nicht von außen diktiert wird; dann kann er uns nicht im Religions- oder Philosophiestudium präsentiert werden, sondern wir müssen ihn schon selbst entdecken. Dann will das sinnvolle Leben täglich neu gelebt werden, indem wir alle eine friedliche, gesunde, gerechte Welt erschaffen.

Der Gedanke ist befreiend, weil damit das protestantische Element des Lebens weniger gewichtig wird, aber es muss doch mehr als Mode, Konsum, Unterhaltung übrigbleiben.

Und, das kommt hinzu, heute geht es um etwas, das früher keine wirkliche Rolle spielte: Unser Ziel kann nur eine Welt sein, die auch für unsere Kinder und Enkel noch friedlich, gesund, gerecht sein wird. Ein wesentlicher Sinn unseres Daseins auf der Erde muss heute ohne jeden Zweifel in der Bewahrung des Lebens auf eben dieser fragilen Erde liegen.

Ganz schön ernsthaft, ja. In jedem Leben geht's um Leben und Tod. Aber ernsthaft ist es nicht ausschließlich.

In Douglas Adams' »Per Anhalter durch die Galaxis« soll der Computer *Deep Thought* den Sinn unseres Seins benennen. Deep Thought gibt sich gründliche Mühe und denkt exakte siebeneinhalb Millionen Jahre lang nach und spuckt dann seine Antwort aus: »42«.

Ach so. Und nun?

Das Schlusswort dieses kleinen Exkurses hat eine Frau. Gertrude Stein, so heißt es bis heute, wiederholte auf dem Sterbebett den Satz: »Was ist die Antwort?«

Dann sprach sie ihre letzten Worte: »Und was war die Frage?«

Die Farbe der Erinnerung

LÜBECK

Woran kann man sich nach 105 Jahren noch erinnern? Rund 38 350 Tage hat man dann bereits gelebt. So viele Tage, dass man, wenn man jeden Tag nur einen Kilometer gegangen wäre, beinahe die ganze Erde umrundet hätte. Erinnert man sich nach 105 Jahren vor allem an die Freuden? Oder an den Schmerz? An das, was alltäglich war, oder an die außergewöhnlichen Momente?

Lucie Siegmund ist 105 Jahre alt. Eine alte Frau mit einem alten Gedächtnis. Frau Siegmund und ihr Gedächtnis tun, was sie können, aber manches können sie nicht mehr. Das merkt man, wenn es um Lucie Siegmunds Ehe geht. 28 Jahre lang war sie verheiratet, aber wenn man sie nach ihrem Hochzeitstag fragt, sagt sie: »Das weiß ich nun wirklich nicht mehr. Ist das denn wichtig?«

Lucie Siegmund lebt im Heiligen-Geist-Hospital, einer Pflegeeinrichtung in der Lübecker Innenstadt. Seit 1289 gibt es das Heim bereits. Frau Siegmund ist damit wohl die älteste Bewohnerin des ältesten Sozialwohnheims der Welt. Als sie hier einzog, war sie bereits 97 Jahre alt. Niemand außer ihr weiß mehr, was in ihrem Leben bis dahin passiert ist. Ihr Mann ist vor über 30 Jahren gestorben, alle Freundinnen von früher sind tot, Kinder und Enkel hat sie nicht.

Es bleiben die eigenen Erinnerungen. Was können wir von Lucie Siegmund über das Erinnern lernen?

Über Lübeck ist an diesem Februartag im Jahr 2018 der Winter eingebrochen, einer, von dem die Leute auf den Straßen sagen, so etwas hätten sie noch nicht erlebt. Die Trave, die das Zentrum einfasst wie ein Schützengraben, trägt Eisschollen, und der Schnee liegt schenkelhoch auf den Gehsteigen der Altstadt. Die Feuerwehr hat die Leiter ihres Einsatzwagens ausgefahren, um die Eiszapfen von den Fenstersimsen zu brechen, bevor sie in die Tiefe stürzen.

Wenn Lucie Siegmund aus ihrem Fenster blickt, kann sie die Backsteintürme des Heiligen-Geist-Hospitals sehen. Ein Sessel und ein Esstisch stehen in ihrem Zimmer, auf dem Röhrenfernseher hockt eine gehäkelte Schildkröte. Zwischen all dem sitzt die alte Dame in ihrem Rollstuhl und strahlt. »Endlich!«, ruft sie, »ich habe schon auf Sie gewartet!« Ihre Locken sind kurz, aber voll, sie schimmern perlweiß. Sie trägt einen Pullover, der selbstgestrickt aussieht, und eine Holzperlenkette.

Fragt man sie, wie es ihr geht, sagt sie: »Mir geht es wirklich gut.« Sie schiebt ihren Rollstuhl nah an uns heran und sagt: »Nun muss ich Sie mir erst mal genau angucken.« Wir müssen lachen. Lucie Siegmunds Zähne sind ungewöhnlich groß, unverschämt nahe ist sie uns jetzt. Aber die Nähe fühlt sich leicht an, als wären wir lange nicht zu Besuch gewesen und endlich wieder da.

Das liegt auch daran, dass sie nur Schönes erzählt. »Ich habe so ein buntes Leben gehabt«, sagt sie, noch bevor wir fragen können. Das wird schnell klar: Lucie Siegmund erinnert sich gern an die guten Dinge. Wie sie als Mädchen auf Bäume kletterte und die Rinde ihre Unterröcke zerriss; das gab zwar Ärger, aber keinen schlimmen. Oder daran, dass eine Kugel, die beim Kegeln ins Aus geht, »Pudel« heißt; darüber kann sie heute noch lachen.

Fragt man sie nach ihrer schönsten Erinnerung, führt die Antwort knappe hundert Jahre zurück, nach Oberschlesien. Dort hatten ihre Großeltern einen Bauernhof. Eigentlich war Lucie das älteste von vier Kindern, dort bei den Großeltern aber war sie die Einzige, und deshalb liebte sie es dort. In der Stube setzte sie sich auf den Schoß des Großvaters, zog die kleinen Finger durch seinen Bart und zwirbelte den Schnäuzer zu Hörnchen auf. Durch das Fenster konnte Lucie die satten Wiesen sehen, die sich kilometerweit ausdehnten, durchzogen von schmalen Wasserläufen. Wenn es regnete, zog Lucie die Schuhe aus, und lief hinaus, über das feuchte Gras, das zwischen den Zehen flitschte. Und wenn die Sonne das Gras wieder getrocknet hatte, kletterte sie auf einen der Apfelbäume, saure Boskop hingen daran, und schaute zu, wie Männer das Heu zu hohen Haufen zusammenharkten. Am Abend versteckte sie sich in der Windmühle, legte sich auf den Holzboden, und lauschte den Flügeln, *rappapabamm, rappapabamm*, bis die Großmutter zum Essen rief.

Als Lucie 13 wurde, zwang der Konfirmationsunterricht sie zurück zu ihren Eltern in die Stadt. Plötzlich war sie nicht mehr nur Kind, sondern große Schwester von zwei Brüdern und einem weiteren Mädchen.

»Nun musste ich die Vernunft sein«, sagt sie.

Acht Kilometer weit lief sie jeden Tag zum Konfirmationsunterricht – und acht Kilometer zurück. Die Kinder der Stadt, dachte sie damals, die sind vielleicht klüger als ich, aber erlebt haben sie nichts. Manchmal schlich sie sich nachts hinaus, stellte sich in Himmelsrichtung der Großeltern auf und weinte.

Als Lucie Siegmund jung war, lebten die greisen Bewohner des Heiligen-Geist-Hospizes im Innern des Kirchenschiffs. Noch heute kann man die Behausungen besichtigen. Durch gotische Spitzfenster bricht Licht in einen Saal, der durchzogen ist mit Gängen. Rechts und links ducken sich Holzkammern, dicht gedrängt wie Ställe. Bis in die siebziger Jahre hinein hausten Männer und Frauen hier, dunkel und beengt, eingepfercht. Heute stehen die Kammern leer. Der Neubau, in dem Lucie Siegmund lebt, besteht aus lichtdurchfluteten Gemeinschaftsräumen, auf den Esstischen liegen bunte Papierservietten, drum herum stehen Stühle aus hellem Holz.

Lucie Siegmunds Zimmer hat ein eigenes Bad, das Krankenbett ist nicht schön, aber funktional. Zu jeder Mahlzeit wird Frau Siegmund abgeholt, und wenn sie sich danach fühlt, geht sie nach dem Frühstück zur Gymnastik. Ihre Tür steht offen für Besuch, sie ist hier Teil eines Ganzen. »Es ist gut, hier zu sein«, sagt sie, »vielleicht sogar das Beste.«

Allein wollte Lucie Siegmund nie sein, aber als sie in das Alter kam, in dem man sich verliebt, kam die Welt in eine Zeit, in der Verliebtsein nicht wichtig war. »Der Krieg hat uns ja alle Männer genommen, kaum hatte man einen kennengelernt, musste er an die Front«, sagt sie. Ihre Brüder kamen beide nicht aus dem Zweiten Weltkrieg zurück. Der ältere starb in einem Lazarett in Sibirien. Der jüngere verschwand in den russischen Wäldern.

Nun gab es nur noch Lucie und ihre kleine Schwester. Doch auch zu ihnen rückte der Krieg vor. Sie wurden vertrieben. Dabei fühlten sie sich weder deutsch, noch polnisch – sie waren Schlesierinnen, zumindest dachte Lucie das. Aber wo sie war, durfte sie nicht mehr sein. Wann genau sie vertrieben wurde? Wohin sie gebracht wurde? Das weiß sie nicht mehr.

Wenn Lucie Siegmunds Erinnerung ein langer Wollschal wäre, dann wäre die Kindheit weich und fest geknüpft und die Jugend ein zerfetztes Zwischenstück, ein Teil, das man gerne ersetzen würde, wenn man denn könnte. Die Erinnerungen an jene Jahre bestehen vor allem aus Verlust und Schmerz. Lucie konnte die Geschehnisse nicht ersetzen, sie konnte sie nur vergessen, und offenbar ist genau das passiert. Nur einige Fakten sind geblieben, Dinge, die sich nicht vergessen lassen, dicke Fäden, die die Kindheit mit dem Jetzt verbinden.

Sie landete in Berlin. Wie sie dahin gekommen ist, weiß sie nicht mehr, nur dass sie mit einer anderen jungen Frau zusammenlebte und dass Wanzen sie gepiesackt haben. »Für uns musste es eben ohne Männer gehen«, sagt Lucie Siegmund, »traurig dagesessen habe ich nie.«

Stattdessen schlug sie sich durch, arbeitete in einem Krankenhaus, erst als Küchenhilfe, dann in der Wäscherei, und schließlich wurde sie Schlosserin. Mit einem kleinen Kugelhammer bearbeitete sie Metall, formte es und brannte es, bis es schwarz wurde. Aschenbecher entstanden so. »Gelernt habe ich das nicht«, sagt sie, »aber wenn man etwas will, kann man es auch.« Das Geld reichte trotzdem nicht. Manchmal hatte sie tagelang nichts zu essen. Dann fuhr sie mit den anderen Frauen hinaus aufs Land, um den Bauern Gemüse vom Feld zu stehlen. »Hamstern« nannten sie das.

Und dann erzählt Lucie Siegmund von der Uniform, die sie gefunden hatte und von der sie dachte, dass sie sie gebrauchen könnte. So ein fester, warmer Stoff. Die Uniform soll einem russischen Soldaten gehört haben, das wusste sie, aber sie stahl sie dennoch, weil sie sich nicht anders zu wärmen wusste. Sie wurde festgenommen. Sie sagt, es sei ein Polizist gewesen, aber vielleicht war es auch ein Soldat, ein russischer oder ein amerikanischer, wie soll man das so genau wissen, schließlich liefen sie alle durch Berlin. Der Mann zog eine Waffe und zielte auf ihren Kopf. Sie fiel vor dem Mann auf die Knie, flehte, küsste ihm die Hände. Er ließ sie gehen.

Lucie Siegmund erzählt diese Geschichte so wie all ihre anderen Geschichten – mit einem Lächeln. »Ich habe so viel Glück gehabt in meinem Leben«, sagt sie, und sie sagt »Glick« und nicht »Glück«; damit verrät sie, woher sie kommt. Ihr Optimismus macht schmerzhafte Erinnerungen gewiss nicht weniger schlimm, aber vielleicht erträglicher. Im Mittelpunkt steht heute nicht mehr die Angst, sondern das geschenkte Leben.

Die kleine Schwester hatte mittlerweile geheiratet, arbeitete bei der Bahn und lebte in Schlutup, einem kleinen Küstenort nördlich von Lübeck. Nach dem Krieg holte sie Lucie zu sich. Hier oben, in Schleswig-Holstein, lernte Lucie Siegmund schließlich Otto kennen. Otto Siegmund war ein Rückkehrer, »ein lieber Mann«, so sagt sie, und das reichte ihr. Als sie heirateten, war Lucie bereits 42 Jahre alt. Für eigene Kinder war es zu spät, aber Otto brachte einen Sohn mit in die Ehe, und sie verstanden sich gut. Von da an lebte Lucie Siegmund in einem kleinen Giebelhaus in der Lübecker Altstadt. Jeden Morgen ging sie in die Fabrik, in der Fisch abgepackt wurde. Sie saß neben einem Laufband und guckte den Dosen zu, wie sie über die Rollen rappelten, und passte auf, dass keine hinunterrutschte. Langweilig fand sie das nicht – sie hatte eine Verantwortung.

Zusammen mit ihrem Mann baute sie eine Laube in einem Schrebergarten, sie pflanzten Kartoffeln, Kohl und Steckrüben an. Es war beinahe so wie bei den Großeltern. Im Sommer wanderte sie, im Winter kegelte sie, und als sie älter wurde, machte sie Wassergymnastik, um nicht einzurosten.

»Man muss immer irgendwo dazugehören«, sagt sie.

Und so ist es ja: Noch heute gehört sie dazu. Ihre Zimmertür öffnet sich, und eine Frau in Wintermantel tritt ein. »Ich wollte nur mal nach Ihnen gucken«, sagt die Frau, legt eine Schachtel Pralinen auf den Esstisch und reicht Lucie Siegmund beide Hände. Eine alte Freundin aus dem schlesischen Heimatverein. Weil sie die Heimat so vermisste, die Großeltern und die polnische Sprache, trat Lucie Siegmund bei ihrer Ankunft in Lübeck in diese Gruppe ein. »Heute kommt kaum noch jemand zu unseren Treffen«, sagt die Frau, »aber man kennt sich noch.«

Wenn man Lucies Leben nüchtern betrachtet, dann war es enorm beschwerlich: Sie verlor den Großteil ihrer Familie, wartete lange auf die Liebe und verlor sie früh wieder, da Otto viel zu früh starb, und stets musste sie schwer arbeiten, um zu überleben.

Aber sie sieht das anders. Sie erinnert sich an alles ein bisschen: an das sehr Gute, an das sehr Schlechte, an das Alltägliche und das Besondere. Aber vor allem erinnert sie sich an Erlebnisse, die ihr Freude gemacht haben; Dinge, die sie heute noch gerne erzählt – an ein buntes Leben, nicht an ein trübes.

»Man darf sich über nichts allzu lange ärgern«, sagt Lucie Siegmund.

Die Weisheit des Alters, XII.

»Man muss einfach mit sich selbst zufrieden sein, und das geht ja: Wenn man sich erst dran gewöhnt, mag man irgendwann alles. Man muss auch immer eine kleine Verantwortung haben.«

Lucie Siegmund

Die Ferne und die Heimat

Die kleine Helga Weyhe wusste nie, wo die Provinz Hannover anfing und wo jene Provinz Sachsen aufhörte, in die Helga hineingeboren wurde. Das war dem Mädchen egal. Beides gehörte schließlich zu Preußen, und sie kannte sowieso nur die Altmark, so nämlich hieß die Landschaft voller Büsche und Bäume und Felder rund um ihren Heimatort Salzwedel. Sonntags kaufte Helgas Vater ein Zugticket, 4. Klasse, 20 Pfennig, hievte die Fahrräder in den Lastenwaggon, und Helga Weyhe fuhr mit ihren Eltern und ihrer Schwester hinaus in dieses berauschend Grüne.

Im Frühjahr des Jahres 1952 wurde die Grenze allerdings plötzlich sichtbar. Die Schienen, die sie früher in Richtung Westen gebracht hatten, waren abgebaut. Das Land dahinter hieß jetzt Bundesrepublik Deutschland. Salzwedel gehörte zur DDR. Dort, wo diese zwei Staaten aneinander stießen, zog sich eine fünf Kilometer breite Schneise durch die Altmark. Am 27. Mai 1952 wurde die Grenze zur Sperrzone und die Ausreise für DDR-Bürger so gut wie unmöglich. Also auch für Helga Weyhe, eigentlich.

Doch zu exakt jenem Zeitpunkt war Helga Weyhe nicht in Salzwedel, sondern in Rom. Sie war nun dreißig Jahre alt, hatte Literatur und Geschichte studiert und noch nicht ans Heiraten gedacht.

Helga Weyhe war frei.

Wahrscheinlich war sie sogar noch etwas freier als viele andere Frauen in dieser Zeit, weil sie gebildet war und weil auch ihr Vater, ein Buchhändler, den Krieg überlebt hatte und Geld verdiente. Helga Weyhe konnte reisen, erkundete Rom allein. Am liebsten bog sie in kleine Seitenstraßen ab, dorthin, wo nur wenige Menschen waren; sie wollte das echte Italien erleben und nicht jenes, das sie schon aus ihren Büchern kannte.

Bei unserer Begegnung, im Winter 2017, ist Helga Weyhe 96 Jahre alt. Sie sitzt auf einem Drehstuhl im Hinterzimmer des Buchladens, der einst ihrem Vater gehörte. Über dem Wollpulli trägt sie noch eine Strickjacke, weil sie lieber viele Schichten Kleidung anzieht, als zu viel zu heizen. Das weiße Haar hat sie hinter die Ohren gesteckt, um den Hals baumelt eine Hornbrille.

Wenn man sie heute fragt, ob sie in jenen Wochen in Rom daran gedacht habe, nicht nach Salzwedel zurückzukehren, in diese neue DDR, die ja ein Gefängnis war, ob sie also daran gedacht habe, frei zu bleiben, dann hebt Helga Weyhe die Augenbrauen, und auf ihrer Stirn setzt sich die Empörung in tiefen Falten fest.

»Ich konnte meine Eltern doch nicht im Stich lassen«, sagt sie.

Es wäre nach dieser Antwort geradezu windschief, es würde deplatziert wirken, wenn wir fragten, ob Helga Weyhe diese mutmaßlich wichtigste Entscheidung ihres Lebens jemals bereut habe. Für sie war es keine Entscheidung. Vor einer Entscheidung zu stehen, das würde voraussetzen, dass es eine Alternative gäbe – aber die gab es nicht. Helga Weyhe gehörte nach Salzwedel, in die Buchhandlung Weyhe. Wer, wenn nicht sie, sollte den Laden übernehmen?

Helga Weyhes vorerst letzte Reise sorgte allerdings dafür, dass sich in ihr ein Gefühl festsetzte, das sie schon als Kind kennengelernt hatte: Fernweh.

Sie sagt: »Rom hatte alles. Die Sonne. Die Luft. Die Kultur. Und nichts davon hatte Salzwedel.«

Helga Weyhe kehrte in ihren Osten zurück und blieb für immer. Der Grund dafür ist die kleine Buchhandlung in der Salzwedeler Altstadt, kaum 30 Quadratmeter groß. Am 11. Dezember 1922 kam Helga Weyhe in diesem Häuschen zur Welt. In der unteren Etage arbeitete der Vater im Laden, oben lebte die Familie. Sie wohnten hier bereits in zweiter Generation. Weyhes Großvater hatte den Laden 1871 gekauft. Seitdem quetschen sich die lackierten Holzregale bis unter die niedrigen Decken, gefüllt mit Büchern, und machen den Raum noch enger als er ohnehin schon ist. Ein paar Bierbänke sind hinzugekommen und Servierwagen aus DDR-Zeiten. Vor allem Kinderbücher liegen hier, Klassiker wie der »Struwwelpeter«, und die Wand hinter der Kasse hängt voller Karten und Reiseführer – von der Altmark und vom Rest der Welt. »Dieses Haus ist mein Leben«, sagt Helga Weyhe.

Das Örtchen Salzwedel, gut 24 000 Einwohner, liegt in der Mitte von irgendwie allem – mitten in Deutschland, mitten im Grünen, mitten zwischen Hamburg und Magdeburg, und manche würden deshalb wohl sagen: mitten im Nichts. Im Krieg hatte das Vorteile. Für Salzwedel interessierte sich niemand, also konnte hier einfach alles so bleiben, wie es war. Noch heute wirkt die Kleinstadt unberührt – durch das Fachwerk schlängeln sich Gässchen, Brücken führen über Bäche, und im Ortskern ragt ein Kirchturm über die Dächer hinaus wie eine Kerze auf einer gekonnt verzierten Torte.

Vor sehr langer Zeit war Salzwedel eine Hansestadt; daran erinnert heute nur noch ein Wegweiser aus Messing, »785 Kilometer nach London« steht da, obendrauf ein Schiff mit geblähtem Segel. Wenige Meter weiter liegt die Buchhandlung Weyhe. Ein zweigeschossiges Fachwerkhaus, die Holzbalken verwittert, der Putz auf der Wetterseite modrig, in den Schaufenstern stehen vergilbte Bücher. Hier ist nicht das ausgestellt, was zusammenpasst, sondern das, was Helga Weyhe gefällt. So kommt es, dass ein Ratgeber über »Liebenswerte Hamster« neben Prosa von Goethe liegt. An den Fensterscheiben kleben Zitate, befestigt mit Tesa-Streifen. Auf einem der Zettel steht: »Das Neue ist selten das Gute, weil das Gute nur kurze Zeit das Neue ist.« Durch dieses Fenster sieht man Helga Weyhe, montags bis samstags, immer von 9 bis 18 Uhr in dem Büro hinter dem Verkaufsraum an ihrem Schreibtisch sitzen.

Seit über 50 Jahren ist das so. Natürlich auch heute.

Die Türglocke klingelt. Die Glastür quietscht, eine Kundin tritt ein. Bei jedem Schritt knarzen die Dielen auf dem Fußboden. Helga Weyhe stützt sich auf die Lehnen ihres Stuhls, hebt sich langsam aus dem Sitz und steckt den Kopf durch die Bürotür. »Ach ja«, sagt sie, als habe sie sich beim Anblick der Kundin daran erinnert, dass ihr Zuhause auch ein Laden ist. Sie setzt die Brille auf und mustert die Frau. Dann greift sie nach einem Taschenbuch auf dem Schreibtisch und sagt: »Ihre Bestellung ist da.« Kurz darauf schließt die Kasse mit einem lauten »Tsching«. »Wollen Sie vielleicht noch einen ›Stoffel‹ mitnehmen?«, fragt Frau Weyhe und zeigt auf einen Stapel Bücher neben dem Verkaufstresen. Rund zwanzig Ausgaben desselben Werkes liegen dort: »Stoffel fliegt übers Meer« von Erika Mann. Auf dem Buchdeckel ist ein kleiner Junge zu sehen, der zu einem Zeppelin aufschaut. Stoffel reist nach Amerika, auf den Spuren seines reichen Onkels.

Vor etwa zwei Jahren hat Helga Weyhe das Buch wiederentdeckt. Die Neuauflage sah genauso aus wie jene, die sie aus ihrer Kindheit kannte. Das Buch war ein Geschenk ihres Onkels gewesen. Erhard Weyhe war 1914 nach New York ausgewandert. Auf der East Side von Manhattan, 794 Lexington Avenue, betrieb er eine Kunstbuchhandlung inklusive Galerie. Picasso stellte dort aus, auch Matisse. Es waren die goldenen Zwanziger, New York City glänzte, und Erhard Weyhe wurde ein Star seiner neuen Welt.

»Der konnte alles, der wusste alles«, sagt Helga Weyhe.

Sie lächelt, und nun sieht sie diesem Mann plötzlich ähnlich, dessen Foto über ihrem Schreibtisch hängt. Sie presst die Lippen aufeinander, der Mund zieht sich schmal bis, na ja, knapp vor den Ohren, das ganze Gesicht wird durch ihr Lachen breit. Vielleicht lachte sie so ähnlich, als er damals, Weihnachten 1932, plötzlich in der Ladentür stand. In der Hand hielt er den »Stoffel«. Und als Helga Weyhe das Buch damals las, spürte sie die Sehnsucht zum ersten Mal. Einmal so zu sein wie Stoffel. Einmal nach Amerika. Eine Woche dauerte eine Fahrt mit dem Dampfer nach New York zu jener Zeit.

»Wenn du groß bist, kommst du zu mir, hat er gesagt. Das war abgemacht.«

Doch noch war Helga Weyhe zu jung. 1933 wurde sie am Lyzeum aufgenommen, dem Mädchengymnasium der Stadt. Während die Jungen auf dem Gymnasium Griechisch und Latein lernten, um Arzt oder

Pastor zu werden, lernte sie Englisch und Französisch. Das war praktischer für Frauen, so sah man es damals, und Helga Weyhe war einverstanden. Schließlich wollte sie nach Amerika. Ihre Lieblingsfächer waren Deutsch und Erdkunde.

Helga Weyhe machte gerade ihr Abitur, als der Zweite Weltkrieg über Europa hereinbrach. Sehen konnte sie den Krieg in Salzwedel nur selten, aber sie konnte ihn hören. Die Bomber, die nach Berlin flogen, donnerten auch über die Altmark. Und fühlen konnte Helga Weyhe den Krieg. Sie vermisste den Nachbarn, der schon in den ersten Wochen des Polenfeldzugs starb. Und sie vermisste ihre Schulfreundin, die Jüdin war und mit ihren Eltern nach Palästina floh.

»Der Krieg war furchtbar«, sagt Frau Weyhe, »aber ein Sieg wäre noch furchtbarer gewesen.«

An den 8. Mai 1945 erinnert sich Helga Weyhe deshalb noch gut. Sie saß im Schlafzimmer des Fachwerkhauses, als sie Schüsse hörte. Sie rief Mutter und Schwester herbei und drängte sich mit ihnen ans Fenster. Unten sahen sie einen Soldaten über das Kopfsteinpflaster rennen, seine Hände umklammerten ein Maschinengewehr. Als er die Frauen am Fenster sah, blieb er stehen, schoss in die Luft und rief: »*End war! End war!*« Der Soldat rannte weiter, und mit ihm verschwand auch das Knattern des Maschinengewehrs. Es wurde still. Und es blieb still. Da wusste Helga Weyhe: Der Weltkrieg war vorbei. Sie dreht sich auf ihrem Bürostuhl herum, hebt den Arm, zeigt durchs Fenster hinaus und sagt leise: »Da ist er langgelaufen, genau da.«

Mit den amerikanischen Soldaten kam dann ein Brief. Eines Tages steckte er einfach an der Tür. Eine Nachricht vom Onkel, mit lieben Grüßen aus New York – ob sie alles gut überstanden hätten? Da war das Fernweh wieder da.

Helga Weyhe reiste nach Breslau und Königsberg, und sie lebte in Wien, studierte dort. Die junge Frau war bereit für die Welt. Jetzt wollte sie nach New York. Aber sie wurde gebraucht – in Salzwedel, wir erwähnten das schon. In jener Zeit, Anfang der fünfziger Jahre, zogen Männer durch die Altverperstraße, die immer die Straße der Kaufleute gewesen war, stießen die Türen der Geschäfte auf, schickten die Eigentümer hinaus und nahmen sich, was sie brauchten. Jeden Tag fürchteten die Weyhes, dass bald auch ihre Buchhandlung geräumt werden würde. »Das Braun hatten wir hinter uns, nun lag das Rot vor uns«, sagt Helga Weyhe, »die Fünfziger waren doch nicht besser als die Dreißiger.«

Aber auch die Fünfziger gingen vorbei, wie alle Jahrzehnte.

In den sechziger Jahren war Helga Weyhe noch immer nicht verheiratet, und als wir sie fragen, ob sie jemals habe heiraten wollen, antwortet sie knapp: »Eigentlich nicht.« 1964 übernahm Helga Weyhe die Buchhandlung von ihrem Vater.

Zu jener Zeit war es nicht leicht, als Buchhändlerin zu überleben. In der DDR herrschte Papiermangel, und private Buchhandlungen mussten lange auf Lieferungen warten. Aber sie hielt durch. Und als 1972 der sogenannte »kleine Grenzverkehr« möglich wurde, kehrte das Leben in die Buchhandlung zurück.

Jeder Westdeutsche war ja gezwungen, bei seiner Einreise D-Mark umzutauschen, im Wert von mindestens 25 Ostmark. An der Grenze lagen deshalb Plastiktüten bereit, in denen jeweils 25 Ostmark steckten, fest zugeschweißt. Mit diesen Tütchen in der Geldbörse liefen die Westdeutschen in die Innenstadt von Salzwedel, und dort winkte Helga Weyhe bereits mit einer Schere, damit die Kunden zu ihr kamen, bevor sie andere Läden betraten; um sich von ihr das Paket aufschneiden zu lassen und das Geld direkt bei ihr wieder auszugeben.

Im Laden fand man damals neben Klassikern vor allem Lehrbücher aus Medizin und Naturwissenschaften – unauffällige Literatur, die gebraucht wurde. »Der Körper war ja in Ost und West gleich«, sagt Helga Weyhe. So kamen Professoren und Lehrer aus der Umgebung, um bei ihr einzukaufen. Sozialistische Literatur, Marx oder Engels, verkaufte Weyhe nicht. Einmal fand ein Stasi-Beamter bei ihr ein verdächtiges Buch: Der Mann zog ein Werk von Friedrich Meinecke aus dem Regal, der politische Ideengeschichte in West-Berlin gelehrt hatte. Weyhes Buchhandlung durfte trotzdem bleiben. »Es muss jemanden gegeben haben, der die Hand über uns gehalten hat«, sagt Helga Weyhe. Wer das war, weiß sie bis heute nicht.

Was können Bücher für ihre Leser bedeuten?

»Ein Film dauert 90 Minuten. Aber ein Buch begleitet Sie ein ganzes Leben lang«, sagt Helga Weyhe.

Unter einem Stapel Papier dringt das erstickte Klingeln eines Telefons hervor. Helga Weyhe tastet mit der flachen Hand über die Zettel auf dem Schreibtisch. Schließlich findet sie den Hörer, hält ihn nah vor die Augen, und drückt mit dem Zeigefinger eine Taste.

»Hallo?«, fragt eine Frauenstimme. »Spreche ich mit Frau Weyhe?«

»Ja. Hier Weyhe.«

»Frau Weyhe, wir möchten Sie einladen. Ins Fernsehen.«

»Aha«, sagt Helga Weyhe, »was soll ich denn da?«

Seit die Grenze wieder offen ist und die Fachwerkhäuser in Salzwedel wieder bunt sind, hat Helga Weyhes Laden etwas, das sich wohl jeder Ladenbesitzer wünscht: Kultstatus. Im Jahr 2017 kam eine Auszeichnung hinzu: der Sonderpreis für besondere Verdienste des Deutschen Buchhandels. Als Helga Weyhe mit Brille und Wollpulli auf die Bühne trat, standen alle Leute auf und klatschten.

»In der Sendung müssen Prominente die Berufe unserer Gäste raten«, sagt die Frau am Telefon, »Sie kämen als älteste Buchhändlerin Deutschlands. Kai Pflaume moderiert die Sendung.«

»Ist das live?«, fragt Helga Weyhe.

»Nein. Eine Aufzeichnung.«

Helga Weyhe nickt und notiert etwas auf Papier.

»Ja«, sagt sie schließlich, »das kann ich mir vorstellen.«

In einem Interview zu ihrem neunzigsten Geburtstag sagte Helga Weyhe zu einem Lokalreporter: »Ich wollte alt werden, damit ich reisen darf.« Mit 63 Jahren, im Jahr 1985, war es endlich soweit: Helga Weyhe reiste nach New York, zum Laden ihres Onkels. Jener Onkel war in den Siebzigern gestorben, seine Tochter leitete nun das Geschäft. Helga Weyhe kaufte ein Straßenschild der Lexington Avenue, nahm es mit nach Hause, stellte es auf eines ihrer Regale und war zufrieden. Für Wehmut war es zu spät, und mit Wehmut mag sie sich ohnehin nicht aufhalten. »Ich habe mich nie gefragt, ob ich mich hier wohlfühle. Ich konnte mit den Büchern leben, und das war gut«, sagt sie.

Ab und zu, sagt sie, kämen Kunden durch die Tür und behaupteten, sie seien die Richtigen, um ihren Laden zu übernehmen. Für Helga Weyhe aber war der Richtige noch nicht dabei. »So wie der Laden ist, wird er ohne mich sowieso nicht weiterleben«, sagt sie.

Das Leben kommt halt einfach anders. Anders als geplant, das sowieso, und auch anders als erhofft, meistens.

Helga Weyhe wollte alt werden, um zu reisen. Sie hat gewartet, ein Leben lang, und das Fernweh zwang sie dazu, jung zu bleiben. Erfüllt wurde ihr langes Leben dann gerade nicht durch das Reisen, sondern durch die Heimat: eine kleine Buchhandlung, mitten in Deutschland.

Die Weisheit des Alters, XIII.

»Versuchen Sie, zufrieden zu sein.
Nutzen Sie Ihre Chancen, aber seien Sie niemals zu ehrgeizig.
Ehrgeiz macht krank. Und pflegen Sie Freundschaften.
Freundschaft ist eine gemeinsame Erinnerung.«

Helga Weyhe

DES RÄTSELS LÖSUNG, VII.

Als einige Forscher an der Harvard University jene Studie begannen, die seinen Blick auf die Welt, seine glanzvolle Karriere als Psychiater und sein ganzes, langes Leben prägen würde, da war George Vaillant gerade mal vier Jahre alt. Es war das Jahr 1938.

Im Sommer 2017, als wir ihn in Kalifornien besuchen, ist Vaillant 83-jährig – und die Studie läuft immer noch. Es ist, in mancher Hinsicht, ein einzigartiges Forschungsprojekt. Es sprengt, erstens, den Rahmen dessen, was man in der Wissenschaft als Langzeitstudie bezeichnet. Es hat darum, zweitens, Generationen von Forschern überlebt – und wissenschaftliche Methoden und Theorien, die vor acht oder sechs oder vier Jahrzehnten hochmodern waren, heute aber skurril bis gaga wirken. Dabei ist die Studie selbst immer größer und komplexer geworden, ein Gebirge von Fragen, umspült von einem Ozean aus Daten, in dem dann die Antworten auf all die Fragen zu suchen sind.

Vor allem geht es, und dies ist die dritte Besonderheit dieser Studie, um die große, die alles entscheidende Frage: Wie gelingt ein langes, glückliches Leben?

Angefangen hatte das alles etwas bescheidener, damals. Ein Arzt namens Arlie Bock, der von 1936 an für die Gesundheit der Studenten in Harvard verantwortlich war, störte sich daran, dass sich die Medizin immer nur mit Krankhaftem befasste. Warum kümmerte sie sich nicht auch einmal um die Frage, wie eigentlich Gesundheit funktioniert? Bock schlug vor, an jungen, offenkundig gesunden Harvard-Studenten das Geheimnis einer gesunden Entwicklung zu erforschen. Er überzeugte einen reichen Patienten davon, seinen Plan finanziell zu unterstützen: den Warenhaus-Mogul William T. Grant. Dieser war auf der Suche nach Filialleitern für sein wachsendes Imperium und hoffte, die Studie würde ihm helfen, die stärksten Bewerber zu identifizieren.

So begann ein Team aus Medizinern, Psychologen, Anthropologen und Sozialarbeitern damit, unter den Studenten der Elite-Universität Kandidaten auszuwählen, die mutmaßlich die besten Aussichten auf ein langes, glückliches, erfolgreiches Leben hatten. Welcher Zwanzigjährige aber hatte es in sich, mindestens 90 Jahre alt zu werden und dabei gesund und munter zu bleiben? Von wem war eine spektakuläre Karriere zu erwarten? Wer würde die richtige Frau finden, heiraten und ein harmonisches Familienleben führen?

Zu den Studenten, denen die Forscher all dies zutrauten, gehörten ein junger Mann namens John F. Kennedy, der spätere Präsident der USA, und auch Ben Bradlee, der spätere Chefredakteur der »Washington Post«. Abgelehnt wurden ein gewisser Leonard Bernstein, der trotz dieser Kränkung zu einem der berühmtesten Dirigenten des 20. Jahrhunderts wurde, und Norman Mailer, der in seinem immerhin 84 Jahre währenden Leben Triumphe als Schriftsteller und Regisseur feierte, sechsmal sein Glück in der Ehe suchte und neun Kinder zeugte. Auch einen gewissen Roger Angell, der damals sein Studium in Harvard begann, hätten die Forscher womöglich für ihre Studie gewinnen können. Was sie dummerweise versäumten.

268 Studenten bestanden alle Tests und Befragungen; ihre Identität wird, von wenigen Ausnahmen abgesehen, bis heute geschützt. Dass die Probanden ausschließlich Männer waren, gehört zu den Schwächen der Jahrhundertstudie; es liegt daran, dass Frauen damals in Harvard nicht zugelassen wurden. Und überhaupt, die Studienteilnehmer repräsentierten nur eine schmale, wenn auch dominierende Minderheit der amerikanischen Gesellschaft: 100 Prozent von ihnen waren weiß, 90 Prozent christlich; die meisten stammten aus Familien, die seit vielen Generationen in den USA lebten; viele waren reich oder jedenfalls wohlhabend.

Zu den Auswahlkriterien der Forscher gehörten zudem Äußerlichkeiten wie Körpergröße und Figur. Hochgewachsenen Burschen mit breiten Schultern und schmalen Hüften wurde mehr zugetraut als kleinen, schmächtigen oder pummeligen. Aus all diesen Gründen spiegelte die nunmehr über 80-jährige »*Harvard Grant Study of Social Adjustments*«, so wie es ja jegliche wissenschaftliche Forschung tut, in jeder Phase den Geist und die Vorurteile der jeweiligen Zeit: Nicht nur in Nazi-Deutschland, auch in den USA glaubte man Ende der dreißiger Jahre, dass physische Merkmale etwas über den Charakter und die Persönlichkeit eines Menschen aussagten. Penibel erfassten die Studienmitarbeiter jede körperliche Eigenschaft der Probanden, von der Form ihrer Brauen bis zur Länge ihrer Hodensäcke.

George Vaillant zieht seine – recht eigenwillig abstehenden – Brauen zusammen und brummt: »Physische Anthropologie nannte man das. Es gab definitiv Vorurteile. Die USA waren 1940 kein hübscher Ort.«

Vaillant, blaues Poloshirt, beigefarbene Shorts, die silbergrauen Haare nach rechts gescheitelt, sitzt im Wohnzimmer seines Hauses in Orange, Kalifornien. Es ist ein großes, helles Wohnzimmer, in dem neben einem cremefarbenen Sofa und passenden Sesseln ein Flügel steht. Eine Glastür führt auf eine Veranda hinaus, im Garten biegen sich Palmen dem goldenen Licht entgegen. Im Nebenzimmer springen vier weiße Hündchen herum und kläffen; Vaillant hat die Tür zugezogen, um ein Gespräch zu ermöglichen.

An diesem Montag im Juli 2017 leben noch 17 der 268 ursprünglichen Probanden; sie alle sind über 95 Jahre alt. Fast jeder dritte Teilnehmer der Studie erlebte immerhin seinen 90. Geburtstag. Zum Vergleich: Landesweit betrachtet schafften das nur etwa 3 bis 5 Prozent der weißen Männer jener Generation. »Es ist faszinierend«, sagt Vaillant, »bei den Überlebenden war zwischen dem 80. und 95. Lebensjahr so gut wie kein mentaler Abbau messbar.«

Was also können wir von den Männern der Grant-Studie lernen?

George Vaillant beschäftigt diese Frage seit mehr als einem halben Jahrhundert. Dass er die Leitung der Studie 2005 an einen jüngeren Psychiater übergab, hindert ihn nicht daran, den einzigartigen Datenschatz weiter zu erforschen. Die Grant-Studie ist das Thema, vielleicht sogar der Sinn seines Lebens. »Ich glaube heute, der Schlüssel zu einem erfolgreichen Leben ist es, ein Ziel zu haben«, sagt er, »und die Grant-Studie hat mir etwas gegeben, das absolut fesselnd ist. Das ist ein Geschenk.«

Als er 1966 zum ersten Mal von ihr hörte, war er ein junger Assistenzprofessor für Psychiatrie an der *Tufts Medical School* in Boston und dachte nur: »Wie langweilig.« Nichts sei ihm öder erschienen als die Vorstellung, »leuchtende, strahlende, gesunde Männer« in den besten Jahren – die Probanden waren zu jener Zeit Ende 40 – zu erforschen. Schließlich war er Psychiater geworden, weil ihn die Tiefen der menschlichen Seele faszinierten; er hatte vor, sich auf Schizophrenie zu spezialisieren.

Hinzu kam, dass die Studie zu jener Zeit nur noch vor sich hindümpelte. Vor den Augen wechselnder Forscher entfaltete sich seit nunmehr fast drei Jahrzehnten das Leben der Probanden. Als junge Männer hatten sie die Große Depression durchgestanden, die meisten von ihnen hatten im Zweiten Weltkrieg gekämpft. Nun erklommen sie Karriereleitern, heirateten und trennten sich, wurden krank und genasen, erlebten Triumphe und Abstürze. Eine Konstante ihres Lebens blieb für die meisten, erstaunlicherweise, die Studie. Geduldig füllten sie immer wieder Fragebögen aus und gestatteten den Wissenschaftlern, sie auf jede erdenkliche Weise zu untersuchen.

Nur: Was brachte das alles?

Arlie Bock und die anderen Pioniere der Grant-Studie hatten unterschätzt, wie langwierig und kompliziert Langzeitstudien sein können. Zu ihrer Zeit gab es kaum wissenschaftliche Vorbilder, an denen sie sich orientieren konnten. Sie waren hervorragend darin, Daten zu sammeln – aber weniger geübt, wenn es darum ging, diese Daten zu deuten. Weil sich spätestens seit Mitte der fünfziger Jahre kaum noch Geldgeber fanden, mussten die Forscher zudem jenen Sponsoren entgegenkommen, die noch etwas zu geben bereit waren – dem Tabakkonzern Philip Morris etwa. Deshalb fanden sich in den Fragebögen auf einmal hochseriöse Fragen wie diese: »Wenn Sie nie geraucht haben: warum nicht?«

Und auch die Universitätsleitung bezweifelte, dass die Studie noch bahnbrechende Erkenntnisse liefern würde. Sie erwog sogar, die raumfüllenden Aktenordner voller sensibler, persönlicher Daten der Probanden vernichten zu lassen. Bevor es dazu kam, begann Vaillant in den Ordnern zu lesen – und konnte nicht mehr aufhören.

Die Fragen, die Vaillant sich stellt, sind ja so alt wie die Menschheit: Kann man einen anderen Menschen jemals kennen – wirklich kennen? Oder sind es immer nur Facetten seiner Persönlichkeit, aus denen man sich selbst ein Bild zusammensetzt? Und über wen sagt dieses Bild am Ende mehr aus: über den anderen Menschen oder über einen selbst?

Vaillant erkannte rasch, was für einen Schatz er da vor sich hatte: Über die Jahrzehnte hatten sich in diesen vergilbenden Aktenordnern Einblicke in das Leben, die persönliche Entwicklung, das Denken und Fühlen von Menschen angesammelt, ungeschützt und damit detaillierter und intimer als alles, was er als Psychiater je gesehen hatte.

Außerdem waren die 268 Männer, die als Zwanzigjährige so strotzend und rosig gewirkt hatten, keineswegs von dem verschont geblieben, was Sigmund Freud die »Psychopathologie des Alltagslebens« nannte: Zehn Jahre nach Beginn der Studie litten schon 20 von ihnen an ernsthaften psychischen Störungen. Nochmals zwanzig Jahre später war bei fast einem Drittel eine psychische Krankheit diagnostiziert worden. Arlie Bock, der Initiator der Studie, war irritiert: »Sie waren normal, als ich sie ausgesucht habe«, versicherte er Vaillant. »Es müssen die Psychiater gewesen sein, die sie verdorben haben.«

Der Psychiater Vaillant hatte seine Lebensaufgabe gefunden. Er entwickelte neue Fragebögen und reiste den Probanden hinterher, kreuz und quer durch die USA, nach Kanada, Großbritannien und Neuseeland, um sie auch persönlich zu befragen. 1972 übernahm er die Leitung der Studie.

Er erweiterte den Fokus, indem er noch eine zweite, ebenfalls in Vergessenheit geratene Studie übernahm: 1939 hatten die Harvard-Kriminologen Sheldon und Eleanor Glueck damit begonnen, jugendliche Kleinkriminelle in den armen Stadtvierteln Bostons zu studieren und ihre Lebenswege mit jenen anderer Teenager zu vergleichen, die unter ähnlich desolaten Bedingungen aufwuchsen, aber nicht kriminell geworden waren. Vaillant und seinen Mitarbeitern gelang es, die meisten Teilnehmer aus der nichtkriminellen Kontrollgruppe ausfindig zu machen und für weitere Untersuchungen zu gewinnen.

Die Kombination der beiden Langzeitstudien bestätigte eine Ungerechtigkeit, die zu erahnen gewesen war: »Die Reichen leben länger als die Armen«, sagt Vaillant trocken. Das Sterberisiko der in Armut großgewordenen »Glueck-Männer« mit Ende 60 entsprach ungefähr demjenigen der privilegierten »Grant-Männer« mit Ende 70.

Entscheidend für das im Schnitt deutlich längere Leben der Harvard-Absolventen sei nicht das Geld allein, so Vaillant, sondern die Bildung, die durch das Geld ermöglicht werde. Und der damit verbundene Glaube, eine Zukunft zu haben – und diese selbst gestalten zu können: »Es ist wichtig, Pläne zu machen«, sagt er. »Die Reichen wissen das.«

Zur Wahrheit gehört auch, dass die Männer der Glueck-Studie mehr rauchten und tranken und öfter übergewichtig waren. Diejenigen von ihnen, die einen College-Abschluss hatten und auf ihre Gesundheit achteten, seien mit 70 Jahren genau so vital gewesen wie der durchschnittliche Harvard-Mann, so Vaillant – und zwar unabhängig von IQ und Einkommen. Doch nur 29 der Glueck-Männer – rund 6 Prozent – hatten überhaupt die Möglichkeit gehabt, ein College zu besuchen.

Überragende Intelligenz übrigens scheint nicht unbedingt zu mehr Wohlstand zu führen: Vaillant fand keinen signifikanten Unterschied zwischen den Einkommen von Männern, deren IQ zwischen 110 und 115 lag, und jenen mit einem IQ über 150.

Er identifizierte insgesamt sieben Faktoren, anhand deren sich schon drei oder vier Jahrzehnte im Voraus prognostizieren ließ, wie gesund und zufrieden die Studienteilnehmer im Alter sein würden:

- Bildung;
- körperliche Aktivität;
- ein normales Gewicht;
- ein maßvoller Umgang mit Alkohol;

- ein maßvoller Umgang mit Zigaretten;
- eine stabile Ehe;
- gesunde Strategien, um Probleme und Schicksalsschläge
  zu bewältigen.

Der letzte Faktor basiert auf einer Theorie aus der Psychoanalyse: den so genannten »Anpassungen« oder »Verteidigungsmechanismen«, mit denen ein Mensch unbewusst auf Konflikte, Schmerz oder Unsicherheit reagiert. Vaillant zufolge gibt es gute und schlechte Anpassungen, insgesamt vier Kategorien. Zu den schädlichsten gehören »psychotische« Reaktionen wie Paranoia oder Größenwahn, gefolgt von »unreifen« Anpassungen wie passiver Aggressivität oder Hypochondrie. Weniger schädlich, aber noch nicht ideal ist es, Gefühle zu unterdrücken oder zu intellektualisieren – »neurotische« Anpassungen, die auch bei gesunden Menschen häufig auftreten. Zu den gesunden Anpassungen gehören Humor, Selbstlosigkeit und die Fähigkeit, negative Gefühle in etwas Positives umzuwandeln. Wem es mit der Zeit gelinge, solche reiferen Anpassungen zu entwickeln, sagt Vaillant, der habe gute Chancen, gesund zu altern. Möglich sei das, auch dies gehört zu den Erkenntnissen der Studie: Die Persönlichkeit eines Menschen ist nicht in Stein gemeißelt, sie kann sich verändern, und zwar bis ins hohe Alter.

2009 widmete das Magazin »The Atlantic« Vaillants Forschung eine Titelgeschichte (»What makes us happy?«) und fragte den Helden der Geschichte, was denn nun seine wichtigste Erkenntnis aus all den Jahrzehnten sei. Vaillant antwortete: »Das einzige, was im Leben wirklich zählt, sind unsere Beziehungen zu anderen Menschen.«

Es war eine spontane Reaktion, eher eine persönliche Bilanz als eine durch Daten belegte Erkenntnis. Vaillant wusste, dass er sich damit angreifbar machte. Er war und ist Psychoanalytiker, und die Psychoanalyse ist schon vor vielen Jahren aus der Mode gekommen, verdrängt von moderneren Disziplinen wie Hirnforschung oder Genetik. Seine Vorgänger hätten auf dieselbe Frage vermutlich geantwortet, dass es auf Klugheit und körperliche Voraussetzungen ankomme, darauf etwa, breite Schultern und schmale Hüften zu haben. Seine Nachfolger hatten, gegenwärtigen Trends entsprechend, damit begonnen, den überlebenden Studienteilnehmern Blut abzuzapfen, um ihre DNA zu analysieren, und sie in Körperscanner zu stecken, um ihre Gehirne und andere Organe zu durchleuchten.

Aber Vaillant war überzeugt davon, dass er seine Aussage belegen könne. Er arbeitete an einem Buch, das eine Bilanz seines Lebenswerks werden sollte, und nun kehrte er ein weiteres Mal zu seinen Daten zurück, um seine These zu prüfen.

Er entwickelte ein Bewertungssystem, das er »*Decathlon of Flourishing*« nannte, »Zehnkampf des Gedeihens«: zehn Kriterien, anhand deren sich im Alter beurteilen lasse, ob das Leben gelungen sei. Es sind subjektive, aber auch naheliegende Kriterien: überdurchschnittlicher beruflicher Erfolg; überdurchschnittliches Einkommen; wenig psychischer Stress; Erfolg und Freude bei der Arbeit, im Privatleben und in der Freizeit; ein subjektiv guter Gesundheitszustand mit 75 (bei körperlicher Aktivität); ein subjektiv guter körperlicher und mentaler Gesundheitszustand mit 80; die Fähigkeit und Neigung, erworbenes Wissen an jüngere Generationen weiterzugeben; eine gute Ehe im Alter; ein gutes Verhältnis zu den Kindern; Bezugspersonen außerhalb der Familie.

Nachdem Vaillant jene Probanden ermittelt hatte, die nach diesen zehn Kriterien den größten Erfolg im Leben gehabt hatten, sah er sich ihre Akten noch einmal genauer an. Woran hatte es gelegen? Gab es Gemeinsamkeiten, Muster? Waren die glücklichsten Männer in ihrer Jugend vielleicht besonders athletisch gewesen? Breitschultrig? Selbstsicher? Hatten sie langlebige Vorfahren oder besonders reiche, gebildete Eltern?

Zusammenfassend lässt sich sagen: Es schadet auf keinen Fall, sportlich zu sein. Ob die Männer als Jungs eher extrovertiert oder schüchtern gewesen waren, spielte hingegen keine Rolle für ihren späteren Erfolg im Leben; ebenso wenig ihr Körperbau, die Cholesterinwerte mit 50 oder die Vermögensverhältnisse der Eltern.

Was wirklich zählte, war, ob die Männer in ihrer Kindheit und Jugend gelernt hatten, vertrauens- und liebevoll mit anderen Menschen umzugehen. Selbst Vaillant war überrascht davon, wie drastisch sich dies auf ihr weiteres Leben auswirkte:

- Männer, die als Kind eine liebevolle Beziehung zu ihrer Mutter gehabt hatten, verdienten durchschnittlich 87 000 Dollar im Jahr mehr als jene, deren Mütter kühl und distanziert gewesen waren. Gute Beziehungen mit Geschwistern korrelierten mit einem um 51 000 Dollar höheren Einkommen;
- Männer mit zugewandten Müttern hatten außerdem ein signifikant geringeres Risiko, im Alter an Demenz zu erkranken;
- eine liebevolle Beziehung zum Vater führte dazu, dass die Männer als Erwachsene seltener an Ängsten litten und mit 75 Jahren im Schnitt zufriedener mit ihrer Ehe und ihrem Leben waren. Die Beziehung zur Mutter korrelierte hingegen nicht mit der Lebenszufriedenheit mit 75;
- jene 58 Männer, die bei dem Kriterium »warme Beziehungen« die höchsten Werte erzielten, verdienten zu ihren besten Zeiten (meist zwischen Mitte 50 und 60) sage und schreibe 141 000 Dollar im Jahr mehr als die 31 Studienteilnehmer am unteren Ende der Skala.

Im vierten Punkt steckt ein Trost: Es ist nicht alles verloren, wenn man sich mit seinen Eltern nicht versteht. Entscheidend ist, dass man irgendwo Wärme findet, sei es auch bei Geschwistern, Verwandten, Lehrern oder Freunden; und dass man irgendwann einen Menschen findet, mit dem man sein Leben verbringen möchte.

Außerdem liegt es natürlich nicht nur an anderen Menschen, ob das eigene Leben gelingt. »Liebe und Beziehungen sind offensichtlich sehr wichtig«, sagt Vaillant, »es hilft, wenn man gut darin ist, Beziehungen zu führen. Es ist ein bisschen so, als wenn man schneller rennen kann oder schlauer ist als andere. Auch Talent für Beziehungen ist ja ein Geschenk Gottes.«

Ein Geschenk Gottes? Geht es vielleicht etwas konkreter?

Vaillant lächelt ein väterliches Lächeln und fügt hinzu: »Empathie ist immer besser als Narzissmus.«

Er spricht aus eigener, leidvoller Erfahrung. Zu Beginn seiner Karriere, erzählt er, habe er gedacht, dass Menschen, die sich scheiden ließen, an einer Persönlichkeitsstörung litten oder jedenfalls bedauernswert inkompetent seien, was Beziehungen angehe. Nun aber ist er selbst schon zum vierten Mal verheiratet. »Glücklich«, versichert er und grinst, diesmal ein klein wenig schief. Zum Abschied gibt er uns noch einen Tipp mit, diesmal für eine gute Ehe: »Es hilft wirklich enorm, Sinn für Humor zu haben.«

Vaillants Nachfolger Robert Waldinger, ebenfalls Psychiater und der gegenwärtige Leiter der Studie, hat eine logische Konsequenz aus Vaillants zentraler Erkenntnis gezogen und den Fokus ein weiteres Mal erweitert: auf die Ehefrauen der Grant-Männer.

»Ich bin 2004 zur Studie gekommen«, erzählt Waldinger, als wir ihn einige Tage nach dem Gespräch mit Vaillant in Boston besuchen. »Eines Tages lud George mich zum Lunch ein und fragte, ob ich die Leitung übernehmen wollte. Nachdem ich meinen Mund wieder zugekriegt hatte, sagte ich ihm, dass ich nichts über alte Leute wisse. Ich hatte mich bis dahin vor allem mit der Dynamik von Paarbeziehungen beschäftigt.«

Warum studieren wir dann nicht künftig alte Paare, fragte Vaillant – und Waldinger ließ sich nicht lange bitten. Die Studienteilnehmer waren zu jener Zeit um die 80 Jahre alt, ihre Partnerinnen häufig ein paar Jahre jünger.

Waldinger schickte jeweils zwei Mitarbeiter zu den Paaren nach Hause, um sie zu ihrer Beziehung zu befragen und ihnen – dem aktuellen Stand der Wissenschaft entsprechend – Blut abzunehmen und sie an Messgeräte anzuschließen. »Viele Studien basieren nur auf Aussagen der Teilnehmer«, sagt Waldinger, »ich frage dich, wie läuft's in deiner Ehe, du sagst großartig, und das war's. Wir versuchen, uns der Frage von verschiedenen Seiten zu nähern.«

Darum riefen seine Mitarbeiter eine Woche lang täglich bei den Paaren an, um den Männern und den Frauen getrennt voneinander die gleichen Fragen zu stellen: Was habt ihr heute gemacht? Wie viel Zeit habt ihr miteinander verbracht? Hattet ihr einen Streit? Wie fühlst du dich heute? Hat einer von euch die Hilfe des anderen gebraucht?

Ein Thema allerdings klammerten die Forscher aus, weil sie sich nicht danach zu fragen trauten: Sex. »Unsere Mitarbeiter waren junge Psychologiestudenten«, erklärt Waldinger. »Manche kamen ganz schockiert von den Interviews zurück und sagten, die Paare seien so alt wie ihre Großeltern und hätten sie doch tatsächlich gefragt, warum sie keine Fragen zu ihrem Sexleben stellten. Ob sie etwa dächten, dass alte Leute keinen Sex hätten?«

Am Ende verglichen die Forscher ihre Notizen. »Manche Paare waren absolut im Einklang miteinander«, so Waldinger, »andere schienen auf unterschiedlichen Planeten zu leben. Die Unterschiede waren verblüffend groß.«

Die wesentlichen Ergebnisse: Wer als Kind ein liebevolles Zuhause erlebt hatte, führte mit 80 Jahren mit größerer Wahrscheinlichkeit eine harmonische Ehe. Und: Je ähnlicher die Paare ihren Alltag wahrnahmen und je mehr sie das Gefühl hatten, sich auf die Unterstützung des anderen verlassen zu können, desto glücklicher waren sie; und auch desto gesünder.

»Intime Beziehungen tragen dazu bei, körperliche Gesundheit zu erhalten«, sagt Waldinger. »Das war für mich die interessanteste Erkenntnis: Warum bekommt man später als andere Arthritis, wenn man glücklich verheiratet ist? Warum erkrankt man seltener an Altersdiabetes oder an Herz-Kreislauf-Störungen?«

Um diese Fragen zu ergründen, studieren Waldinger und sein Team nun die Kinder der Studienteilnehmer, Männer und Frauen in ihren Fünfzigern. Die Grant-Studie geht weiter – und wer weiß, vielleicht wird ja auch sie hundert Jahre alt.

Homosexuelle Partnerschaften übrigens tauchen in der Grant-Studie kaum auf. Erst als er 75 Jahre alt war, gestand einer der Teilnehmer George Vaillant, dass er heimlich schwul sei; ein weiterer hielt seine Homosexualität geheim, bis er 90 war. 1940 gab es einen Versuch, bei welchem über Hirnströme »latente Homosexualität« entdeckt werden sollte, aber, wen wundert's, das führte nicht weit. In der gesamten Studie tauchen nur zwei Männer auf, die dauerhafte, feste Beziehungen zu anderen Männern hatten; und fünf weitere, die homosexuelle Neigungen eingestanden, aber keine stabilen Beziehungen führten.

Und auch bei unseren Recherchereisen fällt dies auf: Homosexuelle Hundertjährige haben wir kaum getroffen. Nach einer Weile haben wir sie gezielt gesucht, und so fanden wir eine hundertjährige Opernsängerin, die eine Frau liebte. Wir waren beeindruckt von ihrer Lebensgeschichte – aber wir konnten, durften diese Geschichte nicht erzählen, weil die Opernsängerin nicht wollte, dass ihre Homosexualität thematisiert würde. So tief verwurzelt scheint das Tabu in ihrer Generation, dass nicht einmal sie, die tatsächlich durch und durch frei denkende Künstlerin, sich davon lösen mochte.

Es kann dafür einige Gründe geben: Menschen, die um 1920 oder noch eher geboren wurden, trauten sich noch nicht oder durften sich noch nicht trauen, Homosexualität offen auszuleben; oder wenn sie es taten, überstanden sie, jedenfalls in Europa, fürchterlich oft den Zweiten Weltkrieg nicht.

Ein weiterer Gedanke liegt nahe: Dass Einsamkeit tötet und stabile Beziehungen geradezu existentiell wichtig sind, haben wir inzwischen von einigen Forschern gehört; und stabile Beziehungen konnte es für schwule oder lesbische Menschen früher in den allermeisten Ländern der Welt kaum geben. Eine Hypothese also: Womöglich haben Homosexuelle erst in diesen Zeiten, gemeint sind modernere und endlich tolerantere Zeiten, größere Chancen, 100 Jahre alt zu werden – aber dies sei in aller Vorsicht gesagt, denn es wäre zu erforschen und damit zu widerlegen oder zu belegen.

Rogers Reise, VI.

Es ist eine doppelte Einladung. Zuerst wurden wir eingeladen, und dann haben wir eingeladen, und während Peggy noch zuckte und »*oh boy, oh boy*« murmelte, grinste Roger sofort und sagte: »Wann? Wo treffen wir uns?«

Wir segeln also, hier in seinem Revier.

Michael Naumann, jener einstige »Zeit«-Herausgeber und Kulturstaatsminister, den all seine Freunde »Mike« nennen, hatte uns auf sein Schiff eingeladen, er wird in einigen Tagen dazukommen. Die »*Here and Now*« ist ein Seglertraum: ein 20 Jahre altes Holzschiff, 38 Fuß lang, Tiefgang 5 Fuß, mit Bermuda-Rigg, GPS, Funk und Radar, einem Doppelbett im Bug und zwei zusätzlichen Schlafbänken in der Kabine, einem Herd, dessen Platten erst durch alkoholgetränkte Kissen funktionsfähig werden, mit Warmwasser, Heizung und vielen, vielen Büchern in hölzernen Regalen. Sie ist zugleich robust, elegant, schnell und liegt im Benjamin River vor Brooklin, Maine, an einer *Mooring*; liebend begeistert haben wir Mike Naumanns Einladung angenommen. Und Roger, der seit Jahren das Segeln vermisst, dann die unsere.

Peggy und er stehen also mit einer Picknicktasche am Ufer, sie kommen per Holzbötchen an Bord der »Here and Now«, es ist Juli 2018. Acht Knoten Wind, ein milder Sommertag, der Nebel verzieht sich, Maine beginnt zu leuchten. Wir sitzen auf dem Achterdeck, und der 97-jährige Roger ist ganz bei sich und damit zu Hause, so jedenfalls wirkt er, denn lässig und elegant bewegt er sich hier – ein Segler.

Seit zwei Jahren schon reden wir darüber. Einmal noch zusammen segeln. Aus Rogers Sicht: überhaupt noch einmal, womöglich ein letztes Mal segeln.

Wir lieben es, auf diese Weise Ferien zu machen, von Bucht zu Bucht zu schippern, manchmal auch einfach vor Anker zu bleiben, wenn es gerade so wundervoll ist, dass Fortsegeln grundfalsch wäre; und hin und wieder einen sportlichen 40-Seemeilen-Ritt einzubauen, um vom Fleck zu kommen. Wenig im Leben ist erholsamer, zugleich leidenschaftlicher als diese Art des Reisens, denn alle Gedanken und natürlich alle Sinne sind voll und ganz hier auf »Here and Now«: Wir spüren Welle, Wind, Licht, denken an Kurse, Wettervorhersagen, Untiefen, Ankerplätze und an nichts anderes.

All das ist Roger vertraut, all das fehlt ihm sehr.

Aber heute lösen wir die Leine von der Mooring und fahren unter Motor an diversen Untiefen vorbei durch den Benjamin River hinaus Richtung Ozean. Wir setzen die Segel. Roger steuert, aber nein, nein, er sehe nicht mehr genug, sagt er und gibt das Ruder wieder ab. Dennoch lächelt er, und er deutet auf Inseln und Strände, er kennt das alles, er segelt seit knapp 90 Jahren hier draußen: *Conary* und *White Island*, dazwischen und etwas niedriger: *Bear Island*. Da hinten, »seht ihr's?«, ist eine aufregende Höhle, dort auf *Hog Island*.

Meistens, so war es früher, trug Roger eine ausgebleichte Red Sox-Kappe, Shorts, T-Shirt, Sonnenbrille, und so saß er da, mit einer Hand an der Pinne, in dem Bewusstsein, dass das Leben ein Geschenk ist.

Es gab keine Aufsicht in jenen lange vergangenen und dennoch endlosen Sommern von Maine. Die Eltern vertrauten den Kindern und sorgten sich nicht, und die Kinder segelten hinaus und waren abends zurück. Mit seinem Stiefvater E.B. White fuhr Roger auch hinaus, aber der war ein nervöser Segler, Freude schien er auf See nicht zu empfinden. »*Shadow*«, »*Hanau*«, »*High Heels*«, »*Eastward Ho*« oder »*Pauline*«, so hießen Rogers Boote; und da waren der wunderbare Kutter »*Aquila*« und die Ketch »*Nasket II*«, die Rogers Bruder Joel gebaut hatte.

Roger wusste, dass die Fischer hier draußen ihn nicht mochten: »Die mussten arbeiten. Ich spielte.« Die Motorboot-Piloten mochten ihn

Tochter Caroline, Vater Roger Angell:
»Come on, off we go.«

auch nicht: »Sie rasten. Ich fuhr langsame Schlangenlinien und Zick-zack.« Oder die Regatta-Segler mit ihren nagelneuen Spinnakern, die werden ihn vermutlich verachtet haben: »Ich habe das Rennsegeln früh aufgegeben.« Denn er wünschte sich ja eben und genau dies: nichts tun zu müssen, nichts tun zu wollen, Zeit zu haben für die Wahrnehmung der Gegenwart.

Schon klar, dass manche Einheimischen, also die hier Geborenen, ihn für »einen Dilettanten, Poser, Snob, Millionär und, natürlich, einen Republikaner« hielten. Doch wen kümmert das, wenn das Leben ge-rade wieder ein Geschenk ist?

GPS und das ganze moderne Zeug hatte er damals nicht. Aber all die Felsen und Riffe waren trotzdem schon da. Segeln hieß deshalb stetes Entdecken, langsames Vortasten, Sorgsamkeit. Sternchen in den Seekarten markierten manche Untiefe, aber längst nicht jede war be-reits erfasst. Heikel waren Unterströmung und Strudel vor Bear Island.

Einmal, zwischen *Saddleback* und *Enchanted Island*, lief Roger auf Grund – er hatte gerade Freunde aus der Stadt an Bord und dozierte: »Man muss hier wirklich sehr genau wissen, wo man ist.« Da krachte und knirschte es, und schon steckten sie fest. »Oooops.«

Irgendwann, sie lagen vor Anker, dösten Carol und er und ihr noch winziger Sohn John-Henry auf dem Bug ihres Schiffes, als langsam das Wasser wich, da nach der Flut stets die Ebbe kommt; und so setzte das Schiff auf, und sie mussten acht Stunden lang warten, Scotch trinkend, eine Baseball-Übertragung im Radio hörend, ehe sie weitersegeln konnten.

Und auch vor *Barred Island* steckten sie einmal fest; auf der Insel versammelten sich sofort Zuschauer und hatten etwas zu gucken. Später fragte Roger seinen Bruder, ob der diese Untiefe vor Barred eigentlich kenne. »Oh ja«, sagte Joel, »da bin ich schon zwei-, dreimal reingerauscht.« Und ein weiteres Mal habe seine Schwiegertochter Laurie gerade unter Deck auf dem Klo gesessen und sei heruntergefallen, weil das Schiff so abrupt stoppte.

Immer und immer wieder, in all den Jahrzehnten, bat Roger seinen Bruder um Ratschläge. Denn Roger war der Sommersegler, der Amateur, und Joel war der Profi, der Bootsbauer. »Könntest du dir nicht wenigstens mal ein Komma von mir ausleihen?«, fragte Roger, der Profi der Wörter und Sätze.

Wir essen Sandwiches, Kartoffelsalat, hartgekochte Eier. Peggy hat Bier mitgebracht. Der Wind wird stärker. Die »Here and Now« zieht sofort an, neigt sich zur Seite, wir öffnen das Großsegel leicht, nehmen also Druck heraus, damit es für Roger und Peggy nicht ungemütlich wird, aber Roger lacht.

»*Come on*«, ruft er, »*off we go.*«

Dunkel ist das Wasser vor Maine. Es gibt inzwischen jede Menge Hummerfallen, die allesamt durch kleine Bojen markiert sind; die Bojen schwimmen an der Wasseroberfläche, wir fahren Slalom.

»Das war damals auch nicht so«, sagt Roger.

Aber das andere, das war schon damals so: Du bist an Bord und spürst den Wind auf der Haut, siehst die Böen auf dem sich kräuselnden Wasser kommen und drehst das Boot drei, vier Grad hoch in den Wind, du fühlst die Wellen und gleichst sie automatisch mitschwingend aus, du merkst, wie die Sonne dich wärmt, hörst die Möwen und dort an Land auch die Schafe.

Denn Segeln ist sinnlich, und so sollte das Leben ja sein.

Hier und jetzt.

Die rettende Harfe

Eigentlich wartet sie immer auf diesen Anruf, denn ansonsten hat sie nichts mehr zu tun, sie sitzt hier ja nur noch herum. Aber dann kommt der Anruf, Nadja ist am Telefon, Nadja, die geliebte Enkelin, der Anruf kommt immer wieder: »Omilein, zieh dir etwas Hübsches an, heute gibt es ein gutes Konzert.«

Faina Wassiljewna hat für die Musik gelebt, sie tut das noch immer. Es war nicht immer einfach, sich auf die Musik zu konzentrieren – das russische Jahrhundert war wüst und verwirrend, und oft genug brachte es Not und Sorgen. Faina Wassiljewna aber hat es vollbracht: Sie hat einfach weitergemacht mit der Musik, immer weiter, weil sie verstanden hat, so sagt sie es, »dass Musik gerade in schweren Zeiten trösten kann«. Oder auch, wie ein durchaus wortgewandter Landsmann namens Tolstoi es formulierte: Die Musik löst alle Rätsel des Daseins.

Es ist Sonntag, der 14. Januar 2018. Wir sind in St. Petersburg, weil wir es nicht kannten und unbedingt kennen wollen. Ein eiskalter Wind weht, minus 15 Grad, fette Eisschollen treiben die grausam graue Newa hinab; die St. Petersburger tragen Pelze, weil es bei diesem Wetter Luxus zu sein scheint, über das Wohlbefinden von Tieren nachzudenken. Wir haben Elchsteaks gegessen sowie eine Revolutionsausstellung im selbstbewusst prachtvollen Museum Eremitage und zwei Ballette gesehen, einen bis auf die letzte Fingerbewegung perfekten »Schwanensee« und einen patriotisch-schwülstigen »Ehernen Reiter« im alten und im neuen Mariinsky-Theater; das Puschkin-Gedicht »Der eherne Reiter« besingt ja die Gründung St. Petersburgs als Geniestreich eines sehr, sehr weisen Peters des Großen, der beim allerersten Blick auf die Sümpfe der Newa-Mündung erahnt haben soll, was hier wirtschaftlich und politisch möglich sei: ein »Fenster nach Europa« eben. Und darum, so dichtete Puschkin, entstand die »Hauptstadt aus dem Nichts«. Großrussisch heldenhaft war selbstverständlich auch das Ballett.

»Ach, das Mariinsky«, sagt nun Faina Wassiljewna und schickt ein leises Stöhnen hinterher. Das berühmte Theater ist nicht weit entfernt: Frau Wassiljewna lebt am Lermontovskiy Prospekt im Zentrum der Stadt.

Sie ist eine der jüngsten Heldinnen unseres Buches: geboren am 7. Oktober 1926. Für russische Verhältnisse allerdings ist sie mindestens ein Wunder, nämlich uralt: Der Weltgesundheitsorganisation zufolge betrug die durchschnittliche Lebenserwartung in Russland 2016 für Frauen gerade mal 72, für Männer sogar nur 66 Jahre. Was unter anderem daran liegen könnte, dass Alkoholismus ein häufiges Problem ist.

Lenins berühmte Bahnfahrt aus dem Schweizer Exil heim nach Russland und die Ankunft in St. Petersburg (1917), den Sturz des letzten Zaren und die Revolution hat Faina Wassiljewna noch nicht erlebt. Petrograd hieß die Stadt zu jener Zeit, weil »St. Petersburg« 1914, nach Ausbruch des Ersten Weltkriegs, zu deutsch geklungen hatte. 1924 wurde Petrograd in Leningrad umgetauft.

Joseph Brodsky schrieb 1987, er verabscheue den Namen Leningrad, aber »von der Nation wird diese Stadt entschieden als Leningrad erlebt; mit der zunehmenden Vulgarität dessen, was sie umfasst, wird sie mehr und mehr zu Leningrad. Außerdem klingt dem russischen Ohr ›Leningrad‹ als Wort bereits so neutral wie ›Bau‹ oder ›Wurst‹. Und doch sage ich lieber ›Piter‹, denn ich erinnere mich an diese Stadt in einer Zeit, wo sie noch nicht wie ›Leningrad‹ aussah«.

Faina Wassiljewna hielt es wie Brodsky: Sie sagte stets »Piter«, weil sie ihr »Piter« liebt, und auch als die fünf Millionen Einwohner sich 1991, nach dem Kollaps der Sowjetunion, knapp für die Abschaffung

Faina Wassiljewna: »Und draußen die Wölfe.«

»Leningrads« und die Rückkehr zum alten »St. Petersburg« aussprachen, blieb sie wie die meisten hier einfach bei »Piter«.

Eng ist es in ihrer Wohnung, weil der Flügel so viel Platz einnimmt. Es gibt Bilder und Bücher, Gemälde von Bach, Beethoven und Rachmaninoff, Familienfotos auch. Frau Wassiljewna trägt ein blaues Kleid, sie hat blaue Augen, lächelt und lacht viel, spielt ständig mit den schlanken Fingern auf der Tischplatte, als würde sie noch immer musizieren.

Musik war in der Familie stets wichtig: Der Großvater mütterlicherseits beherrschte so gut wie alle Instrumente und prägte Kinder und Enkel; die Mutter sang, leitete einen Chor, gab Musikunterricht und verfasste zwei Bücher über Musik für Kinder. Sie sei ein mutiges Mädchen gewesen, sagt Faina über sich. Kilometerweit habe sie allein an der Newa entlang zur Schule gehen müssen; dann erlernte sie den Beruf der Dreherin und musizierte.

Aber Rachmaninoff und Tschaikowski konnten nicht immer trösten: Fainas Vater kam mit der Diagnose »Lungenentzündung« ins Krankenhaus, als sie dreieinhalb Jahre alt war; wenig später war er an Krebs gestorben. 1935 dann wurde der Großvater enteignet und verbannt, er war Geistlicher und wollte nicht schweigen; die Familie verlor ihre zwei Häuser. Fainas Bruder Gelij wurde nur 23, er fiel im Zweiten Weltkrieg; »Großer Vaterländischer Krieg« sagt Faina Wassiljewna, und es klingt heldenhaft, aber es geht um die größte aller Katastrophen in der Geschichte dieser leuchtenden und doch geschundenen Stadt.

871 Tage lang, vom September 1941 bis zum Januar 1944, belagerten die deutschen Truppen Leningrad. Im Befehl des Oberkommandos der Wehrmacht vom 23. September 1941 stand: »Der Führer ist entschlossen, die Stadt Petersburg vom Erdboden verschwinden zu lassen. Es besteht nach der Niederwerfung Sowjetrusslands keinerlei Interesse am Fortbestand dieser Großsiedlung.« Die grenznahe und zugleich zum Meer hin offene Lage Leningrads bedeutete in jenen Jahren Fürchterliches, nämlich komplette Schutzlosigkeit; es war für die Deutschen allzu einfach, jegliche Versorgung abzuschneiden. Drei Millionen Einwohner hatte es gegeben, eine Million Zivilisten starben während der Blockade. Eine sogenannte »Straße des Lebens« führte über den zugefrorenen Ladogasee, doch von drei Lastwagen kam nur einer durch, da die Wehrmacht freie Sicht auf jeglichen Transport hatte. Dann sollte ein »deutsches Siedlungsgebiet« entstehen, damit war explizit die Vollendung des Völkermords gemeint. Insgesamt 150 000 Artilleriegeschosse und 100 000 Fliegerbomben fielen auf die Stadt.

Faina und ihre Mutter waren früh genug geflohen, Faina erinnert sich an eiskalte Nächte in Holzhütten; »und draußen die Wölfe«. »Es waren immer zu wenig Decken«, sagt sie, »es war nie genug zu essen.« Sie hätten gesungen, etwas anderes habe es in ihrem Leben nicht mehr gegeben. Sie schweigt dann, und da sind Tränen.

Denn während sie als Flüchtlinge durch das verwüstete Land streiften und kein Ziel und nirgendwo Verbündete hatten, hörten sie, dass ihr Sohn und Bruder Gelij wegen der Folgen der Mangelernährung in ein Krankenhaus eingeliefert worden war – und dass eben dieses Hospital bombardiert worden war. Erst Jahrzehnte später kam eine offizielle Bestätigung – ohne Todesdatum, ohne Details; und noch viel später fand sich eine Postkarte von Gelij, geschrieben an eine Tante mit der Bitte um eine Zwiebel.

Am schlimmsten in all den schlimmen Jahren war der Winter von 1941; jener Winter kam früh und hat sich ins Gedächtnis dieser Stadt eingebrannt. Die Lebensmittelrationen mussten erneut gesenkt werden: auf 400 Gramm Brot für Arbeiter, 200 Gramm für Kinder und Frauen, dann auf 250 bzw. 125 Gramm. Es war minus 40 Grad kalt. Die Bomben fielen. Es gab keine Kohle und kein Holz mehr. In jenem Dezember 1941 starben 53 000 Menschen.

Wir trinken Tee und essen Spinatgebäck, während sie von damals erzählt. Und Faina Wassiljewna sagt, dass damals viele Flüchtlinge zu früh nach St. Petersburg zurückgekehrt seien: »Einige Schulfreundinnen … ach, sie wurden alle ermordet.«

Erst als die Blockade endete, kehrten Mutter und Tochter zurück, Faina war nun eine junge Frau. Sie arbeitete an der Drehbank, ein Metallspan traf sie neben dem Auge. Sie lernte Harfe spielen, zeichnete die Noten von Hand nach. Sie schlief wenig, denn sie ging auch noch zur Abendschule und machte das Abitur nach – im ersten Anlauf allerdings bekam sie trotz ihres Fleißes, trotz all der Bestleistungen ein »ungenügend«. Eine Tante ging protestieren. Die Leistungen seien in Ordnung, aber es gebe ein Problem: das hohe Alter, das sagten die Bürokraten von Leningrad, denn Faina war bereits 26. Sie durfte es ein zweites Mal versuchen, lieferte erneut Tadelloses und bestand.

Im Konservatorium lernte sie den stillen Geiger Viktor kennen, der eineinhalb Jahre jünger war. Sie heirateten. Einfach allerdings war das Leben in der neuen Sowjetunion weiterhin nicht: Viktor wurde verhaftet und musste fünf Jahre lang im Gefängnis sitzen, wegen Schwarzhandels – wer eigentlich tat so etwas in jenen Jahren nicht?

Die Kommunistische Partei entschied dann, wo die beiden Musiker leben durften. Die Partei schickte sie in den Südosten, nach Saratow an der Wolga, 1500 Kilometer entfernt, kurz vor Kasachstan. Es war eine

Universitätsstadt, 800 000 Einwohner, und das neu zusammengestellte Orchester war nicht schlecht. Viktor spielte Geige, und Faina wurde nur hin und wieder gebraucht, aber wenn, dann spielte sie ihre Harfe. Das Wichtigste in jenen Jahren war, eine Wohnung zu bekommen, und die bekamen sie in Saratow. Maxim (1954) und Maria (1959) wurden geboren.

Es waren gute Jahre. Maxim wurde Geiger, Maria Pianistin. Aber Viktor wurde erneut beschuldigt, diesmal sollte er gestohlen haben; »er war unschuldig, er hat niemandem etwas getan«, sagt Faina. Sie wurde mit den Kindern nach Saporischschja in der Ukraine geschickt, während Viktor im Gefängnis saß, jahrelang waren sie getrennt. Und als Viktor 66 Jahre alt war, starb er an einer Lungenthrombose.

Wieder ist es still in dieser kleinen Wohnung in St. Petersburg. Was für ein Leben, was für eine Tragik. Pjotr Iljitsch Tschaikowskis sechste Symphonie, die »Pathétique«, oder Sergej Rachmaninoffs drittes Klavierkonzert klingen ja wirklich so, als habe nur dieses Russland solche Werke hervorbringen können. Und wie sehr Faina Wassiljewna gerade diese beiden Komponisten liebt!

Es ging für sie in den Jahren danach weiter von Wohnung zu Wohnung, immer auf Anweisung, und erst 1985 endlich zurück ins geliebte Piter. Die UdSSR zerfiel, Reisen wurden möglich, aber Faina Wassiljewna war nun alt.

Wir fragen: Was bereuen Sie?

Sie sagt: »Ach, vieles, aber das möchte ich nicht sagen.«

Wir fragen: Worauf sind Sie stolz?

Sie sagt: »Auf … wie soll ich es nennen? Seelische Integrität. Und ich habe drei gute Enkelkinder: Alexander, Nadja, Grigori.«

Wir fragen: Die Jahre mit Viktor, war es eigentlich eine romantische, war es eine glückliche Ehe?

»Wie jung seid ihr, dass ihr solche naiven Fragen stellt«, sagt Faina Wassiljewna. Und dann: »Ehe ist Arbeit. Für mich war es immer wichtig, dass es in einer Familie und in einer Ehe friedlich zugeht. Draußen in der Welt ist es turbulent genug.«

Überleben, 72 Jahre nach Auschwitz

Immer sind unsere Gespräche mit Hundertjährigen überraschend, meist bereichernd. Stets sind sie schwer zu planen und gelegentlich schwer zu steuern – weshalb wir einen Fragebogen mitbringen, der beiden Seiten den Einstieg erleichtern soll. Er beginnt mit einfachen Fragen: Wie wird man hundert Jahre alt? Haben Sie etwas anders gemacht als andere, sich gesünder ernährt oder viel Sport getrieben? Sind Ihre Eltern, Geschwister oder andere Verwandte ebenfalls sehr alt geworden?

An einem kalifornisch leuchtenden Nachmittag im Juli 2017 sitzt uns Max Webb in seinem Büro in Los Angeles gegenüber, ein kleiner, rundlicher Mann im gestreiften Hemd mit Strickweste, graublau und neugierig sind seine Augen, und es wäre geradezu bösartig, ihm solche Fragen zu stellen.

Wie aber beginnen?

Wie nähert man sich einem Hundertjährigen, dessen Eltern und Geschwister im Holocaust ermordet wurden?

Einem Mann, der zwölf Arbeitslager und sechs Konzentrationslager überlebt hatte, zuletzt eineinhalb Jahre in Auschwitz, bevor die Nazis ihn und die übrigen Gefangenen, die noch nicht vernichtet waren, zu einem Todesmarsch ins Innere ihres kollabierenden »Dritten Reiches« zwangen, weil diese letzten, elenden Gefangenen, so der Befehl Heinrich Himmlers, auf keinen Fall »lebend in die Hände des Feindes fallen« sollten?

302

Max Webb: »Du nimmst die Schaufel und arbeitest.«

Wir sind unsicher und ein wenig schüchtern, als hätten wir noch nie ein Interview geführt, aber Max Webb macht es uns leicht. »Wie Sie sehen, arbeite ich immer noch jeden Tag«, sagt er und lächelt aufmunternd. »Zwar nicht den ganzen Tag, aber jeden Tag ein paar Stunden. In Rente zu gehen ist eine Sackgasse. Ich mag es, beschäftigt zu sein, meine Leute um mich zu haben. Ich mag, was ich tue. Dies hier ist ein Familienunternehmen. Wir sind 1951 nach Amerika gekommen und haben eine große Firma aufgebaut.«

Tatsächlich begann 1951 das dritte Kapitel in der Lebensgeschichte des Max Webb: sein Weg aus bitterster Armut zu sagenhaftem Erfolg und Reichtum. Es ist ein amerikanischer Traum, wie kein Filmemacher ihn sich schöner ausdenken könnte.

Aber fangen wir mit dem ersten Kapitel an, das im polnischen Łódź spielt. Rund 130 Kilometer südöstlich von dort, in einem Provinzstädtchen namens Szydłowiec, kam am 2. März 1917 Max Webb zur Welt. Seine Eltern, Avraham und Sheva Weisbrot, gaben ihm den Namen Menashe.

Sieben Geschwister waren sie, fünf Mädchen und zwei Jungen. Menashe war zwei Jahre alt, als die Familie nach Łódź zog; der Vater hoffte, in der größeren Stadt Arbeit zu finden. »Aber als Jude hatte man damals kaum Chancen auf einen Job«, sagt Max Webb, »man tat einfach alles, um zu überleben.« Die Eltern konnten es sich nicht leisten, ihre Kinder zur Schule zu schicken. »Drei Jahre lang besuchte ich eine Art Kindergarten«, erzählt Max, »das war alles. Oft hatten wir nicht einmal Brot im Haus. Mein Vater fütterte uns mit allem, was er auftreiben konnte. Trotzdem waren wir oft hungrig.«

Die Kinder schliefen mit den Eltern in einem Zimmer, sie hatten weder Strom noch fließendes Wasser. Die Eltern handelten mit Lebensmitteln, und der kleine Menashe half ihnen dabei. Morgens belud er eine Karre mit Gemüse und Milch und zog durch die Straßen, um die Waren zu verkaufen. »Ich habe mich selbst auf der Straße großgezogen«, sagt Max Webb und zwinkert, als sei es mehr Abenteuer als Elend gewesen. »Ein paar Jahre später«, erzählt er weiter, »habe ich auch mal als Tanzlehrer gearbeitet. Ich hatte Talent.«

Dann, 1939, beginnt das zweite Kapitel in Max Webbs Leben. Er berichtet langsamer davon, die Worte suchend, leiser auch. Und es bleibt ja wahr, auch 80 Jahre danach: Welche Worte kann es geben?

»Du nimmst die Schaufel und arbeitest«, diesen Satz sagt Max nach langem Schweigen. Und dann: »Der Todesmarsch war kein Picknick.«

Am 1. September 1939 marschieren Hitlers Truppen in Polen ein, und bald ist auch Łódź besetzt. Ein Bild aus jenen Tagen hat sich in Max' Erinnerung eingebrannt: Er beobachtet, wie deutsche Soldaten in ein jüdisches Krankenhaus stürmen. Auf einmal fliegen kleine Kinder und Babys aus den Fenstern, herab in einen Muldenkipper.

Dann wird Menashe Weisbrot, 22 Jahre alt, verhaftet und verschleppt, »zunächst in ein kleines Lager in Polen«. Er ist nicht groß, aber zäh, deshalb wird er vorerst nicht ermordet. Die Nazis lassen ihn für sich arbeiten. »Wir taten, was auch immer sie von uns verlangten«, sagt Max Webb, »es war nicht einfach zu überleben.«

Er wird von seiner Familie getrennt. Seine Eltern und vier seiner sechs Geschwister sieht er nie wieder. Sie werden ermordet. Mehr sagt Max nicht.

Nein, keine Details.

Auch nicht, wann er selbst welche Details über welchen der Morde erfuhr.

Es ist still, wir stören die Stille nicht durch Fragen.

»Sagt Ihnen der Name Mengele etwas?«, fragt nun er. Zum ersten Mal begegnet er Josef Mengele 1943, als er in Auschwitz ankommt, zusammengepfercht mit anderen jüdischen Gefangenen in einem der Viehwaggons. Der Arzt inspiziert die Ankommenden und verfügt mit einem Fingerzeig, wer sofort vergast wird und wer leben darf – als Zwangsarbeiter oder als Versuchsperson für eines der perversen »medizinischen« Experimente, die er mit Häftlingen durchführt.

Menashe begreift nicht, was da geschieht, er ahnt nichts von den Gaskammern – aber dann sieht er, wie eine andere Gruppe von Gefangenen, von Mengele aussortiert, gezwungen wird, die Wagen zu besteigen, in denen die Leichen jener aufgestapelt sind, die schon während der Fahrt nach Auschwitz gestorben sind. Und er versteht: Er soll die Schaufel nehmen und arbeiten. Er wird in einer Baracke untergebracht, Block 7.

Etwas Unerwartetes geschieht: Er findet einen Freund. Nathan Schapelski ist fünf Jahre jünger als er und haust in Block 12. Sie verstehen sich auf Anhieb und beschließen, einander zu helfen. »Wann immer ich ein Stück Brot hatte, ging ich zu Nathan rüber und gab ihm die Hälfte«, erinnert sich Max Webb. »Und einmal habe ich ihm das Leben gerettet.«

Nathan ist krank geworden, er hat hohes Fieber. Mengele ist in diesen Tagen unterwegs, aber dann hört Menashe, dass der Arzt noch am selben Tag, einem Dienstag, zurückkehren soll. Und was Mengele mit kranken Häftlingen macht, wissen sie alle: Er schickt sie ins Gas.

Menashe schleicht sich in die Krankenstation, zerrt den halb bewusstlosen Freund von seiner Liege und schleift ihn zu den Baracken zurück. Nathan überlebt.

Jeden Morgen quälen sie sich hoch, um zu tun, was ihnen befohlen wird. Sie bauen eine Eisenbahnstrecke. Aber auch Menashe geht allmählich die Kraft aus. Die Arbeit ist mörderisch, und es gibt kaum mehr etwas zu essen. Zweimal bittet er einen deutschen Wächter, ihn zu erschießen. Beide Soldaten antworten: Wir verschwenden keine Kugel für einen Juden.

»Aber sie kamen jeden Morgen, um Leute für die Gaskammern auszuwählen«, erzählt Max Webb, seine Stimme ist dünn geworden. »Keine Minute lang konnten wir sicher sein, wer überleben und wer sterben würde.«

Mit der Zeit findet er Wege, das Leben in Auschwitz ein kleines bisschen besser zu ertragen. Er weiß, dass Zufälle im Spiel waren, täglich, stündlich. Darf man es Glück nennen? Vielleicht hilft es ihm ja auch, dass er schon vor dem Krieg ein Überlebenskünstler war, ein Straßenjunge, der daran gewöhnt war zu kämpfen. Nach einer Weile jedenfalls darf er in der Lagerküche arbeiten, wo es hin und wieder Kartoffeln gibt. Die eine oder andere Kartoffel verschwindet in seiner Tasche. »Wir nannten es nicht stehlen«, sagt er, »wir mussten uns ja irgendwie organisieren.«

Und er findet heraus, wo die Nazis die Kleidung vergaster Juden sammeln. In der Kleidung sind manchmal noch Schmuckstücke oder andere Wertsachen versteckt. Menashe findet sie und bietet den Wächtern Tauschgeschäfte an: Gold gegen Brot oder Kartoffeln.

Es sind die letzten Monate des Krieges, die Deutschen ahnen längst, dass sie verloren haben. Aber die Juden sollen auf keinen Fall davonkommen, das befiehlt nicht nur Himmler, das befehlen auch die Lagerführer in Auschwitz. Ende 1944 treiben sie deshalb die ersten Häftlinge zusammen, um sie zu einer jener Wanderungen in Richtung Reichsmitte zu zwingen, die heute als »Todesmärsche« bezeichnet werden.

»Wir wussten nicht, wohin wir geführt wurden«, erzählt Max

Webb, »und viele von uns starben unterwegs. Es bedeutete nichts, ein menschliches Leben. Menschen wurden erschlagen, erschossen, oder sie brachen einfach tot zusammen und blieben auf der Straße liegen. Manche erfroren auch, es war ja Winter und wir mussten im Freien übernachten. Wer krank wurde, starb.«

Menashe und Nathan gingen Seite an Seite, und irgendwie schafften sie es, sich aneinander und an ihr Leben zu klammern. Bis zu jenem 8. Mai 1945, dem Tag der Befreiung.

»Ich glaube an Wunder«, sagt Max Webb, »denn ich bin ein Wundermann. So viele Jahre sind vergangen, und ich bin immer noch hier. Es ist unmöglich, das zu erklären.« Er rollt seinen linken Hemdsärmel hoch. Die Tätowierung ist ein bisschen verblasst mit den Jahren, aber sie ist klar erkennbar: 145 223, die Nummer des Auschwitz-Insassen Menashe Weisbrot.

Er war in Waldenburg, nicht weit von Schwäbisch Hall entfernt, als endlich die Russen kamen. Deutsche flüchteten, auf einmal standen Häuser leer, und in den Häusern gab es Nahrung. Die befreiten Häftlinge stürzten sich darauf, doch es war, nach all den Jahren des Hungerns, zu viel des Guten: »Viele bekamen Durchfall und starben«, erzählt Max, »aber ich hatte Glück. Ein paar Jahre zuvor hatte ein Wächter mich auf den Kopf geschlagen, einfach so, aber er hatte zum Glück nicht mein Gehirn zertrümmert, sondern nur meine Zähne. Und weil mir Zähne fehlten, konnte ich nun nicht zu viel auf einmal essen.«

Liegt es vielleicht auch an dem besonderen Blick auf die Welt, an dieser Fähigkeit, noch im größtmöglichen Grauen einen Weg zu sehen? Neben all den fürchterlichen Zufällen: Hat Max Webb womöglich auch deshalb überlebt? Oder deutet er mit dieser Erzählung seine eigene Geschichte Jahrzehnte später auf die einzig Sinn ergebende Weise?

So jedenfalls beginnt das dritte Kapitel seines Lebens, der amerikanische Traum. Denn Menashe und Nathan beschließen, sich in die amerikanische Zone durchzuschlagen, nach Münchberg in Oberfranken. Und sie beginnen, sich eine Existenz aufzubauen: einen Textilhandel.

Die wenigen Familienangehörigen, die überlebt haben, finden nach und nach den Weg nach Münchberg: Menashes einzig verbliebene Schwester Leah, sein Bruder Isaac sowie Nathans Geschwister David und Sala. Bald verbinden sie sich zu einer Familie: Menashe heiratet Sala, die Schwester seines besten Freundes. Sie bekommen zwei Töchter, Chara und Rose. Und sie schwören sich, dass ihre Kinder nicht in Deutschland aufwachsen sollen.

Können Sie beschreiben, wie Sie sich damals fühlten, Max?

Er sagt: »Wie soll man sich fühlen, wenn man weiß, dass sie alle getötet haben, sechs Millionen, Kinder und Erwachsene? Du hattest keine Wahl, du musstest dich ans Leben gewöhnen, so gut es ging. Es war immer noch ein Kampf ums Überleben. Ich hatte ja keinen Beruf gelernt.« Und dann sagt er, ganz und gar ernsthaft und scheinbar ohne die winzigste Ironie: »Also begannen wir, hier und da kleine Geschäfte zu machen. Sie wissen schon, wie wir Juden das halt so machen.«

In Amerika, so hören sie, sei alles möglich, jeder könne dort sein Glück finden. 1951 brechen sie auf, zunächst nach New York. Dann weiter nach Westen: Im folgenden Jahr lassen sich Menashe, Nathan und dessen Bruder David mit ihren Familien in Los Angeles nieder. Aus Menashe Weisbrot wird Max Webb, Nathan und David Schapelski ändern ihren Nachnamen in Shapell. Wieder beginnen sie zu handeln, diesmal zu dritt, diesmal mit Immobilien.

Sie fangen klein an, arbeiten mit anderen Bauunternehmern zusammen, um zu verstehen, wie das Geschäft funktioniert. Sie arbeiten sieben Tage die Woche, 18 oder 19 Stunden pro Tag. Max verbringt die meiste Zeit auf Baustellen; zu seinen Aufgaben gehört es, vor Besichtigungen die Fenster von Modellhäusern zu putzen.

Zur Sicherheit legen sie so viel Geld wie möglich beiseite: Falls aus dem Immobiliengeschäft nichts wird, wollen sie einen Spirituosenladen kaufen.

Aber es funktioniert. Die Firma wächst und wächst, bis sie schließlich eines der größten privaten Immobilienunternehmen in Südkalifornien ist.

Zu seinem 99. Geburtstag im Jahr 2016 spendete Max Webb 1,8 Millionen Dollar für wohltätige Zwecke. In den Jahrzehnten zuvor hatte er sich längst einen Namen als Philanthrop gemacht, in den USA und in Israel.

Er lächelt jetzt wieder. »Ich habe mein Leben lang hart gearbeitet«, sagt er. »Ich bin ein einfacher Mann, okay? Ich lese keine Bücher. Ich lese die ›Los Angeles Times‹, aber ich bin nicht zur Schule gegangen.«

So endet der Besuch, beinahe. Max Webb ist nun müde, er ist erschöpft von den drei Teilen seines Lebens, vom Erzählen, nur einen Schlusssatz hat er noch für uns:

»Ich gebe einfach mein Bestes, unter allen Umständen, und ich habe immer versucht, anderen Menschen zu helfen.«

Die Begegnung mit Max Webb verändert unseren Blick auf die Geschichten mancher Hundertjähriger, die wir in Deutschland kennengelernt haben. Wir fragen uns, ob wir ihnen immer die richtigen Fragen gestellt haben. Ob wir nicht mitunter zu behutsam, zu rücksichtsvoll waren mit diesen so ausnahmslos liebenswürdigen, sehr alten, sehr zart wirkenden Menschen, die uns da gegenübersaßen und von ihrem persönlichen Weg durch den Zweiten Weltkrieg erzählten. Von ihrem Hunger, ihrer Not, ihrer Verzweiflung, während sie für Adolf Hitler kämpften, oder besser gesagt: kämpfen mussten – denn so erzählten sie es, wenn sie denn überhaupt von jener Zeit erzählen mochten. Niemand sagte uns, dass er oder sie Hitler damals verehrt habe.

Dieses Jahrhundert der heute Hundertjährigen war auch ein Jahrhundert der Weltkriege, ein Jahrhundert der Grausamkeiten, der Völkermorde, der Massenvernichtung. Und nicht allen ist alles einfach so zugestoßen, Menschen waren verstrickt, waren Täter.

Müssen wir also schärfer nachfragen?

Rund vierzehn Monate nach unserem Gespräch mit Max Webb, am 24. Oktober 2018, erscheint in der »Los Angeles Times« eine Todesanzeige: »Das *United States Holocaust Memorial Museum* trauert um Max Webb, einen Holocaust-Überlebenden, der 1917 in Łódź, Polen, zur Welt kam und viele Konzentrationslager, darunter Auschwitz, und einen Todesmarsch überlebte. Als langjähriger Freund und Partner unterstützte er führend die Bestrebungen, das Museum zu gründen, und wurde einer der Gründer. Es blieb ihm ein großes Anliegen, an den Holocaust zu erinnern und aufzuklären. Das Museum spricht seiner ganzen Familie herzliches Beileid aus. Howard M. Lorber, Vorsitzender, Allan M. Holt, Vize-Vorsitzender, Sara J. Bloomfield, Direktorin.«

Die vorderen und die hinteren Beine
des Elefanten

THAILAND

Es gibt diese Lebensgeschichten, die für Außenstehende klein wirken mögen, begrenzt und provinziell auch, nicht groß, nicht weit, nicht phantasievoll genug. So allerdings würde Pliao Phetphang ihr eigenes Leben gewiss nicht betrachten. Diese 111 Jahre voller Aufregung, mit diesen ständigen Sorgen ums Überleben, dieser Furcht vor den Tigern, mit den sterbenden Kindern, den Ehemännern, die gute, sorgende Ehemänner waren, aber durchaus anstrengend hie und da.

»Ihr seid die ersten Weißnasen, mit denen ich spreche«, sagt sie und kichert. »Ich weiß auch gar nicht, wo Deutschland ist. Aber es ist lustig, mit euch hier zu sitzen.«

Pliao Phetphang trägt eine weiße Bluse und einen rot-golden schimmernden Rock, dazu blaue Badeschlappen. Sie hat die Haare zurückgekämmt, und sie schmückt sich mit Armbändchen und einer Halskette, die sie selbst geknotet hat. Schmale, kleine Augen hat sie, und schmal und klein ist das ganze Persönchen, vielleicht 1,45 Meter groß, vielleicht 40 Kilogramm schwer, doch zäh muss sie sein, ganz gewiss. Pliao Phetphang ist der älteste Mensch Thailands in jenem März 2018, als wir sie besuchen.

Wir sind zu fünft hergekommen: drei Weißnasen und zwei Thailänderinnen. Unser Freund Karl Vandenhole, der seit vielen Jahren in Thailand lebt, hat Pliao Phetphang für uns gefunden und kontaktiert, Karls Ehefrau Saw übersetzt den südthailändischen Dialekt der alten Dame ins moderne Thailändisch, und die Deutsch-Thailänderin Lerrin Sukwattanakul übersetzt für uns das moderne Thailändisch ins Deutsche beziehungsweise unsere Fragen in die umgekehrte Richtung.

Zunächst, ihr ist das wichtig, berichtet Frau Phetphang von ihrem ersten Erfolgsgeheimnis: der Ernährung.

Viel Milch, durchaus gesüßt, auch Kondensmilch. Viel Wasser. Kein Kaffee, kein Tee, kein Alkohol. Viel Gemüse, immer wieder mal Fisch, kein Fleisch. »Im Fleisch von großen Tieren«, sie meint Kühe und Schweine, »ist zu viel Gift.« Keine Zigaretten, natürlich hat sie noch nie geraucht. Sie kaut nur Blätter mit der braunen Paste der Betel-Nuss, »gegen den Mundgeruch«, sagt sie, aber die Betel-Nuss soll auch stimulierende Wirkung haben. Keine üppigen Mahlzeiten, auch das ist wichtig, lieber vier-, fünfmal am Tag etwas Kleines. Früher, in jenen ungefähr neun Jahrzehnten, in denen sie jung war, aß sie das Gemüse noch roh, aber das geht ohne Zähne nicht mehr. Jetzt kocht und pochiert Frau Phetphang. Eier isst sie auf diese Weise, na ja, jetzt lacht sie, und manchmal auch das dazugehörige Huhn.

Das Haus, in dem sie heute wohnt, ist das Haus ihres ältesten Sohnes Arun. Nackter Beton, Wellblechdach, es geht hier nicht um Schönheit, die Dinge haben zu funktionieren. Einen Fernseher gibt es drinnen, aber Pliao Phetphang sieht nicht mehr viel. In einem Regal stehen Flaschen mit Palmöl und Konserven, die Phetphangs führen einen kleinen Lebensmittelladen. Pliao Phetphang sitzt vor der Haustür auf einem roten Plastikstuhl, hat beide Beine angewinkelt, die ganze Frau Phetphang passt auf die Sitzfläche. Über ihr Palmen. Katzen und Hunde und Hühner laufen herum. Äffchen quieken. Play Phraia heißt der Ort, er befindet sich ungefähr eine Autostunde nordöstlich von Krabi, das wiederum zweieinhalb Stunden östlich von Phuket liegt; man muss einmal um den Golf von Phuket herumfahren.

Ein Auto hatte die Familie nie. Bis 1997 hatten sie nur Kerosinlampen und Kerzen, dann kam der Strom. Wasser holten sie aus dem eigenen Brunnen. Das Telefon ist neu, aber Frau Phetphang kann es nicht bedienen. Gibt es heute einen Computer? Kichern.

»Ich weiß nicht, was das ist. Ein Computer?«, sagt sie.

Das Schwellenland Thailand, von Nord nach Süd 1780 Kilometer lang, ist die Heimat von 68 Millionen Menschen, davon 75 Prozent Thai und 14 Prozent Chinesen; oder auch 94 Prozent Buddhisten und 4 Prozent Muslime. Erst im 19. Jahrhundert hatten diverse Fürstentümer und Königreiche den Nationalstaat Thailand geformt, der niemals Opfer einer Kolonialmacht wurde und bis heute eine Erbmonarchie ist.

Es ist noch nicht lange her, da war dieser südliche Teil Thailands, an der Küste der Andamanischen See, Dschungel.

»Die Straße gab es nicht«, sagt Pliao Phetphang und meint die Sandpiste vor ihrem Haus.

Es gab nur den Dschungel und die Tiere, eben auch die Tiger und die Elefanten, vor denen sich die Kinder so fürchteten, und der nächste Nachbar war viele Kilometer entfernt. Weshalb es natürlich auch keine Freunde gab. Keine Schule. Nur die Familie, die alles bedeutete.

Wie alt ihre Eltern wurden, das weiß sie nicht mehr. »Als ich zur Schule ging, haben meine Großeltern noch gelebt«, sagt Arun, ihr Sohn. Einen Beruf, im europäischen Sinne, hatten beide Eltern nicht: Sie bauten halt Gemüse an, waren froh, wenn sie Tiere hatten, Schweine, dann ging es ihnen gut. Land besaßen sie nicht, aber das musste man im Dschungel auch nicht. Irgendwann wurde der Vater zum Stellvertreter des Dorfführers, was großes Ansehen bedeutete, auch wenn es im europäischen Sinne kein Dorf gab.

Ein Tag im Leben der Pliao Phetphang:

Um 5.30 Uhr steht sie auf und bereitet das Essen für die buddhistischen Bettelmönche zu, die gleich draußen vorbeikommen werden. Dann trinkt sie ihr erstes Glas Milch oder Kakao, macht das Haus sauber, räumt auf, fegt. Um 11 Uhr isst sie etwas, dann duscht sie, dann kommt das Mittagsschläfchen. Gegen 14 und gegen 16 Uhr isst sie auch etwas. Manchmal macht sie die Wäsche, manchmal kocht sie den Reis für die Woche. Meist und am liebsten sitzt sie im Garten, unter einem Wellblechdach, im »Pavillon«, sagen die Übersetzerinnen. Ob Pliao Phetphang wirklich »Pavillon« gesagt hat?

»Ich mag das sehr, dass ich so alt bin«, sagt sie jetzt, »und dass ich so alt bin, liegt am guten Karma.«

Gutes Karma kann man sammeln, Pliao Phetphang ist gläubig, und sie möchte nichts anderes mehr besitzen: Alles, was ihre Kinder ihr geben, spendet sie sofort den Mönchen, und darum, so sieht sie das, wird sie immer noch älter. Das ist ihr zweites Erfolgsgeheimnis. Und nun erzählt Pliao Phetphang ihre ganz und gar nicht kleine Lebensgeschichte.

Im buddhistischen Jahr 2450, nach unserer Rechnung minus 543, also im christlichen Jahr 1907 wurde sie geboren, den genauen Tag kennt sie nicht, Geburtstag hat sie darum in 111 Jahren kein einziges Mal gefeiert. Ihr Ausweis dokumentiert das Geburtsjahr, aber da die thailändische Bürokratie vor 111 oder vielleicht ja auch vor 112 oder 110 Jahren die Dschungel des Südens nicht erfasste, lassen sich Zweifel am exakten Alter von Menschen wie Pliao Phetphang selten ganz und gar ausräumen. Es gibt keine Zeugen mehr und keine Geburtsurkunde, aber es gibt medizinische Untersuchungen, spätere Schriftstücke und eine plausible Geschichte.

Pliao war zweifelsfrei die Älteste, hieß damals noch Pliao Klangrok, und ihre Schwester Lim und ihr Bruder Pet und sie spielten zusammen Verstecken und Fangen. Wenn sie nicht arbeiten mussten. Auf dem Feld, wo sie mit dem Wasserbüffel den Acker bearbeiten oder Reis ernten mussten. Oder bei den Schweinen, die zu füttern und zu schlachten waren, 100 Kilogramm brachten 25 Baht, das sind heute knapp 70 Cent.

Ihre Schwester Lim übrigens wurde nur rund 70 Jahre alt, Pet jedoch wurde 99.

Die Kinder lernten im buddhistischen Tempel Lesen und Schreiben, allerdings in der vergangenen, toten Sprache Pali. Was für eine realitätsferne Absurdität. Als gäbe es in einer deutschen Schule leider nur ein Fach, und das wäre Altgriechisch.

Pliao Phetphang hat jene Jahre in guter Erinnerung, so sagt sie es, doch auf die Frage, ob sie glücklich gewesen sei, sagt sie nein. »Glücklich nicht. Ich musste immer hart arbeiten, wir waren arm. Aber ich war glücklich, nicht weggeschickt zu werden, glücklich, bei meinen Eltern zu sein.«

Die Mutter schenkte ihr eine Puppe aus Lehm, *Tuk Nang* (Mädchenpuppe) hieß die Puppe. Liebevoll seien die Eltern gewesen, und sie hätten ihr beigebracht, aus eigener Kraft zu überleben und dabei ein guter Mensch zu sein, also nicht zu lügen und niemals andere zu schlagen. Und Geschichten hätten die Eltern den Kindern erzählt. Eine dieser Geschichten:

Im Dschungel begegnen sich ein guter Mann und eine gute Frau, beide suchen Gemüse. Sie verlieben sich. Die Frau nimmt den Mann mit nach Hause. Der Mann will in den Dschungel gehen. Die Frau rät ihm ab, alle in ihrem Haus raten ihm ab. Er geht. Der Tiger frisst ihn.

Die Moral der Geschichte: Kinder sollten kluge Ratschläge ernst nehmen.

Das taten die Kinder.

Hart waren dann die Jahre des Zweiten Weltkriegs. Es gab keine Bomben, keine Angriffe, aber es gab auch keinerlei Handel mehr, keine Kleidung, keine Decken. Nur noch das, was die Familie selbst herstellen konnte.

Einmal, daran erinnert sie sich, kam ein Elefant ins Haus, mit riesigen Stoßzähnen, und alle, auch der Vater, liefen fort.

Einmal, auch das weiß sie noch, gab es eine Tigerjagd, und am Ende sah sie sich den erlegten Tiger an.

Auf die Ehe war sie nicht vorbereitet, natürlich nicht. Einen Freund, einen Liebhaber, so etwas hatte es nicht gegeben, und selbstverständlich arrangierten die Eltern die Ehe. Aufregung bei der ersten Begegnung? Durchaus. Angst? Keine Angst. »Wenn er mich liebt, dann liebe ich ihn auch.« Sie weiß nicht, wie Cham, ihr Ehemann, auf sie kam, warum er ihre Eltern oder ihre Eltern ihn ansprachen. Aber ein sorgsamer Mann sei er gewesen, pflichtbewusst, »er war der Führer, er wies den Weg, und er sagte, wie wir das Geld verdienten. Wenn er laut wurde, wurde ich leise«.

Und dann sagt sie diesen wunderbaren Satz: »Er war die vorderen Beine des Elefanten, ich war die hinteren Beine.«

Gibt es im männlich dominierten Thailand so etwas wie Redensarten von der Frau als der wahren Chefin? »Die Hosen anhaben«, so etwas? Frau Phetphang lächelt. »Es ist so interessant, mit Weißnasen zu reden«, sagt sie zu ihrem Sohn.

Männlich dominiert war – und ist – aber natürlich auch die ganze, weite Welt jenseits des thailändischen Dschungels, weshalb wir eine Antwort, mit geringfügigen Variationen, von vielen hundertjährigen Frauen hören: Der Mann war der Chef. Ich habe mich gefügt, habe ihm nicht widersprochen. Unsere Ehe hat funktioniert, weil die Rollen klar verteilt waren.

Man fragt sich aus heutiger, westlicher Sicht, wie das eigentlich gehen soll: Kann man von Liebe sprechen, wenn der Mann sich über die Frau erhebt? Und von einem erfüllten, gar vollendeten Leben? Wenn der Mann bestimmt, wie das gemeinsame Leben auszusehen hat – und die Frau ihm zu folgen hat?

Die meisten hundertjährigen Frauen sagen uns nicht, dass sie unzufrieden mit ihrem Leben seien, aber wenn man genauer hinhört, klingt oft so etwas wie Wehmut durch. Bedauern, manchmal auch Verbitterung über verpasste Chancen. Oder über Chancen, die sich nie boten, einfach nur deshalb, weil man zufälligerweise als Frau und nicht als Mann geboren wurde.

Die Chance auf Bildung zum Beispiel. So viele Frauen dieser Generation, im frühen 20. Jahrhundert geboren, sagen dies: Ich hätte gern länger die Schule besucht, einen Beruf erlernt, studiert, aber es ging halt nicht. Und weil es nicht ging, waren die Rollen im späteren Leben erst recht vorgegeben: Der Mann verdiente das Geld, er hatte die Macht.

Wie weit sind wir gekommen, die später geborenen Generationen? Wie weit ist der Weg noch, bis Frauen und Männer gleichberechtigt und auf Augenhöhe lieben und alt werden können?

Pliao Phetphang stellt uns nun vor eine Rechenaufgabe, die wir alle gemeinsam dann doch nicht lösen können.

Cham, der erste Ehemann, sei schon lange tot, sagt sie, er sei über 40, aber unter 50 Jahre alt geworden; Cham sei ein Jahr älter als sie gewesen. Danach sei sie acht oder neun Jahre lang allein gewesen. Danach sei San aufgetaucht, ihr zweiter Ehemann. Und mit ihm habe sie – die nach dieser Rechnung mindestens 50 Jahre alt gewesen sein müsste – sechs Kinder gehabt ….

Wir sitzen im Kreis.

Wir fragen nach.

Wir lachen.

»Doch, aber so war es«, sagt sie und lacht mit.

Ihren goldenen Ring, am rechten Mittelfinger, dreht sie während ihrer Erzählungen vorwärts, dann zurück. Vier noch lebende Kinder hat sie: Arun, Narong, Chim und Samreang. Aber da war auch die doppelte Tragödie ihres Lebens, da war das, was Pliao Phetphang sofort sagt, wenn sie nach den dunklen Momenten ihres Weges gefragt wird, da war der Tod ihrer Kleinen: Narin, die nur sieben Jahre alt wurde, und Pinyo, der mit drei Jahren starb. Nein, Frau Phetphang hat dafür keine Worte, auch so viele Jahrzehnte später nicht. Sie sagt nur, dass es eben keine Ärzte gegeben habe, keine Versorgung, Fieber habe schon genügt, um ein Kind zu töten.

Sie hustet, trinkt Wasser, ihr Sohn streichelt ihren Rücken, der schmerzt. Ein schmales grünes Tuch liegt neben ihr, gegen den Schweiß.

Der zweite Ehemann sei im Übrigen auch ein guter gewesen, aber nicht ganz so gut wie der erste. Er habe sie geschlagen. Was sie verstehen könne, schließlich sei er nur eifersüchtig liebend gewesen, er habe sie halt für sich haben wollen. »Ich war eine schöne Frau, und allzu viele Frauen gab es hier nicht. Es war sein Beschützerinstinkt, es bedeutete ›ich liebe dich‹.«

Und auch San sei schon lange tot, ein Raucher, der an Lungenkrebs starb; so wichtig sei das mit den Schlägen deshalb heute nicht mehr. Lange vorbei.

Und jetzt sagt sie, kraftvoll: »Ich bereue nichts. Jede Entscheidung war richtig. Ich war ein ehrlicher Mensch.« Dass einer ihrer Söhne ihr immer wieder versprochen habe, zumindest für einige Wochen Mönch zu werden, und es trotzdem nie wurde, das schmerzt sie. »Ich werde sterben, und er wird sein Versprechen noch immer nicht gehalten haben.«

Wenn das allerdings, nach 111 Jahren, das einzige Bedauern ist …

Ihr drittes Erfolgsgeheimnis, sagt sie dann, sei dies: »Der wichtigste

Mensch in meinem Leben war ich selber. Also, natürlich sorge ich mich um andere, und ich liebe meine Kinder über alles – aber nicht mehr als mich selbst.«

Den Tod, sagt Pliao Phetphang, fürchte sie nicht. Natürlich nicht. »Was lebt, muss sterben, das ist normal. Ich freue mich darauf.« Samiha fragt, ob sie glaube, dass es nach dem Tod weitergehe, und Frau Phetphang blickt empört ihren Sohn an und sagt: »Aber das wissen wir doch, wieso fragt sie so etwas?«

Wäre Pliao Phetphang noch einmal 20 Jahre alt, dann, sagt sie, würde sie zur Schule gehen, »ich weiß auch nicht, was ich dann machen würde, ich hatte ja nie einen Beruf. Ich würde etwas werden, das ich heute nicht wissen kann, das ist ja das Aufregende. Ich sehe jeden Tag Menschen zur Arbeit fahren und frage mich immer, wie es dort wohl ist«.

Und sie sieht die Kinder zur Schule gehen, wie gern würde sie Englisch lernen. Arun, ihr Sohn, bringt ihr Schreiben und Lesen bei, so gut das noch geht, wenn man kaum mehr etwas sieht. Und reisen würde sie gern, »ich bin ja froh, dass ihr meinetwegen gekommen seid, aber ich bin auch neidisch, weil ihr reisen könnt«. Doch auch für Reisen sei es leider zu spät.

Obwohl …

… als im Sommer 2017 der neunte thailändische König starb, jener König Bhumibol, den Frau Phetphang jahrzehntelang verehrt hatte und dessen Abbild sie an ihrer Halskette trägt, da bat sie ihre Familie um ein gemeinsames Abenteuer.

70 Jahre lang hatte Bhumibol regiert. In der Schweiz und in den USA war er aufgewachsen. Und dann war er zu einer Integrationsfigur geworden, zugleich Versöhner und Patriarch. Ein Paragraph in Sachen Majestätsbeleidigung hatte jegliche Kritik an Bhumibol verboten; auch wer über den königlichen Hund witzelte, konnte im Gefängnis landen. Hinter Bhumibol hatten jahrzehntelang das Militär und die Großgrundbesitzer, also jene Eliten gestanden, die ihn als gottgleich und fehlerlos inszenierten. Wenn man Menschen, die in Thailand leben, fragt, wer das Land tatsächlich regiere, sagen sie: »Ist doch klar, das Militär.«

Als wir Pliao Phetphang besuchen, im Frühjahr 2018, regiert offiziell nun Bhumibols einziger Sohn, Maha Vajiralongkorn, den kaum jemand ernst nehmen kann, seit 2007 ein Partyvideo auftauchte, in dem der damalige Kronprinz herumtanzt, daneben seine recht unbekleidete Gefährtin, daneben der Pudel Foo Foo, den der Kronprinz zum »*Air Chief Marshal*« ernannt hatte. Im Lande gibt es in diesem Frühjahr 2018 die Furcht vor einem Militärputsch, vor Instabilität; und im Süden, im Grenzgebiet zu Malaysia, sind muslimische Separatisten aktiv. Aber wir wollten ja eine kleine Reisegeschichte erzählen.

Im Sommer 2017 stieg nämlich hier im Süden Thailands eine Familie in den Zug und fuhr in der einen Nacht nach Bangkok, in dieses schrille, wuselige, niemals stille Monstrum von einer Stadt, und trauerte um König Bhumibol. »Dieser König war wie Gott über meinem Kopf. Er hat unser Land beschützt. Ohne ihn hätten wir kein Land zum Leben«, sagt Pliao Phetphang.

Und Frau Phetphang stieg die Stufen zu ihrem König Bhumibol hinauf. Sah ihn. Betete. Und in der folgenden Nacht fuhren sie wieder zurück, die Hundertzehnjährige, ihre Kinder, ihre Enkel, ihre Urenkel.

Die Weisheit des Alters, XIV.

»Töte nicht. Lüge nicht. Tue anderen nicht weh.
Gehe nicht fremd. Trinke nicht. Aber das sind nicht meine
Weisheiten. All das lehrt der Buddhismus.«

Pliao Phetphang

319

DES RÄTSELS LÖSUNG, VIII.

Das Unheil lauert am Horizont, ein bräunlicher Dunst, der die Konturen der Berge verwischt. Und natürlich wabert die giftige Brühe nicht nur dort herum, in vermeintlich sicherer Distanz, sondern überall hier, auch in Loma Linda, einem Städtchen im kalifornischen San Bernardino Valley, rund hundert Kilometer östlich von Los Angeles gelegen.

Michael Orlich, Mediziner an der Loma Linda University, blickt aus seinem Bürofenster und sagt: »Ach ja, der Smog. Loma Linda ist leider kein großartiger Ort, um an der frischen Luft alt zu werden.« Er lacht, es ist ja schon ein bisschen ironisch: »Wir sind eine Gemeinschaft von Nichtrauchern, aber unsere Luftqualität gehört zu den schlechtesten im ganzen Land.« Loma Linda sei immerhin nicht allein mit diesem Problem, fügt er schnell hinzu, »es betrifft sehr viele Menschen, etwa in China und Indien, in den Entwicklungsländern«.

Außerdem scheint es den Bewohnern von Loma Linda recht gut zu gelingen, sich vor den Effekten der verpesteten Luft zu schützen. Oder sie jedenfalls irgendwie auszugleichen. Loma Linda ist nämlich eine weitere so genannte »blue zone«, eine von fünf Blauen Zonen auf der Welt, wo die Menschen länger gesund bleiben und später sterben als anderswo.

Ein Ort folglich, wo man eher 110 als 100 Jahre alt werden muss, um aufzufallen.

Das 24 000-Einwohner-Städtchen im ärmlichen, kriminalitätsgeplagten San Bernardino Valley ist die einzige Blaue Zone in Nordamerika; die übrigen befinden sich in Costa Rica und Griechenland, auf Sardinien und in Okinawa. Den Begriff »blue zones« hat der amerikanische Journalist Dan Buettner geprägt; er hat die Regionen 2005 zunächst in einer Titelgeschichte im Magazin »National Geographic« beschrieben, später in einem gleichnamigen Buch, das zu einem Weltbestseller wurde.

»Die Bezeichnung Blaue Zonen ist eine nette Methode, um die Öffentlichkeit auf die Vorzüge eines gesunden Lebenswandels aufmerksam zu machen«, sagt der Mediziner Orlich. »Wir hier, die Universität und die Stadt, begrüßen das, auch wenn es eher ein journalistischer Ansatz ist als ein wissenschaftlicher.« Dan Buettners Methode sei allerdings mit Vorsicht zu genießen: »Wenn man verschiedene langlebige Populationen und ihre auffälligen Eigenschaften beschreibt, bedeutet das ja noch längst nicht, dass man Korrelationen gefunden hat«, so Orlich. Er selbst sucht seit 2010 nach wissenschaftlichen Erklärungen für die Langlebigkeit der Einwohner von Loma Linda. Dabei kann er auf eine Fülle von Daten zurückgreifen, die andere Forscher seit 1958 gesammelt haben: die so genannten »*Adventist Health Studies*«.

Denn eine hervorstechende Eigenschaft der Bevölkerung von Loma Linda ist diese: Rund ein Drittel gehört der protestantischen Freikirche der Siebenten-Tags-Adventisten an. Und genau dieses Drittel ist es, das deutlich länger lebt als durchschnittliche Amerikaner. »Adventisten sterben an denselben Krankheiten wie gewöhnliche Kalifornier, aber sie erkranken oft erst deutlich später im Leben«, sagt Orlich. Und: »Sie leben im Schnitt zehn Jahre länger.«

Koinzidenz? Korrelation?

Die Vermutung liegt nahe, dass diese Religion auf irgendeine Weise das Leben verlängern kann – denn es sind nicht nur die Siebenten-Tags-Adventisten von Loma Linda, die sich länger des Daseins auf Erden erfreuen als andere Christen, Anders- oder gar Nichtgläubige. Orlich und seine Kollegen haben sich auch mit anderen Adventisten-Gemeinschaften in allen 50 amerikanischen Bundesstaaten und in Kanada beschäftigt; ihre Erkenntnisse basieren darum mittlerweile auf Daten von nahezu 100 000 Studienobjekten.

Nun könnte man auf den für säkulare Erdenbürger etwas verstörenden Gedanken kommen, dass der liebe Gott Adventisten lieber mag als andere Schäfchen. Die wissenschaftliche Erklärung aber ist eine andere und bestechend weltlich: Adventisten leben gesünder.

»Man kann von einer religiösen Motivation sprechen«, sagt Orlich, der selbst in einer Adventistenfamilie in Indiana aufwuchs. »Die Kirche hat seit ihrer Gründung im 19. Jahrhundert eine Gesundheitsbotschaft.« An Gott zu glauben bedeute für die Siebenten-Tags-Adventisten eben auch, den menschlichen Körper, diese göttliche Schöpfung, besonders achtsam zu pflegen. Deshalb sollten sie keinen Alkohol trinken, nicht rauchen, keine Drogen nehmen und sich bevorzugt vegetarisch ernähren.

In den USA sind Schätzungen zufolge 3 bis 5 Prozent der Bevölkerung Vegetarier. Bei den Adventisten sind es – je nachdem, wie streng der Begriff Vegetarier definiert wird – ungefähr 50 Prozent. Ein Beleg dafür, dass der Verzicht auf Fleisch das Leben verlängert?

Orlich zögert, diese These ist ihm natürlich wieder zu journalistisch-unwissenschaftlich: »Es ist schwierig, eine kategorische Aussage zu vegetarischer Ernährung und allgemeiner Gesundheit zu treffen«, sagt er. »Man sollte jedenfalls nicht nur unsere Studie als Beweis dafür nehmen. Unsere Vegetarier essen ja nicht nur kein Fleisch, sondern sie konsumieren auch weniger Zucker, kalorienreiche Getränke, Desserts …« Er legt eine kurze Pause ein, dann fasst er sich ein Herz: »Aber alles in allem scheinen Studien darauf hinzudeuten, dass eine vegetarische Ernährung, die jener der Adventisten gleicht, Langlebigkeit eher begünstigt als eine nichtvegetarische Ernährung.«

Wer länger leben und nicht ganz auf Fleisch verzichten wolle, solle zumindest weniger verarbeitetes Fleisch wie Würstchen oder Leberkäse und weniger rotes Fleisch essen, rät Orlich: »Es gibt recht viele Hinweise darauf, dass dies das Risiko für Herz-Kreislauf-Erkrankungen und kolorektale Karzinome senkt.«

Was man sich sonst noch von den Adventisten abschauen kann: »Statistisch betrachtet gibt es fünf Faktoren, die das Leben um jeweils rund zwei Jahre verlängern können«, so Orlich – neben dem Verzicht auf Fleisch seien dies: regelmäßige Bewegung, ein normales Körpergewicht, der Verzicht auf Tabak sowie: täglich eine Handvoll Nüsse essen. »Dass ein einzelnes Nahrungsmittel so eine Wirkung haben kann, fand ich recht interessant«, sagt der Mediziner. »Offenbar ist es auch ganz egal, welche Nüsse man isst. Sogar Erdnüsse haben eine positive Wirkung. Seit ich das weiß, versuche ich regelmäßig Nüsse zu essen.« Nüsse verringern das Herzinfarkt- und Schlaganfallrisiko, weil ihr Verzehr den Appetit kontrolliert; und sie helfen, den Blutzuckerspiegel stabil zu halten. Nicht ganz klar ist, ob dies vor allem am Magnesium, an den Faserstoffen oder an den Proteinen liegt, die in Nüssen enthalten sind; oder an allem zusammen.

Gesunde Ernährung und die Heilkraft der Bewegung, das sind die einfachen Erklärungen für die Langlebigkeit der Adventisten. Schwieriger zu messen ist, welche Rolle die Religion als solche spielt – der Glaube an etwas Höheres oder auch das Gefühl, zu einer Gemeinschaft zu gehören und damit nicht allein auf der Welt zu sein. »Es gibt ein paar Studien zu solchen psychosozialen Faktoren und Langlebigkeit«, sagt Orlich, »aber ich denke nicht, dass wir diese Fragen eindeutig beantworten können.«

Wobei … eine Sache gibt es da noch.

Auch anhand des Beziehungsstatus lasse sich recht gut voraussagen, wie langlebig ein Mensch sei, so Orlich, Verheiratete hätten eindeutig bessere Chancen auf ein gesünderes, längeres Leben. Zum Abschied wagt der Mediziner deshalb eine für seine Verhältnisse verwegen journalistische These: »Daraus könnte man ableiten, dass auch andere Formen menschlicher Nähe eine lebensverlängernde Wirkung haben.«

Die Regeln der Ehe

Ellsworth Wareham, 102, ist seit 1950 mit seiner Frau Barbara, 88, verheiratet. Er ernährt sich vegan, raucht nicht und trinkt keinen Alkohol, auch keinen Kaffee und keinen schwarzen Tee. Bis er 95 Jahre alt war, arbeitete er als Herzchirurg. Allerdings: In den letzten Jahren seines Berufslebens führte er nicht mehr selbst das Skalpell an offenen Herzen, sondern er assistierte Kollegen, die ungefähr halb so alt waren wie er.

Wareham, eine schlaksig-distinguierte Erscheinung mit hoher Stirn und fein gewordenem Haar, blinzelt durch seine Drahtbrille und sagt: »Ich habe das alles selbst so entschieden. Aber ich fühle mich blendend – ich denke, ich könnte auch heute noch Herzchirurgie praktizieren. Es ist recht einfach.«

Zur Begegnung mit Wareham kommt es noch am Tag des Interviews mit Michael Orlich, dem Mediziner der Loma Linda University. Die beiden kennen einander nicht persönlich, und doch scheint es, als gebe es keine bessere Illustration für Orlichs Erkenntnisse über die Langlebigkeit der Siebenten-Tags-Adventisten als eben diesen Ellsworth Wareham.

Nun ja. Stimmt das? Das mit der segensreichen Wirkung der Ehe ist, wenn man Mr. und Mrs. Wareham eine Weile lang zuhört, vielleicht doch nicht so eindeutig.

Es ist ein staubig heißer Sommertag im Juli 2017, und die Warehams sitzen auf einer Couch im gut gekühlten Wohnzimmer ihres zweistöckigen Hauses, das sie ein Vierteljahrhundert zuvor in den Hügeln von Loma Linda gebaut haben; der Bauherr war damals jugendliche 77 Jahre alt.

»Ich hatte großes Glück mit meiner Gesundheit«, sagt Ellsworth Wareham, »ich war nie so krank, dass ich mir hätte Sorgen machen müssen.« Bis heute nicht – schließlich gehe er nicht am Stock und habe auch keine Mühe, klar zu denken. »Ich fühle mich kein bisschen anders als vor meinem hundertsten Geburtstag«, beteuert er. »Wenn es so weitergeht, kann ich auch 115 werden.«

Dabei hatte Ellsworth Wareham, wie so manche der Hundertjährigen, die wir auf unserer Reise treffen, kein einfaches Leben. Er kam am 3. Oktober 1914 in Texas zur Welt; einige Wochen zuvor war in Europa der Erste Weltkrieg ausgebrochen. Eine ganz frühe Kindheitserinnerung: die Quelle, aus der die Familie ihr Trinkwasser hochzog. Viel mehr Bilder aus Texas sind da nicht, denn als Ellsworth ein kleiner Junge war, zogen seine Eltern mit ihm und seinen Geschwistern hoch in den Norden, auf eine Farm im kanadischen Alberta. Vier Brüder und zwei Schwestern waren sie, und alle wurden auf der Farm gebraucht. Vier, hin und wieder auch fünf Kühe gab es, und die Aufgabe des kleinen Ellsworth war es, im Morgengrauen die Kühe zu melken. Danach durfte er zur Schule gehen, zwei Meilen zu Fuß, ganz egal, wie brutal der kanadische Winter war.

Immerhin: Hungern mussten sie nicht. Sie pflanzten Gemüse an, das sich gut lagern ließ, Kohl und Rüben zum Beispiel, das reichte für die Winter.

Die Mutter war eine fromme Adventistin, sie brachte den Kindern bei, die Bibel zu ehren. Der Vater allerdings rauchte. »Das geht nicht«, sagt Wareham, »du kannst nicht Tabak konsumieren und zu unserer Kirche gehören. Kein Alkohol, kein Tabak, so sind die Regeln. Und eine vegetarische Ernährung – aber das ist nur eine Empfehlung, keine Pflicht.« Als der Vater älter wurde, habe er zum Glauben zurückgefunden und das Rauchen aufgegeben. »Aber ich glaube, der Tabak hat seine Langlebigkeit beeinträchtigt«, sagt Wareham, »er starb mit 82 Jahren.« Drei Jährchen länger lebte die gottesfürchtige Mutter, sie wurde 85.

Dass aus ihm etwas geworden sei, verdanke er nur dieser Mutter, sagt Ellsworth Wareham. »Sie hat immer gesagt: Du brauchst eine Ausbildung.« Obwohl sie kaum Geld hatten, bestand die Mutter darauf, dass Ellsworth aufs College ging. Sie ermöglichte es ihm, seinen Lebenstraum zu verwirklichen: jenen von der Medizin.

Er schaffte es nicht im ersten Anlauf, seine Noten waren nicht gut genug. »Aber ich war entschlossen«, sagt er, »ich wusste einfach, dass ich Arzt werden wollte, auch wenn ich nicht mehr der Jüngste in meiner Klasse war. Als ich anfing, war ich 23.«

Er ging nach Loma Linda, weil er hier Medizin studieren konnte – und weil es hier auch zu jener Zeit schon viele Gleichgesinnte gab: die Siebenten-Tags-Adventisten.

Seine Ausbildung war noch nicht abgeschlossen, da begann der Zweite Weltkrieg. Nach dem Angriff auf Pearl Harbor suchte das Militär Mediziner, und so kam er zur Navy. »Operieren unter diesen Bedingungen war eine ziemliche Herausforderung«, erzählt er. »Einmal sollte ich einem Burschen mitten in einem Taifun den Blinddarm entfernen. Das Meer war schrecklich aufgewühlt, alle Instrumente fielen auf den Boden …« Er lächelt, als er sich daran erinnert. »Ach, ich mochte es, Chirurg zu sein. Es ist einfach interessant – all die unterschiedlichen Gewebe des Menschen. Später kamen dann die Operationen am offenen Herzen, dieser Moment, als wir zum ersten Mal eine Herz-Lungen-Maschine benutzten …« Nicht nur seine Augen, sein ganzes Gesicht leuchtet jetzt.

Und Barbara sitzt neben ihm und leuchtet nicht.

Sie begegneten sich, nachdem er aus dem Militär zurückgekehrt war. Ellsworth war nun Mitte 30 und Arzt in einem privaten Krankenhaus in Glendale, nicht weit von Loma Linda entfernt. Barbara, Anfang 20, war – Fotos erzählen diesen Teil der Geschichte – eine strahlende junge Frau mit kindlich zarten Gesichtszügen und roten Locken. Sie war in der Ausbildung, sie wollte Krankenschwester werden.

»Wir kannten uns etwa ein Jahr, als wir heirateten, richtig?«, fragt Ellsworth. Dann, ohne ihre Antwort abzuwarten: »So machte man das halt.«

Barbara hebt die Mundwinkel, aber das Lächeln erreicht ihre Augen nicht. »Nun«, sagt sie, vorsichtig, »für mich war er natürlich ein älterer Mann. Ich war daran gewöhnt, mit Jungs in meinem Alter auszugehen. Wir gingen zum *Drugstore* um die Ecke und tranken ein Malzbier. Aber Ellsworth führte mich zum Dinner aus, ins Theater ... Es wäre schwierig gewesen, das alles wieder aufzugeben. Er war ein sehr guter Verehrer.«

Ellsworth grinst. »Ich hatte ein gelbes Cabrio, einen Buick. Es war ein schillerndes Auto.«

Barbara muss jetzt doch lachen. »Und er war immer so piekfein gekleidet, mit gestärktem Kragen. Er war ein Gentleman.«

Und was gefiel dir an Barbara, Ellsworth?

»Oh, sie war ein gutaussehendes Mädchen«, sagt er. »Viele dieser Entscheidungen basieren ja auf Äußerlichkeiten. Mir tun Mädchen leid, die in dieser Hinsicht ein Defizit haben.«

1950 heirateten sie. 1951 wurde ihr erster Sohn geboren, Martin. In kurzen Abständen folgten vier weitere Kinder. Barbara hatte es geliebt, im Krankenhaus zu arbeiten, aber nun war sie ans Haus gebunden.

»Beruflich habe ich all meine Ziele erreicht«, sagt dafür ihr Mann, Ellsworth. »Gleich nach der Hochzeit ging ich nach New York, und Barbara ging zurück zu ihrer Familie nach Texas. Ich kannte New York nicht, aber ich hatte gehört, dass es dort ein ausgezeichnetes Ausbildungskrankenhaus gab, und wegen des Koreakriegs herrschte dort ein Mangel an jungen Ärzten.«

Barbara korrigiert: Sie habe ihre Familie in Texas nur besucht, danach sei sie Ellsworth nach New York gefolgt.

»Ich hatte meiner Frau gesagt, dass wir ein Jahr dort bleiben würden, aber am Ende wurden es fünf. Sie hat mich die ganze Zeit angeschrien«, erzählt er und kichert.

Sie schüttelt den Kopf. »Ich war daran gewöhnt, vertraute Gesichter um mich zu haben«, sagt sie. »Dann wurde ich nach New York verfrachtet, wo ich keine Menschenseele kannte, und ich wollte einfach nur nach Hause. Aber mit der Zeit lernte ich, New York zu lieben. Vier unserer fünf Kinder kamen dort zur Welt, ich war also auch beschäftigt.«

Ellsworth war ein leidenschaftlicher Chirurg, liebte seine Arbeit; und er war ehrgeizig. Nachdem er Barbara und die Kinder nach Loma Linda zurückgebracht hatte, brach er auf, um in fernen Ländern, wo es kaum Herzchirurgen gab, Menschenleben zu retten. »Wir waren ein Team von Ärzten, das überall unterwegs war«, erzählt er. »In Athen führten wir die allererste Operation an einem offenen Herzen durch. Auch in Saudi-Arabien haben wir die Technik eingeführt.«

Ungefähr 20 Jahre lang lebten sie so: Ellsworth reiste um die Welt, um Herzen zu reparieren, Barbara kümmerte sich daheim um die Kinder. »Ich fühlte mich manchmal alleingelassen«, sagt sie. »Ich wünschte, er wäre nicht so viel weggewesen.« Wenn sie wütend sei, sage sie manchmal zu ihm: Vergiss nicht, dass es meine Kinder sind. Ich habe sie großgezogen.

Für ihn waren es die spannendsten Jahre seines Berufslebens: »Wir haben ja keine gewöhnlichen Eingriffe durchgeführt, nicht bloß Blinddärme oder Gallenblasen operiert, sondern offene Herzen«, sagt er, »wir haben Großes vollbracht.«

Merkt er nicht, wie Barbara sich neben ihm verkrampft?

Sie sitzt aufrecht da und lächelt, aber es sieht aus wie ein Lächeln, das Tränen unterdrücken soll.

Irgendwann, als die Kinder groß waren, versuchte sie, wieder als Krankenschwester zu arbeiten. Aber sie war unsicher, nach all den Jahren, in denen die Medizin sich ohne sie weiterentwickelt hatte. Es kam ihr vor, als ob die Kolleginnen sie beobachteten, sie fürchtete ihre strengen Blicke. »Seither habe ich mir oft gewünscht, dass ich länger gearbeitet hätte«, sagt sie. »Dieser Beruf hat etwas, das mich nicht loslässt … wenn man einmal eine Krankenschwester ist, bleibt man es für immer, verstehen Sie?«

Sie wolle nicht hundert Jahre alt werden wie ihr Mann, sagt Barbara, wozu auch? »Es macht keinen Spaß, alt zu sein«, sagt sie, »es ist ein Gefühl von Verlust. Es gab so viele Orte auf der Welt, die ich gern sehen wollte, und jetzt ist es zu spät. Ich kann ihn nicht allein lassen, und ich bin auch selbst nicht mehr stark genug. So verliere ich meine Träume. Ich vermisse sie.«

Wenn er auf sein Leben zurückblicke, sagt Ellsworth, gebe es nichts, das er anders machen würde, nichts, das er bereue. »Ich habe die richtigen Entscheidungen getroffen«, sagt er. »Meine Hartnäckigkeit, was meine beruflichen Ziele betraf, hat sich ausgezahlt.«

Schweigen im Wohnzimmer. Es hilft ja nichts, wir müssen nun direkt nachfragen. Was ist mit deiner Familie, Ellsworth, hast du wirklich das richtige Gleichgewicht zwischen Karriere und Privatleben gefunden?

»Bedauerlicherweise haben meine Frau und meine Familie …«, hebt er an, da fällt sie ihm ins Wort: »eine untergeordnete Rolle gespielt.«

Er nickt, bedächtig. »Ja, sie wurden oft ignoriert und vernachlässigt. Dass meine Frau und ich heute noch zusammen sind, ist der Tatsache zu verdanken, dass sie eine verständnisvolle Person ist. Ich denke, wenn ein Mann seine Berufung auslebt, besteht die Gefahr, dass seine Familie vernachlässigt wird.«

Barbara versucht eine Erklärung: »Sehen Sie, ich war sehr jung, als wir geheiratet haben. Ich habe immer getan, was von mir erwartet wurde. Ich kannte es nicht anders.«

Seine Frau habe einen Preis dafür bezahlt, dass er seine Träume verwirklicht habe, sagt Ellsworth nun, er wisse das.

»Sie verdient Anerkennung dafür.«

Als wir gerade das Manuskript dieses Kapitels redigierten, erreichte uns eine Nachricht. 115 hatte er durchaus werden wollen, aber ganz so alt wurde Ellsworth Wareham nicht. Er starb am 15. Dezember 2018 im Alter von 104 Jahren in Loma Linda.

Rogers Reise, VII.

Maine ist ein anderes Amerika als New York City. Ruhiger. Langsamer. Es geht hier um das Leben mit der Natur, manchmal gegen die Natur.

Der Mensch sollte ganz bei sich sein, gelassen selbstbewusst, wenn er hier im Norden dauerhaft leben will: Es kann sehr, sehr, sehr unerbittlich kalt werden, windig ist es sowieso, und es kann tagelang regnen oder schneien; manchmal sieht man dann tagelang keinen anderen Menschen.

Katharine und E. B. White heirateten 1929 und zogen 1938 von New York nach Maine, Roger kam stets im Sommer herauf. Wenn sie einander nicht sahen, kommunizierten Mutter und Sohn per Brief, so war das im vergangenen Jahrhundert.

E. B. »Andy« White wollte in Maine ein »ernsthafter Schriftsteller« werden, wie er das nannte. Aber der große Roman wollte nicht entstehen. Sein Meisterwerk »Charlotte's Web« kennt zwar jedes Schulkind der USA (und auch diesen fürchterlichen Satz über die arme Spinne Charlotte, kurz vor Schluss: »Nobody was with her when she died.«). Aber Andy mochte nicht einsehen, dass dies schon sein Meisterwerk gewesen war. Für uns ist es ohnehin ein anderer Text: »Here is New York«, eine Hymne an die Stadt aller Städte – »sie nicht anzusehen wäre wie der Tod«. Nach dem 11. September 2001 wurde dieser Essay geradezu wiedergeboren, und seither liegt er in jeder New Yorker Buchhandlung neben der Kasse.

Die erste Seite von »Charlotte's Web« hatte E. B. White siebenmal geschrieben und zwischendurch monatelang »reifen und abkühlen« lassen, wie er es nannte; er war ein Zweifler, verbiss sich geradezu in seine Schreibmaschine, und wenn er seine Texte im letzten Moment nach New York schickte, sagte er stets: »Es taugt leider nichts.«

Und dann las es sich doch wieder federleicht.

E. B. White wollte auch ein ernsthafter Farmer sein: inklusive Schlachten und Ernten. Sein Produktionsziel für 1942 waren 4000 Eier, zehn Schweine und 9000 amerikanische Pfund Milch.

Wenn Roger heute an seine Mutter denkt, und das tut er oft, dann denkt er an deren letzte Jahre: Es waren Jahre der Krankheit – die Haut, der Rücken, die Knochen, aber sie blieb leidenschaftlich kämpferisch. Roger sieht sie vor sich, mit runder Brille auf der Nase, in Tweed-Hosen und Pulli an ihrem Kirschholz-Schreibtisch sitzend, eine Benson & Hedges in der einen Hand, einen weichen braunen Bleistift in der anderen, und auf dem Tisch liegen Manuskripte und Zeitungsausschnitte, da liegt Zigarettenasche, da liegen die Spuren heftigen Radiergummieinsatzes.

Nach Katharines Tod wurde E. B. White von den Damen Maines umgarnt, aber er wollte nicht noch einmal heiraten. »Vielleicht würde ich diesmal eine Zitrone erwischen«, sagte er.

Einmal, auch daran erinnert sich Roger nun, sagte E. B. White zu Rogers Ehefrau Carol, dass er bei seiner eigenen Ehefrau Katharine nur an dritter Stelle komme: Der Sohn Roger sei die Nummer eins, dann komme der »New Yorker«, dann erst der Ehemann. »Bist du verrückt?«, sagte Carol, »du bist immer die Nummer eins – da ist sonst niemand. Dann kommt das Magazin, dann kommt der große Rest von uns.«

Und Roger denkt jetzt daran, wie seine eigene Tochter Alice, damals ungefähr zehn Jahre alt, bei einem Ausflug zu Opa Andy und Oma Katharine schlagartig begriff, dass das süße Schweinchen, das sie gestern gestreichelt hatte, im Herbst zu Schinken und Wurst verarbeitet werden würde.

Nie wieder, nie wieder, nie wieder wollte Alice nach Maine fahren.

Und Jahr für Jahr fuhren sie doch wieder nach Maine. Jahr für Jahr fährt noch heute Roger nach Maine, in jedem Sommer.

Inzwischen tun auch wir das, denn wir lieben diese Gespräche mit ihm, seine Reise in Richtung hundert natürlich, aber auch all die Rückblicke. Roger hat ein beneidenswertes Gedächtnis, so scharf, so hellwach; und er hat sarkastischen Witz.

Wir sitzen bei einem Glas Scotch, als er über die Frage nachdenkt, warum der junge Mensch zu jenem erwachsenen Menschen wird, der er dann eines Tages eben ist. *»How do you get there?«*, fragt Roger.

Er erinnert sich an eine Party in Blue Hill, 1937 oder 1938, auf der er schüchtern wie immer herumstand, und dann kam ein junger Mann namens Charlie vorbei und rief: »Anne? Wo bist du, Licht meines Lebens?« Mehr passierte nicht. Aber diese Leichtigkeit, diese Eleganz, das war das, was Roger damals erreichen wollte. (Man darf sagen: Es ist ihm gelungen.)

Auch eine Runde Golf fällt ihm ein, 80 Jahre ist das inzwischen her. Er spielte mit zwei Freunden, als ein grüner Ford vorfuhr und eine junge Frau mit kurzen roten Haaren ausstieg. »Hi«, sagte sie, »kann man hier wohl eine Runde spielen?«

Sie wählte Roger als ihren Partner. Und wie sie dann spielte. Aber als sie ihren weißen Golfhandschuh anziehen wollte, fiel ihr der Verlobungsring ein, den sie am Finger trug; sie nahm ihn ab, wickelte ihn in ein Taschentuch und gab ihn Roger, der ihn in die Hosentasche steckte. Sie spielte. Roger bewunderte. Sie verloren. Und hinterher war der Ring weg, da war nur noch das Taschentuch.

Die beiden suchten, bis es dunkel war, suchten am Morgen in Nebel und Regen weiter, aber sie fanden den Ring nicht.

Was wohl aus der jungen Frau mit den roten Haaren mit den vielen Grashalmen auf der Haut geworden ist?

Hat sie damals tatsächlich geheiratet? Wie hat sie das Verschwinden des Rings erklärt? Lebt sie wohl noch?

»Ah, das Leben«, sagt Roger. Er wusste nur, dass sie aus New Jersey kam. Und dass sie gern nach Cape Cod reiste. Niemandem erzählte er, dass er am nächsten Tag und in den nächsten Jahren immer wieder zum Golfplatz fuhr.

Aber sie kam nie wieder.

Und er lächelt. Heute, 80 Jahre später.

Und lächelt weiter, sagt nichts.

Dann: »Es waren auch die Martini-Jahre. Immer tranken alle New Yorker Martini. Mit Wodka, mit Gin oder mit Eis und Zitrone. Vor dem Lunch, vor dem Dinner. Wer macht das heute noch?« Er kichert. Ach, diese dreißiger, vierziger, fünfziger Jahre in Manhattan. »Wir tranken viel, wir liebten es zu trinken, und einige von uns überlebten es nicht.«

Das Leben wurde trotzdem erwachsen. 1942 machte Roger seinen Abschluss in Harvard; Architektur hatte ihn gereizt, aber er war dann doch bei der englischen Literatur geblieben. Sofort wurde Roger eingezogen, *Private* Angell kam zur Luftwaffe und lernte vier Wochen lang, in Atlantic City, salutieren und marschieren; und er lernte auch, wie man einen japanischen »Betty«-Bomber und die deutsche »ME-109« erkannte. Der Weltkrieg war vor allem: langweilig. Sie spielten Karten, redeten sinnloses Zeug, doch Roger war immerhin so diszipliniert, dass er seine freien Stunden nutzte und las. Tolstoi. Dostojewski.

Roger kam dann nach Denver, und das Leben wurde ernster – dreizehn Wochen Intensivtraining. Chemische Waffen, Flugabwehr, Training mit dem Browning .50, einem Maschinengewehr. Und er machte das, was so viele junge Soldaten in jenen Jahren machten, er machte – jedenfalls sieht er das über 70 Jahre später so – einen schweren Fehler. Er heiratete. Zu früh. Die falsche Frau.

Wir sitzen beim Frühstück, als wir Roger nach Evelyn fragen.

»Sie ist die Mutter meiner Kinder. Ich möchte nicht über sie reden.«

Peggy sagt: »Als ich ihn fragte, wie sie gewesen sei, sagte er mir: sehr mutig.«

Und dann erzählt Roger doch.

Evelyn Baker war die älteste von vier Schwestern, ihre Eltern waren frisch geschieden. Die Mutter und die vier Töchter wohnten in der Nähe von Cambridge, also in der Nähe von Harvard, und so verbrachte Roger seine Wochenenden »mitten in einem Jane-Austen-Roman«, in all dem Plüsch. In dieser Sehnsucht nach heiler Welt. Die dünne, braunhaarige Evelyn war eine Kämpferin, zuckerkrank seit sie sechs

Jahre alt war. Sie gab sich die Insulin-Spritzen selbst, sie war weltweit eine der ersten, die das taten. Ihr Vater, Tweaker Baker, fand Bildung für Mädchen unsinnig, darum hat Evelyn nie studiert. Sie und Roger hatten ein bisschen Spaß, aber darüber hinaus, so sagt Roger es heute, hatten »Ev«, wie er sie nannte, und er nicht viel gemeinsam.

Trotzdem: Hochzeit an einem Samstag, 10.30 Uhr, ein Kamerad war Trauzeuge.

Dann wurde Roger krank, es war eine Grippe, und Wundersames geschah: Er lag im Lazarett und blieb dort wochenlang. Seine Kameraden rückten aus, Richtung Europa. Niemand mehr da. Und Roger wurde vergessen. Niemand fragte, niemand führte Buch, niemand vermisste ihn. In Europa war Krieg, doch Roger und Ev hatten frei und genossen ihr junges Glück. Er wurde immer besser im Tischtennis. Auch im Billard.

Das junge Paar bezog ein Haus in der Garfield Street in Denver, 82 Dollar Miete im Monat. Sie hatten eine Katze, Henry, und sparten fürs Kino: »*Casablanca*« und »*Shadow of a Doubt*«. Sie aßen daheim, weil sie sich Restaurants nicht leisten konnten.

Die Langeweile kam allmählich in ihr Leben. Roger vermisste die Freunde aus Harvard, den Musikreporter George Frazier vor allem, der ihn in die Jazzclubs von Boston geführt hatte. »Ich vermisste das, was wir gerade zu sein begonnen hatten«, so schrieb er es einst in dem Essay »*Permanent Party*«. Evelyn wartete zu Hause auf ihn, doch wenn er heimkam, gab es nichts zu erzählen.

Sie wussten es, beide.

Der Krieg allerdings überdeckte private Sorgen und bestimmte dann doch noch ihr Leben: Roger wurde in den Pazifik beordert, um ein Magazin der Air Force zu verantworten. Er berichtete über glorreiche B-52-Bomber, während Evelyn zu den Whites nach Maine zog, um dort auf Roger zu warten.

Er liebte seine Arbeit. Eine lange Reportage verfasste er, welche sich um die vier Männer eines B-24-Bombers drehte: Ihr Flugzeug war getroffen worden, alle vier waren verletzt, der Co-Pilot lag komatös im eigenen Blut, ein Motor fehlte, war einfach weggeschossen worden,

Soldat Angell: »Ich hatte Glück. Eigentlich immer.«

doch sie überstanden die Heimreise, 800 Meilen quälenden Sinkflugs, und hinterher bekamen sie allesamt das *Purple Heart*, den militärischen Orden. Was Roger nicht schreiben durfte, war der peinliche Teil der Wahrheit: Der Pilot hatte Panikattacken und zitterte nur noch; einer der Schützen brachte das Quartett heim. Und Roger durfte die Zahl der Toten nicht nennen: 357 000 japanische Zivilisten in 57 Städten. Und Hiroshima und Nagasaki kamen erst noch.

22 Monate lang sah er Evelyn nicht.

Er sah auch den Krieg nicht, er schrieb nur darüber.

»Ich hatte Glück. Eigentlich immer«, sagt Roger Angell.

Und als der Krieg zu Ende ist, wir sind nun im Jahr 1949, leben Roger und Evelyn in New York. Er schreibt für »Holiday«, und das Magazin schickt ihn auf eine sechswöchige Europareise; natürlich darf die Ehefrau mitkommen, so großzügig sind die Zeiten. Sie fahren in England einen Ford Tudor und in Frankreich einen Citroën, sehen London, Paris, Monte Carlo, vermissen die kleine Tochter, 16 Monate jung, und fliegen wieder heim.

»Solche Reisen müssen wir unser Leben lang machen«, sagen sie. Zusammen tun sie es nie wieder. Anfang der sechziger Jahre lassen sie sich scheiden, in Mexiko, wo es schnell geht. Die Töchter sind neun und zwölf Jahre alt und sehen Roger jetzt nur noch an den Wochenenden.

»Es war hart für sie«, sagt er uns, »ich kenne dieses Drama jetzt aus beiden Perspektiven.«

Auf dieser Weltreise in andere Zeiten oder auch auf dieser Zeitreise in die Welt der sehr alten Menschen werden wir überrascht, immer wieder. Das gehört dazu: Jede journalistische Recherche beginnt mit einer Hypothese – aber dann kommen die Recherchierenden in der Wirklichkeit an, und die ist meistens anders als die Vorstellungen. Für dieses Andere müssen Journalisten offen sein – sie dürfen Geschichten, die es nicht gibt, nicht herbeischreiben, weil sie dann fälschen würden; sie müssen jene Geschichten finden, die wahr sind, auch wenn sie nicht der Ausgangsthese entsprechen.

Unsere Gesprächspartner sind anders als gedacht, eigentlich immer.

Die Gespräche verlaufen überraschend, ausnahmslos.

Die Wissenschaftler führen uns in Richtungen, die wir zuvor nicht gesehen haben.

Natürlich hatten wir zu Beginn auch nicht damit gerechnet, dass der älteste Mensch, dem wir in der Ferne begegnen würden, eine Frau im thailändischen Dschungel sein würde (bei allen sanften Zweifeln am exakten Alter der Frau Phetphang).

Dass die älteste Deutsche aber in Viersen auf uns warten würde, davon waren wir ausgegangen.

Wir beginnen nun eine weitere Deutschland-Tour – im Rheinland.

Die Omma wird 112

Im Erdgeschoss des Altenheims Maria-Hilf spielen die Bewohner eine Runde Bingo, der Speiseplan im Fahrstuhl kündigt Gulasch mit Brokkoli an, und auf der Station St. Josef im ersten Stock feiert man Geburtstag. Am Ende des Flurs haben die Gäste an einer Tafel Platz genommen, eine Frau schenkt Sekt ein. Ein ganz normaler Tag im Altenheim – wäre das Geburtstagskind nicht Therese Fenners. Heute, wir sind im Frühjahr 2018, wird Therese Fenners 112 Jahre alt. Sie wurde am 8. März 1906 geboren. Damit ist sie an diesem Tag die zweitälteste Frau Deutschlands.

Therese Fenners trägt eine Seidenbluse, über den Knien liegt eine Wolldecke. Die Haut knittert sich wie Seidenpapier über ihr Gesicht, das Haar auf ihrem Kopf ist weich wie Watte. Therese Fenners sitzt in einem Rollstuhl, der eher eine Art Rollmaschine ist. Eine breite Nackenstütze hält ihren Kopf, zwei Polster fixieren von hinten den Oberkörper. Sie liegt so schlapp in dem Gerät, dass man fürchtet, sie könne einfach aus dem Stuhl gleiten. Doch auf einmal hebt sie den Arm, als hätte ein Puppenspieler nach kurzer Pause die Fäden wieder aufgegriffen. Sie greift nach dem Glas auf dem Tisch, hebt es an und prostet der Gratulanten-Entourage zu, die neben ihr Platz genommen hat.

Ihre Tochter Maria, 84, die Nichte, die Enkelinnen, sie alle nennen Therese Fenners, rheinländisch und bodenständig, »die Omma«. »Mit mir können sie ja alles machen«, sagt die Omma; viel spricht sie nicht, ihre Stimme ist heiser, aber wenn sie einen Satz sagt, dann freuen sich alle.

Für Sabine Anemüller und Hans-Willy Bouren ist die Geburtstagsfeier ein amtlicher Pflichtbesuch. Sie sind Bürgermeister von Viersen, jener Kleinstadt am Niederrhein, in der Therese Fenners fast ihr ganzes Leben verbracht hat. Hans-Willy Bouren, viel Kinn, wenig Haar, ist der stellvertretende Bürgermeister. Er hält einen Blumentopf in der Hand, unter der aufgebauschten Geschenkfolie versteckt sich eine rosafarbene Azalee. Bouren geht in die Hocke, greift nach den Händen der alten Dame, schüttelt sie kräftig, und sagt: »Alle Jahre wieder, Frau Fenners. Herzlichen Glückwunsch!« Sabine Anemüller, die Erste Bürgermeisterin, überreicht die Ehrenurkunde und liest laut die Glückwünsche vor.

Therese Fenners nickt bedächtig.

Vor einigen Jahren waren hundertste Geburtstage in den Lokalzeitungen noch eine große Sache, heute sind sie längst Teil einer neuen Normalität; immerhin hat sich seit der Jahrtausendwende die Anzahl der Über-Hundertjährigen in Deutschland verdreifacht. Um wirklich aufzufallen, muss man noch ein paar Jahre drauflegen, so wie Therese Fenners. Sie hat es wieder auf die Titelseiten beider Lokalzeitungen geschafft: 120 Zeilen über 112 Jahre Leben.

Mit ihren 40 908 gelebten Tagen ist Therese Fenners ein sogenannter »Supercentenarian«: eine Frau, die nicht nur ein Jahrhundert, sondern noch ein weiteres Jahrzehnt überlebt hat. Das haben laut der internationalen *Gerontology Research Group* weltweit bis zum Jahr 2015 nur rund 1800 Menschen geschafft. Auf der ganzen Welt arbeiten Interessierte freiwillig an dieser Datenbank, in Deutschland sind es rund fünf Personen, die sich die Suche nach den Super-Alten zum Hobby gemacht haben. Einer von ihnen ist der Radiologe Thomas Breining aus Ulm.

Es gebe bisher nur acht verifizierte Personen in Deutschland, die 112 Jahre alt geworden seien, sagt Breining am Telefon. Sechs seien bereits verstorben, aber zwei lebten noch: Edelgard Huber von Gerlsdorff aus Karlsruhe und Gustav Gerneth aus Havelberg in Sachsen-Anhalt. Und Therese Fenners? Den Namen kennt er natürlich, doch er führt ihn nur inoffiziell in seiner Kartei. Die Gerontology Research Group verlangt mindestens drei urkundliche Nachweise, die das Alter bestätigen. Einer der Belege muss aus den ersten 20 Lebensjahren stammen. Therese Fenners' ältestes Dokument ist ein Familienstammbuch, angefertigt zu ihrer Hochzeit im Jahr 1929, als sie schon 23 Jahre alt war – drei Jahre zu alt.

Wenn man wissen will, was bis dahin in ihrem Leben passiert ist, greift man am besten ihre Hände, so weiß sie, dass jemand da ist. Dann beugt man sich vor und spricht laut und deutlich. Ob sie sich an ihre Kindheit erinnere? Sie nickt.

»Ich hatte eine schöne Kindheit«, sagt sie. Doch mehr als ein paar knappe Sätze kommen nicht. Sie reagiert auf Stichwörter, oft fehlt der Zusammenhang.

Aber Volkmar Hess kann helfen. Er nennt Therese Fenners liebevoll seine »Schwiegeromi«. Er ist mit einer der drei Enkelinnen verheiratet und hat in den vergangenen Jahren so etwas wie die Rolle eines Pressesprechers für die Omma eingenommen. Auf Wunsch verschickt er einen kurzen biographischen Text oder Fotos. Therese Fenners wuchs mit sechs Schwestern und drei Brüdern in der Baumwollspinnerei der Eltern in Viersen auf. Als junge Frau machte sie eine Lehre in einem Schreibwarengeschäft. Ihren Mann traf sie auf dem Schützenfest, geheiratet wurde 1929. Die erste Tochter Maria kam 1933 zur Welt, der Sohn Kurt zehn Jahre später.

Die einzige Zeit, die Therese Fenners nicht in Viersen verbrachte, war das Ende des Zweiten Weltkrieges. Die Stadt musste evakuiert werden, ein Zug brachte sie in die Nähe von Hannover. Danach zogen sie wieder nach Viersen, wo sie sich ein Haus mit Thereses Eltern teilten. Allein war Therese Fenners so nie, sie lebte immer in einer Familiengemeinschaft.

Ihr Mann starb mit 86 Jahren, und vor kurzer Zeit verlor sie auch ihren Sohn. Doch das hat Tochter Maria ihrer Mutter nicht erzählt, sie befürchtet, dass der Verlust zu sehr schmerzen würde. Die Tochter und die Nichte kümmern sich um Therese Fenners, genau wie die drei Enkelinnen, die heute ebenfalls zu Besuch sind.

Ist die Familie ein Grund, weshalb Therese Fenners so alt geworden ist?

Sie antwortet: »Ich habe so gern gelesen.«

Volkmar Hess muss lachen. »Ja, das sagt sie immer«, sagt er. Im Heim habe sie die ganze Bibliothek verschlungen, rund 500 Bücher.

Seit bald zwanzig Jahren lebt Therese Fenners im Altenheim Maria-Hilf. In ihrem Zimmer stehen ein Krankenbett, ein kleiner Schreibtisch und ein Fernseher. An den Wänden hängen Familienfotos. Als sie hier einzog, mit 93 Jahren, fühlte sie sich eigentlich noch zu jung. »Was soll ich mit all den alten Jecken?«, fragte sie.

Das Auffälligste an ihrer Omma sei, dass sie stets Maß gehalten habe, sagt die Enkelin: »Sie hat Disziplin.« Beim Kegeln und beim Karneval habe sie vielleicht mal einen Schnaps getrunken, aber nur dort. Ihre Mutter sei eine durchaus eitle Frau gewesen, das sagt die Tochter. Die Augenbrauen wurden gezupft, außerdem trug sie Lippenstift und Kölnisch Wasser, auch bei der Arbeit in der Textilfabrik.

Therese Fenners, so klingt das alles, hat sich ihr Leben mit bescheidenen Freuden gefüllt. Einmal pro Woche ging sie kegeln, einmal im Jahr machte sie Urlaub, und bei all dem sei sie meist fröhlich gewesen, sagt ihre Tochter.

Es ist wie bei so vielen der Helden und Heldinnen dieser Reise in die Welt der Hundertjährigen: Therese Fenners hielt sich nie für etwas Besonderes. Als wir sie fragen, wie es ihr heute gehe, sagt sie den Satz, der gleichfalls so typisch ist, typisch vielleicht für eine ganze Generation: »Ich bin mit allem zufrieden.«

In der Zwischenzeit hat eine Heimbewohnerin den Sitzplatz neben ihr ergattert. Die Dame, pralle Wangen, Strickjacke, möchte ein Karnevalslied singen, sie greift Therese Fenners' Hand. »Trinken wa noch'n Dröpcke, trinken wa noch'n Dröpcke«, singt sie. Therese Fenners murmelt mit. Dann legt sie beide Hände aufs Herz und öffnet weit die Arme: »Oooh Susanna, wie ist das Leben noch so schön – oooh Susanna, so kann es weitergehen!« Sie ist jetzt ganz und gar hier. Und doch …

… bricht Sekunden später die Stimme weg. Therese Fenners murmelt dem Bürgermeister noch ein paar Worte zu, dann sackt sie wieder in ihre Lehne.

Sie ist nicht krank.

Sie ist nur sehr, sehr alt.

DES RÄTSELS LÖSUNG, IX.

Wer in die Zukunft reisen möchte, muss manchmal gar nicht so weit fahren. Manchmal genügt schon ein Ausflug nach Odense in Dänemark.

Die Studentenstadt Odense liegt auf der Insel Fünen, vom Festland führen Brücken über die Ostsee hierher. Die gebückten Häuser in der Altstadt sind in heiteren Pastellfarben bemalt, doch an diesem Morgen im März liegt ein Grauschleier über der Stadt.

Im Universitätsklinikum, einem altehrwürdigen Backsteinbau, ist es dafür umso gemütlicher. Am Ende eines langen Flures sitzen Männer und Frauen zusammen am Frühstückstisch, darauf stehen Knäckebrot und Orangenmarmeladen. Kaare Christensen springt auf, gießt Kaffee in Becher und bittet in sein Büro. Er ist Mediziner und der Leiter des Altersforschungszentrums, des *Danish Aging Research Center*. »Als Arzt betreibt man Schadensbegrenzung«, sagt er, »aber als Altersforscher beginnt man mit einem Erfolg: einem gesunden, langen Leben. Das gefällt mir besser.«

Christensen und sein Team beschäftigen sich mit genetischen und medizinischen Fragen des Alterns, aber sie binden auch demographische Elemente in ihren Studien ein; »Biodemographie« nennen sie das. »Früher ergab die Altersverteilung unserer Gesellschaft eine Pyramide, heute ist es eine Kugel«, sagt Christensen. Denn die Menschen in der westlichen Welt werden immer älter und bekommen immer weniger Kinder. Die Entwicklung ist bekannt, doch was folgt daraus? Um diese

Frage zu beantworten, müssen die Wissenschaftler um Christensen zunächst einmal das Alter verstehen – was gar nicht so einfach ist.

Denn wer Hundertjährige erforschen will, steht vor einem Problem: Wenn ein Mensch seinen 100. Geburtstag feiert, ist es für Studien eigentlich schon zu spät. Christensen zeichnet mit dem Finger einen Berg auf die Tischplatte. »Denken Sie an einen Bergsteiger«, sagt er, »wenn der oben ankommt, ist er ausgezehrt und schwach. Aber würden Sie sagen, das sind die Eigenschaften, die man braucht, um einen Berg zu besteigen?« Bei Hundertjährigen sei es ähnlich: Wenn man wirklich nachvollziehen wollte, warum Hundertjährige so alt geworden sind, wie sie eben sind, hätte man sie von ihrer Kindheit an begleiten müssen – vom Tal bis auf den Gipfel. Doch wie vorhersehen, wer 100 Jahre alt wird und wer nicht?

Christensen und sein Team nutzen zwei Methoden, um den Alterungsprozess besser zu verstehen. Zum einen begleiten sie ganze Jahrgangs-Kohorten, und zum zweiten werfen sie auch einen Blick auf die Kinder von Hundertjährigen – denn wer sehr alte Eltern hat, hat selbst gute Chancen auf ein langes Leben.

Die dänischen Forscher können sich überdies einen Vorteil zunutze machen: In Dänemark kann man das Alter und den Wohnort jedes Bürgers durch das staatliche Registrierungssystem in Erfahrung bringen. Was für Datenschützer wie ein Albtraum klingt, ist für Wissenschaftler ein Segen: Die Grundgesamtheit ist erschöpfend groß, die Studie damit so repräsentativ wie nur möglich. Die Forscher finden problemlos Studienteilnehmer jeden Alters, auch die Hundertjährigen, und sie können jüngeren Menschen beim Altern zusehen.

Nun also konkret: Was genau geschieht in unserem Körper, wenn er altert?

»Altern beschreibt den graduellen Verlust der Funktionstüchtigkeit unserer Organe«, sagt Christensen, »wir altern, wenn unser Körper mit den Reparaturarbeiten nicht mehr hinterherkommt.«

Falten oder graue Haare machen diesen Verlust sichtbar, doch der Alterungsprozess beginnt viel früher. »Das kann man an Fußballspielern gut sehen«, sagt Christensen, »mit Anfang 30 sind sie schon zu alt.« Das liege nicht nur daran, dass der Hochleistungssport den Körper auslauge; der Mensch lebt laut Christensen zwischen seinem 20. und 35. Lebensjahr auf einer Art Plateau, die Zellen können sich reparieren, der Körper verändert sich kaum. Danach beginnt der Abbauprozess, und der ist unaufhaltsam. Trotzdem leben immer mehr Menschen weit über ihr Plateau hinaus – um bis zu 80 Jahre. Dieses sogenannte »vierte Alter« interessiert Christensen besonders. Seit den neunziger Jahren betrachten er und seine Kollegen deshalb Hundertjährigen-Kohorten und vergleichen sie miteinander. Angefangen haben sie mit dem Geburtsjahrgang des Jahres 1895.

Was haben die Hundertjährigen, das andere nicht haben? Christensen lächelt schmal, wenn man ihm diese Frage stellt. Er bekommt oft Anfragen von Fernsehteams und Zeitungen, jedoch, leider: »Es gibt kein Rezept«, sagt er knapp.

Wieder beginnt er auf seinem Tisch imaginäre Linien zu ziehen. »Das Leben ist ein Weg. Sie starten hier«, sagt er, und setzt mit dem Zeigefinger einen Punkt aufs Holz. »Je nachdem, wie Sie leben, schießt das Schicksal auf Sie – Krankheiten, Unfälle –, und wenn Sie rauchen, laufen Sie durch einen Kugelhagel. Und trotzdem gibt es Raucher, die ducken sich vor jeder Kugel, und gesunde Menschen, die von der ersten Kugel getroffen werden.« Er lässt die Faust auf den Tisch fallen. Bamm.

Alles nur Zufall?

Nein, natürlich nicht. Aber statistische Wahrscheinlichkeiten schließen Zufälle eben nicht aus.

Nicht jeder, der 100 Jahre alt geworden ist, ist gesund gealtert. Nicht jeder, der alt geworden ist, hat sein Alter tatsächlich durch seine Lebensweise beeinflusst. Manche hatten einfach Glück. Und doch zeigen Christensens langjährige Beobachtungen vor allem drei Dinge:

Raucher sterben früher.

Je später man geboren ist, desto älter wird man.

Und: Alt zu werden ist Frauensache.

Die ersten zwei Punkte sind nicht überraschend. Rauchen verstopft Lunge und Adern, die Warnung »Rauchen ist tödlich« findet man so oder ähnlich auf jeder Zigarettenschachtel. Auch dass unter besseren

Lebensumständen, vor allem in den Industrienationen, ein immer längeres Leben möglich ist, ist keine neue Erkenntnis. Aber warum eigentlich werden Frauen tendentiell älter als Männer?

Von den Hundertjährigen in den dänischen Kohorten-Studien sind nur rund ein Viertel der Teilnehmer männlich. Frauen haben fast überall auf der Welt eine höhere Lebenserwartung als Männer, dabei sind Männer laut Christensen im Schnitt körperlich gesünder. Dieses Phänomen lässt sich kaum begründen und hat deshalb einen eigenen Namen bekommen: »*Male – Female Health-Survival Paradox*«.

Ein Erklärungsversuch lautet, dass zumindest in der Generation der heutigen Hundertjährigen die Männer mehr Risiken ausgesetzt waren. Harte Arbeit und »schlechtes Verhalten«, wie Christensen es nennt, also zum Beispiel regelmäßiger Alkohol- und Zigarettenkonsum, erklären ein Stück weit die höhere Männersterblichkeit. Aber um die Gründe wirklich zu verstehen, haben Christensen und sein Team die dänische und die schwedische Sterblichkeitsrate mit der einer Mormonengemeinde im US-Bundesstaat Utah verglichen. Dort leben Männer aus religiösen Gründen ein vergleichsweise braves Leben, die Körper der Frauen hingegen sind unter anderem durch viele Schwangerschaften deutlich stärker beansprucht. Doch das Ergebnis bleibt gleich: Die Frauen überleben die Männer auch in Utah. Das Paradox wurde sogar in Phasen von Hungersnöten und Epidemien nachgewiesen: Die Lebenserwartungen von Frauen blieben auch unter diesen harten Bedingungen gleich.

Warum?

Kaare Christensen lächelt. »Es sieht so aus, als seien Frauenkörper biologisch besser konstruiert«, sagt er. Der Männerkörper sehe zwar stabil aus, aber er sei eben eine »billige Konstruktion«. Ein Grund dafür könnte das doppelte X-Chromosom der Frauen sein. Jedes weibliche Organ besteht, vereinfacht dargestellt, aus zwei unterschiedlichen Zelllinien – einer, in der das X-Chromosom der Mutter aktiv ist, und einer, in der das X-Chromosom des Vaters aktiv ist. »Frauen haben eine *Backup*-Option«, erklärt Christensen. In einer Studie mit hochaltrigen, eineiigen Zwillingen konnte er nachweisen, dass es kein Zufall ist, welche der beiden Zelllinien im Alter im Blut nachweisbar bleibt: die resistentere. Der weibliche Körper hat also im Laufe seines Lebens selbst dafür gesorgt, dass er besser erhalten bleibt.

Zudem erklärt sich Christensen die höhere Lebenserwartung von Frauen durch psychische Stärken: »Welcher Schicksalsschlag es auch sein mag, eine Scheidung, Arbeitslosigkeit, Krankheiten – Frauen können besser damit umgehen.« Er muss lachen, als er das sagt; und weil er weiß, dass diese Aussage eher ein Erfahrungswert als eine wissenschaftliche Erkenntnis ist, verrät er dann doch noch seine Faustformel für ein langes Leben: »Wenn Sie alt werden wollen, benehmen Sie sich einfach so, wie Ihre Mutter es Ihnen beigebracht hat, als Sie klein waren.« Dann zählt er an den Fingern auf: früh ins Bett gehen, Zähne putzen, eine gesunde Ernährung und bloß nicht mit dem Rauchen anfangen. Es sind, Christensen zufolge, die langweiligen Dinge, die den Menschen jung halten – wer raucht und trinkt und nicht auf sich aufpasst, mag sich zwar lebendig fühlen, aber er bleibt es womöglich nicht lange.

Herauszufinden, warum jemand sehr alt geworden ist, das ist in der Altersforschung die Königsdisziplin. Doch es gibt schlicht zu viele Faktoren, als dass man den einen, alles entscheidenden Grund ausmachen könnte. Da aber immer mehr Menschen in die sogenannte vierte Lebensphase eintreten, haben sich die dänischen Forscher inzwischen eine andere grundsätzliche Frage gestellt: Leben die Menschen einfach nur länger und werden dadurch zunehmend pflegebedürftig, oder verbessert sich mit der zunehmenden Lebenserwartung auch der Gesundheitszustand? Anders gesagt: Verbirgt sich in dem Erfolg, sehr alt zu werden, ein Nachteil, beispielsweise eine zusätzliche Belastung der Sozialsysteme, oder ist Langlebigkeit ein doppelter Erfolg, weil die Alten auch noch fit genug sind, etwas zur Gesellschaft beitragen zu können?

Die dänischen Kohorten-Studien zeigen, dass Hundertjährige oft schon während ihrer Zeit als »junge Alte«, also zwischen dem 70. und 79. Lebensjahr, weniger häufig ins Krankenhaus mussten. Sie sind gesünder gealtert als andere Menschen ihres Jahrgangs, welche dann entsprechend früher gestorben sind.

Über alle Studien hinweg zeigt sich außerdem: Die Hundertjährigen und auch die 90-Jährigen von heute sind körperlich und geistig fitter als ihre Vorgänger. Christensen und seine Forscher bezeichnen das hohe Alter deshalb als »*success of success*«, als doppelten Erfolg.

Dieser Erfolg der Einzelnen hat Auswirkungen auf uns alle, denn die zunehmende Langlebigkeit fordert die gängigen Arbeits- und Rentenmodelle heraus. »Wir müssen uns die Arbeit ganz neu aufteilen«, sagt Christensen.

Sein Kollege James Vaupel hat für Deutschland schon einen Vorschlag ausgearbeitet: Wir sollten länger arbeiten, aber dafür von Anfang an weniger Wochenstunden am Arbeitsplatz verbringen. So würde jeder Mensch geschont, ohne dass die Wirtschaftsleistung negativ beeinflusst würde.

Die wachsende Anzahl fitter Hundertjähriger stellt natürlich auch Krankenversicherungen vor neue Herausforderungen: Welche Leistungen sind bei Hochaltrigen noch angebracht? Um dies zu beantworten, müsse zuvor eine andere Frage geklärt werden, sagt Christensen, und zwar eine der schwierigsten überhaupt: Was ist ein gutes, also ein lebenswertes Jahr? Ein Jahr, das man bloß noch »überlebt«, sei ja nicht automatisch »gut«.

Andererseits, warnt Christensen, sei es für junge Menschen fast unmöglich zu bewerten, wie lohnenswert das Leben trotz gängiger Einschränkungen im Alter noch sei. Viele Studien zeigen, dass gerade Hundertjährige mit ihrem Leben höchst zufrieden sind.

Und all das führt nun weiter zu Fragen wie diesen: Sollte man einer Hundertjährigen noch eine künstliche Hüfte einsetzen, so wie kürzlich einer Dame aus München? Christensen findet: ja, solange die Operation Schmerzen nimmt und das Leben verbessert. Aber es gebe auch Grenzfälle, sagt er, wie diesen, den er sich zur Veranschaulichung ausgedacht hat: Braucht ein 100-jähriger Golfspieler noch eine Schulteroperation, wenn der Arm klemmt?

Denn egal wie fit ein Hundertjähriger noch ist, eines lässt sich nicht schönreden: Er wird nicht mehr lange leben. Die Frage, die Christensen deshalb noch mehr interessiert als jene, wie wir gesund alt werden, ist die Frage, wie alt wir überhaupt werden können.

Hat das menschliche Leben ein Limit?

Obwohl sich die Lebensumstände verbessert haben und viele Menschen gesund altern, hat sich seit gut zwei Jahrzehnten das Maximalalter nicht verändert. Die bislang älteste Frau der Welt, die Französin Jeanne Calment, starb 1997 mit 122 Jahren. Damit ist sie vermutlich der einzige Mensch, der je über zwölf Jahrzehnte gelebt hat.

Oder etwa nicht? Im Dezember 2018 behaupteten russische Forscher, sie hätten Hinweise darauf entdeckt, dass Jeanne Calment am Ende gar nicht mehr Jeanne Calment gewesen sei, sondern deren Tochter Yvonne, die sich die Identität der eigenen Mama angeeignet habe, um die Erbschaftssteuer zu umgehen.

Die russische Studie, verfasst von einem gewissen Nikolay Zak, erschien allerdings nicht in einem wissenschaftlichen Fachjournal, sondern wurde auf eine frei zugängliche Netzwerk-Seite für Wissenschaftler hochgeladen.

Einige Tage später erhielten zwei französische Gerontologen, die seinerzeit Jeanne Calments Alter bestätigt hatten, und ein Experte, der für die Einträge von Altersrekorden ins Guinness-Buch der Rekorde zuständig ist, eine merkwürdige E-Mail aus Russland: »Kollegen, unternehmt etwas, nehmt Beweise zur Verifizierung«, schrieb der Gerontologe Valery Novoselov von der *Moscow State University*, der die Studie des Kollegen Zak in Auftrag gegeben hatte, in rätselhaftem Englisch. Und weiter, auch rätselhaft: »Schreibt nicht über den Krieg zwischen Russland und dem Westen.«

Französische Medien berichteten über die Zweifel an Jeanne Calments Alter. Bald folgten weltweite Schlagzeilen.

Denn die Russen trafen ja wirklich einen wunden Punkt, ein ungelöstes Rätsel: Wie kann es sein, dass immer mehr Menschen hundert, 110 und noch älter werden – und trotzdem hat seit 1997 keiner den Langlebigkeitsrekord von Jeanne Calment geknackt? Die nach derzeitiger Kenntnis zweitälteste Frau, die es je gab, wurde von den Forschern um Tom Perls von der Boston University entdeckt und starb 1999 – mit 119 Jahren.

Eine sachliche Debatte allerdings war schwierig: Altersforscher in

Europa und in den USA reagierten in Interviews und Stellungnahmen verschnupft auf die Anschuldigungen aus Russland. Das alles sei nichts anderes als eine gezielte Desinformationskampagne, die übliche anti-westliche Propaganda eben.

Ein Kalter Krieg um Hundertjährige?

Tatsächlich sind russische Altersforscher gemeinhin nicht besonders gut auf ihre Kollegen im Westen zu sprechen. Diese nämlich schließen die Russen meist von internationalen Forschungsprojekten aus, weil Russland als, nun ja, nicht gerade zuverlässig gilt, wenn es um akkurate Datenerhebung geht. Weil also das wahre Alter sehr alter Russen schwer überprüfbar ist, weigert sich etwa das Max-Planck-Institut für demographische Forschung in Rostock, Daten aus Russland in seiner internationalen Langlebigkeitsdatenbank zu erfassen.

Für stolze Russen, die ihr Land gern als Großmacht sehen möchten, ist das natürlich … kränkend. Aber bedeutet das, dass Jeanne Calments Alter über jeden Zweifel erhaben ist?

Die Forscher im Westen argumentieren so. Die Russen fordern derweil, man möge ihre fachlichen Einwände prüfen: etwa, dass Jeanne Calment, die kleiner war als ihre Tochter, im Alter nicht so sehr geschrumpft sei, wie zu erwarten gewesen wäre. Oder dass sie bis zuletzt, anders als andere Supercentenarians, ohne Hilfe aufrecht in ihrem Stuhl sitzen konnte. Oder auch, dass es widersprüchliche Angaben über ihre Augenfarbe gebe.

Und im dänischen Odense untersucht Kaare Christensen nun auch deshalb die Kinder von Hundertjährigen, um eine Antwort auf die Frage nach dem biologischen Maximalalter zu finden. Bisher konnte er dabei vor allem eines beobachten: Die Nachkommen seien besonders »artig«. Sie leben ein maßvolles Leben – so wie sie es von den alten Eltern gelernt haben.

Rogers Reise, VIII.

Im Oktober 2018 sind wir bei den Angells zum Abendessen eingeladen, in diesem wundervoll alten New York der Upper East Side. »Wie schön, euch zu sehen, na ja, ich kann euch nicht sehen, aber wie schön, euch zu sehen«, sagt Roger.

Er steht oben im Eingang, fröhlicher als befürchtet, gebeugt natürlich, aber lachend, und er trägt seine Baseballmütze, ein blau-weiß kariertes Hemd und die Jeans bis über den Bauchnabel hochgezogen – als sei da keine Hüfte mehr, welche die Hose noch halten könnte. Neben ihm steht Peggy, gleichfalls lachend, ganz in schwarz, die Haare zurückgebunden.

Die Frauen marschieren in die Küche, die Männer schlendern ins Wohnzimmer.

Rollenspiele:

In der Küche reden Peggy und Samiha über Männer und Frauen. Wenn der Partner oder die Partnerin sterbe, dann täten Frauen sich schwerer bei der Suche nach einem neuen Partner als die Männer, sagt Peggy, Frauen brauchten einfach länger. Wieso? Frauen erfüllten für die Männer eher eine Funktion als umgekehrt, denn Männer seien pragmatisch und würden sich noch immer eher betreuen und versorgen lassen, sagt sie. Umgekehrt sei das nicht so, Frauen seien zugleich sentimentaler und weniger hilfsbedürftig, träfen darum Liebesentscheidungen und müssten zuerst vollkommen überzeugt sein, weshalb sie eben länger zögerten und allein blieben.

Peggy wartete nach dem Tod ihres Ehemanns zwölf Jahre lang, ehe sie sich auf Roger einließ. Roger wartete nach Carols Tod ein Jahr ab, ehe er mit Peggy zusammenkam. Natürlich heiße das nicht, dass Männer kaltherzig seien, sagt Peggy noch, Roger habe gelitten, getrauert, Carol sei zweifellos die Frau seines Lebens gewesen, eines langen gemeinsamen Lebens, und wie brutal war das Ende.

Die Herren sitzen im Wohnzimmer, die Damen kommen herein und reichen Cracker mit Käse und Oliven und Scotch für Roger und Weißwein für Klaus. Andy, der maskuline Foxterrier, liegt neben Klaus auf der Couch und lässt sich den Bauch kraulen. *Is it a man's world, after all?*

Roger verschüttet seinen Drink. »Ach, das war doch nur noch Eis«, sagt er, aber er ist ungern ungeschickt, natürlich. Er scherzt, er kichert, doch nein, er mag das nicht, dieses ewige Grau, diesen Nebel vor den Augen, diese Schemen. Eine Blutung war die Ursache, das Blut ist in sein linkes Auge gelaufen, es ist nicht mehr zu behandeln, er muss damit leben.

Kannst du mich jetzt sehen, Roger, was siehst du von mir? »Umrisse eines Menschen. Eines riesenhaften Menschen.« Klaus ist zwei Meter groß. Roger kichert.

Wir reden über den Journalismus. »Ich fürchte, dass Condé Nast bald den ›New Yorker‹ verkauft,« sagt Roger. »Condé Nast hat im letzten Jahr viel Geld verloren. Es geht alles so schnell, unsere Welt verändert sich so rasant, und alle reagieren so hektisch, so wütend, so unbedacht.«

Roger sagt, er komme da nicht mehr mit. Weil er nicht mehr lesen könne, verpasse er zu viel, er verstehe die Details nicht mehr. »Und unser Präsident bedroht die Statik der gesamten Welt, dieser fürchterliche Mensch. Ich möchte gern etwas Kleines schreiben: Geht wählen, geht wählen, geht wählen. Mal sehen, ob ich es wirklich tue.«

Roger Angell war ein außergewöhnlicher Intellektueller, ein hellwacher Mann, und nun ist er beides durchaus immer noch, allerdings nur noch gemessen an seinem Alter, nicht mehr gemessen an dem Mann, der er einstmals war. Jener Roger Angell von damals aber ist sein Maßstab, denn natürlich erinnert Roger sich an den, der er war. Es muss wie bei einem einstigen Hochleistungssportler sein, der noch weiß, wie die Bewegungen funktionierten, da er sie allesamt gespeichert hat – er kann das alles nur physisch nicht mehr.

Roger Angell verliert seine Fähigkeiten. Er verliert die Welt. Ganz langsam nur. Aber es geschieht, und er weiß es.

Peggy und Samiha setzen sich dazu. Peggy war gerade zusammen mit ihrer Tochter Emma in Berkeley in Kalifornien, wachte dort über eine Ausstellung mit Werken ihres verstorbenen Ehemanns Harvey Quaytman. Es war eine bewegende Zeitreise, und sie war stolz: all die Kunden von früher, die vielen Freunde von früher, und sie passte auf, dass alle Bilder gerade hingen, »wie eine holländische Hausfrau«, sagt sie. In New York, vor ihrer Abreise, hatte sie Betreuung für Roger und Andy organisiert, und in der vergangenen Nacht, um halb eins, kehrte sie in diese Wohnung zurück, und als sie die Tür aufschloss, sprang Andy, neben Roger im Ehebett schlummernd, auf »und flog aus dem Schlafzimmer und landete direkt in meinen Armen«, so Peggy, »und Roger flog hinterher. Ich glaube, ich war willkommen«.

Die Rollenspiele werden fortgesetzt.

»Ich habe etwas ganz, ganz Kleines zubereitet, nur eine Hühnersuppe«, sagt Peggy, dreimal.

»Die Suppe ist herausragend«, sagt Roger, dreimal.

Und da Samiha schwanger ist … »eine Rubens-Figur«, sagt Roger, »auch wenn ich natürlich nichts sehen kann« … da Samiha also schwanger ist, reden wir heute über Kinder.

Roger erzählt von seinem Sohn John-Henry. Der ging einmal mit seiner Mama, Carol, in den Central Park, um dort Baseball zu spielen, aber sie hatten kein Spielfeld. Carol nahm ihre Brieftasche und legte sie auf den Rasen: »Home base«, sagte sie. Einige schwarze Jungs kamen hinzu und fragten, ob sie mitspielen dürften. Ja, klar, gern. Doch einer der Jungs griff sich die Brieftasche und rannte weg, »home base geklaut«, ruft Roger wie ein Radioreporter von einst, und der kleine John-Henry rannte hinterher. Der Dieb ließ die Beute fallen, Mutter und Kind hoben sie auf und gingen stolz und erschrocken nach Hause.

Vater Roger Angell: »Home base geklaut.«

Peggy berichtet von ihrer Tochter, Emma, die als kleines Mädchen immer dann, wenn sie beleidigt war, »du bist nicht meine Mutter« brüllte. Einmal sei deshalb eine Fremde hinter ihnen her geschlichen, mit sicherem Abstand in den Straßen Manhattans, offenbar von dem Gedanken getrieben, einer Kindesentführung beizuwohnen.

Ein dickes Kind übrigens war die kleine Emma, wie ein Buddha, wie ein Sack Kartoffeln, so sagt es die Mama, man konnte Emma auf den Boden setzen, ein wenig festdrücken, und sie fiel nicht um. Aus der dicken Emma wurde eine schlanke Eiskunstläuferin.

Von einem Alarm im Central Park berichten beide, Roger und Peggy, von einer *Nanny* nämlich, die auf dem Spielplatz das ihr anvertraute Kind aus den Augen verloren habe, und als sie sich suchend umsah, war das Kind weg. Alle halfen, alle suchten. Und Peggy fand das Kind, das tanzend und kreischend inmitten einer Gruppe Obdachloser spielte.

Roger erzählt von seiner Enkelin, die male, lese, schreibe, die alles könne, sogar Naturwissenschaften. Ein beginnendes Leben, rund 90 Jahre nach der Geburt Roger Angells; ein Leben in einer ganz und gar anderen Welt.

Von dem Kind, das er selbst war, erzählt nun Roger. Er ritt im Urlaub in Montana. Trieb Rinder zusammen. Durfte Auto fahren. Und er bewunderte seine glamouröse Tante Hildegarde, die Schwester seines etwas verspießerten Vaters, die dem pubertierenden Jungen aus New York ein Bild in den Kopf pflanzte, das sich bis heute dort hält.

Sie gehe ja recht gern nackt am Strand spazieren, sagte die Tante.

Wie ... ganz nackt?, fragte Roger.

Ganz nackt, sagte die Tante.

Und wenn ihr eine Frau entgegenkomme, dann gehe sie weiter, und wenn ihr ein Mann entgegenkomme, dann drehe sie natürlich um. Einmal allerdings, gegen das Sonnenlicht, habe sie sich geirrt, und die Entgegenkommende war dann doch keine Frau, sondern ein Mann, gleichfalls nackt. Hoheitsvoll und gänzlich selbstverständlich seien sie aneinander vorbei geschritten, ein »*Good afternoon*« hätten sie gehaucht, ohne Blickkontakt.

Solch eine Tante kann ein Junge natürlich nur verehren. Hildegarde heiratete dann einen Mann namens Granville, die beiden kauften sich eine Ranch in Missouri, und die Angells verbrachten manche Sommer auf dieser Ranch; und wenn es heiß war, riss sich Tante Hildegarde die Bluse vom Leib und ritt in Jeans und BH durch die Steppe. Wie soll man sagen? Roger sehnte sich stets sehr nach Tante Hildegarde.

Onkel Granville übrigens hatte ein Herzproblem, während die Tante immer kerngesund war – aber dann starb doch sie zuerst, wer hätte das gedacht: nach nur drei glücklichen Ehejahren an Brustkrebs. Und ein Jahr später hatte der Onkel eine neue Frau, Hildegardes Freundin Evelyn.

Dann sagt Roger, dass die traurigen Nachrichten niemals endeten.

Seine Tochter Alice hat Kieferkrebs, und der Krebs wurde beim Zahnarzt trotz aller Schmerzen nicht entdeckt, also auch nicht behandelt, und nun ist er fortgeschritten. Eine Operation ist notwendig, ein Knochen muss aus dem Fuß entnommen und in den Kiefer versetzt werden, es wird kompliziert werden, bislang aber hat der Krebs nicht gestreut.

Wir wünschen der Familie Gesundheit und Glück, wir wünschen Roger Gesundheit und Glück. Zum Schluss sagt Roger: »Ich habe nicht gekleckert.«

Der Abend endet, als wir zu viert mit dem Fahrstuhl nach unten fahren, zu fünft natürlich, denn Peggy und Roger gehen noch einmal mit Andy um den Block. Roger scheint von Besuch zu Besuch kleiner zu werden, dürrer, leichter. Wirklich alt zu werden bedeutet auch, dass irgendwann das langsame Verschwinden beginnt.

Wir gehen hinaus ins nächtliche New York, winken uns ein Taxi heran, versuchen es, scheitern.

Peggy, New Yorkerin durch und durch, brüllt: »TAXI!«

Der Wagen hält doch.

Bis bald, hoffentlich.

Ohne Frechheit geht es nicht

BÖNNINGSTEDT

Es gibt viele Kriterien, anhand deren ein alter Mann erkennen kann, ob er es im Leben zu etwas gebracht hat. Manche betrachten ihren Kontostand. Manche zählen eher die Enkel.

Heinz Oertel kann sich da nicht beschweren: Er hat genug Geld, um sich einen Gärtner zu leisten, und zu seinem 100. Geburtstag im vergangenen Jahr besuchten ihn seine drei Töchter und alle acht Enkel.

Aber Heinz Oertel kann es sich auch leichter machen, wenn er sichergehen will, dass er alles oder jedenfalls vieles richtig gemacht hat. Er braucht nur vor die Tür seines Reihenhauses zu treten und zwischen den Buchsbäumen hindurchzugucken, die im Laufe des halben Jahrhunderts, das er hier schon lebt, über seinen Kopf hinausgewachsen sind. Dahinter steht ein Pfahl mit einem Straßenschild. »Heinz-Oertel-Stieg« steht darauf.

Sein Name, seine Straße. Nicht so schlecht, hm?

Heinz Oertel, geboren am 14. Oktober 1917, lebt in Bönningstedt, einer Gemeinde im Landkreis Pinneberg. Nur ein paar hundert Meter vor seinem Haus, Backstein, Rosenranken, beginnt Hamburg. Diese Gegend ist weder Stadt noch Land, sondern wird gemeinhin als Speckgürtel bezeichnet, was die Lebensart ihrer Bewohner ganz gut trifft: die Zufriedenheit, die Ruhe. Hinter Hecken lugen Reihenhäuser hervor, maximal zwei Stockwerke, mit gepflegten Vorgärten, in denen Sonnenschirme, Trampoline und Hollywood-Schaukeln stehen.

Die Sonne meint es heute gut mit Bönningstedt, es ist Juli 2018, aber

Heinz Oertel: »Kein würdevolles Schreiten mehr.«

zu gut für Heinz Oertel. Es sind dreißig Grad, er hat in der Stube Platz genommen. Er hat sich schick gemacht, wie jeden Tag, trägt eine Anzughose und ein blaues Hemd.

Heinz Oertel ist blind, Grauer Star, aber er geht noch immer die Treppen hoch, die hinauf ins Schlafzimmer führen. »Das ist kein würdevolles Schreiten mehr, eher eine Bodenübung«, scherzt er, »aber es funktioniert.« Wenn er lacht, kneift er die Augen zusammen. Die Brauen sind weiße Stoppeln, sauber gestutzt. Vom Kopf haben sich die meisten Haare verabschiedet, die Ohren stehen ab. Sie verleihen seinem Gesicht die Schurkenhaftigkeit oder den Witz und den Mut eines jungen Burschen.

Das Straßenschild, sagt Heinz Oertel, sei ein Geschenk der Gemeinde zu seinem 90. Geburtstag gewesen. Er kichert dabei, als habe er etwas ausgeheckt. Und das hat er auch. Wie genau es zum Schild kam, sei eine lange Geschichte. Aber eines sei klar: »Ohne Frechheit ging es nicht.«

357

Seinen Anfang nahm die große, ganze Geschichte des Heinz Oertel im Thüringer Wald. Er war 16 Jahre alt, sein Vater Ende 30. Sie wollten den Rennstig entlangwandern, 177 Kilometer in fünf Tagen. Der Weg sorgte dafür, dass sie sich nicht in die Augen schauen mussten, während sie miteinander sprachen. Und so begannen sie über die Ziele zu sprechen, die ein Mann im Leben braucht.

Sie sprachen über die Liebe, und Heinz Oertel beschloss, eine Familie zu gründen.

Und sie sprachen über die Arbeit.

Heinz Oertel konnte schon als Junge gut zeichnen. Als Kind war er einmal lange krank gewesen. Er musste sechs Wochen lang im Bett bleiben und langweilte sich. Zu dieser Zeit schrieb die Jugendbeilage einer Zeitschrift einen Wettbewerb aus: Junge Zeichner gesucht. Heinz Oertel schickte Scherenschnitte ein, einige wurden veröffentlicht. Talent verpflichtet, nicht wahr? Oder sollte man sich ein Hobby als solches lieber erhalten? Über viele Kilometer hinweg, rauf und runter, diskutierte er mit seinem Vater, was sinnvoller sei. Heinz Oertel entschied sich gegen das Künstlerleben und fand einen Kompromiss: Er wolle Lehrer werden.

Statt eines Studiums folgte nach dem Abitur erst einmal der Reichsarbeitsdienst. Oertel wurde nach Bayern geschickt, um mit anderen Männern Wiesen trockenzulegen. Dann der Wehrdienst. Wer sich freiwillig meldete, durfte die Waffen wählen. Er wollte Fallschirmjäger werden, aber fliegen wollten sie alle, und er war klein, und seine Augen waren schon in jungen Jahren schlecht. Also schickten sie ihn zur Flakscheinwerferbatterie. Das hatte ein Gutes: Er musste nicht an die Front. Die Flak, so hießen die Flugabwehrgeschütze, diente der Verteidigung.

So kam der Thüringer Heinz Oertel nach Norddeutschland. Er wurde Batteriechef in Bönningstedt. Wo auch immer Angriffe geflogen wurden, wurde sein Regiment gebraucht. Als die britische Luftwaffe 1943 ihre Vergeltungsschläge flog und Hamburg in Brand setzte, konnten er und seine Männer kaum noch etwas ausrichten.

In der Nähe einer seiner Stellungen befand sich die Försterei. Als Offizier besprach Oertel sich regelmäßig mit dem Förster und lernte so auch dessen Tochter kennen. Sie hieß Lottchen und gefiel ihm. »Bis dahin war alles bloß vorgeschrieben«, sagt er, »von der Kindheit bis zum Militärdienst. Aber jetzt wollte ich auch mal etwas zu sagen haben.« Was heißt das? »Na, ich wollte sie heiraten.«

Es war Krieg, also musste alles schnell gehen. 1944 heirateten sie, die erste Tochter wurde 1945 geboren, die zweite 1946. Im selben Jahr erhielt Oertel ein Notruftelegramm: »Vater gestorben«. Tod durch Diphtherie, mit nur 52 Jahren. Für die Beerdigung musste Heinz Oertel nach Thüringen reisen, doch die Bahnfahrt endete an der Zonengrenze. In der Nacht schlich er zu Fuß hinüber und setzte sich um 6 Uhr in den ersten Zug nach Weißenfels.

Heinz Oertel hatte seinen Vater verloren, aber er ließ dann auch seine Mutter zurück. Sie mochte ihn nicht in den Westen begleiten, sondern zog zurück ins Haus ihrer Eltern, die sie pflegen wollte. Der Sohn half ihr noch ein wenig dabei. Zwei Wochen verbrachte er in der Sowjetischen Zone, dann fuhr er heim, nach Norddeutschland.

Um dort seine Familie versorgen zu können, half er bei einem Gemüsebauern aus, bezahlt wurde er mit Naturalien. Wenig später wurde er kaufmännischer Hilfsarbeiter in einer Brotfabrik. Wenn abends die Kutschen der Verkäufer zurück zur Fabrik kamen – Autos gab es noch kaum –, sammelte er die Brotmarken ein, klebte sie in ein Heft und brachte das Heft zum Rathaus. Auf dem Heimweg nahm er die Enden des Schnittbrots mit. Eigentlich waren sie für die Schweine vorgesehen. Aber sie machten auch seine Familie satt. Lehrer zu werden, daran war nicht zu denken. Es ging ums Überleben.

Heinz Oertel war 30 Jahre alt, als er in einer Tageszeitung eine Annonce las: »Werbezeichner gesucht«. Er erinnerte sich an die Unterhaltung mit seinem Vater. Zeichnen konnte er noch, Lehrer werden konnte er nicht. Also entschied er sich neu. Für die Bewerbung zeichnete er eine Einladung für eine Weihnachtsfeier. Drei Tage später wurde er eingestellt.

Fortan zeichnete er für »Die Welt« und »Die Welt am Sonntag«, und als der Axel-Springer-Verlag eine Familienzeitschrift herausbringen wollte, das »Neue Blatt«, durfte er die Werbekampagne entwerfen. In

Hagenbecks Tierpark, dem Hamburger Zoo, wurde zu jener Zeit eine Giraffe geboren: Adele. Ganz Hamburg war in Adele vernarrt. Also bat Heinz Oertel den Zoo um eine Kooperation, und kurz darauf guckte das Giraffen-Baby mit großen Augen von Hunderten Werbeplakaten auf die Hamburger herab. Dazu hatte Heinz Oertel sich einen Spruch ausgedacht, den er heute »schön blöd« findet: »Adele das Giraffentier, bringt gern das Neue Blatt auch Dir!« Die Kampagne war ein derart großer Erfolg, dass der Verlag Heinz Oertel zwei Wochen Sonderurlaub im Harz schenkte. Für seine Frau und ihn war es der erste Urlaub ihres Lebens.

Bald darauf fasste er Mut und machte sich selbständig. Er malte Prospekte für einen Imker, für eine Kohlenfabrik, später auch für einen Mann aus Hamburg, der mit Nachnamen Otto hieß und einen Versandhandel für Schuhe eröffnete. Dessen Unternehmen sollte Deutschlands größter Versandhandel werden.

Oertel resignierte nicht, als seine Zeichnungen aus der Mode kamen und zuerst wenige und bald immer mehr Prominente Deutschlands Werbeplakate schmückten. Er passte sich an. Eine Kaffee-Firma hatte ihn beauftragt; sie hatte Geld und er eine Idee. In den Studios in Hamburg-Wandsbek wurde gerade ein Film gedreht: »Der Hauptmann von Köpenick«. Oertel sagte dem Mann am Empfang, er habe einen Termin mit dem Hauptdarsteller. Den hatte er nicht, aber keine fünf Minuten später, so erzählt er es heute, stand Heinz Oertel in der Garderobe Heinz Rühmanns. Der habe im Unterhemd auf einem durchgeschwitzten Sofa gesessen, sagt Oertel, und weil Rühmann gerade Geld gebrauchen konnte und Oertel einen Haufen Bares in einem Koffer mit sich trug, schlug Rühmann ein und warb ab sofort für Kaffee.

Seit diesem Treffen ging es mit der Karriere gut voran. Er kaufte das Haus in Bönningstedt, in dem er noch heute lebt, und seine Frau brachte eine dritte Tochter zur Welt. Rühmann öffnete ihm die Türen. Oertel traf Romy Schneider, die gerade »Sissi« drehte, auch Hans Albers, Theo Lingen und Johannes Heesters. Am Ende, sagt er, sei es nur eine Frage des Geldes gewesen, sie zu Werbedeals zu überreden. »Das hat alles so gut geklappt, das glauben Sie nicht.«

In der Tat: Ein Hundertjähriger mit einem Bubengesicht, der Schauspielgrößen, deren Namen noch heute jeder Deutsche kennt, zu Werbekampagnen überredet haben will? Aber es stimmt. Man braucht nur die Webseite der Firma Becking Kaffee zu öffnen, wo man Heinz Rühmann und Romy Schneider sieht, die rote Kaffeedosen in die Höhe halten. Foto: Heinz Oertel.

»Ich habe nie gezweifelt«, sagt er, »ich habe einfach gemacht.«

Im Nachhinein sieht es so aus, als sei das alles nur ein Umweg zum eigentlichen Ziel gewesen. Denn seinen Wunsch, Lehrer zu werden, hatte er sich bewahrt. Er war schon fast 50 Jahre alt, als in Ellerbek, einem Nachbarort Bönningstedts, eine neue Schule gebaut wurde. Sie suchten einen Lehrer, der Werken unterrichten konnte. Oertel besuchte einen einjährigen Kurs, dann war er Lehrer.

Rund zehn Jahre lang unterrichtete er. Dann hatte er die Idee, eine Volkshochschule zu gründen. Die Bönningstedter mochten seinen Vorschlag. Er bekam mehr als 700 Zuschriften von Leuten, die einen Kurs belegen wollten. Er setzte die Idee beim Amt durch und wurde der Leiter der neuen Volkshochschule, nebenberuflich. Vier Kurse konnte man dort belegen: Touristen-Englisch, Touristen-Französisch, Rhetorik und Kochen. Außerdem organisierte er einen regelmäßigen Sonntagsausflug auf die Halligen. »Das lief wie geschnitten Brot«, sagt er.

Bald bot er auch Reisen in die DDR und nach England an. Sie trugen den Titel »Aus Feinden werden Freunde«.

Seine Töchter pendelten später zwischen Deutschland, England und den USA hin und her. Aber in den siebziger Jahren waren Wanderurlaube oder Fahrradtouren üblich, eine Reise nach England etwas Besonderes und eine Volkshochschule der Stolz einer Stadt.

Deshalb bekam Heinz Oertel sein Straßenschild. *Heinz Oertel, Gründer der Volkshochschule Bönningstedt, Leiter von 1975 bis 1992*, steht in der Erklärzeile. Für Lesungen holte er Siegfried Lenz und Pavel Kohout nach Bönningstedt. Er gab, was er nur geben konnte, denn er wollte die Zeit aufholen, die ihm als jungem Mann genommen worden war; und er hörte erst auf, als er 75 war.

Wer weiß, ob Heinz Oertel sich damals auf der Wanderung mit seinem Vater auf dieses Ziel festgelegt hätte, wenn er gewusst hätte, dass es dreieinhalb Jahrzehnte dauern würde, bis er es erreichen würde. Aber wie wäre sein Leben wohl ohne dieses Ziel verlaufen?

Es gab in jeder Krise einen guten Grund, weiterzumachen. »Ich war immer tätig«, sagt er, »und deshalb bin ich auch nie in ein Loch gefallen.«

Und Lottchen, welche Rolle hat sie gespielt? »Meine Frau hat mir immer den Rücken frei gehalten«, sagt Heinz Oertel.

Es sind klassische Antworten, nicht wahr? Muster, durchaus: Die Männer verwirklichen sich und können auf die Unterstützung ihrer Frauen bauen; und die Frauen sind meist schon froh, wenn ihre Ehemänner nur »verlässlich« sind.

Heinz Oertels Leben bestand aus Arbeit, und Lottes Leben machten die Kinder und der Haushalt aus. So war es fast bis zum Schluss. Sie muss etwa 70 Jahre alt gewesen sein, als sie auf dem Fahrrad einen Schwächeanfall erlitt. Wie in Zeitlupe fiel sie vom Rad, bald musste sie im Rollstuhl sitzen. Er pflegte seine Frau, pürierte ihr das Essen, fuhr sie zu Ärzten. Sie starb mit 78 Jahren.

Heute ist Oertels Tochter Karin zu Besuch. Sie hat sich um die Post gekümmert und im Garten gearbeitet. »Na, hast du alles erzählt?«, fragt sie.

»Ach, alles geht gar nicht«, sagt er.

Nach fast drei Stunden des Erzählens steht er auf. Schritt für Schritt tastet er sich an Stühlen und Kommoden entlang bis in die Küche. Dann bleibt er stehen, dort, wo er seinen Besuch vermutet, und streckt die Hand zur Verabschiedung aus.

Die Weisheit des Alters, XVI.

»Eine Portion Frechheit schadet nie.«

Heinz Oertel

362

Ein Todesfall, ein Geburtstag

Carla Voirol hat es geschafft: Am 19. Dezember 2017, sechs Monate nach unserer letzten Begegnung, ist sie 100 Jahre alt geworden. Ist sie stolz darauf? Oder ist es am Ende nur eine Zahl und nicht weiter wichtig?

Wir haben's versprochen und besuchen Carla Voirol noch ein drittes Mal, im März 2018. Der runde Geburtstag ist nun auch schon wieder drei Monate her. Diesmal dauert es lange, bis sie die Tür öffnet; ihre Wohnung besteht nur aus einem Zimmer, Bad und Küche, aber sie kann nicht mehr gut laufen. »Ihr müsst halt selber hereinkommen«, schimpft sie.

Was sie gerade beschäftigt, sind die Kriege des vergangenen Jahrhunderts. Auf einem Tisch liegen mehrere Zeitungsbeilagen über den Ersten und den Zweiten Weltkrieg. Carla Voirol blättert jeden Tag darin, und nebenbei strickt sie. »Damit die Hand beweglich bleibt«, erklärt sie, »sie fühlt sich ganz taub an, aber stricken kann ich noch.«

Als wir Carla vor über einem Jahr zum ersten Mal begegneten, hatte sie sich gerade die Hand gebrochen, beim Spazierengehen mit ihrem Hündchen Dino. Das sei gar nichts, sagte sie damals, nur ein »Wehwehchen«. Auch jetzt jammert sie nicht und macht das, was noch geht: mit Dino ein paar Schritte spazieren, Zeitschriften lesen, ein Pullöverchen stricken.

»Habe ich euch von meinen Urenkeln erzählt?«, fragt sie. Drei Urenkel habe sie, zwei, vier und sieben Jahre alt. Sie hofft, dass es noch mehr werden, wenn ihre Enkelkinder, zehn insgesamt, älter werden und ihre Ausbildungen abschließen. So wächst die Familie, aber sie schrumpft zugleich, denn zwei Söhne hat Carla Voirol schon verloren, 1994 und 1997, beide waren nur etwa halb so alt, wie sie es heute ist. Sie starben an Krebs. Und dann wurde auch noch Walter krank, der mittlere Sohn, schon wieder die gleiche, verdammte Diagnose.

»Im Oktober ist Walter gestorben«, sagt Carla Voirol, leise nun, »er wurde an seinem 76. Geburtstag beerdigt. Am 30. Oktober.«

Es fällt ihr schwer, Worte zu finden – welche Worte sollten das auch sein?

»Drei, vier Jahre lang dachten wir, er habe es überstanden«, erzählt sie, »aber dann musste er wieder operiert werden. Dann hieß es, sein Rücken sei ganz verkrebst. Es ging dann schnell, er wollte nicht mehr an Schläuche gehängt werden. Es ist schlimm, aber es ist am besten so, dass man nicht noch lange an Schläuchen hängt. Er kannte das ja von seinen Brüdern.« Carla blickt auf ihre Hände herab. »Mein Mann hing damals auch fast ein halbes Jahr noch an allen möglichen Schläuchen, zum Atmen, zum Wasser lassen …«

Ihre Söhne hatten Carla einst mit Arthur Voirol verkuppelt, ihrem zweiten Ehemann und ihrer großen Liebe. Er wohnte im selben Dorf wie sie, in Wallisellen, und arbeitete in einer Fabrik. Man kannte sich. Am Wochenende sahen die Jungs ihn manchmal auf dem Fußballplatz, und irgendwann flüsterten sie ihm zu: »S'Mami isch jetz im Fall gschiede, de Papi isch nümme da.«

Es war jener Satz, auf den Arthur gewartet hatte. Carla zögerte, nach dem Desaster ihrer ersten Ehe traute sie den Männern nicht mehr. »Aber er war hartnäckig«, sagt sie – und attraktiv fand sie ihn durchaus auch.

15 gute, gemeinsame Jahre hatten sie, und das größte Glück war, dass Carla mit 42 Jahren noch einmal schwanger wurde. Arthur hatte sich ein Kind gewünscht, und sie hatte befürchtet, dass es für sie zu spät sei. »Ich habe furchtbar geheult, als meine Periode ausblieb«, erzählt sie, »ich dachte, es wären die Wechseljahre.« Aber dann wurde es auf wundersame Weise ein Töchterchen, Gabriela.

364

Arthur starb, als Gabriela sieben Jahre alt war; das ist nun schon über 50 Jahre her. Wie lebt man weiter nach so einem Verlust?

Wie lebt man weiter, wenn die eigenen Söhne sterben?

Carla Voirol kann diese Fragen vielleicht nicht mit Worten beantworten, aber sie lebt ihre Antwort vor. Sie erlaubt sich Schwäche, wenn überhaupt, nur kurz, und dann reißt sie sich wieder zusammen. Sie verbietet sich Selbstmitleid. Sie schafft es irgendwie, interessiert zu bleiben und sich an jenen kleinen Dingen zu freuen, die ihr noch möglich sind. Nicht zuletzt fühlt sie sich verantwortlich für ein Lebewesen, das ganz und gar auf sie angewiesen ist: Dino, das Hündchen.

Und dann gibt es auch noch die Schwiegertöchter und Gabriela, die darauf bestanden, Carlas 100. Geburtstag zu feiern, trotz allem. »Ich bin immer noch fix und fertig davon«, ruft sie nun, »drei Tage lang wurde nur gefeiert, und ich hatte keine fünf Minuten Zeit, um mich hinzulegen. Nachts konnte ich auch nicht schlafen.«

Es war ja auch aufregend: zunächst ein festliches Mittagessen mit der Familie, 30 oder 35 Gäste in einem hübschen Restaurant auf einem Berg. Es gab Kalbsbraten mit Kartoffelpüree, Gemüse und Salat, später eine zweistöckige Geburtstagstorte. Ein Sänger aus Kenia trat auf. Eine Enkelin war aus der französischen Schweiz angereist, Carla hatte sie zuletzt gesehen, als sie vier Jahre alt war, und nun war die Enkelin 36 und brachte ihren Freund mit.

Sogar im Radio sei ihr Geburtstag vermeldet worden, erzählt Carla, und dann habe es noch eine Party hier in der Alterssiedlung gegeben, unten in der Cafeteria, und zu guter Letzt hätten Bekannte darauf bestanden, sie ein weiteres Mal auszuführen. Sie stöhnt, es war einfach zu viel des Guten: »Danach lag ich zwei Wochen lang mit einer Lungenentzündung im Bett.«

Eine Lungenentzündung? Ach, jetzt gehe es schon wieder, sagt Carla Voirol schnell, nur ein wenig müde sei sie noch.

DES RÄTSELS LÖSUNG, X.

Er wolle die Hundertjährigen auf keinen Fall kränken, sagt Tom Perls, Mediziner und Altersforscher an der *Boston University*, aber Tatsache sei: »101, 102, das ist einfach nicht alt genug.« Viel spannender für die Wissenschaft seien die sogenannten »Supercentenarians«; jene Menschen also, die mindestens 110 Jahre alt werden. In den USA schafft das im Durchschnitt einer von fünf Millionen.

Perls lächelt, als stünde ein besonders leckerer Eisbecher vor ihm: »Ich nenne sie die *crème de la crème*.« Insgesamt 160 Supercentenarians konnte er bislang untersuchen. Seine älteste Probandin wurde stolze 119 Jahre alt. Als sie starb, hinterließ sie eine 100-jährige Tochter.

Wir treffen Tom Perls an einem Morgen im Juli 2017, in einem fensterlosen Konferenzraum im *Boston University Medical Center*, einem großen, emsig surrenden Krankenhaus. Perls, 57, trägt eine dunkle Stoffhose, ein graues Hemd und eine blaue Krawatte, seine Locken sind grauer geworden seit der ersten Begegnung im Jahr 2010. Damals besuchte Samiha ihn, weil er und sein Team gemeinsam mit den New Yorker Wissenschaftlern um Nir Barzilai die Geschwister Kahn untersuchten – jene drei energischen Hundertjährigen aus New York, mit denen wiederum unsere Weltreise begann.

Bei jenem ersten Interview erzählte Perls von Persönlichkeitsmerkmalen, die viele Hundertjährige auszeichneten: dass sie tendenziell extrovertiert und kontaktfreudig seien und daher ein stabiles, soziales Netz hätten. Außerdem seien sie selten neurotisch. Hundertjährige neigten nicht dazu, sich mit den Widrigkeiten des Lebens aufzuhalten.

Lässt sich das Leben durch Lebensfreude verlängern? Oder sind Hundertjährige von Natur aus mit einem sonnigen Gemüt gesegnet und darum weniger anfällig für Stress, Krankheiten und einen frühen Tod? Auf diese Fragen hatte auch Tom Perls damals keine abschließende Antwort. »Aber«, sagte er, »wir lernen, dass es nützlich ist, aus sich herauszugehen.«

Inzwischen dürfte Perls mehr über das Geheimnis des langen Lebens wissen als die meisten anderen Menschen. Seit 1995 leitet er die »*New England Centenarian Study*«, die größte Hundertjährigen-Studie der Welt mit rund 2600 Teilnehmern. Wobei der Name der Studie etwas irreführend ist: Das Mindestalter für männliche Studienteilnehmer liegt bei 103 Jahren, jenes für Teilnehmerinnen bei 105 Jahren. Dass die Schwelle für Männer tiefer ist, hat den einfachen Grund, dass Männer nur rund 15 Prozent der über Hundertjährigen ausmachen. Allerdings: »Die Männer, die so alt werden, sind oft viel besser in Form als die Frauen«, so Perls.

Hundertjährige – wir nennen sie der Einfachheit halber weiterhin so – ließen sich in drei Gruppen einteilen, sagt Perls: Ungefähr 45 Prozent seien »Überlebende«, 40 Prozent »Verspätete« und die restlichen 15 Prozent »Entkommende«. Die Überlebenden erkranken genau wie Normalsterbliche an potentiell tödlichen Krankheiten wie Krebs oder Herz-Kreislauf-Störungen, aber sie sterben nicht daran. Verspätete erkranken zwar auch, aber im Schnitt deutlich später als durchschnittliche Menschen. Nur die kleine Gruppe der Entkommenden bleibt bis zum Schluss von schweren Krankheiten weitgehend verschont.

Hundertjährige Männer, sagt Perls, seien mehrheitlich Entkommende; 60 Prozent von ihnen, um genau zu sein.

Noch so eine Zahl aus seinen Studien: Stolze 90 Prozent der Hundertjährigen seien mit 93 Jahren zwar nicht frei von Krankheiten, aber doch weitgehend frei von gesundheitlichen Einschränkungen. »Das ist es doch, was wir uns alle wünschen«, sagt Perls, »möglichst lange ohne Beschwerden zu leben und dann schnell ins Gras zu beißen.«

Seine Studien zeigen, dass dies den Ältesten der Alten am häufigsten gelingt – den Supercentenarians. Das ist der Grund, warum der Forscher sich vor allem für sie interessiert. »Ab 106 Jahren sieht man eindeutig, dass Krankheiten und Altersleiden im Schnitt erst am Ende des Lebens auftreten«, erklärt er, »bei den 110-Jährigen in der Regel nur in den letzten fünf Lebensjahren.«

Je älter ein Mensch wird, je näher er dem Limit der menschlichen Lebensspanne kommt, desto größer wird offenbar wieder der Einfluss der Gene auf seine Gesundheit. Deshalb sind zwar Hundertjährige noch eine gemischte Truppe aus Überlebenden, Verspäteten und Entkommenen. Supercentenarians hingegen ähneln einander, was ihre genetische Ausstattung angeht. Ihre Gene schützen sie offenbar bis fast an ihr Lebensende davor, krank zu werden.

Daraus folgt die Millionen-Dollar-Frage, jene, welche auch die Forscher beschäftigt, die wir in Kiel, Honolulu, New York und anderswo besucht haben: Welche Gene genau sind es, die ein so unerhört langes, gesundes Leben ermöglichen?

Nur wenige Wochen nach Samihas erstem Besuch im Jahr 2010 glaubten Perls und seine Kollegen, einen Durchbruch erzielt zu haben: Im Fachjournal »Science« vermeldeten sie, dass sie 150 Genvarianten im Genom von über Hundertjährigen entdeckt hätten. Mit 77-prozentiger Treffsicherheit könnten sie anhand dieser Erbanlagen Langlebigkeit voraussagen. Die Varianten gruppierten sie zu 19 typischen genetischen Signaturen.

Die Studie wurde weltweit als Meilenstein der Altersforschung gefeiert – bis sich herausstellte, dass bei der Auswertung der Daten im Labor ein technisches Problem aufgetreten war. Zehn Prozent der Daten wurden dadurch unbrauchbar. Perls verteidigte sich: Die Probandengruppe sei so groß, argumentierte er, dass die Resultate auch mit 90 Prozent der Daten robust blieben. Doch das rettete ihn nicht, »Science« zog die Publikation zurück. Ein wissenschaftliches Desaster.

Die Forscher korrigierten ihre Daten und publizierten die Studie in »Plos One«, einem anderen, weniger renommierten Fachmagazin. Es war eine Niederlage, die Perls auch sieben Jahre später noch schmerzt:

»Ich finde immer noch, dass ›Science‹ unsere Arbeit nicht hätte zurückweisen sollen«, sagt er. »Es war sehr, sehr politisch.«

Vielleicht war ein Rückschlag wie dieser aber auch unvermeidlich. Kaum größer könnten die Hoffnungen sein, die sich mit der Erforschung des menschlichen Genoms verbinden; jene Hoffnung etwa, dass schwere Krankheiten kein Todesurteil mehr sein müssen, dass man sie nicht nur heilen, sondern womöglich ganz aus der Welt schaffen kann; dass also, theoretisch, alle Menschen gesund und glücklich leben könnten, theoretisch für immer – viele Milliarden Dollar werden im Silicon Valley in Firmen investiert, die aus dieser Hoffnung Geschäftsideen geformt haben.

Zugleich ist die Genetik aber leider ungeheuer komplex. Nun gehört es zum Wesen des Menschen, ehrgeizig bis hin zum Größenwahn zu sein – wäre er es nicht, wäre er wohl bis heute nicht zum Mond geflogen. Vielleicht wird es uns dereinst auch gelingen, das Wesen und das Zusammenspiel der Gene zu verstehen, mehr noch: es zu steuern, wer weiß. Aber noch sind wir nicht so weit, noch sind die Hoffnungen ungleich größer als die Erkenntnisse.

Auch Dr. Perls räumt das ein: »Altern ist eine ausnehmend komplizierte Geschichte mit vielen, vielen Mechanismen, welche die Alterung verursachen – und anderen Mechanismen, die auf diese Alterungsmechanismen zu reagieren scheinen und versuchen, diesen entgegenzuwirken«, sagt er. »Und jeder einzelne dieser vielen Mechanismen wird von zahlreichen Genen beeinflusst. Also muss es eine sehr große Zahl von Genen sein, die bei der Alterung insgesamt eine Rolle spielen.«

Nicht jedes einzelne dieser Gene müsse einen starken Effekt haben, vielmehr komme es wohl auf die richtige Kombination an: »Es ist wie beim Lotto: Wenn du eine oder zwei Zahlen richtig hast, ist es keine große Sache, aber wenn du alle sechs triffst, nun, das ist halt der Jackpot.«

Eine genetische Signatur, die auf ein langes Leben hindeute, setze sich aus zahlreichen Genen zusammen, so Perls. Theoretisch ließe sich anhand solcher Signaturen vorhersagen, ob jemand gute Chancen habe, sehr alt zu werden. In der Praxis testen Perls und seine Kollegen ihre Hypothesen, indem sie die Gene über Hundertjähriger auf entsprechende Signaturen hin durchleuchten. »Ob jemand hundert ist, können wir auf diese Weise nicht besonders gut erkennen«, sagt er, »die Treffsicherheit beträgt nur etwa 60 Prozent.« Anders sei es bei den Supercentenarians: Sie ließen sich anhand ihrer genetischen Signaturen mit 85-prozentiger Sicherheit identifizieren – ein Indiz dafür, dass, wer Langlebigkeitsrekorde knacken will, vor allem die richtige Mischung spezifischer Gene haben muss.

Und was bringt uns nun diese Erkenntnis?

Eine Menge, sagt Perls, wenn man genauer hinschaue. »Lange dachten wir Altersforscher, dass der Trick der Superalten sei, dass sie keine Genvarianten hätten, die das Risiko für altersbedingte Krankheiten erhöhen. Aber das stimmt nicht, sie haben diese Genvarianten genauso häufig wie wir alle.« Zusätzlich aber hätten sie eben Gene, die den Effekt dieser Krankmacher-Gene ausbalancierten – spezielle Langlebigkeitsgene also. Diese schützten sie womöglich nicht nur vor genetisch beeinflussten Krankheiten, sondern auch vor Umwelteinflüssen, welche die Alterung beschleunigen könnten.

Ließen sich diese Langlebigkeitsgene entschlüsseln, sagt Perls, könnte dies die Behandlung altersbedingter Krankheiten fundamental verändern. Der bisherige Ansatz, Krankheitsgene zu identifizieren und dann zu versuchen, ihre Wirkung mit Medikamenten zu kontern, sei weitgehend erfolglos geblieben, »trotz der vielen tausend Studien und Versuche«.

Die neue Hoffnung: »Wenn wir die Langlebigkeitsgene identifizieren, können wir in einem nächsten Schritt versuchen, die chemischen Prozesse zu entschlüsseln, die durch diese Gene ausgelöst werden – und Wirkstoffe entwickeln, die den gleichen Effekt haben.«

Mit anderen Worten: Auch wer nicht die richtigen Gene hat, könnte dereinst 110 werden – mit dem richtigen Medikament.

Hilf, dann wird dir geholfen

PROVIDENCE, RHODE ISLAND

Als wir mit diesem Projekt anfingen, das wir vom ersten Tag an immer nur »Hundert« nannten (in E-Mails stets »Hundert!«, mit Ausrufezeichen, damit wir all die Dateien wiederfinden konnten), als wir also begannen, waren wir uns sicher, dass dies ein optimistisches Buch werden würde. So viele vollendete Geschichten, nicht wahr?

Erfüllte Leben, also Freiheit und Glück, was denn sonst?

Wir waren, in der Rückschau, ganz schön naiv.

Denn natürlich gehört Krankheit dazu, manchmal Gebrechlichkeit, mitunter Demenz, wenn Menschen hundert Jahre alt werden. Immer, ohne Ausnahme, haben diese Menschen Partner oder Partnerinnen, Freunde und Freundinnen, oft sogar Kinder verloren. Und auch dies ist nur logisch, war uns zu Beginn dieser Recherchen jedoch nicht in den Sinn gekommen: Während dieser Reise sind uns Menschen nahe gekommen und wichtig geworden, die bald darauf starben. Einige jener Heldinnen und Helden, die uns ihre Geschichten erzählten, leben bereits heute nicht mehr, als wir diese Geschichten nun aufschreiben. Und vermutlich, leider, wird noch der eine oder andere gestorben sein, wenn dieses Buch ausgeliefert wird.

Klaus sitzt einen Tag vor einer Lesung seines letzten Buches vergnügt in der »Kupferkanne« in Kampen auf Sylt, isst Kirschkuchen und will gerade das nächste »Hundert«-Kapitel zu schreiben beginnen, als er den Namen »Claire Sharpe« ins Google-Suchfeld tippt. Und der erste Text, der erscheint, heißt: »Nachruf auf Claire Sharpe«. Dann folgt:

»Sharpe, Claire (geb. McCaffrey), liebende Mutter, Großmutter und Tante, verstarb am 18. Januar 2018 im sagenhaften Alter von 107 Jahren im St. Elisabeth-Heim in East Greenwich, Rhode Island. Sie folgt ihrem Ehemann Howard F. Sharpe nach, der ihr 1959 vorausging. Frau Sharpe wurde am 1. April 1910 in Providence, Rhode Island, als Tochter von Peter James und Mary Agnes McCaffrey (geb. Scheuren) geboren.

Claire war Mitglied der *Our Lady of Mercy Church* und wirkte bei der Eucharistie mit. Sie war eine ergebene Katholikin und ihrer Gemeinde so treu wie diese ihr. Sie war Trägerin des ›Goldenen Gehstocks‹ für den ältesten Bürger der Stadt East Greenwich, Rhode Island. Sie hinterlässt drei Töchter: Roberta McMahon (Witwe ihres Ehemanns Robert) aus Warwick, Rhode Island; Kathleen Sharpe aus East Greenwich, Rhode Island, und Paula Hiebert (und Ehemann Theodore) aus Homewood, Illinois; zudem zwei Enkel: Nicholas S. Hiebert (und dessen Ehefrau Eleanor Doig) aus Concord, Massachusetts, und Mary C. Hiebert (und Ehemann Clayton Shoppa) aus Brooklyn, New York; sowie Nichten und Neffen. Bereits verstorben sind ihr Bruder Joseph S. McCaffrey und ihre Schwester Ruth McCaffrey.«

Die Beerdigung fand am 22. Januar 2018 auf dem Friedhof St. Ann's in Cranston statt.

Ach, verdammt … Claire Sharpe also auch.

Die dynamische, schlagfertige, begeisterte, lebenshungrige Claire Sharpe.

Es ist noch nicht lange her, dass wir bei ihr waren. Es war doch erst gestern, so fühlt es sich an.

Und wir erinnern uns, trauernd:

Es ist ein sonniger Julitag an der amerikanischen Ostküste, 2017, Claire Sharpe trägt ein weiß-blaues Kleid, schwarze Schuhe, sie hält ihre Brille in der Hand, hat die weißen Haare geknotet, gleich neben ihr steht ihr Rollator. »Das Geheimnis eines langen Lebens«, das ist tatsächlich ihr erster Satz nach der Begrüßung, »ist, dass man das Leben einfach akzeptieren muss, ohne eine Märtyrerin zu sein. Die Welt und das Leben schulden uns nichts. Man muss tun, was man zu tun hat, und damit zufrieden sein. Hart arbeiten. Glücklich sein. Es ist nicht so schwer.«

Ihre Familie, irischer und deutscher Abstammung, lebte von der Landwirtschaft; »ich hatte oft Hunger, wir aßen immer nur das, was wir uns leisten konnten«, sagt Claire. Bis zur neunten Klasse ging sie zur Schule, mit 14 arbeitete sie auf dem Feld und im Haushalt, dann lernte sie Buchhaltung und verdiente ihre Dollar in einem Lebensmittelladen, weit entfernt in Cranston, wohin sie täglich zu Fuß gehen musste.

»Gott gab mir nicht nur die Fähigkeit, anderen zu helfen«, auch diesen Satz sagt Claire unvermittelt, »Gott gab mir auch den Wunsch zu helfen.«

Drei Töchter bekam sie, und natürlich musste sie, die Ehefrau und Mutter, die Kinder versorgen. Ein viertes Kind lebte nicht lange, nur 12 Stunden lang, »das Gehirn war außerhalb des Kopfes«, so Claire. Sie sah das Kind nicht, durfte es nicht sehen. »Sie haben es im Krankenhaus für die Ärzte und Schwestern verwendet, eine wunderbare Sache für die Wissenschaft. Ich habe jetzt einen kleinen Engel im Himmel«, sagt Claire.

Und dann, unvermittelt, redet sie über das Altsein. »Nirgendwohin gehen und nichts tun zu können, das ist die härteste Sache auf der Welt – wenn du doch unbedingt etwas tun möchtest«, sagt sie. 80 Jahre alt war sie, als sie in dieses Haus zog, ein flaches, plüschig eingerichtetes Gebäude mit wenigen Stufen, zweckmäßig. Neue Freunde fand sie in der Kirche um die Ecke, aber die Freunde sind nun allesamt tot, auch Ruth, Claires Schwester, die 103 Jahre alt wurde. Ihr Bruder Joe, der Setzer bei der »Paramount Greeting Card Company« war, war sieben Jahre jünger als Claire und wurde nur 82. »Es ist traurig, nicht mehr mit Menschen meines Alters reden zu können«, so Claire.

Zwei Töchter sind heute hier an ihrer Seite. Kathleen trägt ein rot-weißes Hemd, hat kurze hellbraune Haare, trägt goldene Ohrringe. Roberta trägt ein blau-weiß gestreiftes Hemd, hat graue kurze Haare, trägt Perlohrstecker. Die Töchter servieren Limonade, sie kennen die Geschichten ihrer Mutter gewiss, aber sie hören zu, sind stolz, sind gerührt, manchmal weinen alle drei miteinander.

Kate: »Mama stand immer für sich selbst ein.«

Roberta: »Da tut sie immer noch.«

Kate: »Ja, das tut sie immer noch.«

Die dritte Schwester, Paula, lebt in Chicago.

Dass die Hundertjährigen dieses Buches zwischen den großen Phasen und Themen ihrer langen Leben hin und her springen, das passiert immer wieder mal – so viele Erinnerungen, so viele Jahre. Was uns bei Claire dennoch verblüfft, das ist, wie präzise und ausführlich sie gerade noch dies erzählt hat und wie rapide sie nun zu jenem springt.

Nun also: die Kindheit.

Claire war das zweite Kind ihrer Eltern. Eine kleine Schwester folgte dann noch, aber sie starb nach nur 22 Monaten an Polio. Wie verkrümmt Little Mary in ihrem Sarg lag. Die kleinen Füße nach innen gedreht.

»Ich starre noch immer in diesen Sarg«, sagt Claire.

Ihr Vater, Sohn deutscher Einwanderer, schliff Diamanten, »ganz gut«, sagt die Tochter, »aber er war kein harter Arbeiter, und sie haben ihn gefeuert«. Die Mutter, Tochter irischer Einwanderer, musste in einer Fabrik arbeiten, und dies war fortan das Thema der Familie: das ewige Unglück des arbeitslosen Vaters.

Claire erzählt: »Vater arbeitete nicht, das machten wir. Ich hatte keine gemeine Mama, sie tat einfach nur, was nötig war. Einmal kämpften sie miteinander, er schlug sie, da war Blut. Vielleicht hatte sie etwas über seine Arbeitslosigkeit gesagt, ich weiß das nicht.« Und als Little Mary starb, ging der Vater nicht zur Beerdigung. Er würde ohnmächtig werden, sagte er. Er kam auch nicht zu Claires Hochzeit.

»Er hatte einfach nicht die Stärke«, sagt sie. »Ich möchte die Wahrheit sagen, ich fühle nicht Schlechtes über ihn. Meine Mutter *tat*. Mein Vater *tat* nicht, er *war* einfach nur.«

Und dann: »Ich hatte einen sehr liebenswürdigen Vater, für meine Kinder war er der *Grampie*. Aber er hätte nie heiraten sollen.«

Für diesen Satz hätten wir nun gern eine Erklärung, natürlich fragen wir nach, aber Claire schweigt und hat wohl tatsächlich genug gesagt. Sie ist eine energische Frau, sucht stets Blickkontakt, auch jetzt; sie sagt halt einfach nichts, wenn sie nichts sagen will.

Sie wechselt das Thema.

Claire erinnert sich, wenn sie an die Kindheit denkt, an Menschen, die freundlicher waren als jene von heute. An eine Heimatstadt, die noch nicht vom *Highway* geteilt wurde. An Fußmärsche zur Schule. An Berge von Schnee.

Strom hatten sie nicht, bis Claire 18 Jahre alt war. Toilettenpapier hatten sie auch nicht, sie nahmen alte Zeitungen mit ins Bad. Im Winter schliefen sie in ihren Mänteln, und die Mama erhitzte einen Ziegelstein im Kohleofen; der Stein kam mit ins Bett. »In der Schule habe ich manchmal Hunger gehabt. Im Laden um die Ecke haben wir Kekse geholt. Manchmal gaben sie uns dort einen Sack Bohnen mit. Mutter hat die Bohnen eingeweicht und *baked beans* gemacht. Das war dann ein guter Tag.«

Claire ging schon mit viereinhalb Jahren zur Schule, weil nämlich die ältere Schwester hinging; Claire musste halt irgendwohin. »Meine Schwester war schlauer, businesssmart, ich war eher haushaltsschlau. Und sie war hübscher.« Sie schweigt, wir warten. Dann: »Das Wort Neid mag ich nicht, aber ich beneide meine Kinder und Enkel. Sie haben Schulabschlüsse. Aber, na ja, Gott hat mich nicht dumm gemacht. Nur für das, was Gott dann für mich ausgesucht hat, brauchte ich halt meinen Kopf nicht.«

Ihr erster Job: Babysitting, ein Baby und zwei ältere Kinder, das älteste hatte das Downsyndrom. Gern wäre sie Krankenschwester geworden. Aber auch so, ohne Ausbildung, pflegte sie zuerst ihren Ehemann, nach dessen Herzinfarkt, »und nach dem Tod meines Mannes ging ich als Freiwillige ins Krankenhaus, arbeitete dort im Büro, damit war ich meinem Traum ganz nahe«. Sie lächelt, alle fünf Menschen hier im Raum lächeln.

Noch immer liest Claire täglich im »*Providence Journal*«, und sie sieht die Fernsehnachrichten. Eine selbstbestimmte Frau, gewiss. »Ich hatte ein wunderbares Leben, ich hatte wunderbare Gelegenheiten«, sagt sie. Irgendwann in all den Jahrzehnten lernte sie Anne kennen, eine Goldschmiedin, und zusammen mit dieser Anne bereiste sie die Welt: Hawaii, Frankreich, Spanien, Italien. »Wir waren scharfzüngig«, sagt sie, glucksend.

Und da wir gerade in der Gegenwart ankommen: Claire betet, dass Donald Trump etwas geschehe, »nichts Schlimmes«, sagt sie, »nur etwas, das ihn aus dem Amt entfernt. Mit ihm sind wir eine Schande, und das verdient Amerika nicht«.

Und da wir gerade bei Katastrophen sind: Das Schlimmste, das in ihrem Leben geschah, das berichtet Claire jetzt, »das war der Moment, als mein Howie starb. Er war ja Eisenbahner, er fiel einfach um und lag auf den Schienen. Der Zugführer sah ihn noch früh genug, aber Howie war bereits tot. Mein Bruder kam zu mir und sagte: Howie ist tot. Ich sagte: Mit so etwas scherzt man nicht. Er sagte: Mit so etwas würde ich niemals scherzen. Einige Jahre vorher hatte Howie seinen ersten Herzinfarkt gehabt, und nun war es einfach vorbei. Er war 57, ich 49.«

Sie bricht ab. Rechnet.

»Kann das sein? Seit 57 Jahren hatte ich keinen Mann im Haus? 57 Jahre?«

Sie hatte ihren Howie getroffen, als sie 16 Jahre alt war, im Sommerhaus von Freunden. Drei Jahre später sah sie ihn wieder; sie ging zur Kirche, er fuhr mit seinem Auto vorbei und hielt an. Sogleich wollte er sie besuchen, aber das ging nicht, da zu Hause ihr Opa im Sterben lag. Und dann gingen sie drei Jahre lang zusammen aus, ehe Claire sagte: »Das hier muss irgendwohin führen, ich mag dich zu sehr.« Drum machte er schnell einen Antrag, im Auto, und am 5.9.1936 wurde geheiratet, »du bekommst deinen Ring zum Geburtstag«, sagte Howie.

Wie schnell 23 Jahre vergehen.

Am 7. Dezember 1959 starb er.

»Wir hatten nicht genug Zeit füreinander«, sagt Claire, »und das war meine Schuld. Ich habe so viele Menschen in unser Haus geholt, dachte immer, Howie und ich würden ja noch so viel gemeinsame Zeit vor uns haben. Und immer war wieder ein Baby da. Und dann war es auch schon vorbei.«

Ihr Howie, sagt Claire, habe viel Liebe gebraucht. Ein bisschen wehmütig sei er gewesen. Ein trauriges Licht sei er gewesen, manchmal. Sein Vater war gestorben, als Howie elf Jahre alt war, und dann war der Junge in ein Waisenhaus gekommen, weil die Mutter, eine

Alkoholikerin, ihn nicht versorgen konnte. Oder wollte. Geld war nie da, Howie erzählte seinen drei Töchtern oft, dass er im Winter keine Schuhe, sondern Schuhkartons an den Füßen getragen habe.

Roberta sagt: »Vater hat mir immer eingeschärft: Schulde niemandem etwas, sei immer unabhängig.«

Und manchmal nimmt das Leben dann Wendungen, die alle, die davon betroffen sind, überfordern, weil all die Konflikte, um die es geht, längst so groß geworden sind, dass niemand sie mehr auflösen kann. Ein Anruf kam, Sozialarbeiter waren in der Leitung. Howies Mutter, die Alkoholikerin, war allein in ihrem Apartment gefunden worden, unterernährt, handlungsunfähig.

Howie sagte: »Sie muss sich selbst retten. Das ist ihr verkorkstes Leben, nicht meines.«

Claire sagte: »Aber sie ist ein Mensch.«

Und Claire nahm die Schwiegermutter in die Familie auf, pflegte sie, fütterte sie, sprach mit ihr, brachte sie ins Bett, stets gab sie ihr einen Gutenachtkuss. Neun Jahre lang. Ihr Howie, so erzählt es Claire, sprach mit seiner Mutter neun Jahre lang kein einziges Wort, er konnte ihr das Waisenhaus und den Alkohol nicht verzeihen. »Du hast sie eingeladen, du kümmerst dich um sie«, sagte er zu seiner Ehefrau.

»Sie hatte einen Revolver in ihrem Schreibtisch eingeschlossen, das hat mich wirklich gestört«, sagt Claire.

»Großmutter kam quasi direkt aus der Wildnis zu uns«, sagt Roberta.

»Ich musste sie auch ständig waschen. Ich kann ehrlich sagen, dass ich sie nicht geliebt habe«, sagt Claire.

Sie starben dann kurz nacheinander, zuerst die Mutter, danach Howie.

Hätte sie es also anders machen sollen? Alles?

Hat sie in entscheidenden Momenten ihres Lebens die falschen Entscheidungen getroffen?

Claire antwortet nicht. Sie trägt links ein Hörgerät, fummelt daran herum, antwortet lieber etwas gänzlich anderes: »Ich möchte immer lernen und weitergeben, heute immer noch. Es ist wichtig, immer aufmerksam zu sein. Ich war 21, als Frauen ihr Stimmrecht bekamen. Damals habe ich mich nicht darum gekümmert, weil ich arbeiten musste. Das war ein Fehler.«

Roberta sagt:»»Meine Mama war immer sehr expressiv in ihrem Glauben.« Roberta selbst ging einst ins Kloster und kam nach 25 Jahren wieder heraus, heiratete als 41-Jährige.

Claire sagt jetzt:»Mein Wunsch ist es, Gott überall einzubeziehen. Mein Enkel geht nicht in die Kirche, das bricht mir das Herz. Aber er ist schlau. Ich bin so stolz auf meine Mädchen, auch sie sind brillant.«

Claire Sharpe geht abends um 20 Uhr ins Bett und wacht um 1 Uhr auf und betet zwei Rosenkränze. Meist schläft sie dann wieder ein und wacht morgens um 7 Uhr auf. Sie setzt sich ihr Hörgerät ein und wäscht sich, das schafft sie noch selbst. Aber so langsam verliert sie das Gefühl in ihrer rechten Hand. Und die Augen und die Ohren lassen nach, es tut nicht weh, körperlich, aber es schmerzt, seelisch.»Ich vergesse meine Gedanken, das ist nicht auszuhalten«, sagt sie. Drei Medikamente nimmt Claire, alle für ihr Herz.

Als Howie starb, kamen 4000 Dollar von der Lebensversicherung, doch 2000 gingen sofort für die Beerdigung drauf.

Claire Sharpe hat deshalb 4000 Dollar gespart für die eigene Beerdigung. Die Mädchen werden sich nicht kümmern müssen.

»Es war wunderbar, über mich selbst zu reden«, sagt sie zum Abschied. »So viele schöne Erinnerungen.«

Beruf oder Liebe

Das Leben kommt anders als erwünscht und sowieso anders als erwartet. Man glaubt das natürlich nicht, wenn man jung ist, man denkt ja, dass man das eigene Leben durch die eigenen Entscheidungen steuere und dass man, wenn man denn das bisschen Glück habe, vor den großen Grausamkeiten des Schicksals bewahrt zu bleiben, den ganzen kleinen Rest schon weitgehend kontrollieren könne. Was für ein naiver Glaube, die Hundertjährigen wissen das.

Natürlich gab es eigene Entscheidungen, ja klar, sie alle haben viele Entscheidungen getroffen, aber dann sind sie vom Leben doch wieder hierhin und dorthin geworfen worden und haben das Beste daraus gemacht. So ist das Leben, so ist die Realität.

George, der Neffe von Patricia Lyons, sagte selbstverständlich »ja«, als seine Tante ihn fragte, ob sie ihre letzten Tage bei ihm verbringen dürfte. Er sagte deshalb ja, weil seine Tante einst großzügigerweise ihn beherbergt hatte, einige Monate lang, als er Hilfe brauchte. Er sagte auch deshalb ja, weil es ja nicht lange dauern würde, ein paar Jahre, maximal.

Über 30 Jahre ist das jetzt her.

Jenseits der 70 war Patricia Lyons damals, und sie dachte, sie sei gebrechlich und stürbe demnächst. Nun – im Juli 2017 – ist sie 103. »George hat gesagt, er würde an meinen letzten Tagen auf mich aufpassen. Ich kann euch nur sagen: Hütet euch vor solchen Versprechen.«

Patricia Lyons, geboren am 25. September 1913, hat ihre Fingernägel rot lackiert. Sie trägt ein blaues Kleid, hat weiße Haare. Grußkarten hat sie auf all die Regale in ihrem Wohnzimmer gestellt: »Welche gute Tat kann ich heute tun?«, solche Sätze stehen da. Es gibt ein Klavier, es ist ein Omi-Wohnzimmer, hell und plüschig hellblau. »Aber Tante Pat war einst ein ganz schöner Feger«, sagt George, der Neffe, »sie hat ganz schön viel geflirtet.«

Frauen regieren dieses Haus. George ist verheiratet mit Ann, und die beiden haben drei Töchter, die Zwillinge Mary und Kate, beide 28, und die Sängerin Patricia, 30, die ihren Namen natürlich von *Grandma Patricia* hat. Und diese Großmutter ist nach 30 Jahren immer noch da, wacht morgens um sechs auf, frühstückt um acht, liegt dann viele Stunden lang auf der Couch, träumend, Musik hörend, fernsehend. Der einzige Mann hier, George, ist der Kümmerer, weil er früh in den Ruhestand ging. Er war Sozialarbeiter in einer Schule, doch das ist vorbei – Tante Patricia braucht ihn nun. Ihre Augen werden schwächer. Der Appetit lässt nach. Manchmal schläft sie mitten im Gespräch einfach ein. Und ihren Teil des Hauses hat er umgebaut, das Bett steht nun im Wohnzimmer, weil sie die Treppen nicht mehr steigen kann.

Vor wenigen Monaten und Wochen war das alles noch anders.

Von Reisen und Kreuzfahrten mit ihren Freundinnen Jenny und Alice erzählt Patricia nun, von Konzerten in der *Boston Symphony Hall*, von einem Gläschen Martini, das sie auch heute noch gerne trinkt, vom Rauchen auf Partys, lange her, vom Verzicht auf jegliche Diät und von Steaks und Lammkeulen, von den vielen Autofahrten zu den vielen Verehrern, »ich fuhr Auto, bis ich 95 war«, sagt sie. Kapitäne habe sie besonders gern gemocht. »Uiui«, sagt Patricia, »diese Uniformen!«

Und damit entfaltet sie uns ihr Leben.

Um starke Frauen ging es darin vor allem. Die Großmutter liebte die Musik, war Organistin, brachte Patricia das Klavierspiel bei, und manchmal spielten sie vierhändig.

Die Mutter war die erste Zahnärztin Londons gewesen, ehe sie nach Amerika auswanderte. Beide Eltern waren Zahnärzte, praktizierten hier in den USA im eigenen Haus in Dorchester, und wenn sie mal ausgingen und notleidende Patienten vor der Tür standen und klingelten, dann ließ die kleine Pat sie ins Haus und gab den Notleidenden Betäubungsmittel. »Du hast *was* getan?«, fragte die Mama später.

Patricia berichtet von einer rosigen Kindheit: Die geschmückten Pferde der Feuerwehr hat sie in Erinnerung. Und die Auftritte: Sie sang so gern auf der Bühne, trug Gedichte vor. Und die Ferien auf Sharon fallen ihr wieder ein, einer kleinen Insel auf dem Weg nach Providence, Rhode Island, wo sie sämtliche Sommer verbrachten, wegen der Seeluft, denn der Papa war ein Hypochonder und fürchtete Tuberkulose. Ach, dieses herrliche Damals: Sie und ihr Bruder George lernten damals reiten, Tennis spielen, schwimmen, auch Kanu fahren in diesen endlosen Sommern. In einem alten Ford waren sie damals unterwegs, und im Winter band der Papa dann Leinen ans Heck des Wagens und zog seine Kinder, die sich auf Reifen festklammerten, über den gefrorenen See.

Die Mutter Marie, sagt sie, brachte George und ihr alles bei, was man sich nur denken kann; der Vater Joseph war ein Mutmacher, ein Unterstützer. Es gab das Eichhörnchen, das George in einem Käfig hütete. Es gab Mr. Moe, Pats Katze. Dann waren da noch die Priester, Father George in Boston und Father Charles, der Präsident des Boston College, die ihnen ständig etwas zu lesen gaben. Gestrenge Katholiken waren auch die Eltern, waren sie alle. Zum *Thanksgiving*-Abendessen fuhren sie zu Father George, morgens und abends wurde gebetet, natürlich war am Sonntag Gottesdienst – und in der Karwoche, direkt vor Ostern, mussten sie sieben verschiedene Kirchen aufsuchen.

Und Pat, damals rothaarig, wollte doch Hubschrauberpilotin werden, die Gelegenheit allerdings kam nie; immerhin wurde sie in die *Girls Latin School* aufgenommen, wurde Klassensprecherin und eine Heldin: Bei einer Klassenfahrt sollten die schwarzen Mädchen in ein anderes Hotel gebracht werden als die weißen, doch Pat, damals noch Pattie oder *Sweetie* oder *Sweet Pattie*, sagte: »Nein, wir verreisen entweder zusammen, oder wir verreisen gar nicht.« Sie gewann. »Rassismus war allgegenwärtig, manchmal höchst subtil«, sagt sie heute. Und nein, sie sei, später in den Sechzigern, als Amerika mit sich selbst rang und die Bürgerrechtsfrage im Zentrum amerikanischer Debatten stand, leider nicht aktiv gewesen; wenn sie ehrlich sei: viel zu passiv. Aber sie habe mit schwarzen Mädchen Musik gemacht, neben schwarzen Mädchen im Chor gestanden, schwarze Freundinnen gehabt: »Und immerhin, all das wirkte im Dorf.«

Nach der Schule ging es aufs *Boston Teachers College*. Sogar die Zulassung für Radcliffe, die Elite-Universität, kam per Post, und niemals wird Pat diesen Tag vergessen ... den Briefumschlag ... den eigenen Freudenschrei. Aber es ging nicht: Die Wirtschaftskrise schlug zu, die Große Depression überkam Amerika, der Vater konnte Radcliffe nicht bezahlen.

Doch, so jedenfalls scheint es in der Rückschau, Patricia Lyons haderte nicht, kämpfte, und wenn der eine Weg versperrt war, suchte sie jenen, der um den Felsen herumführte. Sie lernte segeln, wurde Segellehrerin, brachte ihren Schülern auf dem *Charles River* Wenden und Halsen bei. Das war zwar nicht Radcliffe, aber eine Befreiung war es doch.

Und gute 40 Jahre lang war sie Grundschullehrerin. In Massachusetts, vom katholisch strengen Boston geprägt, war es Gesetz: Lehrerinnen mussten Single sein, und wenn sie zu heiraten wünschten, mussten sie kündigen. Jahrzehntelang war für Patricia klar, was sie wollte: Sie konnte nicht kochen, wollte nicht putzen, dieses ganze Hausfrauenzeugs war ihr zuwider, und ihre Kapitäne konnte sie ja dennoch treffen. Also blieb sie Lehrerin. »Ich hatte den einen, den Einzigen einfach noch nicht getroffen, der mich sagen ließ: Los jetzt, los jetzt, lass es uns tun.« Stattdessen fing sie an, sich um ihre Gesundheit zu kümmern. Vitamine nahm sie, eine Multivitaminpille pro Tag. Ist das ihr Geheimnis?

»Ich glaube, das Geheimnis ist, dass du keine Kinder hast. Das musstest du ja unterschreiben, als du Lehrerin wurdest: keine Ehe, keine Kinder. Darum konntest du so leben, wie du wolltest.« Das allerdings sagt jetzt der Neffe George. Pat schweigt.

Er wendet sich uns zu: »Tante Pat hatte fünf Freundinnen, die allesamt Lehrerinnen waren und allesamt keine Kinder hatten: Alice, Lola, Luise, Beverly und Kelly. Alle fünf wurden mindestens 99 Jahre alt.«

In jedem langen Leben finden sich die Momente, glückliche sind es in der Rückschau, in denen auch Katastrophen möglich gewesen wären, die vermutlich zu sehr viel kürzeren Leben geführt hätten. Ein Unfall, den es, ganz knapp, dann aber doch nicht gab; solche Dinge.

Als Pat noch ein Kind war, drehte die Katze Mr. Moe einmal mitten in der Nacht mit dem Kopf oder der Pfote den Gasherd auf. Pat wurde wach, wollte sich etwas zu trinken holen, bemerkte das Zischen oder einen fremden Geruch, was genau es war, das weiß sie heute nicht mehr. Sie weckte alle, und alle überlebten.

Und etwas später saßen sie in ihrem Ford, Pats Bruder George steuerte, und es gab einen Frontalzusammenstoß. Hinterher hatte George ein gebrochenes Handgelenk, und die Mutter, die Zahnärztin, hatte keine Schneidezähne mehr, und Pat wachte am Straßenrand auf, mit vielen Knochenbrüchen. Damals saßen sie alle noch vorne, niemand war angeschnallt. Alle überlebten.

In den Siebzigern zog sie hierher, nach Essex. In ein Haus wie dieses ihres Neffen, im Wald. Ein paar Nachbarn gibt es, das schon, aber ansonsten nur Bäume, Lichtungen, die Tiere, das Licht und das Wetter.

Und 1978 zog der Sturm des Jahrhunderts über die Ostküste. Patricia hatte die Warnungen gehört, hatte Holz gehackt und Vorräte gestapelt, doch das, was dann kam, hatte niemand erwartet. Drei Wochen lang war sie in ihrem Haus gefangen, ohne Telefon, ohne Strom, sie schlief auf dem Boden vor dem Kamin, löste Kreuzworträtsel, spielte Klavier, aß aus Konserven in kleinen Portionen, reparierte im Haus alles, was kaputt war, putzte das Haus, putzte es noch einmal.

Und dass sie 1979 dann heiratete, hatte mit dem Sturm und der Einsamkeit der amerikanischen Frau in den Wäldern dennoch nichts zu tun. Sie traf bloß den Richtigen in jenem Jahr '79, es geschah so zufällig, wie so etwas ja meistens geschieht.

Die Tür des Schulbusses schloss sich bereits. Alles wäre anders gekommen, wenn Evans einfach den nächsten Bus genommen hätte. Aber er hielt seine Hand gegen die Tür, stieß sie auf, sprang herein und sah Pat. Blickte sie lange an. So jedenfalls erzählten ihre Freundinnen es später, sie selbst sagt, spöttisch, sie habe von all dem nichts mitgekriegt. Wiedererkannt habe sie ihren einstigen Klassenkameraden Evans Harrington sowieso nicht. Plötzlich aber war das, was sie wollte, das Gegenteil dessen, was es noch gestern gewesen war: Hochzeit also und das Ende der Schullaufbahn.

Groß war Evans. Klug war er auch. Einen Sohn und drei Töchter hatte er. Und ein Haus in Winterport, Maine.

Es wurden wundervolle Jahre. Sie erlebte etwas, das sie nicht vermisst hatte und das sie zum Staunen brachte. Aber es wurden nur fünf Jahre, mehr nicht. Denn dann starb Evans Harrington bereits, so grausam kann wirklich nur das Leben sein.

Als wir Patricia Lyons eine jener Fragen stellen, die wir in all den Gesprächen für dieses Buch stellen – was bereust du? Was würdest du beim zweiten Mal anders machen? –, sagt sie dennoch nicht, dass sie zu spät geheiratet habe. Sie sagt: »Ich bereue, nicht nach Radcliffe gegangen zu sein. Aber das konnten wir alle nicht ändern.« Nein, nein, sagte sie, sie sei stolz auf ihr Leben, habe getan, was sie tun wollte, habe eine berufliche Laufbahn gehabt, die für Frauen damals nicht einfach so zu haben gewesen sei, und geheiratet habe sie ja trotzdem und dann auch noch den Richtigen.

»Wirklich und ernsthaft bereuen? Ach nein, ich bereue nichts.«

Das ist selten, das ist ein Satz, den wir während unserer Reise so gut wie nie gehört haben. Gibt es das wirklich: ein Leben ohne Bereuen?

Man kann ja durchaus humorvoll, gelassen, selbstbewusst leben – aber Fehler macht jede, macht jeder, machen wir alle, Fehlentscheidungen gehören zwingend dazu, wenn man denn überhaupt Entscheidungen trifft, und keine Entscheidungen zu treffen, das wäre dann ganz gewiss ein Fehler. Wer hat nicht diese Kreuzungen hinter sich, an denen wir falsch abgebogen sind, weshalb wir uns später immer wieder mal fragen, was eigentlich passiert wäre, wenn … und wenn ich dies getan und jenes gelassen hätte, wie wäre es wohl im deshalb ganz anderen Leben weitergegangen …

Die Australierin Bronnie Ware hatte auf Bauernhöfen gearbeitet und in Kneipen, hatte Songs geschrieben, war Bankkauffrau gewesen, und vor allem war sie gereist, viel und weit; und dann hatte sie eher zufällig damit begonnen, Sterbende in deren letzten Monaten zu begleiten, was zu einem Blog und nach dem rauschenden Erfolg jenes Blogs schließlich zu einem Buch führte: »5 Dinge, die Sterbende am meisten bereuen«.

Da war erstens Grace (Bronnie Ware hat die Namen in ihren Texten geändert), die 50 Jahre lang die treu liebende Gattin eines tyrannischen Mannes gewesen war, Kinder und Enkel betreut hatte und die sich immer, in all den Jahren, nach Freiheit und Reisen und einem eigenen Weg gesehnt hatte. Dann kam ihr Mann ins Heim, und der Moment wäre endlich gekommen gewesen – wenn Grace nicht diesen Schmerz verspürt hätte. Das Wort »Lungenkrebs« fällt in dem Buch nicht, aber es ist die Rede von einer Krankheit im fortgeschrittenen Stadium, die vermutlich durch das langjährige Rauchen des Mannes im gemeinsamen Haus verursacht worden sei. Grace sagt: »Warum habe ich nicht einfach getan, was ich wollte? Warum habe ich ihm erlaubt, mir ständig Vorschriften zu machen? Warum war ich nicht stark genug?« Und später: »Schauen Sie mich an. Ich sterbe. Ich sterbe! Wie konnte ich nur jahrelang darauf warten, frei und unabhängig zu sein … und jetzt ist es zu spät?«

Da war, zweitens, John, der mit seiner Ehefrau Margaret fünf Kinder hatte und in Wahrheit von ihnen allen nichts wusste; und die Kinder und die Ehefrau kannten John nicht. Jedenfalls nicht wirklich. »Ich wünschte, ich hätte nicht so viel gearbeitet«, sagte John, »was für ein Trottel ich gewesen bin.« Und dann: »Verdammt, ich habe viel zu viel gearbeitet, und jetzt bin ich ein einsamer, alter Mann und liege im Sterben. Das Schlimmste daran ist, dass ich als Rentner die ganze Zeit allein war, obwohl es gar nicht nötig gewesen wäre.« Jahrelang hatte Margaret ihn gebeten, in den Ruhestand zu gehen, und als er es, endlich, versprochen hatte, war sie todkrank; und weit fort waren die Kinder.

Es gab, drittens, Jozsef, der laut Bronnie Ware für viele, viele Männer sprach, als er sagte: »Ich wünschte, ich hätte den Mut gehabt, meinen Gefühlen Ausdruck zu verleihen.« Auch Jozsef lag im Sterben, und in den letzten Tagen schafften seine Kinder und er es immerhin, sich ihrer

Liebe zu versichern. Davor aber sagte Jozsef: »Ich hatte Angst, meine Gefühle zu zeigen. Deswegen habe ich gearbeitet und gearbeitet und meine Familie auf Distanz gehalten. Sie hatten es nicht verdient, so allein zu sein. Jetzt wünschte ich mir, sie hätten mich wirklich gekannt.«

Und es gab, viertens, Doris, die in einem Heim lebte, in dem niemand lächelte, und niemand berührte sie. Doris sagte: »Am meisten vermisse ich meine Freunde. Manche sind schon tot. Manche sind in derselben Situation wie ich. Zu manchen habe ich einfach den Kontakt verloren. Ich wünschte, ich hätte den Kontakt nie abreißen lassen. Man denkt immer, dass die Freunde immer da sein werden. Aber das Leben geht weiter, und plötzlich stehen Sie da und haben keinen Menschen auf der Welt, der Sie versteht und der irgendetwas über Ihre Geschichte weiß.«

Schließlich war da, fünftens, Rosemary, strebsame Managerin eines Weltkonzerns und zugleich seit ihrer Scheidung von Schuldgefühlen geplagt, weil die Scheidung in ihrer Familie als Schande galt. »Ich wünschte, ich hätte mir mehr Freude gegönnt«, sagt Rosemary, die ihr Leben hinter einem Schutzschild aus Leistung und Disziplin geführt hatte. »Ich wünschte, ich hätte mir gestattet, glücklicher zu sein. Was für ein jämmerlicher Mensch ich gewesen bin. Ich habe einfach gedacht, dass ich kein Glück verdiene. Aber ich verdiene es. Das weiß ich jetzt … Denn wir können genau der Mensch sein, der wir uns zu sein erlauben. Oh Gott, warum bin ich bloß nicht schon früher darauf gekommen? So eine Verschwendung«, all das sagt Rosemary. Und dann stirbt sie.

Die vielen Toten

Sie hat keine Zeit. Stimmt schon, dass wir verabredet waren, jetzt um 14 Uhr, aber es geht halt nicht, sie muss nämlich in die Stadt. Einkaufen. Wir stehen in der Lobby des Hauses, in dem Herlda Senhouse wohnt, es ist Juli 2017, und es ist ein kaltherziger, elendig anonymer Wohnblock in Wellesley an der amerikanischen Ostküste: alter ockerfarbener Teppichboden hier in der Lobby, keine Menschen, bloß eine vor sich hin rostende Box für die Mietschecks.

Fünf Minuten hat Herlda Senhouse für uns, hier unten und im Stehen. Sie ist 106 Jahre alt und liefert uns nun also eine fünfminütige Zusammenfassung von 106 Lebensjahren und sagt, sie habe nie geraucht und nie getrunken, Alkohol habe sie probiert, doch nie gemocht, sie habe einfach »ordentlich gelebt«. Vor vielen Jahrzehnten habe sie Sport gemacht, Aerobic, aber nun nicht mehr. Niemand in ihrer Familie sei annähernd so alt geworden wie sie; ihre neun Geschwister sind lange tot, zwei starben sogar, ehe Herlda geboren wurde. Herlda war vier Jahre alt, als ihre Mutter starb, und sechs, als der Vater starb. Sie hat keine Fotos von ihren Eltern, so gut wie keine Erinnerungen an sie. Es ist hundert Jahre her. Und einen Ratschlag hat sie dann auch: »Folge deinem Traum, wenn du denn einen Traum hast.« Aber jetzt muss sie wirklich weg, reicht euch das?

Nein, ein paar Fragen hätten wir noch, und weit gereist sind wir auch – dürfen wir vielleicht später wiederkommen?

Sie will nicht so recht, drückt ihre Hände gegeneinander, blickt nach

Herlda Senhouse: »Irgendwer da oben.«

draußen durch das Fenster der Haustür … aber … na gut, 17.15 Uhr, heute, hier.

Und nun: 17.15 Uhr, der zweite Versuch, Herlda Senhouse bittet uns via Sprechanlage hinauf in Apartment Nummer 6409.

Wir sitzen dann in einer kleinen, mit Tischen und Regalen zugestellten Wohnung, und Frau Senhouse steht immer wieder auf und sucht etwas. Fotos. Briefe. Wir blättern durch Ordner, durch Alben. Und auch hier wieder, wie überall während dieser Recherchen, denken wir: was für ein Jahrhundert, was für ein Leben.

Herlda ist schwarz, sie betont das immer wieder. Weil es natürlich eine Rolle spielt, wenn man über Chancen und Gerechtigkeit, über all die entscheidenden Momente dieses 106-jährigen Lebens redet. Sie trägt eine braune Bluse, Halskette, Ohrringe, sie sitzt an ihrem Küchentisch.

Gott, sagt sie.

Es muss doch mit Gott zu tun haben, mit wem sonst, »irgendwer da oben will, dass ich noch hier bin«. Denn alle in ihrer Familie starben früh, viel zu früh, das lag an der Armut der Schwarzen in Piedmont, Virginia: Alle dort arbeiteten viel zu viel, niemand hatte gute Ärzte, man starb schon an Lungenentzündungen, und an Krebs starb man sowieso, denn Krebs wurde niemals früh genug entdeckt. Ihre Großeltern lernte sie nie kennen, und als die Eltern tot waren, musste die kleine Herlda zu ihrem Onkel in den Norden der amerikanischen Ostküste ziehen.

Moment … doch, da ist etwas … da sind nun … Erinnerungen an den Vater.

Er baute Häuser, Holzhäuser. Ein starker Mann. Dort in Virginia stand das Haus der Familie, vom Vater errichtet, es gab drei Schlafzimmer, ein Wohnzimmer, eine Veranda, eine richtige Toilette auf dem Flur. Als jedoch die Eltern tot waren, brachten die großen Schwestern Herlda nach Woburn, Massachusetts, zum Onkel. Dort gab es keine Toilette im Haus. Niemand lachte oder sang mehr wie einstmals Mama und Papa. Wenige Tage lang hielt sie hier durch, im Norden Bostons, dann rannte sie weg und schaffte es zu Fuß und per Anhalter 600 Meilen die Ostküste entlang bis nach Hause, nach Virginia.

Wirklich? Mit sechs Jahren? Aber sie nickt nur, mehr sagt sie dazu nicht.

Nein, den Begriff »schöne Kindheit« kennt Herlda nicht. Fünf Brüder starben während jener Jahre. Einer wurde von einem Pferd getreten, vier wurden krank. Drei Schwestern – Edith, Margret und Elisabeth – hielten halbwegs liebevoll zusammen. Herlda ging einige wenige Jahre lang in die Grundschule, die großen Schwestern sorgten sich um sie, und dann arbeitete Herlda, acht Jahre alt, als Kindermädchen bei der Familie eines Bierbrauers, für drei Dollar die Woche. »Ich hasste es«, sagt sie, »aber es war so viel und so schwer, dass ich niemals auch nur darüber nachdachte, was ich mit meinem Leben anfangen wollte.«

16 war sie, als es wieder zurück ging, nach Woburn, zum Onkel. Sie durfte in die Highschool gehen und machte als 21-jährige Frau ihren

Abschluss. Krankenschwester wollte sie werden, aber Schwarze wurden nicht genommen, also arbeitete sie weiter in Privathäusern.

Herlda erlebte alles: das Frauenwahlrecht, die Bürgerrechtsbewegung, Martin Luther King. Und sie erlebte es zugleich nicht. »Es war zu weit weg, ich musste zu viel arbeiten«, sagt sie. Rassentrennung, im Bus, im Kino, all das war einfach da, »wir hatten ja auch unsere eigenen Kirchen«, sagt sie. Und doch: Sie wählt seit 1936, immer, »für unsere Demokratie müssen wir kämpfen«, sagt sie.

Ihren Ehemann Billy traf Herlda bei Freunden in Boston. »Möchtest du lernen, wie man Tennis spielt«, fragte er, als sie gerade in den Bus steigen wollte. Aber er lud noch zwei andere Mädchen ein, und als tatsächlich drei Damen zur selben Stunde auf dem Tennisplatz erschienen, rannte Billy verschüchtert, verschreckt davon. Was für ein Weichei. »Sagt dem Kerl auf keinen Fall, wo ich wohne«, so instruierte Herlda ihre Freundinnen, aber auf einer Party traf sie Billy dann doch wieder. Und er war nett. Und witzig.

William Senhouse, 20 Jahre jung. Herlda war fünf Jahre älter.

»*Silly, silly man*«, sagt sie und kichert und gluckst. Herlda Senhouse lacht sowieso viel, das Leben ist nun einmal, wie es ist, das sagt sie mehrmals, sie könne uns nur raten: akzeptiert es.

»Billy schien ein netter Mann zu sein«, sagt sie, »darauf habe ich gewettet. Und dann war er wirklich ein netter Mann.« Sie liebten den Jazz: Ella Fitzgerald und Billie Holiday. Auch das Kino liebten sie, »*Wonder Woman*« war Herldas Lieblingsfilm. Als sie später, endlich, Geld verdienten, reisten sie: nach Bermuda, auf die Bahamas, nach Jamaika und Hawaii. Und nach Griechenland und Südafrika flog sie allein, ohne ihn.

Es war eine gute Ehe, und geht es nicht im Leben genau darum? Um den Ehepartner und die Familie, um die wenigen wirklich engen Freunde? Ist das nicht viel wichtiger als Karrieren und Ruhm?

Der Arzt fragte, ob sie alles Menschenmögliche tun wollten, um Kinder bekommen zu können, und Billy und Herlda sahen einander an und sagten: Nein, das wollen wir nicht. Sie habe in ihrem Leben wahrlich genug Kinder betreut, sagt Herlda heute.

Vier gemeinsame Jahrzehnte hatten ihr Billy und sie, und ja, es waren schöne Jahrzehnte. Und dann versinkt sie in Schweigen.

»Ich hatte ein gutes Leben«, sagt sie schließlich. »In Wahrheit habe ich nicht einmal realisiert, dass ich arm war – als ich arm war. Ich habe gelacht, ich habe gelebt.«

Und wieder Schweigen.

»Wenn ich heute noch einmal 20 wäre, wüsste ich nicht, was ich mit meinem Leben anfangen wollte. Die Welt ist so schnell und verrückt geworden«, sagt sie.

Ihre drei Schwestern starben, als sie in den Siebzigern waren, und dreimal war es das Herz. Herlda spürte auch einst ein Stechen im Herzen, beim Schneeschippen, aber das ging vorbei. Und als Kind hatte sie Diphtherie, Masern und Windpocken gehabt. Sonst aber nichts. Nichts Großes. Bis heute.

Sie geht zum Gottesdienst in der *Murdo Baptist Church*, aber sie geht dorthin, weil man halt geht. An ein Leben nach dem Tod glaubt Herlda nicht; »das Leben ist jetzt und nur jetzt. Wenn Gott bereit für mich ist, möge er mich holen. Ich möchte kein Gemüse sein, niemandem zur Last fallen. Als Kind hatte ich gehofft, 50 Jahre alt zu werden – bei all den Toten in der Familie. Jetzt ist es aber dann auch gut. Ehe ich zum Pflegefall werde, möchte ich lieber weg sein«.

Das Leben verkleinert sich, wenn man alt und allein ist. Aber es bleibt ja immer noch das Leben, und das lässt sich gestalten. Herlda steht morgens auf, zieht sich an, macht die Küche sauber, sieht fern, eigentlich den ganzen Tag lang. Oder sie telefoniert, gleichfalls stundenlang. Das ist ihr Leben. Es werden nur immer weniger Menschen, die sie anrufen kann. Sieben Todesfälle waren es in den letzten zwei Wochen, allesamt gute Freunde. Gleich zwei dieser Freunde, ganz junge Hüpfer, 60 Jahre alt, wurden einfach tot in ihren Betten gefunden; einer war der Sohn einer Frau, deren Babysitter Herlda einst war, er mochte nicht mehr, gestorben ist er an einer Überdosis Schmerzmittel.

Dieses großartige, dieses verdammte Leben. 106 Jahre Glückseligkeit? Nein, für Herlda gewiss nicht. 106 Jahre Schmerzen? Gewiss auch nicht. Aber viele, zu viele Schmerzen sind es dann doch, und so viel Trauer.

Immer montags kommt eine Frau zu ihr und bezieht das Bett und macht die Wäsche. Herlda kochte früher gern, aber sie kann nicht mehr gut am Herd stehen. Herldas kleine Nichte – Herlda kichert, die Nichte ist 86 Jahre alt – kommt hin und wieder vorbei und macht Frühstück: Eier, Schinken, Toast, Waffeln, Würstchen, *Oatmeal*, Blaubeerpfannkuchen, Kräutertee, Cranberry-Saft. Und abends geht Herlda oft essen, bei »*Shake 'n Crab*« lässt sie sich hinterher die Reste einpacken, und die wärmt sie sich an den folgenden Tagen auf.

Sie schläft nicht mehr gut, eine Ausnahme war gestern, nach der Akupunktur. Ansonsten aber ist sie um drei Uhr wach und bleibt dann wach. In anderen Nächten ist sie bis drei Uhr wach, das ist auch nicht besser als andersherum.

Und wenn sie dann wach ist, denkt sie übrigens an Barack Obama, den sie verehrt und dessen Bild in ihrem Wohnzimmer hängt. Und sie denkt an Donald Trump, »diesen ekelhaften Menschen, der das Land und die ganze Welt durcheinanderwirft«.

Dann denkt sie, morgens um zwei oder um vier Uhr, dass sie keinen Präsidenten mehr habe. Aber das ist nun eigentlich auch egal.

»Ich bin auf dem Weg durch die Tür«, sagt Herlda Senhouse.

Die Weisheit des Alters, XVII.

»Ärgert euch nicht über etwas, das ihr nicht ändern könnt.
Es lohnt sich nicht. Wenn die Ehefrau und der Ehemann
unterschiedlicher Meinung sind – nicht reden, nicht streiten.
Lasst Zeit vergehen. Geht auseinander, und kommt nach zwei
Stunden oder zwei Tagen einfach wieder zusammen.
Kämpfen verbraucht Energie.«

Herlda Senhouse

Rogers Reise, IX.

Dieser Moment kommt in jedem Arbeitsleben. Jahrelang scheint er endlos weit entfernt zu sein, aber dann ist der Moment da, und es ist vorbei. Man sollte damit rechnen, man sollte das Arbeitsleben nicht zum alleinigen Zentrum des Lebens machen.

Roger Angell ging so, wie wohl jeder Mensch gehen möchte: selbstbestimmt, elegant. Aber es schmerzt trotzdem.

Offiziell schreibt er immer noch, und es stimmt ja: Alle paar Monate erscheint ein kleiner Text auf newyorker.com. Aber es ist nicht wie früher. Es kann nicht wie früher sein. Roger ist mittlerweile 98 Jahre alt.

Bis weit in seine achtziger Jahre hinein ging er einmal in der Woche in sein Büro im 38. Stock. Sie grüßten ihn dort lächelnd, und sie mochten seine Geschichten von früher. Aber in Wahrheit kannte er kaum noch jemanden in der Redaktion, und alles dort war kühler, effizienter. »Ich wollte nicht die Ikone oder das Faktotum sein«, sagt er. Und blieb weg.

Trotzdem, er weiß, dass er ein erfülltes Arbeitsleben hatte. »So viele Menschen mögen nicht, was sie tun, und finden vor allem keine echte Verbindung zu ihrer Arbeit, finden auch keine Freundschaften, keine Erfüllung. Ich hatte nichts als Glück«, sagt er. Nur manchmal, nur ganz, ganz selten denkt er, dass er mit seinem Leben etwas Besseres hätte anfangen sollen, etwas mit mehr Sinn: Er hätte Arzt werden können. Leben retten können. Statt über Ärzte und andere Lebensretter zu schreiben. (Das denken vermutlich alle Journalisten hin und wieder.) Und er

*Redakteur Angell: »Habe ich einen Unterschied
gemacht?«*

hat erlebt, welchen Einfluss Lehrerinnen haben: Carol war Lehrerin,
Peggy auch.

»Sie machen einen Unterschied. Habe ich einen Unterschied gemacht?« Auch über Kunst dachte er einst nach, er hätte beinahe Kunst
studiert.

Aber er lächelt, da er weiß, dass das Schreiben und das Redigieren
der richtige Beruf waren, das richtige Leben. Sein Leben.

»Ich habe mich mein ganzes Leben lang frei gefühlt«, sagt er, »denn
ich war mein ganzes Leben lang tatsächlich frei.«

Natürlich gab es auch berufliche Niederlagen, in welchem Leben
gibt es die nicht? Einmal offerierte sein Chefredakteur ihm die Rolle
des Kunst-Ressortleiters, »art editor«, und Roger war stolz und erzählte
es Carol. Ob er das können würde? Doch dann machte das Gerücht in

der Redaktion die Runde, und eine Intrige begann: »Wie, der Literaturkerl, der über Baseball schreibt, soll nun also unser Kunstexperte sein?« Und gerade als Roger den Mut gefunden hatte, über sein künftiges Gehalt zu verhandeln, zog der Chefredakteur das Angebot zurück.

»Mein Abstecher in die Kunst war eine Viertageskarriere«, sagt Roger.

Sein Leben beim »New Yorker« allerdings, das war eine Siebenjahrzehntekarriere. Zehntausend Tage hat Roger in der alten Redaktion in der 43. Straße verbracht. Er erbte das Büro des Pfeifenrauchers Geoffrey Hellmann (in welchem wiederum 20 Jahre zuvor Rogers Mutter gesessen hatte), und »der heilige William Maxwell wurde mein erster Mentor und Chef«. Dieser Maxwell schrieb einst diese Weisheit für Reporter auf, wir zitieren ausnahmsweise, weil es so herrlich klingt, das Original: »*Too many conflicting emotional interests are involved for life ever to be wholly acceptable, and possibly it is the work of the storyteller to rearrange things so that they conform to this end.*«

Das Magazin wurde dann von William Shawn übernommen, einem nervösen Mann, der sich vor Fahrstühlen fürchtete, der aber ein flinker Leser, grandioser Beurteiler und fundierter Entscheider war.

Und was für eine glamouröse Arbeit war das in all diesen Jahren: Zeitungen zu lesen und Ideen zu suchen, auch dies natürlich: stundenlang aus dem Fenster zu starren und auf eine Eingebung für den ersten Satz zu warten. Und Kurzgeschichten per Post zu bekommen von John Updike oder Alice Munro, von Raymond Carver oder Muriel Spark.

Es gab, auch dies, eine Tragödie. 1976 landete ein Manuskript auf Rogers Tisch, »*O'Phelan's Daemonium*« von einem Autor namens John F. Murray. Es war ein Jahrhunderttext. Die Leiden eines Mannes, die Leiden der gesamten Menschheit. Murray wusste, wovon er schrieb, denn er trank, er litt, er schaffte das nicht: zu leben. Der Text war eine Sensation. Murray wurde mit dieser einen Geschichte zum Star. Es dauerte danach lange, bis er einen zweiten Text schickte, »*O'Phelan Drinking*«. Der Autor gab seine Geschichte ab und campierte in der Lobby des Magazins. Ging nicht weg. Roger sagt, er habe alles, wirklich alles, das ihm möglich war, für John Murray getan, aber das genügte nicht. Eines Morgens schickte Roger den Kerl weg, »du kannst hier nicht wohnen«, sagte er, und Murray ging durch die Tür, ging weiter zum Hudson River und sprang.

»Das war unvermeidbar. Es bahnte sich seit langer, langer Zeit an«, sagte Murrays Bruder zu Roger.

Und trotzdem …

Das ist Rogers Wehmut in diesen Tagen. Manchmal hat er Mühe, den eigenen Humor zu finden, die Erinnerungen auch. Zart wirkt er. Leise. Samiha bleibt in der Nähe, während Klaus sich noch einmal auf den Weg nach Asien macht, nach China.

Zucker, Zucker und ... der Krieg

Fei Guomao liebt amerikanische Schokolade. Und Pralinen. Honigkuchen liebt er auch. Und Kefir. Ganz besonders aber, mehr als das meiste andere in seinem Leben, liebt Fei Guomao Coca-Cola. Sechs, sieben Flaschen Coca-Cola trinkt er pro Tag, immer halbe Liter; seine Tochter sticht ein Löchlein in den roten Schraubverschluss, schiebt einen Strohhalm hindurch, und dann trinkt Herr Fei seine Cola, seit inzwischen 40 Jahren, und lächelt beseelt. »Ich mag Coca-Cola wirklich sehr gern«, sagt er, »diese Erzählung, dass es nicht gesund sei, die glaube ich nicht. Das haben bestimmt die Feinde von Coca-Cola erfunden.«

Herr Fei, geboren im Januar 1917, munterer Herr mit schwarzer Hornbrille und Glatze, ein selten stiller Herr in Pantoffeln und gepolsterter Wärmehose, ist ein Held der Volksrepublik China. Er hat die dunklen, die armen Jahre erlebt, die Kriege natürlich auch, den mit Japan, dann den Bürgerkrieg, die Kulturrevolution, dann die langsame Öffnung des Landes vor 40 Jahren, den Aufstieg Chinas zur Supermacht, auch wenn der Begriff »Supermacht« hier in Peking tabu ist. China will so nicht genannt werden, würde auch niemals »*China First*« sagen, selbst wenn es noch so gnadenlos nach dieser Maxime handelt.

Und was für ein chinesisches Leben in diesem chinesischen Jahrhundert es war. Die Kurzfassung geht so: Fei Guomao wurde in Peking geboren, im Stadtteil Houhai innerhalb des zweiten Rings, und hörte in der Schule, in der vierten Klasse, den großen Satz des großen In-

Fei Guomao: »Ich war der Klügste.«

genieurs, des Erschaffers der chinesischen Eisenbahn, Zhan Tianyou:
»Tue große Dinge, aber versuche nicht, ein großer Funktionär zu werden.« Im Architektur-Institut der Provinz Jilin lernte Fei Guomao sein
Handwerk, und ebendort, in Changchun, der Hauptstadt der Provinz
Jilin, erbaute Herr Fei dann den Platz des Volkes, allerlei Häuser, allerlei Denkmäler. 1959 erwählte ihn die Partei, konkret das Ministerium
für Nationale Verteidigung, und rief ihn zurück nach Peking. Dort erwählte ihn die Partei erneut und sandte ihn weiter in den Nordwesten,
wo Herr Fei jene Anlage erbauen durfte, in welcher die Volksrepublik
China ihre Atombombe entwickelte. 22 Jahre lang arbeitete er dort, unter »harten Bedingungen«, wie es in den Parteiunterlagen heißt. Dort
steht auch: »Er liest im Ruhestand täglich und ist am Fortschritt seines
Landes interessiert.«

Herr Fei trinkt Cola und lächelt. »Du bist ein kluger Mann«, sagt er zu Klaus, »sehr, sehr klug, das sehe ich an deiner Stirn. Und Deutschland ist ein sehr starkes Land.« Er wird beide Bemerkungen im Laufe unseres Gespräches noch einige Male wiederholen.

Wir sind im Westen Pekings, dieser 21-Millionen-Stadt, knapp außerhalb des Zweiten Rings. Es ist ein eisig kalter Dezember 2018, und noch vorgestern hing der Smog wieder so tief und so dicht über der Stadt, dass die Menschen mit Atemschutzmasken herumliefen; dann kam der Ostwind, und nun ist es klarer. Fei Guomao sagt, er kümmere sich nicht um Luft und Wetter, er setze sich täglich in seinen Rollstuhl und fahre hinaus in den Park: »Worauf denn warten? Auf besseres Wetter, morgen? Morgen kann ich tot sein.«

Wer sich in diesen Zeiten in Peking aufhält, wird überall und ständig überwacht. Jede Straße, jede Ecke, jeder Platz: Da sind Dutzende, Hunderte Kameras. Dass auch die digitale Kommunikation hier niemals privat, niemals wirklich vertraulich ist, davon gehen alle Bürger Pekings aus. Im Hotel lassen sich Facebook, Google und die »New York Times« nicht laden. Wer online nach dem Massaker von Tian'anmen, dem Platz des Himmlischen Friedens sucht, wo 1989 zwischen 300 und 3000 Menschen von der Staatsmacht ermordet wurden, findet kein Wort.

Was man nicht findet, das gab es nicht. Auch die Geschichte Pekings und ihre Deutung sind in der Hand der Kommunistischen Partei.

Die Menschen hier scheinen sich damit abgefunden zu haben. Die meisten jedenfalls. Denn sie haben Aufstiegschancen, der chinesische Traum ist Wirklichkeit. Und dies ist der Deal: Du kannst reich werden, weil die Partei es dir ermöglicht – also strenge dich an, und nutze deine Freiheit und deine Möglichkeiten, die du genau solange hast, wie du die Partei nicht kritisiert.

Das Tempo der Menschen hier ist längst jenes der New Yorker: Sie rennen, sie lesen währenddessen ihre Kurznachrichten, und während sie rennen und lesen, essen sie. Auf den Straßen sind Staus allgegenwärtig, trotz acht- bis zehnspuriger Straßen. Trotz der rasanten, hochmodernen U-Bahn. Trotz der Leih-Fahrräder, die man sich überall greifen und überall wieder abstellen kann.

Herr Fei wohnt im neunten Stock eines zweckmäßig und gewiss nicht nach ästhetischen Kriterien gebauten Hochhauses. Eine Leselupe liegt neben Herrn Fei. Hinter ihm blubbert's. Das Aquarium. Normalerweise ist hier alles, das ganze Zimmer, mit Werkzeugkisten und Brettern und Stangen vollgestellt, die Tochter erzählt das, denn Herr Fei bastelt noch immer so gern, aber wegen unseres Besuchs hat sie das ganze Zeug auf den Balkon geräumt. Und Fei Ru, diese 61 Jahre alte Tochter, sagt nun: »Papas wahres Geheimnis ist sein Gemüt. Er hält sich fern von allen Dingen, die ihn ärgern würden.«

Vor einigen Jahren, nach dem großen Erdbeben, spendete er ein wenig Geld und sagte dann: »Über das Erdbeben möchte ich nicht reden. Wir können es nicht ändern.« Und wenn Chinas Fußball-Nationalmannschaft spielt, diese elf Luschen, dann rollt Herr Fei in seinem Stuhl auf den Balkon und blickt hinaus in die Nacht; das Gekicke würde ihn nur aufregen, und er lebt lieber.

»Trauer hilft dir ja nichts«, sagt Herr Fei nun und ruft: »Cola für alle.« Die Tochter holt den Cola-Karton aus der Küche. Vor vier, fünf Jahren, erzählt sie, habe ein Arzt Diabetes diagnostiziert, und der Vater habe gesagt: Nein, ich bin nicht krank. Der Arzt habe gesagt: Sie müssen aufpassen. Der Vater habe gesagt: Ohne meine Cola will ich nicht leben. Der Arzt habe gelächelt und gesagt: Trinken Sie. Vergessen Sie, was ich gesagt habe. Der Vater süßt seitdem sogar seine Nudelsuppe. Nein, Trauer hilft dir ja nichts.

Vor fünf Jahren starb der jüngste Sohn, Fei Kai. Er wurde nur 54, Filmproduzent war er, und der Herzinfarkt ereilte ihn auf dem Set. Die Kinder sorgten sich um den Vater, wie würde er das verkraften mit seinen 96 Jahren, also erzählten sie es ihm nicht. So richtig hatten sie das Ganze nicht durchdacht, es war nicht nett, sogar die Beerdigung ohne den Vater durchzuziehen; andererseits: In China kennt man sich mit doppelten und dreifachen Realitäten aus. Irgendwann fiel es aber doch auf, dass bei sämtlichen Familienfesten der jüngste Sohn fehlte. Wo ist er?, fragte der Vater. Er ist von uns gegangen, sagte der älteste Sohn. Und der Vater blickte ernst, stellte zwei Fragen, wie ist es passiert, wann ist es passiert, dann sagte er ganz und gar ruhig: »Wir sollten nicht weinen. Wir könnten nichts dagegen tun. Wir sollten uns um unser eigenes Leben kümmern, aufpassen, dass es uns gut geht.«

Es ist 10 Uhr, es klingelt, die Aufpasserin kommt. Wir nennen sie so, Aufpasserin, denn sie kommt von der Partei, und die Partei weiß seit der ersten Mail von unserer Recherche. Die Aufpasserin lächelt und sagt:»Braucht ihr etwas? Ich möchte euch so gern helfen.« Nein, danke, wir haben alles, was wir brauchen.

Fei Guomao stammt aus der Ching-Dynastie. In der Rangordnung der Familie war Fei Guomao die Nummer sieben, darum nannten ihn alle *Qi Houzi*, Äffchen Nummer sieben.»Ich war der Klügste«, sagt er, und die Tochter sagt:»Vater war immer der Klügste.«

Kindheitsgeschichten:

Er hatte eine Lieblingsente; und als die Ente starb, organisierte er eine feierliche Beerdigung. Er hatte eine Kinderfrau, die morgens immer die Kerzen entzündete, weil es Strom noch nicht gab; die Kinderfrau allerdings war nicht sehr geschickt, und jahrelang bereitete sich Äffchen Nummer sieben darum innerlich auf das Unglück vor, das dann tatsächlich kam: Ein Vorhang fing Feuer, Fei Guomao riss ihn herunter, trat und schlug das Feuer aus, rettete die Familie und ihr Haus.

Sie hatten Geld, damals. 40 Häuser besaßen sie in Peking. Fei Guomao spielte mit den Kindern des letzten Kaisers. Der Vater aber machte Fehler: Er trug goldene Gewänder. Er kaufte sich eine Rikscha und ließ sich durch die Parks oder gleich ins Bordell tragen. Der Vater provozierte damit den eigenen Sturz: In der Kulturrevolution verloren sie alles, das Geld, die Häuser, den Status, die Sicherheit. Rund 400 000 Menschen starben damals, zwischen 1966 und 1976, als Staatschef Mao Zedong offiziell die Infiltrierung des reinen, kommunistischen China durch kapitalistische Umtriebe verhindern, in Wahrheit aber natürlich jeglichen Widerstand ersticken wollte. Es gab Folter. Hinrichtungen. Mord im staatlichen Auftrag. Verbannung. Enteignung.

»So ist das Leben, das war in Ordnung«, sagt Fei Guomao. Die Aufpasserin drückt auf ihrem Telefon herum und scheint nicht zuzuhören.

Natürlich war jemand wie Fei Guomao in den Jahren der Revolution eine Zielscheibe. Ein Kapitalist. Ein Intellektueller. Er wurde verhaftet

und in einen Stall gesperrt, sollte gestehen, einfach irgendetwas gestehen, also sagte er, er habe Polizist im Dienst des Kaisers werden wollen,
sei aber zu klein gewesen. Er musste Zwangsarbeit leisten, und da habe
er, so erzählt er es heute, sich selbst verteidigt: »Warum macht ihr das
mit mir? Wir sollen doch alle gleich behandelt werden, alles das Gleiche essen. Ich will nichts Besseres als ihr, warum aber behandelt ihr
mich schlechter?« Von da an sei es langsam wieder besser geworden,
und Fei Guomao fand seinen Platz in der erwachenden Volksrepublik
China.

Ein Tüftler war er schon damals. Radios baute er selbst, was auch
ein Verbrechen war: Radios hätten den verbotenen Kontakt mit Taiwan
ermöglichen können. Keyboards baute er sich ebenfalls, und er spielte
vergnügt. Mit seinen Kameras war er zugange, nächtelang entwickelte
er die Filme. Und eine Puppe bastelte er für die Tochter, inklusive des
Leberflecks, den die Tochter auf der Wange hat.

Wir fragen nach der Ehefrau. Kein Wort fiel bislang über sie. Was
also ist passiert?

»Papa, erinnerst du dich an Mamas Namen?«, fragt die Tochter.

Fei Guomao hält den Zeigefinger in die Luft und denkt nach. »Es ist
zu lange her«, sagt er.

Die Tochter hilft: »Yang Huixian war Mamas Name.«

Fei Guomao saugt an seinem Strohhalm und wirkt ungerührt. »Ja«,
sagt er, »es ist wirklich lange her.« Denn Yang Huixian wurde nur
56 Jahre alt, sie starb vor über vier Jahrzehnten an den Folgen eines
Schlaganfalls. »Papa war fast 60 Jahre alt, er nahm auch das sehr tapfer«, sagt die Tochter.

Andere Zeiten … natürlich auch in China. Ehemann und Ehefrau
waren von den Eltern ausgewählt worden. So etwas war nicht automatisch unromantisch, das nicht: Auch im gestrengen China hätten die
Menschen sich immer schon Raum für Zartes, für Wildes, für die Liebe
geschaffen, sagt die Tochter. Aber meist ging es um anderes: Essen und
Kleidung, den Platz in der Gesellschaft, die Arbeit. Ganz selbstverständlich kam es darum so, dass die Partei Fei Guomao in den Nordos-
ten schickte, wo er die Atomstadt bauen sollte, was er nicht einmal der

eigenen Ehefrau sagen durfte. »Es betrifft die Arbeit«, mehr erzählte er nicht. Und 22 Jahre lang kam er einmal im Jahr für zwanzig Tage nach Hause – was für eine Ehe, was für eine Familie, was für eine Vaterschaft kann es also gewesen sein?

»Die Familie hatte eine Mutter. Papa kam manchmal zu Besuch«, sagt die Tochter.

Sie zeigt dann Fotos, schwarz-weiße von damals, gut sah der Vater aus, mit vollem, kurz geschnittenem Haar und selbstsicherem Blick; jüngere Fotos auch aus den letzten Jahren, der Vater im Park, der Vater beim Basteln; und ein paar aus den letzten Jahren: Der Vater, der nackt zu schlafen pflegt, hat sich nämlich angewöhnt, mitten in der Nacht aufzustehen und zu basteln – und so schraubt er dann gänzlich unbekleidet hier und dort herum, und manchmal schiebt er den Kühlschrank durchs Zimmer, und das alles können wir deshalb sehen, weil die Tochter sich um ihren alternden Vater sorgt und eine Überwachungskamera an die Zimmerdecke geschraubt hat.

Als Vorzeichen des Endes, womöglich als Andeutung von Demenz, hatte die Tochter diese seltsamen Nächte zunächst gedeutet. Als Redakteurin einer Firmenzeitschrift hatte sie gearbeitet, also kündigte sie und blieb daheim, um sich um den Vater zu kümmern. Aber er lebte und lebte einfach weiter und sagte ihr: »Du musst auch leben. Geh auf Reisen.« Und sie entdeckte Dubai, Casablanca, die Bahamas und reiste durch Europa, und als sie zurückkam, trank ihr Papa seine Cola und freute sich, dass die Tochter wieder da war.

»Mein Papa«, sagt sie, »stoppen kann ihn niemand.«

Wer reisend in Chinas größten Großstädten unterwegs ist, in Shanghai oder Peking, ahnt schnell, dass dies eigentlich keine Orte für alte Menschen sein können. Das Tempo so enorm. Der Lärm auch. Die technische Entwicklung ist rasant, Technologie bestimmt das Leben, den Alltag, die Kommunikation, die gesamte Gesellschaft. Wer in Chinas Großstädten gestern modern war und schlafen ging, kann heute als Mensch von gestern aufwachen, als Mensch mit einem aus der Mode gekommenen Beruf und veralteten Ansichten.

Alle hier machen alles mit dem Mobiltelefon, Kommunikation und Navigation sowieso, aber auch das Einkaufen, jegliches Bezahlen; und das Teilen von Rechnungen im Restaurant funktioniert längst über die App. Firmen kommen und gehen, und wer nicht mitrennt, wird vergessen und weggeräumt.

Klaus ist im Dezember 2018 mit dem Bergedorfer Gesprächskreis der Hamburger Körber-Stiftung nach Peking gereist; zwei Tage lang wird im Capital Museum, einem rund 40 Meter hohen Riesensaal, unheizbar eiskalt, die veränderte Weltordnung diskutiert, die chinesisch-europäischen Beziehungen, vor allem: China, die neue Weltmacht.

»Wir sollten nicht die Gewohnheit entwickeln, uns bei jedem Sturm in den Hafen zurückzuziehen. Denn dann erreichen wir nie die andere Seite des Ozeans.« Das hat Xi Jinping gesagt, der Staatschef. Es ist die chinesische Art, das neue offensive Denken in sanfte Sprachbilder zu kleiden. Niemals würde China sich »Weltmacht« nennen, niemals zugeben, längst in ein Duell mit den USA eingestiegen zu sein. China ist im strategischen Sinne sehr, sehr viel effizienter, kühler, schlauer – überlegen also.

Ach, und welche Fehler hat der Westen gemacht.

Wir im Westen dachten ja wirklich, und es ist gar nicht so lange her, dass Kapitalismus nur in Demokratien gelingen könne, dass also in China die Demokratie dem wirtschaftlichen Wandel folgen würde, folgen müsse. Der amerikanische Präsident Bill Clinton machte Witze darüber, dass die Kommunistische Partei Chinas allen Ernstes glaube, das Internet kontrollieren zu können. Das Internet, hihi.

Welche Irrtümer – im Westen.

Vor 40 Jahren hat sich China zaghaft dem Westen geöffnet, aber das ist vorbei: »Die Amerikaner wollen einen Konflikt – und die Chinesen fühlen sich so stark, dass sie einem Konflikt nicht mehr ausweichen«, sagt Bundespräsident Frank-Walter Steinmeier und diagnostiziert »wachsende Nähe und bleibende Fremdheit«. Im hitzig und immer hitziger werdenden Duell der Weltmächte könne hoffentlich das gute, alte Europa seine Rolle finden und moderieren und deeskalieren.

Und in der Großen Halle des Volkes treffen wir Yang Xiaodu, Mitglied des Politbüros, zuständig für die Bekämpfung der Korruption, der 20 Minuten lang davon schwärmt, dass China einzig wolle, dass »alle Menschen überall auf der Welt ein besseres Leben« führten; und der dann sagt, »dass die Menschen Chinas sich wünschen, dass Xi Jinping möglichst lange dienen kann, um noch mehr Probleme zu lösen«, denn »was wir in China am allermeisten fürchten, ist Chaos«.

Hier im Zentrum Pekings fahren wir weiter zu einem, der sein Leben dem Kampf für die chinesische Ordnung gewidmet hat, die meisten seiner 101 Jahre. Sun Xinmin, Bauernsohn, wurde 1917 in Feicheng in der Provinz Shandong geboren, rund 600 Kilometer entfernt an der chinesischen Ostküste, am Unterlauf des Gelben Flusses. In den dreißiger Jahren trat er einem Lesekreis bei, den die Kommunistische Partei in jener Grundschule organisiert hatte, in der Sun Xinmin unterrichtete; 1937 begann er gegen die Japaner zu kämpfen; 1938 wurde er Parteimitglied. Und seither war Sun Xinmin getreuer Soldat der Volksrepublik China.

Er trägt eine blaue Mütze, eine blaue Jacke, blaue Hosen. Das erste Zimmer links hinter dem Eingang ist das Besucherzimmer, hier stehen die Sessel, hier hängen die Kriegsfotos, die Urkunden. Sun Xinmin, 1,68 Meter klein, stützt sich auf seinen Gehstock, aber es gehe ihm gut, sagt er, »ich bin bester Stimmung, ich habe etwas zu tun. Ich erzähle vom Krieg, und meine Besucher mögen das«.

Ein Medienprofi also. Und ja, er war leicht zu finden. 761 Hundertjährige wurden laut Parteistatistik 2017 in Peking gezählt, und nicht bei allen, die nun, Ende Dezember 2018, in der Hauptstadt leben, sind Besucher aus Deutschland erwünscht. Sun Xinmin aber lächelt uns an. Möchte vom Krieg erzählen. Wir fragen lieber nach seinem Geheimnis: Wie wird man in einer ungesunden Stadt wie dieser 100 Jahre alt?

»Ich habe nie geraucht. Nie getrunken. Selbst auf den Schlachtfeldern, wenn Zigaretten verteilt wurden, habe ich nie zugegriffen«, sagt er, und dann: »Die richtigen Kriege für die richtige Sache auszutragen lässt dich hundert Jahre alt werden.«

Sun Haiying, 60 Jahre alt, die Tochter, sagt: »Und er trinkt seit seinem 60. Geburtstag gesunde Gemüsesuppen. Mit Soja und Sesam.« Zum Erfolgsgeheimnis gehörten außerdem: ein nahrhaftes Frühstück (ein Ei, Milch, Haferflocken, Brot, wenig Fleisch) und nur eine weitere Mahlzeit, nämlich ein frühes Abendessen, zwischendurch ein wenig Obst; sowie das tägliche Fußbad in heißem Wasser mit Pfeffer und Ingwer; sowie die Lektüre dreier Zeitungen, die den Papa geistig wachhalte. Krank war der Papa nie. Mit 90 Jahren musste der Blinddarm raus. Der Blutdruck ist leicht erhöht. Die Augen schwächeln und machen das Lesen schwer. Aber das ist doch alles nichts, sagt der Vater, »ich lebe, ich will ja leben«.

Und hier scheint's auch in der Familie zu liegen: Sechs der sieben – allerdings jüngeren – Geschwister leben noch, die Mutter wurde 95, die Großmutter sogar 99 und vermutlich sehr, sehr viel älter – jahrelang erzählte diese Großmutter ihren Enkeln, dass sie 99 sei, weil sie nämlich abergläubisch war und fürchtete, dass der Himmel denke, mit 100 würde es genug sein.

Sun Xinmin wirkt vergnügt, als wir ihn immer noch nicht nach dem Krieg, sondern lieber nach der Kindheit fragen. Er berichtet von den Bergen im fernen Shandong, der kleinen Schule im Dorf, den Feldern, auf denen die Familie Mais, Weizen und Sojabohnen anbaute, auch Pfirsiche, von denen die saftigsten für die Parteisekretäre zur Seite gelegt wurden. Viele Menschen hungerten damals, und auch für seine Familie war es hart; Pfannkuchen, zumindest Süßkartoffeln, im schlimmsten Falle die getrockneten Schalen der Süßkartoffeln gab es jedoch immer. Und schließlich verkaufte die Mutter einige Hektar Land, um ihren Ältesten zur höheren Schule und weiter zur Universität schicken zu können.

Grundschullehrer wurde er zunächst. Dann kam die Invasion der Japaner, und dieses Leben hatte seine Bestimmung, seine heilige Berufung gefunden.

Es war eine historisch aufgeladene Auseinandersetzung. Es hatte ja bereits den Ersten Japanisch-Chinesischen Krieg gegeben, zwischen August 1894 und April 1895, um den politischen Status Koreas war es seinerzeit gegangen, und in Seoul und Pjöngjang hatte die kaiserliche japanische Armee mit ihrer bereits modernen Infanterie das noch etwas gestrige China besiegt und viele, viele chinesische Schiffe versenkt. Taiwan wurde japanische Kolonie, Korea wurde unabhängig.

Nun, im Juli 1937, marschierten die Japaner in China ein. Ein Zermürbungskrieg, mit endlosen Schlachten, oft Mann gegen Mann. Aber am 7. Dezember 1941 griff Japan viele tausend Kilometer entfernt Pearl Harbor an, wodurch die USA in den Zweiten Weltkrieg eintraten, was alle Gewichte verschob. Erst mit dem Abwurf ihrer Atombomben auf Hiroshima und Nagasaki entschieden und beendeten die USA den Krieg; mit dem Vertrag von Nanjing kapitulierten die japanischen Truppen in China am 9. September 1945. »Antijapanischer Krieg« oder auch »Krieg des Widerstands«, so heißt die Auseinandersetzung, die zum Sinn des Lebens des Sun Xinmin wurde.

Steht auf!

Beschützt das Mutterland!

Haltet die Japaner aus unserem China heraus!

Das waren die Rufe jener Zeit, und in den Büchern, die Sun Xinmin gelesen hatte, starben chinesische Helden für glorreiche Aufgaben. So wollte er sein, so wollte er auch leben und sterben, »wir alle haben damit gerechnet, mit dem Tod«, sagt er.

Und er erzählt vom ersten Kampf, in Fai Chang, das heißt: Eigentlich war es noch kein Kampf. Sie sollten chinesische Verräter festsetzen und kletterten mitten in der Nacht in deren Quartier – alle Verräter schliefen, es fiel kein einziger Schuss.

Er erzählt von seinem Gewehr, *Jin Lian Deng*: Ein schweres Gewehr war es, es schoss sehr weit, aber vom Tragen schmerzte die Schulter.

Er erzählt von den Schlachten, »über 100 Schlachten«, vor allem von den Schlachten von Chenxinzhuang und Huishanhu, denn zweimal wurde er dort verletzt. Die erste Kugel traf ihn in der linken Hüfte, ein Durchschuss; die zweite im rechten Oberschenkel, wieder ohne Knochenbruch. Es waren die Japaner, natürlich, und Sun Xinmins Aufgabe und die Aufgabe seiner Einheit war es, einen Pass zu sichern, auf dem Mao persönlich zu reisen plante.

Dandan, unsere Übersetzerin, sagt: »Sie sind ein sehr tapferer Mann.«

Sun Xinmin lächelt.

Er war zu jener Zeit Offizier, es war also seine Einheit. Bei einer Schlacht sollten seine Leute den Abzug einer wichtigen und an irgendeinem anderen Ort dringend benötigten Einheit von 800 Mann sichern. Hinterfragte er solche Befehle? Fand er sie unsinnig?

»Es war der Auftrag«, sagt er.

Er hatte 46 Soldaten mit Gewehren, die Japaner hatten drei Panzer und drei Kanonen und Tränengas. 24 Stunden dauerte diese, die längste Schlacht seines Lebens. Sämtliche 46 Mann führte er hinein, acht kamen wieder heraus. Sie betteten die 38 Kameraden in einem Massengrab, und in all den Jahrzehnten danach stritt Sun Xinmin darum, dass dort ein Stein errichtet werde; und er stritt für die Anerkennung all jener Kameraden, die in den vielen Kriegen geblieben waren.

Er hat jetzt Tränen in den Augen. Dieses Gespräch oder dieser Teil des Gesprächs, so scheint es, ist keine Routine für ihn. »Damals konnte ich nicht einmal die Familien benachrichtigen, ich hatte keine Adressen, mitunter nicht einmal die vollen Namen«, sagt er.

Wir schweigen. Essen Bananen. Trinken Tee.

Seine Tochter spricht als erste wieder: »Darum ist er heute so glücklich. Ich glaube ja, dass er darum so alt geworden ist. Papa weiß, wie kostbar das Leben ist. Er ist froh, dass er leben darf.«

»Und ich habe eine Aufgabe im Auftrag aller anderen«, sagt er: »Ich jage die Autoritäten. Damit die Toten nicht vergessen werden.«

1946 die Hochzeit. Zhang Fang war Soldatin, Abteilung Propaganda, die beiden Liebenden stellten den Antrag, heiraten zu dürfen, und versprachen, weiter für die Revolution zu streiten.

Stattgegeben.

Die Tochter wurde geboren. Und die Familie wurde nach Peking befohlen, die Arbeit wurde bürokratischer, was dem Alter entsprach. Sun Xinmin arbeitete in der Zentralen Kommission für die Inspektion der Disziplin, dann für das Projekt »Wassertransfer von Süd nach Nord«. Und seit er 1983 in Rente ging, stritt er für die Friedhöfe und die Denkmäler der Schlachten von Chenxinzhuang und Huishanhu.

Seine Ehefrau starb 2004 nach einer Lungeninfektion. »Eine starke, eine disziplinierte Frau«, sagt die Tochter, »Mama hatte das Sagen. Papa ist gewiss ausgeglichener.«

Wir stehen schon, wir setzen uns wieder, da wir doch noch nach seinen Fehlern fragen. Wenn er auf dieses chinesische Jahrhundert, auf seine 101 Jahre zurückblickt: Was bedauert er dann?

Und Sun Xinmin überlegt. Schweigt. Und dann erzählt er. Von diesem einen Moment, den er wirklich gern rückgängig machen würde, den er mehr bedauert als alles andere – so jedenfalls sagt er es.

»Es war nach einer Schlacht. Eine Gruppe Japaner ergab sich. Wir waren zwei chinesische Einheiten. Beide Einheiten wollten nun natürlich die Waffen der Japaner haben. Und ich habe nicht gut verhandelt. Ich war gehemmt. Ich habe nicht gekämpft. Irgendwie … ich konnte nichts tun. Die andere Einheit nahm sich sämtliche Waffen, und wir sahen einfach zu. Bis zum heutigen Tag denke ich, dass ich es ganz anders hätte angehen müssen.«

Jetzt ist der Soldat müde.

Die Weisheit des Alters, XVIII.

»Schlafe dann, wenn du müde bist, arbeite dann, wenn
du willst, und iss, aber nicht zu viel. Egal ob es Nacht oder Tag ist.
Schildkröten werden 1000 Jahre alt, weil sie dem Körper in kleinen
Portionen immer das geben, was der Körper gerade braucht.
Lern von den Schildkröten!«

Fei Guomao

Rogers Reise, X.

Peggy und Andy stehen an der Tür, als Samiha aus dem Fahrstuhl steigt, es ist wie immer, und wie immer springt Andy an ihr hoch, aber ausnahmsweise ist es Roger, der besonders aufgeregt ist.

Samiha erzählt:

»Come in, quick, come in!«, ruft er aus dem Flur, und als ich hereinkomme, noch im Mantel, führt er mich schnell ins Wohnzimmer. Da steht ein fast zimmerhoher, fast perfekt symmetrischer Weihnachtsbaum, noch ungeschmückt. Roger, 98 Jahre alt, ist nun ein stolzer Junge: »Den haben wir heute geholt.«

Sie holen den Baum immer am selben Ort, Lexington Avenue und 88th Street, da verkauft ein Schwede Weihnachtsbäume. Der Schwede sei immer nur in der Vorweihnachtszeit in New York City, um eben seine Christbäume zu verkaufen, sagt Roger, und diese Bäume kämen normalerweise aus Kanada, aber in diesem Jahr seien sie wegen des kanadischen Wetters – zu viel Schnee – aus Pennsylvania hergebracht worden. Er habe den Schweden mit einem schwedischen Lied beeindruckt, erzählt Roger.

Peggy habe gedacht, ihr Ehemann gebe nur an, aber der Schwede sei ernsthaft beglückt gewesen. Roger beginnt zu singen. Dann grinst er: »Das heißt, Weihnachten geht bis Ostern, und Ostern bis Weihnachten.«

Peggy kommt dazu und nimmt mir den Mantel ab, und sie bringt Drinks, Käse und Cracker und Oliven, wie immer halt. Roger trinkt

Scotch auf Eis, ich bekomme ein Ginger Ale, Peggy trinkt Weißwein. Sie bestreicht Cracker mit Käse und reicht sie Roger. Alles wie einstudiert, jeder Handgriff.

Er möge Weihnachten, sagt Roger, aber in diesem Jahr könne er wegen seiner fast vollständigen Blindheit jene Dinge nicht mehr tun, die er immer so gern getan habe. All diese Rituale: den Baum schmücken, Weihnachtskärtchen aussuchen und schreiben, Geschenke besorgen ... und früher habe er natürlich jede Menge Geschenke besorgt, für die Kinder und Enkel.

Religiös ist er nicht, Weihnachten ist für ihn einfach ein schönes Fest. Seit er mit Peggy zusammen ist, laden sie jedes Jahr Freunde zu einem Weihnachtsdinner ein, die meisten Freunde sind jüdisch. Emma wird auch kommen, Peggys Tochter. Peggy sagt, in den USA sei es Tradition, dass man am Morgen die Geschenke auspacke, mit den Kindern, und dann gebe es gegen 14 Uhr ein großes Essen mit der Familie.

Roger ist alles zugleich: aufgekratzt und munter, erzählfreudig, deprimiert. Wegen der Augen. Er werde schon noch behandelt, sagt er, irgendwelche Injektionen würden ihm verabreicht, aber nichts helfe. Es sei nichts zu machen, die Augen seien im letzten Stadium der Makuladegeneration.

Schmal ist er, geradezu zerbrechlich, wenn man ihn umarmt. Manchmal nimmt er die Baseballkappe kurz ab und streicht sich über den feiner werdenden Haarkranz. Er will alles noch – will am Gespräch teilnehmen, will unterhaltsam sein, will Neues erfahren. Aber es wird nicht leichter.

Im Sommer hatten wir ihm und Peggy gezeigt, wie sie Podcasts auf dem iPad abspielen können, aber sie haben es vergessen. Ich zeige es ihnen nochmals, und sie sind – wieder – begeistert. Roger hält sich das iPad an die Nasenspitze, um die Podcast-App zu finden. Er versucht, sich einzuprägen, wo auf dem Bildschirm sie ist, will genau wissen, wo sich welcher Podcast verbirgt, damit er ihn anklicken kann. Ich habe ihm mehrere »New Yorker«-Podcasts abonniert, *Fiction*, *The Writer's Voice*, *Politics and More* und *The New Yorker Radio Hour* mit David Remnick, dem Chefredakteur, außerdem *»The Daily«* von der »New

Roger Angell: »Ich habe zu lange gelebt.«

York Times« und eine Nachrichtensendung von NPR. »Wundervoll«, sagt Roger, »mein Leben wird sich verändern.«

Peggy möchte vor dem Fernseher essen und die Nachrichten schauen, *PBS News Hour.* Sie hat Hühnersuppe gekocht, dazu gibt es *cornbread.* Im Fernsehen fordert der einstige FBI-Chef James Comey die Republikaner auf, sich Trump entgegenzustellen: »Einst verstanden die Republikaner, dass die Handlungen eines Präsidenten Konsequenzen haben.« »Bravo!«, ruft Roger und klatscht in die Hände. Er folgt den Nachrichten konzentriert, in seinem Sessel ganz nahe vor dem Bildschirm, seine Hörgeräte pfeifen leise. Dabei isst er die Suppe.

»In dem Jahr, in dem Roger hundert wird, sind die Präsidentschaftswahlen«, sagt Peggy. »Dann wird Trump hoffentlich endlich abgewählt.«

Roger sagt: »Zwei Meilensteine.«

Andy springt auf die Couch und kuschelt sich an mich. »Andy verliebt sich gerade«, sagt Peggy. Auch Andy wird älter, er ist jetzt acht Jahre alt und hin und wieder etwas hüftsteif. Nach dem Essen darf er die Suppenteller ausschlabbern.

Peggy möchte vor Weihnachten noch ihre Schwester besuchen, die in Virginia in einem Pflegeheim lebt, aber sie hat niemanden, der in dieser Zeit auf Roger aufpassen kann. Ich biete an, dass wir einspringen können.

Später sprechen wir über Alice, Rogers 67-jährige Tochter, die an Krebs erkrankt ist. Es geht ihr etwas besser, aber es war eine heftige Operation, und wahrscheinlich wird Alice Chemotherapie und Bestrahlung brauchen. Roger macht sich Sorgen, weil sie so phlegmatisch wirkt: Alice sei seit langem übergewichtig und bewege sich wenig, sie lese auch kaum. »Sie hat wenig, was sie anregt«, sagt Roger, es klingt traurig. Durch die Krankheit habe Alice nun viel Gewicht verloren, fährt er fort, aber sie sei vorher schon kraftlos gewesen und sei es jetzt umso mehr. Ihr Exmann, mit dem sie seit der Scheidung vor etwa 15 Jahren ein freundschaftliches Verhältnis gehabt habe, sei im vergangenen Jahr gestorben. Ihre beiden Töchter kümmerten sich liebevoll um sie, aber sie hätten ja ein eigenes Leben. Alice sitze eigentlich die meiste Zeit daheim, erzählt Roger, er glaube nicht, dass sie viele Freunde habe. Es klingt ganz schön trostlos. Peggy nickt.

»Wir haben im Grunde keine konkrete Vorstellung von ihrem Leben«, sagt Peggy. Einmal sei sie mit Laura, Alices Tochter, spazieren gegangen, und Laura habe sie angeschaut und gesagt: »Ich kann gar nicht glauben, wie schnell du gehen kannst.« Peggy ist nur drei Jahre älter als Rogers Tochter.

In dieser Familie scheinen alle einander dabei zu beobachten, wie sie alt werden. Was gäbe er dafür, wenn er noch lesen könnte, lesen und schreiben, so wie früher, das sagt Roger. Es sei wirklich schrecklich, nichts zu tun zu haben, das sagt Peggy, das Dasein als Rentnerin zermürbe sie. Aber mit Ende 60 fühlte sie sich zu alt, um noch Zehntklässler zu unterrichten. Und wer hätte sie in ihrem anderen Beruf, als Redakteurin, noch eingestellt?

Sie hoffe, dass wir sie einbinden würden, wenn »Meatball« da sei, sie wolle uns helfen, so gut sie könne. Sie freue sich schon darauf, ihn zu hüten.

»Meatball« ist der amerikanische Arbeitstitel für unseren Sohn. In Deutschland haben wir ihn während der ersten Schwangerschaftsmonate »Klops« genannt, weil er von Anfang an, nun ja, recht groß war. Er hieß schon Klops, bevor wir wussten, dass er ein Junge ist – weil er sich auf den Ultraschallbildern so breit machte, so entspannt im Bauch zu hängen schien wie in einer Hängematte, und so entstand in unserer Phantasie die Klops-Persönlichkeit: ein cooler, stolzer Junge eben. Wie er wohl im wirklichen Leben sein wird? Und welchen Namen sollen wir ihm bloß geben?

»Roger«, schlägt Roger vor, »oder Sir Roger.«

Sir Roger II., geboren knappe hundert Jahre nach Roger I.?

Es ist nicht absurd, sich vorzustellen, dass unser Kind das Jahr 2100 erleben wird. Wie wird die Erde aussehen, welche Krisen wird es geben, was wird aus dem Klimawandel geworden sein, was aus der Demokratie? Und der EU? Wird es noch Smartphones geben? Wir sprechen über die vielen, die rasanten Veränderungen in Rogers Jahrhundert – in welcher Welt wird unser Sohn leben, wenn irgendwann sein Leben – hoffentlich milde, hoffentlich spät – endet?

Ich bin nun in der 31. Schwangerschaftswoche und sitze mit einem ziemlich dicken Bauch auf der Couch. Peggy und Roger wissen schon seit dem Sommer, dass wir ein Kind bekommen, sie wussten es noch vor unseren Eltern und Klaus' Tochter. Wir haben sie ja in Maine besucht, als wir dort segeln waren, ich war etwa in der zehnten oder elften Woche schwanger. Der Bauch war noch dezent, es war so früh, dass wir niemandem davon erzählt hatten. Aber Peggy schaute mir in die Augen und fragte: »Bist du schwanger?«

Peggy möchte eine amerikanische Ersatz-Oma sein. Sie gebe sich ja alle Mühe, ihre 29-jährige Tochter nicht unter Druck zu setzen, sagt sie, aber sie hätte so furchtbar gerne Enkel. Auch Roger freute sich über die Nachricht: »*Wonderful news*«, sagte er immer wieder, »*it's really wonderful.*« Er umarmt mich etwas fester, seit er es weiß.

Unsere Gespräche landen nun öfter bei seinen Kindern und Enkeln. Seine erste Frau war Diabetikerin und hat deshalb beide Töchter per Kaiserschnitt zur Welt gebracht. Das sei schon damals völlig unproblematisch gewesen, sagt er, als ich erzähle, dass ich aus medizinischen Gründen einen Kaiserschnitt benötigen werde. Mit Carol, seiner zweiten Frau, adoptierte er später noch einen Sohn. Von dessen neunjähriger Tochter, seiner Enkelin also, erzählt er, dass sie künstlerisch begabt sei, ein kreatives Kind, das gerne male und Geschichten liebe. Er ist stolz auf sie. Vielleicht erkennt er sich selbst in ihr?

Und wie fühlt es sich an, Großvater und sogar Urgroßvater zu sein? Ist es vor allem ein Geschenk, oder ist es auch ein bisschen traurig? Beginnendes Leben zu sehen, während das eigene zu Ende geht? Diese Fragen würde ich ihm gerne noch stellen, im richtigen Moment, und der ist heute verstrichen. Roger ist müde geworden.

Zum Abschied überreicht Peggy mir eine große Tüte mit bunt eingepackten Geschenken, die wir am Weihnachtsmorgen auspacken sollten. »Es ist nichts für euch«, sagt sie, »alles nur für Meatball.«

Wenige Tage später ist es so weit. Weihnachten, der 25. Dezember; bei Roger und Peggy in der Madison Avenue sind zwölf Freunde zu Gast, auch Peggys Tochter Emma ist da. Roger, im grünen Pullover, passt bestens zum Christbaum, aber er leidet noch immer darunter, dass er nicht mitmischen konnte. Nichts einkaufen, nichts verpacken, nichts schmücken.

Peggy hat ihm den Teller gefüllt, Kartoffelpüree, Truthahn, Bohnen, Roger sitzt am Tischende, hält eine kurze Begrüßungsrede, *»merry Christmas, my friends«*. Aber dann ist es ihm zu laut, es geht zu sehr durcheinander, und er fügt sich gut ein: Er verabschiedet sich nicht von dieser Party, steigt nicht aus, er verkleinert stattdessen seine Welt auf jenes Maß, mit dem er noch zurechtkommt, redet mit seinen direkten Sitznachbarn, fragt Klaus nach China, erzählt Geschichten, streichelt Andy, der um den Tisch herumscharwenzelt, Andy, den ersten seiner vielen Hunde übrigens, der auf Sesseln und Couches liegen darf, was Peggy durchgesetzt hat.

Hattest du eigentlich immer schon Hunde, Roger?

Die erste Geschichte: »Ich war fünf Jahre alt, als ich meinen ersten Hund bekam. Ich stand am Ufer des Hudson, und meine Tante kam mit einem Boot und hatte meinen neuen Hund an Bord. Es gibt ja diese wenigen Momente im Leben, in denen man das Glück gar nicht aushalten kann.« Tunney hieß der Hund dann, benannt nach einem Preisboxer aus Boston.

Die zweite Geschichte: »Sehr viel später war ich mit meiner Frau Carol auf dieser französischen Karibik-Insel, wie heißt sie noch? Wo Flugzeuge kaum landen und starten können, weil die Startbahn zwischen steile Felswände gepresst wurde – überall stehen die Kreuze für die, die es nicht geschafft haben. Wie heißt die Insel? Ach ja, St. Barth. Und dort liefen Carol und ich am Strand entlang und entdeckten, dass eigentlich alle Frauen nackt waren. Musste man nackt sein? Keine Ahnung. Jedenfalls kam eine vielleicht 60-jährige Frau auf uns zu, nackt natürlich, und an der Leine hatten sie einen Foxterrier. Welche Eleganz! Welche Schönheit! Was für ein Paar! Seitdem habe ich Foxterrier.«

Frohe Weihnachten, Roger.

Es sind stille, sentimentale Tage in diesem New Yorker Winter. Die Stadt ist leer, für ihre Verhältnisse leise, die sonstige Hektik fehlt. Peggy ist nach dem Festessen verreist: Familienbesuche. Wir leisten Roger Gesellschaft, essen mit ihm, gehen mit ihm und dem Hund einmal um den Block.

Roger denkt zurück, wir reden über die Präsidenten, die er erlebte.

FDR, der übergroße Roosevelt, Präsident von 1933 bis 1945, »symbolisiert meine stärkste politische Erfahrung«, sagt er. »Ich war zwölf Jahre alt, als FDR gewählt wurde. Ich kann mich an seine Reden erinnern: so energisch, hoffnungsfroh, leidenschaftlich. Als Junge und als junger Mann glaubte ich wirklich, dass Politik funktioniert. Dass sie das Gute will und es erreicht. Dass Dinge klappen.«

Damals, während der Kriegsjahre, waren 16 Millionen Amerikaner bei den Streitkräften, und das ganze Land wirkte geeint im Kampf für dieselbe Sache. Ein Mythos, bis heute, diese goldene Generation – Rogers Generation. Und was ist aus diesem amerikanischen Gefühl, diesem Gemeinsinn nur geworden?

Er sei dann auch ein Anhänger Henry Trumans gewesen, der von 1945 bis 1953 regierte, sagt Roger. »Truman war menschlich. Bewundernswert. Ein normaler Mensch. Ich habe sein Haus in der Nähe von Kansas City besucht, da stand der Stuhl, in dem Beth, seine Witwe, gesessen und sich ihre Pferderennen angesehen hatte. Und ich war gerührt.«

John F. Kennedy war gleichfalls okay. »Eloquent, elegant, es schien ein edles Land zu sein«, sagt Roger.

1968 unterstützte der Journalist Roger Angell den Kandidaten Gene McCarthy, »weil ich dachte, er wolle keine Macht um der Macht willen. Er war dann leider wirklich ganz und gar nicht an Macht interessiert. Chancenlos gegen Nixon.« Den Roger verachtete.

Es kam das dunkle Jahr: 1968. Eingebrannt in die Geschichte, in den USA aber ganz anders als in Deutschland. Martin Luther King wurde ermordet. Robert Kennedy wurde ermordet. Es gab die Ausschreitungen in Detroit und Los Angeles. Amerika lernte sich selbst zu hassen, wieder einmal, »vielleicht war das ja der wahre Anfang von Trump«, sagt Roger. »Und darum ist Robert Kennedy das große ›Was wäre, wenn …‹ unserer Geschichte. Er hatte ja wirklich eine Verbindung zu den Menschen, zu den Armen, alles in diesem Land hätte ganz und gar anders kommen können.«

Damals, 1968, trat dann Hubert Humphrey für die Demokraten gegen Nixon an. Carol ging zu einer Wahlkampfveranstaltung und gab Humphrey die Hand. Wie war die Hand, fragte Roger. Na ja, klein, weich, trocken, sagte Carol. Bist du sicher, dass es die Hand war, fragte Roger.

Wir könnten jetzt weitermachen, über Reagan und den ersten Bush, über Clinton und den zweiten Bush, über Obama und natürlich Trump reden, aber Roger ist nun schockiert: über die Politiker, mehr aber noch über sich selbst. Er flüstert es: »Ich habe so vieles vergessen, so vieles ist einfach nicht mehr scharf. Als politischer Journalist war ich all dem so nahe – und nun klickt mein Gehirn nicht mehr. Ich falle zurück, mein Interesse lässt nach, meine politischen Gefühle sind wie abgeschnitten. Ich bin enttäuscht von mir selbst, weil in meinem Kopf nichts mehr passiert.«

Wir kommen zu Familienthemen. Roger sagt, dass sein Halbbruder Christopher, New Yorker Anwalt, ihn bei der Arbeit an seinem Testament begleite; und er berichtet von Christophers Ehefrau, die seit 18 Jahren an der Nervenkrankheit ALS leide und inzwischen nur noch über die Augen, ein Blinzeln hier und dort, kommunizieren könne.

Der Bruder ist 24 Jahre jünger als Roger. Da war immer etwas Unentspanntes zwischen ihnen, ein wenig Rivalität, vielleicht sogar jahrelange Konkurrenz. Und dann kam Peggy, so erzählt es Roger, und habe die Familie geeint und alle versöhnt, »weil sie immer kommuniziert und auf konstruktivste Weise wütend ist«.

»Der unschätzbare Wert unserer Frauen«, sagt er, als wir in die Küche umziehen und dort Manicotti und Salat essen und, wie ja eigentlich immer, über die Wunderbarkeiten und die mit all den Jahrzehnten tiefer und tiefer werdenden Abgründe von Familien sprechen. Roger berichtet von der Adoption seines Sohns John-Henry, der bis heute, also bis weit jenseits der Fünfzig, unter dieser Adoption leide. »Er spricht kaum darüber. Er will wenig wissen, nichts über seine leiblichen Eltern. Aber es ist offensichtlich, dass es ihn quält. Er ist wütend deswegen, nicht entspannt, es ist Folter für ihn.« John-Henry wurde Computer-Graphiker in einer Zeit, als die Computer für die Erstellung von Graphiken noch Menschen benötigten; und heute arbeitet er kaum noch, kümmert sich um die neunjährige Clara. John-Henry zog nach den Anschlägen des 11. September 2001 an die Westküste, nach Portland in Oregon, weil sein Ehefrau New York nicht mehr ertragen mochte. Alle drei, vier Tage telefoniert Roger mit seiner Tochter Alice und seinem Sohn John-Henry, und er sieht sie »nicht oft, nicht oft genug«, wie er sagt. Roger spricht das nicht aus, aber wir bekommen eine Ahnung davon, dass er bisweilen enttäuscht sein könnte von seinen Kindern.

Immer schon, sein Leben lang, habe er Vater sein wollen, sagt er. »Aber ich bin mir nicht sicher, ob ich auch ein guter Vater war. Ich liebe meine Kinder. Aber ich hätte viel mehr Zeit mit ihnen verbringen sollen, sehr viel mehr Zeit.« Und doch, er wolle sich nicht selbst verdammen, denn seien wir nicht immer auch das, was unsere eigenen Eltern aus uns gemacht hätten? »Und beide, meine Mutter und mein Vater, hatten nicht die geringste Ahnung davon, wie man Mutter oder Vater ist.«

Wir lachen, und immerhin … Roger lacht mit.

Aber nicht lange. Alice hat Krebs, und der Krebs hat sich auf die Lunge ausgedehnt. »Ich habe zu lange gelebt, wirklich, viel zu lange«, sagt Roger jetzt. »Ich möchte nicht jeden in meiner Familie überleben, ich will das wirklich nicht. So viele Menschen … Zwei tote Ehefrauen, eine tote Tochter … ich wünsche mir nicht, tot zu sein, aber es wäre vollkommen okay gewesen, vor zehn Jahren zu sterben.«

Nein, Peggy wäre damit nicht einverstanden. Wir wären auch nicht einverstanden.

»Oh, danke. Die Angst vor dem Tod ist ja nicht die Angst, in der Kiste zu liegen; sondern die Angst, plötzlich keinerlei Reaktionen mehr zu bekommen, nur noch Leere. Ich kenne diese Angst. Aber das alte Alter, also das wirklich, wirklich hohe Alter ist kein Geschenk mehr.«

In den Januartagen 2019 schreiben wir eben diesen Text auf. Redigieren ihn. Kürzen ihn. Fragen uns: Sollten wir, müssten wir Rogers Geschichte nicht kraftvoller beenden? Strahlend? Weil er doch so viel mehr darstellt als die Dunkelheit dieses Schlusses?

Aber nein, wir wollten ihn über all die Jahre begleiten, das war das Vorhaben, und hierhin hat uns die Wirklichkeit nun geführt.

Roger fährt mit Peggy nach Maine, denn die Nachrichten aus dem Norden sind nicht gut. Und am 2. Februar schreiben die beiden an ihre Freunde: »Alice ist heute morgen friedlich gestorben. Sie war in einem Hospiz in Portland, ihre beiden Töchter Lily und Laura waren an ihrer Seite, ebenso ihre Cousine und ihr Onkel. In Liebe, Roger und Peggy.«

Roger schläft in den Tagen danach nicht, isst nicht, wir fragen uns, wie er den Tod seiner zweiten Tochter aushalten kann. Aber wir fragen ihn nicht, wir sorgen uns um ihn.

Doch er gibt nicht auf, immer noch nicht. Als wir ihn wieder besuchen, ist er engagiert, wach. Roger erzählt, dass seine Tochter ihn sterbend überrascht habe: Ihr Freundeskreis sei groß und leidenschaftlich engagiert gewesen, er habe leider das eigene Kind unterschätzt. Und erst jetzt bemerke er, dass die Tochter für ihn, den Vater, die Verbindungen zu einem Teil seiner Familie gepflegt habe – zu jenem Zweig von Alices Mutter, Rogers erster Ehefrau.

»Plötzlich bin ich abgeschnitten«, sagt er.

Vielleicht, diesen Satz haben wir vor wenigen Monaten in Rogers Lebenszeitschrift, dem »New Yorker«, gefunden, vielleicht ist Trauer ja schierer Unglaube.

Die Heilkraft der Natur

NAKIJIN, OKINAWA

Sie ist genau 100 Jahre alt, und neulich kam sie zum ersten Mal in ein Krankenhaus, und dann wurde sie operiert. Sie kichert. Denn in ihrem Magen war eine Fischgräte entdeckt worden, eine riesige Gräte … Moment, sie steht auf, holt einen Plastikbeutel aus dem Regal, zeigt die Gräte, die wirklich sehr groß ist … und da also sagten die Ärzte, die Gräte müsse raus.

»Jetzt ist sie halt raus, und mir geht es so gut wie vorher«, sagt Kiyo Uema.

Wir sind jetzt im Norden Okinawas, im Dezember 2018, unsere Reise in die wundersame Welt der Alten und noch Älteren sollte hier zu Ende gehen, geht hier zu Ende. Kiyo Uema lebt mit ihren zwei Töchtern Rimiko, 62, und Keiko, 76, in einem Häuschen am Rande von Nakijin, eng und niedrig sind die Räume. Es gibt einen Wandkalender, Familienfotos, eine Wanduhr, einen Fernseher. Wir sitzen auf Matten auf dem Holzboden, barfuß. Die Töchter bringen Früchte, Tee, Gebäck. Die Mutter trägt ein grünes Polohemd, grüne Hosen, links einen Ehering, und die Haare hat sie streng zurückgekämmt.

100 Jahre alt zu sein, sagt sie, »ist ganz normal. Ich habe immer getan, was ich wollte. Nichts anderes. Vermutlich war es gesund«. Sie macht eine Kunstpause. Und sagt: »Heute aber stoppen sie mich.«

Sie meint die Töchter, denn dies ist das große Thema hier: Was kann die Mutter leisten, was schafft sie noch allein? Sie möchte in den Garten, täglich, eigentlich immer, und der Garten liegt direkt hinterm

Kiyo Uema: »Ich rauche drei Zigaretten am Tag.«

Haus, sattgrün, wunderbunt. Es tut der Mutter gut, dort zu säen, zu harken, zu beschneiden, zu ernten. Aber sie ist auch schon gestürzt, mehrfach. Also bremsen die Töchter, während die Mutter drängelt.

Kiyo Uema stammt aus Mofobu, das ist der Nachbarort von Nakijin. Sie hat ihr Leben auf Okinawa verbracht, abgesehen nur von drei Jahren: Als sie 20 Jahre alt war, ging sie nach Kyoto, nähte dort Kleider. Als sie 23 war, kehrte sie zurück, ging in die Hauptstadt Okinawas, Naha, begegnete dort dem Taxifahrer Kyuuzin, der ihr Ehemann wurde. Und wenn heute, so viele Jahre danach, die Erzählung dieser Liebesgeschichte nicht geschönt ist, wenn nicht all das andere, das Trübe, ausgeblendet ist, dann war es eine Liebe, die eins wurde mit der Natur, dem Pazifischen Ozean und den Regenwäldern auf Okinawa; dann war das alles ein großes Glück, das niemals hätte enden dürfen.

Sie liebte das Land. Er liebte das Meer. Sie bauten Gemüse und Obst an, und sie streiften durch die Wälder. Sie bauten ein Boot, es steht nun hinter dem Haus in der Garage, und mit dem Boot fuhren sie hinaus, fischten, entdeckten die Buchten Okinawas. Sie grillten über offenen Feuern in fernen Buchten. Sie zelteten in den Bergen Okinawas, sie feierten Feste, sie machten Urlaub in Yokohama, der zweitgrößten Stadt Japans; an Chinatown erinnert Kiyo Uema sich besonders gern.

Das Wort Urlaub hört man so gut wie nie auf Okinawa.

»Es war viel Arbeit, wir lebten sehr gut«, sagt sie. Noch so ein Wort, das man hier nicht hört, ist »genießen«. Kiyo Uema spricht es aus: »Ich rauche drei Zigaretten am Tag. Oh, ich habe es früher genossen, und ich genieße es immer noch.«

Kyuuzin war ein sparsamer Mann. Sie bauten dieses Haus selbst, 50 Jahre ist das her, und pflegten es. Er wurde 93.

Und sie lebt weiter und sagt, sie sei neugierig geblieben. Morgens um sieben liest sie die Zeitung, und noch im Bett macht sie ihre Gymnastik. Im Fernsehen sucht sie nach Volleyball und Fußball, und das motiviert sie dann, sich selbst zu bewegen: *Gateball* liebt sie, es ist ein populäres Spiel auf Okinawa; mit einem Stock muss der Ball durch kleine Tore geschlagen werden, so ähnlich wie beim deutschen Familienspiel Krocket.

»Ich bin stark«, sagt Kiyo Uema nun, unvermittelt.

Wir alle hier sind für einen Augenblick still. Dann sagt sie: »An vieles kann ich mich inzwischen nicht mehr erinnern. Alle sind tot, und die Lebenden sind alt. Selbst unsere Kinder sind alt.«

Schon ihre Eltern waren Fischer und Bauern. »Sorge dich nicht wegen irgendwelcher Kleinigkeiten«, das war die Lektion, mit der sie Kiyo hinaus ins Leben schickten. Und Kiyo sagt, sie habe schon als Kind beschlossen, dass sie eben dies wirklich tun wollte: leben.

Die Weisheit des Alters, XIX.

»Ein kleines bisschen Gift ist die beste Medizin.
Zu viel Medizin ist Gift.«

Kiyo Uema

423

DES RÄTSELS LÖSUNG, XI.

Craig Willcox hat den Ehrgeiz, und er hat selbstverständlich das Wissen: Er möchte 100 Jahre alt werden, und dafür tut er einiges. Aber nicht alles: An unserem letzten Abend versacken wir, es werden drei, vier, dann acht, neun Bier und spät in der Nacht nur noch ein allerletztes, und das kann nicht gesund sein.

Allerdings:»Leben muss man schon auch. Das bloße Alter ist ja kein Wert an sich.« Das hatte Craig zu Beginn dieser fünf Tage auf Okinawa gesagt. Denn Craig Willcox möchte glückliche 100 Jahre alt werden.

»Am Ende geht es um die Balance«, das sagte er am zweiten Tag. »Es geht darum, sich zu bewegen, sich gesund zu ernähren, schlau zu sein – und zugleich einen Sinn und Freude im eigenen Leben zu entdecken, Begeisterung, Leidenschaft.«

Und das ist es ja: diese Mischung aus Wachsamkeit in eigener Sache – und Fallenlassen. Die Kunst, die Gegenwart zu genießen, sie buchstäblich zu erleben, im *flow* zu sein, wie das auf Englisch heißt: was Samiha immer dann spürt, wenn sie tanzt und nichts anderes tut als eben zu tanzen, wenn die Musik also Gefühle auslöst und der Körper diese Gefühle in Bewegung verwandelt, kontrollierte, zugleich freie Bewegungen, umso freier, je besser man die Technik beherrscht, und deshalb will man, muss man natürlich immer weiter tanzen und immer besser werden, damit dieser Rausch aus Musik und Kraft und Freiheit niemals aufhört; und was Klaus erfährt, wenn beim Segeln alles stimmt, wenn also, in der Kieler Förde, Wind und Welle derart perfekt zueinander stehen, dass sich das Boot aus dem Wasser erhebt und zu gleiten beginnt, 14, dann 16, dann 18 Knoten schnell wird und auf der Welle reitet – wenn man jetzt die Pinne um nur drei Grad verreißen würde, gäbe es Bruch, dann würden wir kentern, aber man verreißt die Pinne ja nicht, denn man fliegt dahin, und was für eine Euphorie.

Wo waren wir?

Craig lacht.

Er kenne das, sagt er, vom Eishockey. Im eigenen Drittel einen Pass abzufangen, dann das Solo zu beginnen, den ersten, den zweiten, den dritten Gegner zu umkurven, im Drittel der anderen zu sein, auf die Bewegungen des Torwarts zu warten, den Torwart zu umkurven und so das entscheidende Tor zu schießen, in der Verlängerung – »das ist, in diesem Moment des Lebens, der ganze Sinn des Lebens«.

Am Ende nämlich ist genau dies die Weisheit, die Craig Willcox zu bieten hat: Passt auf euch auf – und lebt. Sucht euch euer ikigai, diese eine Aufgabe, diesen einen Lebensinhalt, der euch in den Zustand des flow versetzt. Und, aber das sagte er ja bereits, und das ist ja sowieso klar: Bringt das Aufpassen und die Leidenschaft ins Gleichgewicht.

Als wir uns kennenlernten, in seinem Büro im vierten Stock von Haus 5 der *Okinawa International University* in Ginowan, trug Craig ein rotes Hemd, ockerfarbene Hosen, das volle Haar hing tief in die Stirn. Masken, mitgebracht von all seinen Reisen, klebten an den Wänden. Es gab Pappkartons mit Akten und eine Kaffeemaschine, Kaffee mit Sojamilch ist eines von Craigs Grundnahrungsmitteln. Jede Menge Topfpflanzen standen hier herum, draußen auf dem Balkon noch mehr, denn Craig baut Gemüse und Kräuter an wie alle Menschen hier, die 100 Jahre alt werden wollen. Wir standen für einige Minuten dort draußen auf dem Balkon, er zeigte uns die Militärbasis der Amerikaner und erzählte, dass vor 15 Jahren ein US-Hubschrauber in die Wände der Universität gekracht sei. Als Donald Trump amerikanischer Präsident wurde, hat Willcox' Kollege, im Büro nebenan, an seinem Balkon eine amerikanische Flagge aufgehängt und um 180 Grad gedreht, voller Verachtung.

Craig war in jenem Dezember 2018, als wir uns kennenlernten, 58 Jahre alt und sah zehn Jahre jünger aus.

Er ist ein Anthropologe, den die Neugierde hierher geführt und den die Liebe hier gehalten hat, und er ist ein dreifacher Familienvater: Len und Kai sind die großen Jungs, die Eishockey lieben wie ihr Papa; und Celina ist die singende, Bilder malende Kleine. Er ist auch Taucher, denn er liebt das Meer, aber sein Boot hat er verkauft, weil Kinder nun einmal jene Zeit in Anspruch nehmen, die ein erwachsener Berufstätiger noch übrig hat.

Eishockey allerdings spielt er immer noch, das ist sein ikigai. Wenn er auf dem Eis steht, ist er in der Gegenwart und nur dort. Dann spürt er sich und denkt an nichts anderes. Er sei langsamer als früher, aber ruhiger, sicherer am Puck; leicht sei es jedenfalls nicht für all die 25-jährigen Japaner, ihm, dem erfahrenen Kanadier, die Scheibe abzunehmen.

Craig denkt viel über das Altern nach, klar, er hat es zu seinem Lebensthema gemacht. Es ging, zunächst, um das Altern der anderen und dann, als er selbst älter wurde, um sein eigenes. »Niemand will es«, sagt er, »niemand kann ihm entkommen. Aber wir können verstehen, dass es ein Geschäft ist, ein Handel: Wir müssen akzeptieren, dass wir sterben werden. Dass wir schwächer werden. Zugleich wissen wir, dass wir mehr wissen als früher und mehr beherrschen. Wir haben echte Fähigkeiten entwickelt. Wir haben eine Familie, wenn wir Glück haben. Das ist der Handel: Man muss immer etwas aufgeben für das, was man bekommt.«

Die meisten von uns, mit normalen Genen, könnten in die 90er kommen, sagt er jetzt. Ein bisschen Fürsorge in eigener Sache könne dafür genügen. Vorsorgeuntersuchungen, beispielsweise. »Prostata-Krebs kann vermeidbar sein. Brustkrebs auch.« Und zweitens und drittens: Bewegung und Ernährung.

Craig isst morgens eine Süßkartoffel, »das gesündeste Gemüse der Welt: Es enthält B-Vitamine, Kalzium. Dazu Mandeln und Nüsse«. Er nimmt sich seine Bento-Box in die Uni mit: etwas Huhn, Spinat, braunen Reis. Dazu zwei Mandarinen, dazu einen Seegras-Drink.

Und auch für ihn war es ein Lernprozess, wie für die meisten Menschen. In Kanada hatte es immer Brot gegeben, immerhin Vollkorn, da die Mutter sich für Gesundheitsfragen interessierte. Brot isst Craig heute gar nicht mehr. Auch alles andere verschob sich: Es wurde weniger und magereres Fleisch; es wurde mehr Gemüse, unterschiedliches Gemüse. Sushi und Sashimi kamen hinzu. Es war viel Bier, damals in Kanada, das ist vorbei (na ja, meistens). In Kanada, als er noch Bodybuilding machte, verschlang er morgens fünf rohe Eier, so wie er es in »Rocky«, dem Boxer-Film, gesehen hatte – auch vorbei, lange her. Yoga, das hat Craig verstanden, und das haben auch wir mit den Lebensjahren gelernt, kann geradezu süchtig machen, Lebensinhalt werden, dann ist Yoga ein ikigai. Verbissen allerdings sollte man nicht werden, das wäre dann eher das Gegenteil von »Yoga«: Das Wort bedeutet schließlich die »Vereinigung« oder die »Integration« von Körper und Seele. Yoga heißt: ständig neue, ungekannte Bewegungen, wir spüren also den Körper und vertrauen ihm, während wir zugleich auf die eigene Atmung achten, den Augenblick und darum die Gegenwart spüren und Ruhe finden, auch meditieren. »Es geht nicht gesünder«, das sagt Craig, er muss halt bloß, in diesem so verdammt vollen Leben, immer wieder neu die Zeit für sein Yoga finden.

»Heute besteht meine Hauptaufgabe im Leben darin, für meine Kinder der Chauffeur zu sein, und auch das macht mich glücklich«, sagt er.

Aber er geht in die Sauna. Isst Sojabohnen, Misosuppe und rohe Meerestiere direkt aus der Schale, wenn seine Ehefrau sie vom Meeresgrund herauftaucht. »Es ist einfacher, das eigene Leben zu verändern, wenn die Umgebung diese Veränderung empfiehlt. Wenn's alle so machen«, sagt er, »in einer Stadt der Radfahrer steigt jeder leichter aufs Rad als an einem Ort, wo man der einzige wäre.«

Er versucht, so konzentriert wie gelassen, sich an die eigenen sechs Gebote zu halten:

1. Iss so vielseitig wie möglich (und vor allem pflanzliche Produkte).
2. Iss mindestens fünf Portionen Obst und Gemüse am Tag
   (und vergiss nicht, dass »Portionen« kleine Einheiten sind).
3. Iss sechs oder mehr Portionen pro Tag, die auf Vollkorn basieren.

4. Iss mehr komplexe Kohlenhydrate und weniger Kalorien.
5. Iss weniger Zucker, weniger Fett.
6. Iss weniger als sechs Gramm Salz pro Tag.

Anfang der neunziger Jahre trafen Craig und sein Zwillingsbruder Bradley an der Universität von Toronto auf einen Mann namens Toku Oyakawa, der der älteste Bürger der Provinz Ontario war, 105 Jahre alt. Er stammte aus Okinawa, ging noch immer täglich angeln, aß noch immer das Gemüse seiner Heimat, war noch immer verheiratet, und seine Ehefrau war 93. Craig und Bradley überlegten: Wenn ein Japaner im eisigen Kanada über 100 Jahre alt werden konnte – war es dann vielleicht möglich, all die Tricks und Techniken, die ihn 100 Jahre alt hatten werden lassen, in den Westen zu überführen?

Deshalb kam Craig damals, 1994, hierher, um zusammen mit seinem Bruder von Dr. Suzuki zu lernen – beiden, Bradley Willcox in Hawaii und Makoto Suzuki auf Okinawa, sind wir in diesem Buch schon begegnet. Das Trio fuhr seinerzeit hinauf in den Norden, befragte die Menschen dort, die dem Leben so ganz anders entgegentreten als wir im Westen.

»Es war erleuchtend«, sagt Craig. »Vergleicht mal das Essen hier auf Okinawa mit einem Cheeseburger in New York. Das Gemüse hier ist nahrhaft, zugleich kalorienarm. Ehrlich gesagt: Eine kleine Portion des Essens hier ist fünfmal so nahrhaft und hat nicht einmal halb so viele Kalorien wie ein Cheeseburger. Es strengt den Körper weniger an, es ist reich an Eisen, Vitaminen und Kalzium. In Amerika nehmen die Menschen Pillen gegen Entzündungen, Viren, und es gibt wuchtige Medizin gegen Krebs.« Hier sorgten die Menschen dafür, dass sie all das nicht brauchten.

Und dafür würden sie eben belohnt: Der Mensch sei bis zum 40. Lebensjahr meist optimistisch und energiegeladen, vom 40. bis zum 80. Lebensjahr dann allerdings zweifelnd und skeptisch – und nach dem 80. Lebensjahr werde er wieder optimistisch, stolz auch, gelassen sowieso und zufrieden, so Craig, all das sei erwiesen. Dieser lässige Optimismus, das sei die Seelenlage Okinawas.

Dass die Hundertjährigen, denen wir auf unseren Reisen begegneten, meist so wirkten, als seien sie im Reinen mit sich und dem eigenen Leben – das hat folglich nicht nur mit konkreten Erfolgen oder Ereignissen, sondern eben gerade mit der Tatsache zu tun, dass diese Menschen überhaupt so alt wurden.

Die »Okinawa Centenarian Study« ist eines der wichtigsten Werke, auf die wir bei unseren Recherchen gestoßen sind. 25 Jahre lang haben die Willcox-Brüder und ihr Lehrmeister Suzuki daran gearbeitet, 600 Hundertjährige haben sie begleitet, befragt, untersucht; psychologische Gutachten, Tests auf Demenz, Ernährungsprotokolle, Befragungen, Bluttests gehörten dazu. »Man kann heute mit Bestimmtheit sagen, dass es zu einem Drittel Gene sind, die zu all den Krankheiten des verfrühten Alterns führen, aber zu zwei Dritteln ist es unser Verhalten«, so Craig Willcox.

Und dies sind die zentralen Entdeckungen der drei Forscher:

– Die Menschen von Okinawa haben saubere, gleichsam ewig junge Arterien. Da Arterien mit dem Blut Sauerstoff, Glukose, Aminosäuren, Hormone, Enzyme und allerlei andere Wunderdinge transportieren, welche unsere Zellen benötigen, sind sie unsere Lebensadern. Ein niedriger Cholesterinspiegel und ein niedriger Blutdruck (optimal wäre ein Wert unterhalb von 120/80) gehen mit gesunden Arterien einher. »Diät, regelmäßige Bewegung, moderater Alkoholgenuss, Nichtrauchen, Kontrolle des Blutdrucks sowie eine psycho-spirituelle Lebensweise, die Stress vermeidet«, führten zu freien, gesunden Arterien, schreiben die drei Wissenschaftler.
– Die Menschen von Okinawa erkranken, wie wir im ersten Kapitel schon von Dr. Suzuki gehört haben, sehr viel seltener an jenen Krebsarten, die als hormonabhängig gelten: Brustkrebs (hängt mit Östrogenen wie Estradiol zusammen) oder Prostatakrebs (der durch den Testosteronspiegel beeinflusst wird). Auch Eierstock- und Darmkrebs sind deutlich seltener. Die Erklärung dafür sehen die Wissenschaftler vor allem in Bewegung, Sport und Ernährung: wenig Kalorien, wenig Fett (oder in sogenannten »guten« Fetten wie Olivenöl),

wenig Alkohol, viel Soja, Gemüse, Obst, Fisch. Schädlich sind: rotes oder verarbeitetes Fleisch, Zigaretten, Weißbrot. Nützlich sind: Haferflocken, die Vitamine C, D und E, möglicherweise sogar Kaffee.
- Die Menschen von Okinawa haben starke, robuste Knochen. Das führt dazu, dass ihr Risiko, sich im Alter die Hüfte zu brechen, halb so groß ist wie jenes der Menschen in Nordamerika. Bewegung, minimaler Alkohol- und Tabakgenuss und wieder einmal die richtige Ernährung – speziell Flavonoide, die in Moos, Farn, Soja und diversen Samenpflanzen, aber auch in westlichem Gemüse wie Tomaten und Zwiebeln vorkommen, sowie Kalzium, Magnesium, grünes Gemüse und Vitamin D – sind laut Craig Willcox die Grundlage gesunder Knochen.
- Die Menschen von Okinawa haben schlanke, zähe, fitte Körper. Ein Leben im Freien (folglich mit Licht und frischer Luft) und Bewegung sorgen dafür, natürlich auch die Ernährung.
- Die Menschen von Okinawa sind und bleiben geistig hellwach. Natürlich hat das eine mit dem anderen zu tun: Die bereits genannten Arterien sorgen für eine gute Durchblutung des Gehirns. Und die gleichfalls bereits genannte gesunde Ernährung sorgt für Energie, Antrieb, Neugierde. Und dass die Menschen hier nicht in Rente gehen, dass sie nicht aus dem Leben aussteigen, führt dazu, dass sie lebenslang lernen.
- Die Frauen von Okinawa kommen gesünder durch die Menopause. Hitzewallungen und Schweißausbrüche, Hüftbrüche oder Herzbeschwerden kennen sie kaum; Hormontherapie, beispielsweise durch Östrogen-Tabletten, ist auf Okinawa nicht üblich. Das liege, so die drei Forscher, wesentlich an Flavonoiden (vor allem aus Sojaprodukten), Tabakverzicht sowie Tanzen, Wandern, Gärtnern.
- Die Menschen von Okinawa produzieren mehr Sexualhormone als gleichaltrige Nordamerikaner, was darauf hindeutet, dass sie körperlich länger jung bleiben. Man ahnt die Gründe bereits: Bewegung, wenig Kalorien, viel und unterschiedliches Gemüse …
- Die alten Menschen von Okinawa produzieren weniger freie Radikale als die jungen Menschen von Okinawa. Verständlicher als

Wikipedia können wir nicht erklären, was freie Radikale sind; Wikipedia schreibt: »Die Theorie der freien Radikale baut darauf auf, dass infolge der Stoffwechselprozesse aus molekularem Sauerstoff in Zellen sogenannte freie Radikale entstehen. Diese kurzlebigen Molekülfragmente, wie beispielsweise das Hydroxyl-Radikal • OH, spielen bei einer Reihe von zellbiologischen Prozessen eine wichtige Rolle und sind durch verschiedene analytische Verfahren nachweisbar. Der US-amerikanische Biogerontologe Denham Harman stellte 1956 die These auf, dass diese freien Radikale die Ursache des Alterungsprozesses sind. Mit ihrer Freisetzung schädigen die freien Radikale für die Funktion der Zelle wichtige Moleküle, wie die DNA, die RNA und eine Vielzahl von Proteinen und Lipiden. Dies führt, so die These, zu einer stetig wachsenden Ansammlung von geschädigten Zellkomponenten, was wiederum den komplexen Alterungsprozess bewirkt. Die Zellen selbst sind in der Lage, Substanzen zu produzieren, die freie Radikale unschädlich machen können, indem sie mit ihnen reagieren oder sie katalytisch zerlegen.« Craig Willcox sagt, dass auch in diesem Punkt natürlich Ernährung entscheidend sei: »wenig Kalorien, viel Soja und Kräuter und Antioxidantien, die sich in Brokkoli, Obst, Wildpflanzen, Nüssen oder naturbelassenem Öl finden«.

– Die Menschen von Okinawa sind im psychologischen Sinne gesünder als andere. Bei Tests erreichen sie niedrige Werte, wenn Stress und Überforderung ergründet werden, und maximale, sobald es um Selbstvertrauen und Gelassenheit geht. Sie sind tendentiell optimistisch, humorvoll, neugierig. »Es liegt ja eigentlich auf der Hand und ist nach unseren Forschungen tatsächlich so«, sagt Craig Willcox, »dass hierfür vor allem ein erfüllter, aber nicht übervoller Tag, immer wieder neue Aufgaben und ganz besonders ein gesunder Familien- und Freundeskreis sorgen.«

Letztlich geht es Craig Willcox um eine etwas weniger westliche und verstärkt östliche Perspektive. Es geht ihm um die Idee heilender Energie, in Japan »*ki*« genannt, um die Kraft einer ganzheitlichen Lebensweise. Kampfsport und Tanz gehören dazu, Gärtnern und Wandern, gesunde Ernährung eben, Schlaf, ein kraftspendender Familien- und Freundeskreis, letztlich ein erfülltes Leben. Die Natur und die eigene Lebensweise im Einklang – auf Okinawa klingt das nicht nach esoterischer Spinnerei, sondern exakt so muss das Leben ganz selbstverständlich sein. »*Yuimaaru*« ist ein weiteres Schlüsselwort: Es meint Gegenseitigkeit, die Lehre vom gemeinsamen Ziel, vom kollektiven Glück, das dann erreicht wird, wenn alle im Dorf zusammen säen und ernten und jede und jeder das leistet, was sinnvoll und möglich ist.

Die Resultate lassen sich leicht in realistische Szenarien übertragen. Man stelle sich eine Stadt von 100 000 Einwohnern vor – liegt diese Stadt in den USA, dann sterben pro Jahr durchschnittlich 170 Menschen an Herz- und Kreislauferkrankungen; liegt diese Stadt auf Okinawa, sterben davon nur 18 Menschen. Ein real existierendes *Shangri-La* also?

»Shangri-La« heißt das Paradies des ewigen Lebens in James Hiltons Roman »*Lost Horizon*«: Shangri-La ist über die Gebirge Tibets zu erreichen, und wer die hinreißend schönen Hundertjährigen von Shangri-La in die wirkliche Welt entführen will, muss erleben, wie sie schon auf dem Pass zu Staub zerfallen.

Lässt sich aber das Glück Okinawas in den Westen übertragen?

Gäbe es eine Pille, die unser Risiko, an Prostata- oder Brustkrebs zu erkranken oder einen Herzinfarkt zu erleiden, um 80 Prozent senkte und unsere Lebenserwartung um genussvolle fünf bis zehn Jahre steigerte, dann wäre der Konzern, der diese Pille erfunden hätte, der reichste der Welt, so schreiben es Craig und Bradley Willcox und Makoto Suzuki. »Der Lebensstil des alten Okinawa hat genau diese Effekte«, sagt Craig Willcox heute hier in seinem Büro.

Dies sind, natürlich verkürzt, natürlich zusammengefasst, die wesentlichen Ergebnisse der »Okinawa Centenarian Study«. Es ist ein Werk über das kluge, das richtige Leben. Ein Lebenswerk.

Bradley reiste nach einigen Jahren zurück nach Nordamerika und kommt seither wochenweise zu Besuch, Craig aber hatte Yoko getroffen, die damals Dr. Suzukis Assistentin war, und ihretwegen blieb er.

Wurde wissenschaftlicher Assistent, Dozent, Professor, Stellvertretender Institutsleiter. Das Gehalt stieg. Und jetzt? Weitermachen? Er würde gern ein letztes Mal etwas ganz Neues machen. Aber was? Und wo? Und wie verpflanzt man eine Familie so, dass sie auch am neuen Ort aufgehoben ist und weiterhin zusammenhält?

Die großen Fragen des Lebens eben, sie stellen sich auch für Craig Willcox.

Sein geliebtes Okinawa übrigens verändert sich, und besonders gern mag er es heute nicht mehr. Es gleicht sich eher dem Westen an als umgekehrt.

Es gibt mehr Suizide und mehr Autounfälle als je zuvor. Viele Kinder Okinawas, viele Jugendliche in den Städten, viele Männer würden die Tradition vergessen, würden mittlerweile ignorieren, was gut für sie sei. Das sagt Craig, und das sagt auch der Epidemiologe Dr. Hidemi Todoriki, mit dem wir über Märkte wandern und dem wir dann im großen Hörsaal der Internationalen Universität lauschen, wo er über gute und vermurkste Ernährung redet.

Ja, Okinawa werde westlich, sagt Todoriki. Schweinefleisch in Dosen, industriell verarbeitet, sei beliebt. Dieses ganze amerikanische Fast-Food-Zeug sowieso. »Wir müssen dafür sorgen, dass unsere jungen Menschen nicht vergessen, was Okinawa ausgemacht hat«, sagt Todoriki.

Es ist halt eine komplizierte Sache mit Bildung und Wissen. Dass die Hundertjährigen Okinawas 100 Jahre alt wurden, hatte viel mit Zufall und Unwissen zu tun: Sie waren arm, damals in den Jahrzehnten vor, während und nach dem Zweiten Weltkrieg. Harte Jahre waren es: 200 000 Menschen starben in den letzten Kriegsjahren hier. Legendär, im fürchterlichsten Sinne, ist die Schlacht um Okinawa: Zwischen April und Juni 1945 schickten die Alliierten 1300 Kriegsschiffe in die Gegend. Japan verteidigte sich erbittert. 600 000 Bomben fielen auf Okinawa, Panzer rollten über Bambushütten hinweg. Bis heute wird von einem »Taifun aus Stahl« geredet.

Zu essen gab es damals nichts als jene heute berühmten Süßkartoffeln, und die sind glücklicherweise gesund; 1605 wurde die Süßkartoffel aus China importiert, sie wurde zum Hauptnahrungsmittel vieler, vieler Generationen von Bauern. Schweinefleisch gab es meist einmal im Jahr, nur zum größten Familienfest wurde geschlachtet. Das also soll das Vorbild sein?

»Ja, natürlich«, sagt Todoriki, »wohlhabend und in friedlichen Zeiten zu leben heißt ja nun wirklich nicht, dass man ungesund leben und sich selbst schaden sollte.«

Am letzten Abend sitzen wir wieder mit Craig Willcox zusammen und diskutieren nicht über einzelne Hundertjährige, auch nicht über das richtige Gemüse und den richtigen Sport, sondern über das, was da eigentlich gesellschaftlich geschieht.

Die Neunzig- bis Hundertjährigen sind die am schnellsten wachsende Altersgruppe der Welt. Einer von drei Japanern ist über 65 Jahre alt. Weniger Kinder werden geboren, und die Menschen leben länger, natürlich auch in Deutschland, das bedeutet Fragen.

Wie weit treiben wir die Verlängerung des Lebens? Viele über Hundertjährige und auch viele jüngere Alte leben heute mit Hilfe der modernen Medizin, bettlägerig im Heim. Wie weit wollen wir gehen?

Wie lange noch wollen wir uns ein unterfinanziertes, folglich (von den vielen engagierten Einzelnen natürlich abgesehen) liebloses Pflegesystem leisten?

Und wie helfen wir einander in unseren alternden Gesellschaften? Wie sorgen wir dafür, dass wir auch nach dem Ausstieg aus dem Beruf, als Rentner, noch einen Sinn im Leben finden, ein ikigai?

Wie werden wir also nicht lediglich älter?

Sondern, und dies ist dann aber keine Frage mehr, sondern ein Ziel: Wir wollen nicht einfach nur alt werden, wir wollen glücklich, gesund, ungebremst und klug und dann auch noch lachend alt werden. Dafür aber müssen wir selbst sorgen.

DANK

Wir danken Lisa McMinn für ebenso sorgfältige wie begeisterte Recherchen, ohne die diesem Buch Entscheidendes fehlen würde. Lisa ist eine großartige Journalistin, die es noch weit bringen wird.

Wir danken dem Dokumentationsjournalisten und Mediziner Helmut Bott, ohne den dieses Buch fehlerhaft und zweifellos weniger präzise wäre.

Wir danken Tanja Liebing-Zivanovic für Recherchen und die Koordination von Terminen.

Wir danken Karl Vandenhole und seiner Ehefrau Saw, die uns in Thailand geholfen haben; Karl mit Recherchen, Fotos und Videos, Saw mit filigraner Übersetzung. Lerrin Sukwattanakul übersetzte genauso gekonnt.

Wir danken Clarence Confiance, die uns auf den Seychellen zur Seite stand und uns zu drei hundertjährigen Damen führte und deren Worte aus der Landessprache Creole ins Französische übersetzte.

Wir danken Wladimir Shirokov, der uns durch St. Petersburg geleitete und perfekt übersetzte.

Wir danken Verena Schoder, die uns in der Schweiz immer wieder zu Hundertjährigen brachte und wunderbare Fotos machte.

Wir danken Wu Dandan, die uns ihr Heimatland China erschloss und in Peking Hundertjährige aufspürte und mit uns befragte.

Wir danken Akari Omine, die uns Okinawa erklärte und mit uns in den Norden bis nach Ogimi reiste.

Wir danken natürlich unserem Agenten Matthias Landwehr, der an dieses Buch glaubte und jener Ermöglicher ist, den Autoren brauchen. Wir danken Alexander Roesler, Jörg Bong und Siv Bublitz, Heidi Borhau, Frank Geck, Anja Lindenberg, Kerstin Seydler, Petra Wittrock und dem gesamten, so leidenschaftlich engagierten und so perfekt zusammenspielenden Team von S. Fischer.

Book & Bar in Portsmouth (New Hampshire), diese mindestens weltweit einmalige Kombination aus Kneipe und Buchhandlung, sowie *Shakespeare & Co.* (an der Ecke Lexington Avenue und 69th Street) und die *New York Public Library* (am Bryant Park) in New York City waren unsere Büros und Schreibstuben – kreativer und gastfreundlicher hätte die Umgebung jener Monate nicht sein können.

Roger Angell und Peggy Moorman vertrauten uns und wurden Freunde – wir danken für all die Begegnungen und gemeinsamen Abenteuer in New York und in den gefährlichen Gewässern von Maine.

Liebe Hildy Hefti, vielen Dank für Deine Gastfreundschaft und Großzügigkeit und für immer noch eine weitere aufregende Geschichte von damals.

Cora Czermak, Klaus' Tochter, sowie seiner Schwester Jutta Robert und unseren Eltern, Samir Shafy und Dorothea – die 19 Jahre vor ihrem 100. Geburtstag starb –, und Anne und Bernard Brinkbäumer, danken wir für all die Gespräche über Kindheit und Altwerden, über das Leben und die verstreichende Zeit.

Allen Hundertjährigen und allen Wissenschaftlern, die uns ihre Lebensgeschichten und ihre Forschungsergebnisse anvertraut haben: vielen Dank.

BIBLIOGRAPHIE
Auswahl

Angell, Roger: This Old Man – All in pieces; Doubleday, New York City 2015.

–, Let Me Finish; Harcourt, New York City 2005.

–, Late Innings; New York City; Simon & Schuster, New York City 1992.

–, The Summer Game; Viking Press, New York City 1972.

Aristoteles: Nikomachische Ethik; Reclam, Leipzig 2017 (Erstveröffentlichung 1850).

Athill, Diana: Somewhere Towards the End; SW. W. Norton & Company, New York City 2009.

Buettner, Dan: The Blue Zones – Lessons for living longer from the people who've lived the longest; National Geographic Partners, Washington D. C. 2008.

Didion, Joan: The Year of Magical Thinking; Alfred A. Knopf, New York City 2005 (auf Deutsch bei List: Das Jahr magischen Denkens).

–, Blue Nights; Knopf, New York City 2011.

Eagleton, Terry: The Meaning of Life – A very short introduction; Oxford University Press, London 2007.

Epikur: Über das Glück; Diogenes, Zürich 2011.

Ferry, Luc: A Brief History of Thought – A philosophical guide to living; HarperCollins, New York City 2011.

Garcia, Hector und Miralles, Francesc: Ikigai – The Japanese secret to a long and happy life; Penguin Books, New York City 2016.

Hilton, James: Lost Horizon – A Novel; Macmillan Publishers, London 1933.

Jonasson, Jonas: Der Hundertjährige, der aus dem Fenster stieg und verschwand, Roman; Carl's Books, Random House, München 2011.

Kahneman, Daniel: Thinking, fast and slow; Farrar, Straus and Giroux, New York City 2011 (auf Deutsch bei Penguin: Schnelles Denken, langsames Denken).

Kübler-Ross, Elisabeth: On Death and Dying, Scribner, New York City 1969.

Montaigne, Michel de: Essais; Die Andere Bibliothek, Berlin 2016.

Nietzsche, Friedrich: Also sprach Zarathustra; Kröner, Stuttgart 2014 (Erstveröffentlichung 1883).

–, Der Wille zur Macht; Kröner, Stuttgart 1996 (Erstveröffentlichung 1901).

Platon: Apologie des Sokrates; Reclam, Leipzig 1986 (das Datum der Erstveröffentlichung ist umstritten).

Radisch, Iris: Die letzten Dinge: Lebensendgespräche; Rowohlt, Reinbek 2015.

Schopenhauer, Arthur: Die Welt als Wille und Vorstellung; Suhrkamp, Frankfurt am Main 1986 (Erstveröffentlichung 1819).

Seneca: Von der Kürze des Lebens; dtv / C. H. Beck, München 2005.

Smith, Ali: Autumn – A Novel; First Anchor Book, New York City 2016.

Vaillant, George E.: Triumphs of Experience – The Men of the Harvard Grant Study; The Belknap Press of Harvard University Press, Cambridge, Massachusetts 2012.

–, Aging Well; Little, Brown, Boston 2002.

Viorst, Judith: Necessary Losses; Simon & Schuster, New York City 1986.

Ware, Bronnie: 5 Dinge, die Sterbende am meisten bereuen; Goldmann, München 2012 (im Original: The Top 5 Regrets of the Dying).

Wells, Benedict: Vom Ende der Einsamkeit; Diogenes, Zürich 2016.

Willcox, Bradley J. D.; Willcox, Craig; Suzuki, Makoto: The Okinawa Program – how the world's longestlived people achieve everlasting health, and how you can too; Three Rivers Press, New York City 2001.

–, The Okinawa Diet Plan: Get leaner, live longer, and never feel hungry; Three Rivers Press, New York City 2004.

Wittgenstein, Ludwig: Tractatus logico-philosophicus; Suhrkamp, Frankfurt am Main 2018 (Erstveröffentlichung 1921).

REGISTER

Klaus Brinkbäumer
Nachruf auf Amerika
Das Ende einer Freundschaft und die Zukunft des Westens

Der SPIEGEL-Chefredakteur und langjährige USA-Korrespondent Klaus Brinkbäumer zeichnet in seinem großen Amerika-Buch das faszinierende und vielschichtige Porträt einer Nation. Mit seiner so leidenschaftlichen wie analytischen Schilderung von Menschen, Orten und Stimmungen schreibt er eine innere Geschichte der USA, die deutlich macht, dass wir an einem entscheidenden Wendepunkt unserer Beziehungen angelangt sind.

528 Seiten, gebunden

Weitere Informationen finden Sie auf
www.fischerverlage.de

AZ 10-397232/1